한국행정연구원 비교 및 지역연구 총서 12

# 인도네시아의 행정과 공공정책

황윤원 · 문명재 · 박진 · 심준섭 · 안영훈 ·
원준호 · 이윤경 · 이종선 · 최진욱 · 허만형

DY 도서출판 대영문화사

# 발간사

한국행정연구원은 글로벌 시대의 도래와 함께 국가 간 상호의존성 증가를 인식하고 각 국가의 다양한 행정과 정책정보의 필요성을 절감하여, 지난 2008년부터 비교 및 지역 연구를 통해 주요 국가의 행정과 정책에 관한 연구를 수행해 오고 있습니다. 이는 세계 주요 국가의 행정환경, 행정 체제 및 공공정책에 대한 비교연구 수행을 통해 우리나라 정부와 관련 학계에 필요한 시사점과 개선 방안을 도출하고자 하는 것입니다. 이와 같은 비교 및 지역 연구를 통해 행정학자 및 정책 실무자는 새로운 환경 변화와 이에 따른 행정 수요에 대응할 수 있었으며, 글로벌 공공정책의 동향에 대한 이해의 폭을 넓힐 수 있었습니다.

한국행정연구원은 지난 2008년 일본, 중국, 프랑스, 스웨덴 4개 국가를, 2009년에는 미국과 인도, 2010년에는 영국과 싱가포르를, 2011년에는 유럽연합과 독립국가연합을 비교 및 지역 연구의 대상 국가로 선정하여 연구를 수행했습니다. 주요 국가들의 비교 및 지역 연구를 통해 각 국가의 행정과 공공정책을 이해하고 우리나라에 적실성 있는 시사점을 도출한 점은 매우 의미 있는 작업이었다고 생각합니다.

한국행정연구원은 2012년에 비교 및 지역 연구의 대상으로 인도네시아와 독일을 선정했습니다. 먼저 인도네시아는 우리나라와 전략적 파트너인 선린 인접 국가입니다. 인구가 세계 4위인 약 2억 5천만 명이며, 약 300여개 종족으로 이루어져 있고, 18,000여개의 섬으로 구성된 도서국가입니다. 또한 힌두교, 불교, 이슬람교, 기독교 등 다양한 종교로 인한 문화적 다양성도 지닌 국가입니다. 따라서 인도네시아 정부의 가장 핵심적 화두는 판차실라(Pancasila), 즉 '다양성 속의 통합'이며, 역대 모든 정권이 이를 실천하고자 노력해 왔습니다. G20 국가의 일원으로서 연간 6% 이상의 고도 경제 성장을 실현시키고 있으며, 풍부한 자연자원과 인적 자원을 지닌 경제 대국이기도 합니다. 우리나라와는 1973년부터 대사급 외교 관계를 수립한 이후 지속적으로 정치 · 경제적 우호 관계를 유지 · 개선시켜 왔으며, 현재는 우리나라의 10대 교역국가이자 8번째 투자국가이고, ODA 중점 협력국가이기도 합니다.

이처럼 인도네시아는 우리나라에 성장의 동반자 관계를 유지해야 하는 국가라는 점에서 좀 더 심도 있는 인도네시아 연구가 절실하다고 봅니다. 따라서 이 연구는 인도네시아에 대한 전반적인 행정 및 정책정보를 제공하는 데 중요한 기초 자료가 될 것으로 믿습니다. 이를 위해 이 연구는 먼저 인도네시아의 헌법 및 법률적 기반을 전반적으로 분석했습니다. 대통령, 국회, 중앙정부와 공공기관 등에 대한 법률적 기반, 정치 체제 및 거버넌스 구조, 민주화를 위한 NGO활동의 실태, 행정조직 및 행정문화, 인사행정의 현황, 재정과 예산 운영의 실태, 중앙정부와 지방정부의 관계와 지방자치의 현주소, 행정통제의 현황 및 전자정부와 정보화의 추진 과정 및 진행 상태, 공무원의 부패 등 행정 전반에 걸친 내용을 비교 · 분석했습니다.

또한 인도네시아의 공공정책 과정에 대한 실태 파악을 통해 공공정책 과정의 개혁 과제와 문제점을 비교 · 분석했으며, 특히 인도네시아의 심각한 문제점인 KKN(부정부패와 인연주의)를 좀 더 체계적으로 살펴보았습니다. 이어서 인도네시아의 주요 분야별 정책을 크게 네 가지로 나누어 구체적으로 비교 · 분석했으며, 이들은 외교 · 안보정책, 경제 · 산업 · 과학기술정책, 보건 · 복지 · 환경정책, 교육 · 문화정책입니다. 분야별 행정과 정책정보의 비교 · 분석은 인도네시아와 관련된 우리나라 모든 관계자에게 귀중한 자료가 될 것으로 믿으며, 수요에 맞추어 기초 자료로서 십분 활용하시기를 기대합니다. 인도네시아는 가까운 이웃국가이면서도 의외로 정보가 충분히 생산 · 공급되어 있지 않다는 현실을 감안할 때 이 연구는 시의 적절한 연구라고 할 수 있을 것입니다. 부디 관계 연구자나 정책결정자들이 유용한 기초 정보로 활용해 주실 것을 기대합니다.

끝으로 이 연구의 책임을 맡아주신 인도네시아행정연구회 황윤원 회장과 집필진으로 참여해 주신 문명재, 박진, 심준섭, 안영훈, 원준호, 이윤경, 이종선, 최진욱, 허만형에게 감사드립니다.

2013년 5월

한국행정연구원 원장 이은재

# 머리말

현상에 대한 인간의 인식은 크게 두 가지 방법이 있다고 생각합니다. 자연 현상에 대한 인식은 인간의 오감을 통한 방법이므로 매우 구체적이고 객관적으로 인식이 가능하지만, 사회 현상에 대한 인식은 그렇지 않기 때문에 추상적이고 주관적이라고 볼 수 있습니다. 행정이나 정책 현상은 사회 현상의 하나로서 추상성과 주관성이 높다고 할 수 있습니다. 따라서 사회 현상의 올바른 인식에서는 비교 인식이 구체성과 객관성을 높여주는 유용한 도구라고 할 것입니다. 이런 이유로 행정학에서는 비교연구가 오래전부터 활용되어 오고 있습니다. 한국행정연구원이 추진해 오고 있는 주요 국가들에 대한 행정과 정책에 대한 비교연구는 이 점에서 행정학 연구의 발달뿐 아니라 행정 현장의 활용성을 높이는 중요한 도구라고 할 수 있으며, 인도네시아의 행정과 정책연구도 이런 노력의 일환이라고 할 것입니다.

인도네시아는 우리나라와 이웃하고 있는 협력 국가이지만, 실상 그 실태 파악에 필요한 충분한 정보가 생산 · 공급되어 있지 않다는 점에서 이 연구가 시작되었습니다. 세계 제4위의 인구 대국에다 다민족, 다종교, 다도서라는 이질적 요소를 통합시키기 위한 인도네시아 정부의 행정과 정책은 최근 우리나라에서도 화두로 떠오른 국민통합정책에 많은 시사점을 줄 수 있을 것으로 봅니다. 따라서 인도네시아의 행정과 정책에 대한 충분한 기초 정보 데이터베이스를 구축함과 동시에 체계적인 비교 준거에 따라서 다른 국가들과의 비교를 용이하게 하고자 이 책에서는 아래와 같이 크게 네 가지로 나누어 엮었습니다.

첫째, 전반적 연구의 윤곽을 파악하기 위한 서론으로서 연구 문제의 제기에서부터 연구 필요성과 범위 및 방법, 나아가 기대 효과를 서두에서 논의했습니다.

둘째, 인도네시아의 행정과 정책에 대한 전반적인 환경을 살펴보았습니다. 이를 위해 먼저 인도네시아의 인문 · 사회적 환경을 분석했습니다. 여기서는 인도네시아의 지리적 광범위성과 이에 따르는 다양성을 중심으로 다민족 · 다종교 국가의 특성을 살펴보았습니다. 특히, 이질적 국가의 통합정책에 녹아 있는 다양성 속의 '판차실라'의 이념을 다양한 각도에서 분석했습니다. 또한 헌법 및 법률적 기반 분석에서는 판차실라의 이념이 담겨 있는 헌법 체계와 개정 과정, 행정 체제와 법률적 근거를 찾아보았습니다. 이어서 정치 체제 및 거버넌스 분석에서는 인도네시아 권력 분립의 실태, 정당 운영의 현황, 민주적 정치에 필요한 NGO의 운영 현황을 분석했습니다.

셋째, 인도네시아의 행정 체제와 그 과정을 살펴보았습니다. 여기서는 행정조직과 행정문화, 공무원의 인적자원관리, 예산과 재정, 정부 간 관계와 지방행정, 전자정부 및 행정통제를 분석했습니다. 이는 우리나라 행정과 인도네시아 행정 간의 차이점과 유사점을 발견하는 단서가 될 수 있을 것으로 믿습니다.

넷째, 인도네시아의 공공정책의 실태를 분석했습니다. 여기서는 먼저 인도네시아의 공공정책 결정 과정에 대한 전반적인 현황을 살펴본 후에 각 주요 공공정책을 크게 네 분야로 묶어서 살펴보았습니다. 어느 국가이든 정책 분야는 워낙 다양하기 때문에 여기서도 분석의 편의상 유사한 정책을 아우를 수 있는 유사성을 근거로 네 분야로 나누어 분석했습니다. 외교와 안보를 하나로 묶고, 경제와 산업과 과학기술정책을 함께 분석했으며, 보건정책과 복지정책 및 환경정책을 함께 묶었고, 이어서 교육과 문화정책을 함께 비교 · 분석했습니다.

다섯째, 이 연구를 통해 우리나라에서 활용할 수 있는 정책적 시사점을 요약 · 정리했습니다. 우리나라와는 여러 가지 면에서 다른 인도네시아 행정과 정책문화 및 시스템 운용 방식 등을 고려하여 인도네시아 행정과 정책의 문제점 적시를 통해 반면교사로 삼고, 성공적 실천 사례를 적시하여 타산지석으로 삼고자 했습니다.

끝으로 이 연구의 필요성을 인지하고 연구 수행을 결정하여 성공적 연구 수행을 할 수 있도록 적극 지원해 주신 한국행정연구원 이은재 원장님과 관계자 여러분께 깊이 감사를 드립니다.

2013년 5월

대표 집필자 황윤원

# 차 례

## 제 4 편 인도네시아의 공공정책

# 제 1 편

# 총론 : 연구의 필요성과 범위

# 제 1 장 연구의 필요성과 목적*

## 제 1 절 연구의 필요성

우리는 이제 명실상부한 글로벌 시대에 살고 있다. 상업제품뿐만 아니라 정부의 제도나 정책도 물리적 국경선을 자유롭게 넘나들어 국가 간 비교 우위만이 세계적 경쟁력을 담보할 수 있는 글로벌 체제 속에 살고 있다. 이 점에서 우리나라 정부의 경쟁력을 높이기 위해서는 주요 국가들의 행정 체제 및 공공정책을 연구하여 이를 벤치마킹할 필요성이 증대하고 있다. 그러므로 세계 주요국에 대한 비교 및 지역 연구는 그 어느 때보다 더 절실하다고 할 수 있다. 그동안 행정 및 정책에 대한 비교 및 지역 연구는 주로 서구 선진국들을 중심으로 이루어져 왔다는 점에서 우리나라와 지리적·문화적으로 유사한 주변 인접 국가들에 대한 연구의 필요성은 더욱 늘어나고 있다.

이 책은 아시아의 신흥 경제대국이면서 ASEAN의 리더 국가인 인도네시아 정부에 대한 종합적 연구를 통해 우리나라의 전략적 파트너로서의 인도네시아 정부에 대한 행정과 공공정책을 연구하고자 한다. 이를 통해 인도네시아 정부의 행정과 공공정책으로부터 시사점을 찾아내고자 한다. 특히 인도네시아 행정과 공공정책이 지닌 특수성과 보편성을 탐색하여 우리에게 적용 및 개선 가능한 대안을 이론과 실무 차원에서 모색할 수 있는 계기를 마련할 수 있다고 본다.

인도네시아는 종족, 언어, 문화의 이질성과 도서국가가 지닌 다양성을 지닌 국가로서 '다

* 제1편은 황윤원 교수가 집필했다.

양성 속의 통합'을 추구하는 국가이다. 이 점은 최근 우리나라가 통합의 국가 목표를 지향하고 있다는 점에서 많은 정책적 시사점을 얻을 수 있을 것이다. 우리나라는 인도네시아와 1966년 영사 관계를 수립한 이래, 지속적 외교 관계를 통해 유대를 강화시켜 왔다. 최근에는 세계 투자은행들이 경쟁적으로 투자 의지를 보여주고 있는 경제적 가능성도 높은 국가이다. 특히 인구가 2억 5천만 명이라는 거대한 내수시장과 풍부한 천연자원을 보유하고 있다는 점과 비약적 경제 성장을 지속하고 있다는 점에서 우리와 경제 협력 파트너로서의 매력도 지닌 국가이다. 또한 우리나라와는 전략적 동반자 관계를 수립하여 지속적으로 정치, 경제, 사회, 문화 등 각 분야에서 협력을 확대시켜 가고 있기 때문에 인도네시아의 행정과 공공정책 연구는 시의성에서도 그 중요성을 충분히 인정할 수 있다.

이와같이 인도네시아의 행정 및 공공정책 연구는 크게 학술적 연구와 실무적 연구 필요성을 동시에 지니고 있다. 인도네시아를 집중적으로 연구함으로써 동남아시아 지역에 대한 전반적 이해를 높일 수 있는 지역 연구로서 학술적 가치를 갖는다. 인도네시아는 동남아시아에서 중심적 역할을 하고 있기 때문이다. 인도네시아 행정 및 공공정책에 대한 연구는 우리나라 및 여타 국가와의 비교연구에도 한 축을 제공할 수 있다. 비교연구의 필요성뿐만 아니라, 행정학 이론의 일반화나 객관화에서도 인도네시아 행정연구는 중요한 자료를 제공할 수 있다. 나아가 인도네시아에 대한 행정 및 공공정책 환경연구를 비롯한 행정 체제와 행정 과정, 분야별 공공정책 연구의 결과는 행정과 정책 과정 전반에 필요한 실무적 가치에서도 그 유용성을 인정할 수 있다. 특히 분야별 정책연구를 통해 우리나라가 인도네시아와 전략적 협력 관계를 유지해 나가는 과정에서 필요한 다양한 정책정보를 제공받기 때문이다. 따라서 인도네시아 행정 및 공공정책 연구는 시의성, 학술성 및 실무적 가치에서 그 필요성이 절실하다고 판단된다.

## 제 2 절 연구의 목적

이 책은 한국행정연구원 '비교 및 지역연구 총서' 개발사업의 하나이다. 이 사업은 2008년에 시작되어 현재까지 지속적으로 수행되고 있으며, 세계 주요 국가의 행정환경, 행정 체제 및 공공정책에 대한 비교연구를 통해 우리나라 정부와 학계에 기여하고자 함에 목적을 두고 있다. 이 점에서 인도네시아 행정 및 공공정책 연구도 궁극적으로는 동일한 목적을 지니고 있다. 즉, 인도네시아 정부의 행정제도와 공공정책을 연구함으로써 우리나라 정부가 활용할 수 있는 대안이나 전략을 탐색할 수 있도록 하고자 하는 것이다. 특히 지금까지 많은 지역 연구나 비교연구가 선진국 위주로 이루어져 왔다는 점을 고려, 인도네시아와 같은 개발도상국에 대한 집중 연구를 통해 우리나라 행정이론과 실무에 필요한 추가적 정보를 얻을 수 있는 기회를 제공받는다는 점도 그러하다. 다만, 이 책은 인도네시아에 대한 지역 연구 및 비교연구로서 인도네시아에 대한 집중 연구서라는 점에서 다음과 같은 구체적 목적을 지니고 있다.

첫째, 이 연구는 우리나라의 주변 인접국이면서도 세계적 관심이나 우리나라의 관심을 크게 끌지 못했던 인도네시아에 대해 전반적으로 이해를 높일 수 있는 계기를 마련할 수 있다. 인도네시아는 사회문화적으로 매우 독특한 국가이다. 인구 규모에서 세계 4위이며, 300여개의 종족에 700개 언어를 사용하고 있다. 1,800여개의 섬으로 이루어진 도서국가이며, 이 중 유인도가 6천 여개가 이르며, 190만 평방미터의 면적은 세계에서 15번째로 넓은 나라이다. 제2차 세계대전 이후 신생 독립국들이 나타나기 시작한 1950년대에는 반둥회의를 통해 비동맹운동(NAM) 연합 설립의 주도국으로서 국제적 위상을 높였으며, ASEAN의 설립을 이끈 동남아의 중심국이며, 동남아 회교의 중심국이기도 하다. 또한 최근에는 G20 국가에 포함되기도 하여 세계적 경쟁력이 급속도로 높아가고 있는 우리의 우방국이다. 또한 최근에는 우리나라에 인도네시아의 노동 인력이 대거 유입되고 있고, 풍부한 천연자연을 우리나라에 대량 수출하여 명실상부한 우리의 정치경제적 전략적 파트너 국가이다. 그럼에도 불구하고 우리나라에서는 인도네시아에 대한 관심이 매우 낮은 편이라는 점에서 이 연구는 인도네시아에 대한 전반적 이해에 도움을 줄 수 있다고 본다.

둘째, 이 연구는 인도네시아가 지닌 특수성을 고려하여 행정의 다양성과 행정이론의 보편성을 서구 선진국 중심에서 벗어나 좀 더 다각적으로 접근할 수 있는 계기를 마련할 수 있다. 현대 행정학 이론의 발전이 미국을 중심으로 이루어져 왔다는 점에서 우리나라 행정학의 제반 이론은 서구적 가치에 근거한 효율성 중심의 이론이라고 할 수 있다. 1950년대에서 60년대에 들어와 짧은 기간이었지만 비교행정 이론이 동양의 가치에 근거한 경험이 있기는 하지만, 행정학 이론의 중심은 여전히 서구적 가치를 토대로 발전해 왔다. 이런 점에서 동양의 특수성이 가미된 행정학 이론의 개발이 필요하다는 점을 고려하면 인도네시아 행정연구는 우리나라 행정학 연구의 지평 확대에 도움을 줄 수 있다고 본다.

셋째, 이 연구는 우리나라 행정이 추구하는 새로운 시대의 목표 수립과 집행에 필요한 추가적 정보를 인도네시아와 같은 독특한 경험을 통해 획득할 수 있는 계기가 될 수 있다.

예를 들면, 인도네시아는 판차실라(Pancasila)의 헌법 정신을 바탕으로 '다양성 속의 통합'을 추구하는 국가이다. 종족 · 언어 · 문화의 이질성과 도서국가의 특성으로 국가 통합이 어렵기 때문에 국민 통합이 중시되는 정책을 지향하는 국가이다. 이는 우리나라가 현재 겪고 있는 통합 국가정책 방향에 대한 시사점을 보여줄 수 있을 것이다. 또한 우리나라가 국가 발전 초기에 경제기획원(EPB)을 중심으로 강력한 정부 주도의 경제 개발을 추진했던 것처럼 인도네시아도 국가개발계획청(BAPPENAS)의 주도로 국가 발전 정책을 추진해 왔다는 점이 유사하다. 그러나 결과는 우리나라와 상당히 차이가 있는 바, 이에 대한 경험을 비교하여 향후 국가발전전략 수립과 집행에 교훈으로 삼을 수도 있다고 본다.

# 제 2 장 연구의 범위 및 방법

## 제 1 절 연구 범위

이 책의 연구 범위는 크게 공간적 범위와 시간적 범위로 나누어 볼 수 있다. 먼저 인도네시아 행정과 공공정책 연구의 공간적 범위는 크게 세 가지로 나눌 수 있다.

첫째, 인도네시아 정부의 행정환경에 대해 연구한다. 여기서는 인도네시아의 행정과 공공정책의 가장 본원적인 환경으로 볼 수 있는 인문·사회적 환경, 헌법 및 법률적 기반 등 법률적 인프라가 행정에 미치는 환경 및 구체적으로 행정과 공공정책에 가장 밀접하게 영향을 미칠 수 있는 정치 체제 및 거버넌스 환경을 분석한다. 인문·사회적 환경분석에서는 인도네시아의 역사, 지리, 사회문화적 여건 및 정치적 환경에 대해 심층적으로 분석한다. 헌법 및 법률적 기반에서는 헌법의 정신과 헌법의 체계, 행정법 체계, 행정사법제도 등에 대해 살펴본다. 정치 체제 및 거버넌스 환경분석에서는 국가 형태, 정치제도 및 정치 과정, 정부-기업-시민사회의 관계 등에 대해 살펴본다.

둘째, 인도네시아의 행정 체제와 과정에 대해 살펴본다. 인도네시아의 행정 체계와 과정을 이해하기 위해서는 행정조직, 행정문화, 인적자원관리, 예산과 재정, 정부 간 관계, 전자정부와 행정개혁 및 반부패 등에 대해 연구한다. 또한 인도네시아의 행정 과정을 이해하기 위해서는 행정제도와 절차 및 정부개혁의 방향 등에 대해 살펴본다.

셋째, 인도네시아의 행정 수요를 이해하기 위한 주요 공공정책에 대해 살펴본다. 인도네시아의 행정환경과 행정 수요의 변화를 이해할 수 있는 대표적 척도인 주요 공공정책과 공공정책 과정에 대한 연구를 통해 인도네시아 정부가 중점을 두고 있는 국가사업과 정책 등에 대한 이해를 높이고자 한다. 이를 위해 인도네시아 정부가 추진하고 있는 외교 및 안보정책, 경제개발정책, 그리고 교육 및 사회정책 등을 중점적으로 분석한다.

인도네시아 행정과 공공정책의 시간적 연구 범위는 현재에 초점을 맞춘다. 물론 과거부터 현재까지 지속적으로 영향을 주고 있는 행정환경, 행정제도 및 정책 등은 연구의 범위에 포함시킬 뿐만 아니라, 과거와 현재를 바탕으로 추정할 수 있는 미래의 행정 및 정책 방향까지도 연구 범위에 포함시킨다. 이는 문화나 제도의 연구에서 흔히 활용되는 횡단 연구(cross-sectional study)의 한계점 극복을 위한 종단 연구(longitudinal study)의 일부 활용 방식으로 볼 수 있으며, 이 연구도 이에 해당된다.

인도네시아 행정 및 공공정책 연구의 분석 수준은 기본적으로 거시(macro)-중범위(meso)-미시(micro) 차원을 동시에 시도한다. 행정학에 대한 이론 연구는 객관성과 적실성 확보를 위해 가능하면 모든 수준의 분석을 시도하는 것이 당연하다. 이 연구도 거시적 수준에서는 인도네시아의 행정 및 공공정책 환경분석을 통해 인문・사회적 환경분석, 헌법 및 법률적 기반, 정치 체제 및 거버넌스 구조 등을 분석한다. 행정 체제와 행정과정 분석에서는 행정조직 및 행정문화와 같은 중범위 차원으로, 공무원조직, 예산제도, 정부간 관계(IGR), 전자정부, 행정통제에서는 중범위 및 미시적 차원의 분석을 병행한다. 인도네시아의 공공정책 분석에서는 정책 과정(policy process)을 분석하기 위해 필요한 정책문화와 같은 요인은 거시적 분석으로, 외교・안보정책, 경제・산업・과학기술정책, 보건・복지・환경정책 및 교육・문화정책 등 각 분야별 정책에서는 정책 형성에서 정책평가에 이르기까지 다양한 정책 주체나 구체적 정책 도구 등 중범위 및 미시적 차원의 분석을 동시에 활용한다.

## 제 2 절 연구 방법

인도네시아 행정 및 공공정책 연구의 방법은 다음과 같은 특징으로 요약할 수 있다.

첫째, 이 책은 기존의 통계자료나 기초 정보를 지닌 자료와 문헌을 바탕으로 연구하는 문헌 연구이다. 인도네시아 행정과 공공정책에 대한 연구는 구체적 현장정보를 바탕으로 통계분석(statistical analysis)이나 면접, 우편, 전화 등을 통한 서베이 연구(survey research)

를 수행하는 것이 좋겠지만, 연구의 시간상 · 예산상의 제약으로 불가피하게 발표된 문헌을 활용하는 문헌 연구에 치중한다. 대표적 문헌들로는 기존에 발간된 인도네시아 행정과 정책에 관련된 책자, 학술지, 그리고 언론자료 등이며, 현 시점에서의 인도네시아 행정제도와 정책을 이해하기 위해서는 인도네시아 정부와 OECD 등 국제기관이 제공하는 주요 웹사이트의 자료가 중심이 된다.

둘째, 연구의 특성상 이 책은 주로 인도네시아의 행정 및 공공정책에 대한 실태조사 혹은 현황조사와 같은 단순한 기술적 연구(descriptive research)에 한정한다. 물론 인과 관계(causality)를 추정할 필요성이 있어서 설명적 연구(explanatory research)를 수행해야 하는 경우에도 불가피하게 이미 연구된 2차 정보를 중심으로 접근한다. 처방적 연구(prescriptive research)의 성격이 전혀 없지는 않지만, 어디까지나 1차 연구자의 결론을 바탕으로 한 2차 정보를 인용하는 데에 한정시키고자 한다.

셋째, 이 책은 가치 중립적 연구 접근법을 채택한다. 인도네시아의 행정과 공공정책에 대한 체계적인 연구가 활발히 이루어지지 않고 있다는 점을 고려해 볼 때, 비교분석하는 과정에서 주관적 견해나 선입견 등이 포함되어 연구의 목적에 위배되지 않도록 하기 위해 가능하면 가치 중립적 입장을 견지한다. 특히 특정 정책 사안에 대해서도 연구자의 주관적 해명은 최소한에 그치고, 가능하면 객관적으로 입증된 자료들을 중심으로 행정학 이론의 객관화에 충실한다.

넷째, 이 책은 면접 자료를 통한 내용분석(content analysis)도 추가적으로 활용한다. 특히 연구자의 지식 부족으로 기술이 어려운 경우나 객관적 자료를 획득하기 어려운 문제가 제기될 경우에는 관련 주제에 대해 전문 식견을 지닌 교수, 국책연구기관 또는 민간연구기관의 전문가, 주한 인도네시아대사관 또는 주 인도네시아 한국대사관 임직원, 인도네시아 관련 전문가 등과 면접 및 토론을 통해 관련 정보를 수집하여 분석에 활용한다. 이 연구에 활용된 면접 대상자들로는 전 인도네시아 한국 대사, 주동티모르 한국 대사, 자카르타 소재 기업인, 주한 인도네시아 관광청 직원 및 학계 전문가 등이 그 대표적 사례이다.

# 제 3 장 연구 기대 성과

## 제 1 절 연구의 목적과 필요성

이 책이 기대하는 성과로는 크게 두 가지로 나누어 볼 수 있다.

첫째, 이 책은 우리나라 행정학 연구의 새로운 패러다임을 제공한다. 지금까지 대부분의 연구가 서구 선진국의 관점에서 접근하고 있다는 점은 부인하기 어렵다. 이는 현대 행정학 이론의 출발이 미국에서 시작되었다는 점에서 알 수 있다. 또한 최근 행정학의 연구는 주로 영미법계 국가들이 취하고 있는 신자유주의(neo-liberalism)에 기초한 연구가 중심이 되어 오고 있다는 점에서도 그러하다. 그리하여 마치 '작은 정부가 최선의 정부'로 오해받는 실정에까지 이르고 있다. 스미스(A. Smith)의 '작은 정부론'과 하이에크(F. Hayek)의 '작은 정부론'이 그 중심에 있고, 서구 선진국의 정부개혁모델이 벤치마킹의 선두에 서 있다. 이제 우리나라 행정학 연구의 패러다임은 이러한 고정 관념(stereo-typed)에서 벗어나야 할 때가 되었다고 전제할 때, 인도네시아 행정 및 공공정책 연구는 우리나라가 벤치마킹할 수 있는 또 하나의 패러다임으로서 활용할 수 있다고 본다. 인도네시아 행정과 공공정책의 성공으로부터의 교훈이 되기는 어렵더라도 실패로부터의 교훈은 가능하다는 판단 때문이다.

둘째, 이 책은 우리나라와 인도네시아 간 행정 및 학술 교류의 교두보가 될 수 있다. 지금까지 우리나라와 인도네시아 간에는 행정학의 학술 교류나 정부의 행정 교류에서 협력적 교류가 적었다. 실무 차원에서 중앙공무원교육원, 지방행정연수원 등에서 국제협력단(KOICA)의 자금으로 공무원 연수 프로그램이 있어 오긴 했지만, 이는 어디까지나 우리나라가 인도네시아에 일방적으로 지원하는 행정 지원 사업에 지나지 않았다. 최근에는 한국-인도네시아 학자들 간 협력 연구가 늘어나고 있기는 하지만, 이 연구의 결과물이 원활하게 관련 학자들이나 공직사회에 공급되면 한-인도네시아 간 학술 교류 및 행정 교류가 더욱 활발해질 수 있는 계기가 만들어질 수 있다.

# 제 2 편 인도네시아의 행정환경

제1장 인문·사회적 환경
제2장 헌법 및 법률적 기반
제3장 정치 체제 및 거버넌스

# 제 1 장 인문 · 사회적 환경*

## 제 1 절 서론

인도네시아는 그 지리적인 광범위성과 함께 그에 따르는 다양성으로 정의할 수 있는 국가이다. 지리적으로는 태평양과 인도양 사이에 위치한 도서국가로서 약 17,508개의 섬[1]으로 구성되어 있으며, 전체 면적은 약 190만m²로 세계에서 15번째에 해당한다. 총 인구는 약 2억 4천 5백만 명으로 세계 4위 규모이며 약 300여 종족이 전 지역에 걸쳐 분포하고 있는 다민족 국가이다. 두 대양의 사이에 위치한 까닭에 과거부터 인도, 아랍, 중국, 유럽의 영향을 수세기 동안 받으며 힌두, 불교, 이슬람, 기독교 등으로부터 이어받은 문화적 다양성도 풍부하게 보유하고 있다.

인도네시아는 국제 관계에서도 적지 않은 영향력을 행사하고 있다. 제2차 세계대전 이후 신생 독립국들이 나타나기 시작한 1950년대에는 인도, 유고슬라비아, 이집트와 함께 비동맹운동(NAM)을 이끌며 제3세계 국가들과의 관계를 주도했다. ASEAN의 설립을 이끌며 동남아시아 지역에서도 정치력을 유지하고 있다. 최근에는 1990년대 말 수하르토(Suharto) 정권 붕괴 이후의 정치적 · 경제적 위기를 극복하고 G20 국가에 포함되는 등 국가의 위상이 향상되고 있다.

인도네시아가 가진 이러한 기회 요인들과 국제적 영향력은 최근 민관 모두에서 한 · 인니

* 이 장은 이종선 이사가 집필했다.

1) 이 중 사람이 거주하고 있는 섬은 약 6,000개 정도로 알려져 있다.

간 관계 강화를 충분히 설명해 준다. 1973년 양국 간 공식 수교 체결 이후 2006년 양국은 전략적 동반자 관계를 수립하며 정치경제력 협력의 수준을 공식적으로 격상시켰다. 민간 차원에서도 최근 포스코, 한국타이어 등 대기업의 대규모 현지 투자뿐 아니라 중소기업의 진출도 점차 활성화되고 있는 실정이다.

이 장에서는 국제적인 측면에서뿐만 아니라 양자 관계 측면에서도 급속히 그 중요도가 높아지고 있는 인도네시아에 대한 기본적인 이해를 넓히고자 한다. 이를 위해 우선 인도네시아의 광범위성과 다양성의 바탕이 되는 역사, 지리 및 문화 등 인문·사회적 환경을 조명할 것이다. 아울러 이에 따르는 현대 인도네시아의 현황을 설명하고, 한-인니 양자 관계의 발전에 대해서도 간략하게 살펴볼 것이다.

## 제 2 절 역사적 배경

인도네시아의 다양성은 약 170만 년 전 자바원인으로 알려진 인류가 거주하기 시작한 이래로 태평양과 인도양을 잇는 도서국가로서의 특징이 역사적으로 반영된 것에 기인한다. 인도네시아는 고대 시대부터 힌두문화, 불교문화, 이슬람문화 등이 지속적으로 유입되었으며 근대에는 독립 이전까지 유럽 열강과 일본 세력에 의한 식민 지배를 경험했다. 이 절에서는 이러한 인도네시아의 역사를 문화적 영향력에 따라 고대부터 중세 초기까지 힌두불교문화 시기, 중세 이슬람 문화 시기, 그리고 근대 식민 지배 시기로 구분하여 기술하고자 한다.

가장 처음 인도네시아에 영향을 미친 것은 인도로부터 유입된 힌두교와 불교문화였다. 인도의 힌두와 불교문화는 15세기경까지 인도네시아에 지속적인 영향을 미쳤다. 이 문화는 고대 인도양을 통한 무역이 번성할 당시 인도의 무역상을 통해 처음으로 인도네시아로 유입되었다는 견해가 있다. 혹자는 당시 인도가 엄격한 카스트 사회로서 무역상 등이 속한 하층계급은 문화적으로도 분리되어 있었기 때문에 무역상을 통한 문화의 전파보다는 브라만 계급과 같은 상급 종교계층에 의한 전파를 주장하기도 한다(Frederik & Worden, 1993). 어떠한 경로로든 인도의 제사 의식, 산스크리트어 등이 인도네시아 내로 전파되어 부족장의 권위를 강화하는 데 활용되거나, 과학·문화·정치·종교와 관련된 많은 고대 문헌이 생산되는 데 영향을 미치게 되었다.

한 가지 특이할 만한 점은 인도네시아의 토착 지배계층에 의해 수용된 문화는 남아시아 내륙지방의 문화였으나, 카스트 제도나 여성 격하 등과 같은 차별적 문화 요소는 영향력을 미치지 않았다는 점이다. 이는 인도네시아가 당시 외부에서 유입된 모든 문화를 그대로 받아들이지 않고 변화시켜 수용했기 때문으로 볼 수 있다(Frederik & Worden, 1993).

힌두 불교문화를 배경으로 처음으로 출현한 나라는 7세기경 동부 수마트라 팔렘방(Palembang) 지역을 거점으로 한 스리위자야(Srivijaya) 왕국이다. 스리위자야 왕국은 수마트라와 서부 자바, 말레이반도의 대부분을 차지했으며, 해당 지역의 무역에 영향력을 행사하며 13세기까지 견고하게 유지되었다. 중부 자바에서는 8세기경 힌두교를 기반으로 한 마타람(Mataram) 왕국과 바로 뒤이어 불교문화에 바탕을 둔 사일렌드라(Sailendra) 왕국이 등장했다.[2] 11세기에는 동부 자바에서 스리위자야 왕국에 필적할 만한 케디리(Kediri) 왕국이 출현했다. 케디리 왕국은 인도양을 이용하여 지중해 국가들과 향신료 무역을 했으며, 이로 인해 서구에는 향신료 섬(또는 몰루카스 섬)으로 알려지게 되었다.

자바 지역의 힌두 불교문화 황금기는 13세기부터 14세기까지라 할 수 있다. 당시 인도네시아에 침입한 몽골 세력을 물러나게 하고 마자파히트(Majapahit) 왕국이 세워졌다. 약 60년 동안 왕국의 세력은 인도네시아 대부분의 섬과 말레이반도의 일부 지역까지 확장되었는데, 모든 지역을 직접적으로 통치하기보다 조공 관계를 통해 지배력을 행사하는 방식을 택했다. 마자파히트 왕국은 현대 인도네시아 영토의 대부분에 이르는 지역을 아우를 만큼 강성한 세력을 자랑했다. 그러나 14세기 말부터 왕위 계승 문제로 인한 내분과 이슬람을 받아들인 믈라카(Melaka) 왕국[3]과의 말레이 무역로 경쟁에서 밀리면서 점차 그 영향력이 쇠퇴했다. 결국 무슬림 국가인 드막(Demak)[4] 왕국과의 전쟁 결과 마자파히트 왕국은 동부 지역의 극히 일부분만이 남게 되었으며, 1520년에서 1530년경 멸망한 것으로 기록되어 있다.

다음으로 인도네시아에서 이슬람 문화는 힌두 불교문화와 마찬가지로 인도양을 통한 무역의 영향으로 전파되기 시작했다. 인도네시아에서 이슬람 문화가 확산되기 시작한 것은 믈라카 왕국에 의해서였다.

믈라카 왕국은 항구도시를 중심으로 15세기 동안 말라카 해협 주변 무역을 주도했는데,

---

2) 프람파난 사원(마타람 왕국), 보로부두르 사원(사일렌드라 왕국)과 같은 큰 규모의 건축물들이 축조된 것이 바로 이 시기이다.

3) 믈라카 왕국은 스리위자야 왕국의 후손인 파라메시와라(Paramesywara)가 마자파히트 왕국의 침입을 피해 말레이반도를 전전하던 중, 1402년 경 믈라카 해협에 살던 주민들의 도움을 받아 건국한 국가로 알려져 있다.

4) 드막 왕국은 현재의 드막 시가 있는 자바 섬 북부 해안에 15세기 말 설립된 이슬람 왕국으로 16세기 중반까지 이어졌다.

이 왕국의 무역선들에 의해 상당한 이슬람 문화가 인도네시아로 유입되었다. 이슬람으로의 개종이 우선적으로 이루어진 곳은 파시시르(Pasisir, 자바어로 '해안'이라는 뜻)라고 불리는 북부 연안 지역이다. 포르투갈 연대기 작가인 토메 피레스(Tome Pires)에 따르면 수마트라 대부분의 지역이 이 시기 무슬림이었다고 한다.

한편, 16세기 초에는 아체(Aceh) 왕국이 수마트라 서부 끝에서 출현했는데, 이슬람을 강력하게 추종했다. 그러나 이슬람교의 영향이 전체적으로 확산되었다고는 볼 수 없다. 토메 피레스에 따르면, 수마트라 북단의 아체에서 팔렘방까지 동부 해안의 통치자들은 대부분 무슬림이었으나, 팔렘방 남쪽과 수마트라 서쪽 해안은 비이슬람권이었다. 또한 통치자들은 이슬람교를 받아들인 반면, 국민들은 아직도 힌두, 불교의 영향을 받고 있었다.

인도네시아 동부의 이슬람화는 16세기와 17세기에 걸쳐 이루어졌다.[5] 말루쿠(Maluku) 지역 도서국가로 있던 트르나테(Ternate)와 티도레(Tidore)에는 이슬람 술탄국이 있었으며, 반다 섬(Banda Islands)에는 이슬람 상인들도 정착해 있었다. 1605년에는 남부 술라웨시에 위치한 고와(Gowa) 왕국의 왕이 이슬람으로 개종하고 주변 통치자들에게 이슬람을 전파했다. 이슬람 선교사들은 17세기 말까지 자바 북부 연안에서부터 롬복, 술라웨시, 칼리만탄 등지까지 포교활동을 벌여나갔다. 중부 자바의 경우 이슬람의 전파는 17세기 초 이 지역에서 가장 강력했던 마타람 왕국[6]에 의해 진행되었다. 마타람 왕국의 지도자들은 그레식(Gresik)과 같은 파시시르 지역의 이슬람 국가들과 친분 관계를 유지했다. 또한, 이슬람이 왕국의 주민들을 통제하기 위한 수단으로 사용될 수 있을 것으로 판단하여 이슬람 학교와 공동체가 들어서는 것을 용인했다. 그러나 무슬림들은 종종 왕국에 적대적이어서 공공연하게 탄압을 받기도 했다. 마타람 왕국의 3대 왕인 술탄 아궁 재위 기간(1613~46) 동안 왕국은 동부 자바 대부분까지 정복했다. 그는 힌두 불교문화 전통이나 자바 왕가의 애니미즘적 전통을 유지한 채로 1641년 메카로부터 술탄의 칭호를 받았다.

인도네시아의 이슬람화는 오랜 시일에 걸쳐 복잡한 과정을 통해 이루어졌다. 이는 고대 자바 문명의 영향력이 인도네시아에서 오랫동안 유지되었기 때문이기도 했고, 강력한 왕국들이 서로 고립된 위치에서 발전하여 이슬람의 영향력이 한꺼번에 확산되기 어렵기 때문이기도 했다.

인도네시아가 서구와 접촉하고 식민지 시대가 시작된 것은 포르투갈과의 접촉이 최초였다.[7] 그러나 포르투갈은 국가의 한정적인 재원과 적은 노동력, 원주민에 대한 야만적인 처

---

5) 이 시기 이슬람교의 전파는 포르투갈 및 다른 서구 선교사들의 기독교 선교와 충돌했다.
6) 힌두 불교문화를 기반으로 했던 고대의 마타람 왕국과 구분해야 한다.

우 등으로 단명했다.[8] 본격적인 식민지 시대는 1602년 네덜란드가 동인도회사를 설립하면서부터이다. 네덜란드는 동인도회사의 성공 여부를 바타비아(현 자카르타)에 있는 무역거점을 안정적으로 확보할 수 있느냐에 달려 있는 것으로 보았다. 이를 목적으로 동인도회사는 자바 지역의 내정에 개입했다.

당초 동인도회사는 이권을 위해 단순히 해안 요새를 거점으로 해상 무역로를 보호하기만 하면 충분한 것으로 판단했다. 그러나 17세기에서 18세기를 거치면서, 이권을 안정적으로 보호하기 위해서는 자바 지역의 정치적 불안정성을 해결하고 군대를 모으는 한편, 지배자들 및 주민들로부터 조세를 거두는 것이 필요하다는 것을 인식하게 되었다. 이에 네덜란드는 17세기 자바 지역에서 가장 강력한 국가였던 마타람 왕국과 충돌했으며, 18세기 중반까지 인도네시아 내부 정치에 개입하며 마타람 세력을 약화시키고 영향력을 점차 확산시켜 나갔다. 그러나 이러한 정치력 행사를 위한 재정 투입, 동인도회사의 무능력과 같은 내부적인 문제 등이 함께 어우러져 결국 동인도회사는 파산했다. 이 시기 인도네시아는 잠시 영국 세력의 지배가 있었으나 1816년부터 다시 네덜란드 지배하에 들어가게 되었다.

네덜란드는 이후 동인도회사를 통한 지배에서 네덜란드 정부에 의한 직접 지배로 전환하여 인도네시아를 완전히 식민지화했으며, 수마트라와 동부 도서 지역까지 그 식민정부 세력을 확장했다. 이 시기에 현대 인도네시아 영토의 대부분이 확정되었으며, 정치적·군사적·경제적 의미의 통합이 이루어졌다.

식민지 시대 동안 인도네시아의 독립운동은 비록 내부적으로는 정치적·사회적 분파가 갈라져 있었으나 전반적으로 단합되어 이루어졌다. 특히 독립에 대한 인식은 20세기 초부터 점진적으로 나타나기 시작했으며, 1930년대를 거쳐 일본 점령기인 1940년대에 이데올로기적인 면에서나 제도적인 면에서 활기차게 전개되었다.

수카르노(Achmed Sukarno)가 부상하기 시작한 것은 1920년대였다. 수카르노는 1927년 인도네시아 민족주의연합(Indonesian Nationalist Union)을 조직했고, 1928년 이것은 인도네시아민족주의당(Indonesian Nationalist Party: PNI)이 되었다. PNI는 대중 조직화, 식민정부와의 비협력, 당의 최종 목표가 독립임을 강조했다. 기존의 민족주의 지도자들과는 달리 수카르노는 자바적 전통과 이슬람, 그리고 마르크스사회주의를 융합시켜 마르하에니즘(Marhaenism)이라 불리는 이데올로기를 만들었다. 이는 초기 식민지 수탈로 빈곤해진 대중

7) 포르투갈인 프란시스코 세라오가 이끄는 무역상단이 육두구(조미료), 정향(향료), 자바 후추 등의 무역을 독점하기 위해 말루쿠에 온 것이 최초이다.
8) 동티모르는 1976년 인도네시아로 공식 편입되기 전까지 포르투갈령이었다.

에 대한 포용과 유럽과 미국 시장으로부터의 경제적 독립이라는 가치를 표방했다. 1933년경 마르하에니즘이 완성될 시기에 이 이념은 사민주의와 독립 투쟁의 개념과 유사한 성격을 갖게 되었다.

수카르노는 네덜란드의 독립운동 억압으로 1929년 12월 체포되어 반정부 선동죄로 재판에 넘겨져 4년 동안 수감되었다. 그는 2년 후 감형되었으나 다시 체포되어 플로레스 섬으로 유배되었고, 이후 다시 수마트라의 벵쿨루(Bengkulu)시로 이송되었다. 이후 1931년에는 남아 있는 PNI 세력이 모두 와해되었다. PNI를 대체하기 위해 인도네시아당(Partindo)이 창립되었고, 수카르노를 비롯한 많은 사람이 동조했다. 그러나 이 역시 1934년 네덜란드에 의해 해체되었다. 그러나 일본이 1942년 인도네시아를 점령했을 때 수카르노는 다시 정계에 복귀하여 독립 투쟁에 주도적인 역할을 했다. 결국 1945년 8월 일본의 항복 이후 민족주의자인 수카르노가 독립을 선포했으며 대통령으로 임명되었다. 네덜란드는 이때까지도 인도네시아를 다시 지배하려고 시도했으나 결국 1949년 12월 국제 사회의 압력에 밀려 인도네시아의 독립을 공식적으로 인정했다.[9)]

지금까지 고대부터 식민지 시대에 걸친 인도네시아의 역사를 간단하게 알아보았다. 태평양과 인도양 사이의 무역로에 위치한 도서국가로 발전한 탓에 인도네시아의 종족적 · 종교적 다양성은 필연적이라는 것을 확인할 수 있었다. 이러한 다양성의 조정과 통합의 문제는 인도네시아에 접근할 때 반드시 고려해야 할 점이라는 것이 역사를 통해서도 드러난다고 볼 수 있다.

## 제 3 절 지리적 환경

### 1 위치 및 지형

인도네시아는 지역적으로는 동남아시아에 속하며 태평양과 인도양을 연결하는 요충지에 있는 도서국가로서 동서로는 5,120km, 남북으로는 1,760km에 이를 만큼 광범위한 영역을 국토로 하고 있다. 전체적으로 17,508개의 섬으로 구성되어 있고 이 중 인간이 거주하는 섬

9) 네덜란드령 서부뉴기니는 1962년에 와서야 인도네시아로 공식 편입되었다.

**그림 1-1** 인도네시아 지도

은 6,000개로 알려져 있다.

인도네시아의 국토는 크게 수마트라, 자바, 칼리만탄, 술라웨시, 뉴기니(이리안 자야) 등 5개의 큰 섬과 누사 텡가라(Nusa Tenggara) 제도와 말루쿠 제도(Maluku Islands)[10]로 불리는 2개의 군도, 그리고 60개의 소군도 등으로 나뉜다. 4개 섬은 다른 국가와 국토가 접해 있는데, 칼리만탄 섬은 말레이시아 및 브루나이와 세바틱 섬(Sebatik Island)[11]은 말레이시아와, 티모르 섬은 동티모르와, 뉴기니는 파푸아 뉴기니와 각각 국경선이 접해 있다.

수마트라 섬, 자바 섬, 칼리만탄 섬은 순다 대륙붕(Sunda Shelf)에 위치해 있으며, 술라웨시 섬과 함께 대순다 제도(Greater Sunda Islands)라 불린다. 인도네시아 동부에 있는 서뉴

10) 누사 텡가라 제도는 롬복 섬과 숨바와 섬을 중심으로 흩어져 있는 약 100개의 작은 섬이 있는 지역을 말하며 소순다 제도(Lesser Sunda Islands)라고도 한다. 말루쿠 제도는 술라웨시 섬과 뉴기니 섬의 사이에 위치해 있고, 대부분이 산악지대로 습한 기후를 나타내고 있으며, 몰루카스(Moluccas)라고도 알려져 있다.

11) 칼리만탄 섬에서 동쪽으로 1km 떨어져 위치한 면적 452·2km$^2$의 작은 섬으로 약 8만 명의 인구가 거주하고 있다.

기니는 사훌 대륙붕(Sahul Shelf)에 놓여 있다. 두 대륙붕 사이에 술라웨시 섬과 누사 텡가라 제도, 말루쿠 제도 등이 위치해 있다. 칼리만탄 섬은 세계에서 세 번째로 큰 섬으로 알려져 있다.

큰 섬들의 대부분에는 해발 3,000m에서 3,800m에 이르는 높은 산이 자리 잡고 있다. 인도네시아에서 가장 높은 산들은 파푸아의 자야위자야 산지(Jayawijaya mountains)와 수디르만 산맥(Sudirman Range)에 위치해 있다.

인도네시아는 환태평양 조산대에 속해 있어 지질 구조상 매우 불안정하다. 수마트라에서 반다 해에 걸쳐 분포되어 있는 400여 개에 이르는 화산들이 그 증거이며, 이 중 약 150개가 활화산이다. 가장 활동이 왕성한 화산은 자바 섬의 클루트 화산과 메라피 화산이다. 서기 1,000년 이후 클루트 화산은 30회 이상, 메라피 화산은 80회 이상 폭발한 것으로 기록되어 있다.[12)]

## 2 기후

인도네시아는 열대기후로 연중 일정한 기온을 유지한다. 해안 평야 지대는 28℃, 내륙 및 산지는 26℃, 고산 지대는 23℃의 온도를 평균적으로 나타낸다. 또한 일조 시간도 연중 일정하여 연중 작물 경작이 가능하다.

기후는 크게 건기와 우기로 나뉘는데 이는 계절풍과 관련이 깊다. 대개 건기는 6월에서 10월 동안 이어지는데 이 시기에는 오스트레일리아 대륙성 기단의 영향을 받으며, 우기는 11월부터 3월 동안의 기간으로 아시아태평양 해양성 기단의 영향을 받게 된다.

강수량 변화는 인도네시아의 지리 조건과 밀접한 관계가 있다. 일반적으로 인도네시아 서쪽과 북쪽 지역은 강수량이 높은데, 이는 이 지역의 계절풍이 강한 습기를 동반하기 때문이다. 서부 수마트라, 자바, 발리, 칼리만탄 내륙, 술라웨시와 뉴기니는 습윤 지역으로 연평균 2,000mm의 비가 내린다. 자카르타 인근 보고르(Bogor) 지역은 연평균 322회의 폭풍우로 전 세계에서 가장 높은 수치를 기록하기도 했다. 반면, 오스트레일리아와 가까운 누사 텡가라 제도와 동부 자바는 건조하며, 연 평균 1,000mm의 비가 내린다. 말루쿠 제도 남부 일부는 이 지역 특유의 바람의 영향으로 강수량을 예측하기 어렵다.

12) Global Volcano Program(https://www · volcano · si · edu/world)에서 발췌.

## 제 4 절 사회 · 문화적 여건

### 1 종족과 언어

인도네시아의 종족은 약 300개 정도가 있다고 알려져 있다. 이 중 자바족과 순다족이 각각 40.6%, 15%로 과반수를 차지하고, 그 다음으로 미낭카바우족, 브타위족, 부기족, 반튼족, 반자르족 등이 전체 인구의 2~3% 정도를 차지하고 있다. 인구의 다수를 차지하는 자바족은 자바 섬의 중부와 동부에 분포하며 자바어를 쓴다. 순다족은 지리적으로 서부 자바에 주로 분포하고 있다.

한편, 중국계 인도네시아인인 화교는 전체 인구의 3% 정도에 불과한 소수민족이다. 종족적으로 봤을 때 이들은 토착민이 아니라는 이유로 상업의 주도권을 가지고 있으면서도 정부와 사회로부터 공개적인 차별을 받아왔다는 점이 특징적이다. 이들은 1965년과 1998년에 일어난 폭동을 비롯하여 여러 폭력의 희생자가 되어 왔다. 또한 화교들은 수하르토 정권이 몰락하고 민주화가 되기 전까지 한자로 기록된 것을 소지할 수도 없었고, 한약을 먹을 수도 없었으며, 중국 문화를 보여주는 어떠한 행위도 금지되었고, 신분증에는 특별한 표시가 되어 있었다. 비록 현재는 대부분의 규제 조치들이 강제되지 않고 있으며, 남아 있는 것도 폐지될 예정이나 여전히 화교들에 대한 사회적 · 법적 차별은 상존하고 있다고 볼 수 있다(김재원, 2007).

인도네시아의 언어는 약 726개가 있다고 알려져 있다. 이 중 719개는 현재 쓰이고 있고, 2개는 제2외국어로만 활용되고 있으며, 5개의 언어는 쓰이지 않는다.[13] 이 중 가장 많이 쓰이는 것은 자바어로서 대략 7천 5백만이 사용하고 있으며, 그 다음으로는 순다어로 2천 7백만 정도가 사용한다. 이 외 마두라어, 마낭카바우어, 부기어, 반자어, 발리어, 아체어 등도 백만이 넘는 인구가 쓰고 있는 것으로 알려져 있다.

인도네시아는 이처럼 종족적 · 언어적으로 이질적이다. 이러한 이질성을 극복하고 사회를 통합하기 위한 조치로서 인도네시아 정부는 인구의 40% 이상이 쓰는 자바어가 아닌 말레이어 계통의 바하사 인도네시아(Bahasa Indonesia)어를 공용어로 채택했다.

---

13) http://www.ethonologue.com/show_country.asp?name=ID

이는 네덜란드에 대한 반식민 투쟁의 역사를 강조한다는 측면도 내포하고 있었다. 1928년에 "하나의 나라, 인도네시아"와 "통일된 언어를 구사하는 하나의 민족, 인도네시아 민족"임을 인식한다는 선언문이 만들어지게 된다. 일본 점령기(1942~1945) 동안에는 네덜란드어를 사용하는 것이 금지되어 인도네시아어만이 사용 가능했는데,[14] 이 시기에 인도네시아어가 단지 무역이나 행정에서만 사용되는 것이 아닌 교육과학 분야에도 사용될 수 있는 현대 언어로서 기능할 수 있도록 발전되었다.

##  판차실라(Pancasila): 다양성 속의 통합

인도네시아는 종족적·언어적·문화적 이질성과 도서국가가 갖는 특성상 많은 다양성을 보유하고 있으나, 이는 반대로 단일국가로서 필요한 통합에는 어려움이 있다는 것을 내포하고 있기도 하다. 판차실라는 이러한 인도네시아 사회의 다양성을 인정함과 동시에 국가적 통합을 이루기 위한 이데올로기적 수단이라 볼 수 있다.

판차실라는 다섯이라는 의미의 'Panca'와 원리를 뜻하는 'sila'의 복합어로서 인도네시아의 다섯 가지 건국 이념을 나타내고 있다. 판차실라의 정신은 1945년 공포된 '45년 헌법' 전문에 수록되어 오늘날까지 유지되고 있는 인도네시아 법과 정신의 근간이다.

판차실라는 초대 대통령인 수카르노에 의해 주창되고 이론적 체계가 완성되었으며, 수하르토 정권 때도 정권의 정통성을 지탱하는 수단으로 활용되면서 강조되었다. 판차실라의 주요 내용은 <표 1-1>과 같이 나타낼 수 있다.

판차실라의 정신은 인도네시아 민족주의와 종교적 다원주의 등에 영향을 미친다. 예를 들어, 인도네시아의 민족주의는 다양한 종족을 수용하는 것을 목표로 하는 것이지 자바 족과 같은 다수 종족으로의 동화를 추구하는 것은 아니다. 또한, 종교의 경우에도 인도네시아의 이슬람 정당들은 인도네시아를 신정국가 또는 정교일치 국가로 만드는 것을 공식적으로 포기했으며, 이슬람교가 국교가 아닌 여러 종교의 하나로서 존중받는 것에 공식적으로 만족하고 있다(김재원, 2007).[15]

---

14) 이때 당시까지도 인도네시아어는 말레이어로 불렸다.

15) 그럼에도 불구하고 종교 문제는 인도네시아의 가장 민감한 문제이다. 김재원(2007)은 이슬람이 인도네시아의 모든 주에서 절대 다수가 아니라는 점, 특히 기독교와 가톨릭 인구를 합친 인구가 이슬람 인구보다 많은 지역(말루쿠, 누사 텡가라, 티모르, 파푸아, 술라웨시 우타라)에서 종교 간 충돌이 빈번하다는 점을 언급한다.

표 1-1 판차실라 정신

| 판차실라 이념 | 주요 내용 |
|---|---|
| 전지전능한 유일신에 대한 신앙심 | 1) '유일신'이라고 되어 있으나 반드시 유일신을 믿어야 하는 것은 아님<br>2) 유일신을 믿는 이슬람, 가톨릭, 개신교 이외에도 불교, 힌두교, 유교를 종교로 인정<br>3) 공식적인 종교가 아닌 다른 종교를 믿는 경우에는 무신론자로 간주한 적이 있으며, 현재도 공식적인 종교를 갖는 것을 의무화하고 있음<br>4) 자신의 종교에 대한 신앙을 강요할 수 없다고 헌법에 선언되어 있어 종교적 다원주의를 지향 |
| 정의롭고 예의바른 인간성 | 1) 인종이나 가문, 종교, 사회적 지위에 관계없이 모든 국민은 평등하며 신의 피조물로서 존엄한 대우를 받는다는 원칙<br>2) 자기 종족 중심주의의 발현을 억제하는 역할 |
| 인도네시아의 통일 | 1) 국가의 중요성을 새기며 언제라도 국가를 위해 희생하는 자세를 가질 것을 주장<br>2) 인도네시아 국민이라는 정체성을 중시하여 분리 독립의 주장을 금지 |
| 대중 합의와 대의제도를 통한 정책에 의한 민주주의 | 1) 모든 인도네시아인은 국가의 일원으로서 동등한 권리와 의무를 갖고 있으며, 이러한 권리와 의무를 행사할 때 항상 국가와 사회의 중요성에 관심을 가져야 함을 강조<br>2) 중요한 결정은 대중 합의에 의해 만장일치로 이루어져야 함 |
| 모든 인도네시아 국민을 위한 사회 정의 | 1) 국민복리의 공정한 분배: 인도네시아의 부는 인도네시아의 모든 민중의 복지를 위해 사용되어야 함을 강조<br>2) 타인에게 해를 끼치는 행동이나 사치를 일삼아서는 안 됨 |

이와 함께 판차실라는 정치 통합과 민주주의, 경제 운용에서 부의 재분배와 같은 국가의 역할을 강조한다. 이는 다양성을 인정하면서도 분리주의는 지양하고 단일 국가로서의 틀을 유지하고자 하는 의지가 반영된 것이라 할 수 있다.

## 3 정치적 환경

현대 인도네시아의 정치는 현재까지 종족적 · 종교적 다양성을 인정함과 동시에 국가적 통합을 이뤄야 하는 과제에 대응해 나가는 과정에 있다고 볼 수 있다. 1945년 독립 이후 인도네시아는 잠재되어 있던 문화적 · 관습적 차이, 종교적 차이 등이 드러나기 시작했으며, 마르크스주의의 영향까지 더해져 난맥상을 나타냈다. 이러한 차이는 현재까지도 상당 부분 유지되고 있으며, 인도네시아 정치환경을 이해하는 데 필수적인 변수라고 할 수 있다.

독립 이후 인도네시아에는 통일에 저항하는 세력들이 지방에서 등장했다. 1948년에서 1962년 동안 정부에 대항하여 게릴라전을 전개했던 아체 지역 저항 세력인 다룰 이슬람(Darul Islam)이나, 과거 네덜란드군(Royal Dutch Indies Army) 소속이던 암본족에 의한 남말루쿠공화국 독립 시도, 1955년에서 1961년 사이에 수마트라와 술라웨시에서 일어난 저항 등이 그 예이다.

1955년 총선은 인도네시아 독립 이후 다양한 세력 간의 분열 양상을 상징적으로 나타냈다. 민족주의와 강력한 중앙정부, 세속주의를 표방한 수카르노의 국민당(PNI)이 가장 높은 22.3%의 득표율로 전체 257석 중 57석을 차지했으나, 현대적 이슬람 정당인 마슈미당(Masyumi)[16]도 20.9%의 득표율로 동일한 57석을 차지했다. 마슈미당은 특히 자바지역이 아닌 수마트라, 칼리만탄, 술라웨시 지역에서 많은 지지를 받았다. 세 번째로 많은 의석 수를 기록한 것은 정통 순니파를 대변하는 NU당[17]이었다. NU당은 마슈미당과는 대조적으로 주로 자바지역의 농촌지역 유권자들의 지지로 45석을 확보했다. 네 번째로 큰 지지를 받은 당은 인도네시아 공산당(PKI)으로 16.4%의 득표율로 39석을 차지했다. PKI는 네덜란드 식민지 시대부터 출현하여 반식민지 운동을 전개했는데, 이러한 배경으로 당시 수카르노 대통령의 반식민주의 및 반서구정책에 따른 교도 민주주의(guided democracy)를 적극 지지했다. 그 밖에도 여러 세력을 대표하는 20여 개의 정당이 의회에 진출했는데, 이는 앞서 설명했다시피 인도네시아 정치의 다양한 이해 관계와 국가 통합의 어려움을 입증하는 것이다.

수카르노는 이러한 의회 민주주의와 정당정치에 상당한 환멸을 느끼고 있었는데, 그의 교도 민주주의는 이 같은 정치적 배경과 관련이 깊다. 교도 민주주의는 수카르노가 인도네시아의 특유한 정치·경제·사회의 후진성, 다양한 지역 간, 인종 간 이해 관계의 대립을 해소하기 위해 엘리트의 교도적 역할을 강조해야 한다고 주장하며 채택한 것이다. 그는 민족주의, 종교, 공산주의의 3대 축을 중심으로 하는 정부를 제안했는데, 이는 당시 인도네시아 정치의 3대 세력인 군부, 이슬람 종교계, 그리고 공산주의자들을 감안한 것이었다.

수카르노의 교도 민주주의는 1957년 계엄령 선포로부터 시작되어 1965년 수하르토가 쿠데타를 통해 집권할 때까지 지속되었다. 그리고 수하르토는 다시 1997년 경제위기 등으로 퇴진할 때까지 자신이 세운 새 질서(New Order) 체제 하에서 인도네시아 정치를 좌우했다. 이 시기 동안에는 권위주의적 정부의 영향으로 총선 등 공식적 경로로든 비공식적인 경로

16) 인도네시아무슬림연합위원회(Council of Indonesian Muslim Associations). 인니어로는 Partai Majelis Syuro Muslimin Indonesia)로서 무하마디야와 같은 이슬람 조직을 포함했다.

17) 나흐다툴 울라마(Nahdatul Ulama)는 자바적 전통을 무시한 무하마디야와 같은 이슬람 근대주의자에 대응하여 1926년 만들어진 조직이었으며, 독립 이후 마슈미당의 부분으로 활동하기도 했다.

로든 정치적 견해가 표출될 수 있는 기회가 없었다. 따라서 인도네시아 사회의 다양한 이해관계는 이 시기 동안 잠재되어 있었다고 볼 수 있다.

그러나 수하르토 퇴진 후 하비비(Bacharuddin Yusuf Habibie) 정권에서 40여 년 만에 치러진 1999년 총선에서 다시 내재되어 있던 이해 관계의 문제가 드러났다. 1999년 총선은 인도네시아 사회에 깊이 내재된 종족 및 종교 간 분열감이 상당 부문 남아 있음을 나타냈다(Drakeley, 2005).

이 선거에서 다수를 획득한 정당은 메가와티(Megawati Sukarnoputri)가 이끈 인도네시아 투쟁민주당(PDI-P)으로 33.7%의 득표율로 전체 462석 중 153석을 획득했다. 이 당은 가장 세속적인 민족주의 성향의 정당으로 주요 지지 세력은 자바의 비전통 무슬림 및 기독교 세력과 힌두·중국계 인도네시아인이었다. 두 번째 다수 정당은 22.4%의 득표율을 기록한 골카르당(Golkar)으로 120석을 획득하는 데 성공했다. 이들은 수하르토의 새 질서 시대를 대표하는 당으로 당시의 개혁 요구와는 거리가 멀었으나, 기득권층 및 군부의 영향력 있는 배후 세력들로부터 지지를 받았다. 세 번째 다수당은 와히드(Abdurrahman Wahid)를 대표로 하는 국민계몽당(PKB)으로 12.6%의 득표율로 51석을 얻었다.

결국 1999년 총선은 과거부터 유지되어 온 세력뿐 아니라 신질서 시대를 거치며 새롭게 부상된 세력까지를 포함하는 다양한 이해관계자를 수하르토 퇴진 후 새로이 시작된 민주주의의 틀 안에서 드러나게 했다. 이후 인도네시아의 정치는 과거 독재 권력의 영향력에서 탈피하여 민주적 개혁을 이루어내는 것과 국가경제를 회복시키는 것, 그리고 사회 통합이라는 세 가지 과제를 해결하는 과정이라고 할 수 있다.

인도네시아는 수하르토 실각 이후 과도기에 하비비(1998~1999), 와히드(1999~2001), 초대 대통령 수카르노의 딸인 메가와티(2001~2004)라는 3명의 대통령 시기를 거쳤다.

2004년 유도요노(Susilo Bambang Youdhoyono) 대통령이 선거를 통한 민주적 절차에 따라 집권한 이래 인도네시아는 경제위기의 극복 및 안정적 성장, 개혁 기조 유지, 민주주의 발전 등을 이루면서 국민적 지지 하에 비교적 정치적 안정을 유지해 오고 있다. 2009년 4월에 실시된 총선에서는 유도요노 대통령의 민주당(PD)은 2004년 선거에서 제1당이 된 골카르당을 제치고 제1당으로 부상했으며, 2009년 7월에 실시되는 대선에 독자적 후보를 출마시킬 자격인 득표율 25%, 의석 수 20%를 충족한 유일한 정당으로 발돋움했다. 총선 결과 민주당이 560석 가운데 148석, 골카르당이 108석, 전 대통령 메가와티가 이끈 투쟁민주당이 93석을 얻었다. 이어 7월 실시된 대통령 선거에서는 유도요노 대통령은 60.8%를 득표하여 26.8%를 획득한 메가와티-프라보워 연합 후보를 큰 차이로 누르고 임기 5년의 재선에 성공했다.

2009년 총선 및 대선은 폭력사태 및 선거 부정 시비가 만연했던 과거 총선과 비교할 때 전반적으로 평온한 분위기 속에서 원만히 실시되었다. 이는 인도네시아 민주주의 발전에 긍정적인 신호로 평가되고 있으나, 만연한 부정부패, 종교 갈등, 빈부 격차 해소 등의 지속적인 과제를 안고 있다. 대외적으로 유도요노 정부는 전통적인 비동맹 중립외교 기조를 유지하면서 미국, 중국 등 강대국 사이에서 힘의 균형(dynamic equilibrium)을 도모하는 한편, 중국의 부상에 대응하여 미국의 역내 관여 확대를 용인하고 있다. 또한, ASEAN에서의 주도적 위치를 견지하면서 UN, G20 등 국제무대에서의 위상 강화를 추구하고 있다.

##  4 사회문화적 갈등: 지역분쟁과 분리주의 움직임

인도네시아가 네덜란드 식민 지배의 영향으로 단일국가로 독립했으나 종족적·종교적 이질성은 정치적 이해 관계의 영향과 함께 크고 작은 지역 분쟁이나 분리주의 움직임의 원인이 되었다. 그 중 특징적인 것으로 아체와 파푸아 지역 간의 분쟁을 들 수 있다.

아체 지역은 과거 중세까지 강력한 이슬람 국가였고, 19세기 중반까지도 네덜란드 식민 세력의 북상을 저지했을 정도로 강국의 역사를 가지고 있었다. 또한 1874년 네덜란드에 의해 멸망당한 후에도 35년 동안이나 무력항쟁을 계속했을 정도로 저항 의식이 강한 지역이다. 이런 지역에 대해 신생 인도네시아 정부는 1950년 당초의 특별자치주를 없애고 수마트라의 한 부분으로 편입시켰는데, 이 조치가 아체의 이슬람공화국으로의 독립 움직임의 시초가 되었다. 이후 1955년 병력 투입으로 수천 명의 아체인을 살해하면서 인도네시아의 강압 통치가 시작되었고 이어진 분쟁은 수십 년 동안 지속되면서 2003년 메가와티 정부 때에도 이 지역에 계엄령이 선포되었다.

아체 지역의 분쟁이 중단된 것은 2004년 12월의 쓰나미 사태의 영향이었다. 외국 NGO[18)]의 중재로 인도네시아 정부와 아체 반군 간의 평화협정이 2005년에 체결되었으며, 이후 아체에서는 지방 고유정당의 선거 참여가 허용되어 2009년 지방선거에서 이 지역의 정당인 아체당(Partai Aceh)이 평화적인 분위기 속에서 다수당이 되었다. 그러나 아직까지 분쟁이 완전히 종식된 것은 아니며, 해결해야 할 과제는 많이 남아 있는 것이 사실이다.

---

18) 전임 핀란드 대통령 아티사리(Martti Ahtisaari)가 대표로 있는 Crisis Management Initiative라는 NGO의 중재로 이루어졌다.

파푸아 지역은 아체 지역과 비교할 때 분쟁의 규모는 훨씬 작다고 할 수 있다. 이는 저항 세력인 자유파푸아운동(OPM)의 군사적 세력이 매우 제한적이라는 데 이유가 있다. 그럼에도 불구하고 OPM을 중심으로 1960년대부터 지속적인 무장 저항이 전개되었고, 비폭력 저항운동도 계속되었다. 2002년 이리안 자야(Irian Jaya) 지역의 독립을 위한 특별 조치가 인도네시아 의회에서 통과되었으나 이행은 굉장히 더딘 편이다. 이 와중에 2003년 메가와티 대통령 정부는 파푸아를 세 지방으로 분리시키는 조치를 취해 이 지역 민족주의자들로 하여금 파푸아를 분열시키려는 계획이라는 비난을 받기도 했다.

파푸아 지역의 분쟁은 현재 심각한 수준은 아니나 상당 기간 이어질 것으로 전망되며, 파푸아족의 의지를 인도네시아 정부가 충분히 수용하지 못할 경우 그 수위가 높아질 가능성도 있다고 할 수 있다(Drakeley, 2005).

판차실라의 이념에서 볼 수 있는 것처럼 인도네시아는 '다양성 속의 통합'을 국가 이념으로 하고 있다. 그러나 역사와 문화, 이해 관계가 다른 여러 집단이 공존하는 이유로 정치적인 성향의 차이가 뚜렷하게 남아 있거나, 지역에 따라 분쟁이 진행되고 있는 등 실질적인 통합을 이루는 데는 아직 여러 과제가 남아 있는 것이 현실이다.

## 제 5 절 정치적 환경

### 1 인도네시아의 계획경제

인도네시아는 시장경제이나 정부가 시장에서 행사하는 권한은 매우 강하다고 할 수 있다. 인도네시아 정부는 164개 이상의 기업을 소유하고 있으며, 연료와 미곡, 전력 등 기본적인 재화의 가격을 통제한다.[19] 인도네시아 경제에서 국가가 수행하는 역할에 대한 근거는 45년 헌법 33조에서 찾아볼 수 있다. 여기에는 "1) 경제는 가족주의 원칙에 근거한 공동의 노력으로 이루어진다; 2) 국가를 위해 중요한 생산 분야나 국민의 기본적 필요에 해당하는 분야는 국가의 통제를 받는다; 3) 천연자원은 국민의 편익을 위해 국가의 통제를 받는다."라고 언급되어 있다.

19) http://en.wikipedia.org/wiki/Indonesia_economy

인도네시아의 독립 이후 수카르노 대통령 시대의 초기 경제정책은 이러한 45년 헌법 이념을 반영했다. 수카르노는 정치에서 교도 민주주의와 마찬가지로 경제에서는 교도경제(Guided Economy)를 주창했는데 이는 45년 헌법으로의 회귀, 사회주의의 채택, 인도네시아 고유의 정체성을 반영한 개발과 같은 원칙을 포함했다(Hill, 2000).

1960년 수립된 경제개발 8개년계획은 3년 내에 식량, 의복 및 기타 기본적인 요건에 대한 자급자족을 달성하며, 차기 5년 동안 자체적으로 지속 가능한 성장이 가능한 단계로 도약한다는 정부의 계획을 포함하고 있었다. 그러나 계획은 당시의 정치적 불안정성, 정부의 능력 부족, 정책의 폐쇄적 성격 등의 이유로 성공하지 못했고, 국가 경제는 수하르토의 새 질서 시대 전까지는 어려움을 극복하지 못했다.

새질서 시대 인도네시아는 버클리 마피아[20]라고 불리는 미국에서 수학한 경제학자들의 역할로 인플레이션 통제와 통화 안정, 외채 상환 시기의 조정 및 외국 원조와 투자 유치 등의 조치 등을 통해 경제를 안정시켰다. 한편 이 시기의 국제 원유 가격의 상승 또한 당시 OPEC 회원국이던 인도네시아의 경제 성장을 도왔다. 1968년에서 1981년 사이 인도네시아는 연평균 7%의 성장세를 기록했다. 1981년에서 1988년 사이에는 경제 규제와 원유가격의 하락으로 인해 성장세가 연평균 4.3%로 꺾였다. 그러나 1980년대 말에는 다시 수출경쟁력 확보를 위한 환율 관리 조치, 금융 분야의 규제 완화 및 제조업 분야 등으로의 외국인 투자 유입 등 1989년에서 1997년 사이에는 연평균 7%가 넘는 성장을 기록했다(Schwarz, 1994).

그러나 1997년 중반부터 아시아 경제위기로 인도네시아 경제도 위기를 맞이했다. 국가채무는 600억 달러까지 늘어났으며, 1998년에 GDP는 13.7% 하락했고, 물가상승률이 77%에 이르기도 했다. 인도네시아는 IMF의 개입 하에 구조조정 계획을 수립했고 수하르토의 가족이 연루되어 있었던 국영 자동차 생산계획(National Car Program) 등을 폐기시켰다. 그리고 수하르토 또한 경제위기로 인해 대통령직에서 물러나게 되었다.

## 2 경제 도약

인도네시아는 아시아 경제위기 이후 경제를 회복시키기 위해 많은 노력을 기울였다. 물가 상승을 억제시켰고, 이자율과 재정적자를 계속해서 낮은 수준으로 유지하고자 했다. 그러나 경제성장률과 투자는 아직 낮은 수준이었고 외채 수준도 높았다. 1998년 -13%였던 경

20) 새 질서 시대 초기 경제정책을 이끈 미국에서 교육을 받은 인도네시아 경제학자들을 일컫는다.

제성장률은 2001년에서 2003년 사이 3~4% 수준으로 서서히 회복되었고, 2004년에는 5% 수준으로 상승했다. 그러나 이는 일자리를 창출하여 40%나 되는 실업률을 해결하고 외채 상황의 부담을 줄이기에는 부족했던 것이다(Drakeley, 2005).

경제 회복을 위해 절실한 것은 투자였으나 인프라의 황폐화, 석유 및 광물의 수출의존도 증가, 1980~1990년대 주력 수출 상품이던 면직물, 경공업 제품들의 경쟁력 저하로 투자 유치가 어려웠다. 아울러 기업 지배구조의 개편, 금융 부문의 구조조정 등이 이루어져야 했으나 지배계층의 부패와 정경 유착 등으로 성과를 내지 못한 것도 큰 이유였다.

그러나 2004년 유도요노 대통령 취임 후 시행한 개혁 조치 등의 효과로 2007년 이후 경제 성장은 다시 연간 6%대로 회복되었다. 2008년 세계 금융위기 당시에도 인도네시아 경제는 견실한 모습을 보여주며 연간 6.5%의 성장률을 나타냈다.

인도네시아 정부는 이후 재정적으로 보수적인 정책을 지속적으로 펼치고 있다. 그 결과 국가채무 비율은 25% 이하, 재정적자는 2% 미만으로 유지하고 있다. 이러한 경제적 안정성과 정책 수행의 결과로 피치와 무디스 등 국제신용평가사들은 2011년 인도네시아의 신용등급을 투자 가능 등급으로 상향 조정했다. 이는 인도네시아의 향후 경제 성장을 긍정적으로 보여주는 것이라 하겠다. 최근 5년간 인도네시아의 경제 상황은 <표 1-2>로 요약할 수 있다.

인도네시아는 국가개발계획청(BAPPENAS) 주도로 장기, 중기, 단기의 개발전략을 수립하여 시행하고 있으며, 이는 20개년 장기개발계획(RPJPN)과 5개년 중기개발계획(RPJMN), 그리고 연간 개발계획(REPETA)으로 단계별로 구성된다. 인도네시아 국가개발계획 기반의 근본 가치는 1945년 헌법에 기술된 판차실라(Pancasila)이며, 국가개발계획의 기본 목표를 "지속 가능한 경제 성장과 개발을 통한 발전되고 산업화된 국가 건설"이라고 표명하고 있다. 현행 장기개발계획인 RPJPN 2005-2025는 "자주적이며 발전되고 공정하면서도 번영된 인도네시아"를 비전으로 제시하면서 인도네시아의 현재 상황과 향후 20년간 인도네시아가 직면할 도전들을 기술하고 있다. 이를 위해 5개년 중기개발계획을 수립하여 각 단계마다 지속 가능한 개발을 위한 과제와 우선순위를 규정하고 있다. 2차 중기개발계획(RPJMN 2010-2014)에는 5년 간 경제성장률 6.3~6.8%, 실업률 5~6%, 빈곤율 8~10% 달성 등을 목표로 5대 개발의제(경제 개발과 국민복지 증진, 거버넌스 역량 증대, 민주적 사회 지향, 법제도 역량 강화, 공정하고 소외계층이 없는 개발)와 11개의 개발 우선순위(거버넌스 개선, 교육, 보건, 빈곤 감소, 식량 안보, 인프라, 기업환경 개선, 에너지, 자연재해 및 환경관리, 분쟁지역 재건, 기술혁신)가 설정되어 있다.

**표 1-2** 2000-2011 인도네시아 주요 경제 지표

| 구분 | 경제 지표 | 단위 | 2007 | 2008 | 2009 | 2010e | 2011f |
|---|---|---|---|---|---|---|---|
| 국내 경제 | GDP | 억 달러 | 4,322 | 5,102 | 5,394 | 7,066 | 8,427 |
| | 인구 | 백만 명 | 224.7 | 227.3 | 229.9 | 232 | 245 |
| | 1인당 GDP | 달러 | 1,842 | 2,148 | 2,245 | 2,908 | 3,430 |
| | 경제성장률 | % | 6.3 | 6.0 | 4.6 | 6.1 | 6.1 |
| | 산업생산 증가율 | % | 5.6 | 3.0 | 1.5 | 4.3 | 3.5 |
| | 국내총투자/GDP | % | 24.9 | 27.7 | 31.1 | 32.2 | 31.8 |
| | 실업률 | % | 9.1 | 8.4 | 7.9 | 7.1 | 6.7 |
| | 재정수지/GDP | % | -0.7 | -0.6 | -1.6 | -0.8 | -1.2 |
| | 소비자 물가상승률 | % | 6.3 | 9.9 | 4.8 | 5.1 | 6.0 |
| 대외 거래 | 환율(달러당, 연중) | D | 9,141.0 | 9,699.0 | 10,389.9 | 9,090.4 | 8,612.2 |
| | 경상수지 | 백만 달러 | 10,493 | 126 | 10,192 | 6,294 | 8,175 |
| | 경상수지/GDP | % | 2.4 | 0.0 | 1.9 | 0.9 | 1.0 |
| | 상품수지 | 백만 달러 | 32,754 | 22,916 | 30,147 | 31,093 | 36,083 |
| | 상품수지/GDP | % | 7.6 | 4.5 | 5.6 | 4.4 | 4.3 |
| | 수출 | 백만 달러 | 118,014 | 139,606 | 119,646 | 158,201 | 188,762 |
| | 수입 | 〃 | 85,260 | 116,690 | 89,499 | 127,108 | 152,679 |
| | 서비스 수지 | 〃 | -11,841 | -12,998 | -9,676 | -9,491 | -10,112 |
| | 수입(Credit) | 〃 | 12,487 | 15,247 | 13,155 | 16,789 | 18,462 |
| | 지급(Debit) | 〃 | 24,328 | 28,245 | 22,831 | 26,280 | 28,574 |
| | 자본수지 | 〃 | 3,591 | -1,832 | 5,002 | 26,217 | .. |
| | FDI 순유입 | 〃 | 2,253 | 3,418 | 2,628 | 9,836 | 8,856 |
| | 외환보유액 | 〃 | 54,737 | 49,339 | 60,572 | 89,970 | .. |
| 외채 현황 | 총외채 잔액 | 〃 | 142,638 | 150,851 | 156,736 | 161,036 | 168,429 |
| | 단기외채 | 〃 | 15,448 | 19,052 | 18,662 | .. | .. |
| | 총외채 잔액/GDP | % | 33.0 | 29.6 | 29.1 | 22.8 | 20.0 |
| | 외채상환액/총수출 | % | 16.3 | 13.4 | 16.4 | 12.5 | 10.7 |

출처: 한국수출입은행.

## 제 6 절 한국과의 관계

한국과 인도네시아의 관계는 1966년 영사 관계 수립, 1973년 대사급 외교 관계 수립 이후 지속적으로 발전되어 왔다. 특히 최근에는 세계 투자은행들과 주요 언론에서 인도네시아가 BRICs에 이어 세계 성장 동력으로 부상할 것으로 전망되는 국가로 분석되면서 한국과의 경제사회 협력이 가속화되고 있는 실정이다. 이는 최근 전 세계적인 금융위기 속에서도 인도네시아가 내수 소비시장과 국내외 투자 증가 등으로 세계 평균인 5%를 상회하는 경제성장을 보였으며, 재정적자 또한 1% 내외 수준을 유지하는 등 안정적인 국가 발전을 지속하는 것에 기인하기도 한다.

우선 정치 외교적으로 봤을 때는, 한국이 개발도상국이던 1971년 인도네시아와 경제 및 기술 협력과 통상 증진에 관한 협정을 체결한 이후 임업협정, 항공협정, 투자보장협정, EDCF협정, 자원협력협정, 도로협정 등을 통해 경제통상 분야의 협력을 확대해 왔다. 2010년 기준으로 인도네시아는 한국의 10대 교역국으로 부상했으며, 현재 양국 간 협력은 천연자원을 중심으로 지속적으로 증가하고 있다.

한국과 인도네시아의 양자 협력 관계는 2000년 이후 본격적으로 확대되었다. 특히 2006년 전략적 동반자 관계를 수립한 이후 양국 관계가 심화 발전되었다고 할 수 있다.

교역 측면에서 보면, 인도네시아는 2010년 기준 한국의 10대 교역국으로 제10대 수출국이자 제7대 수입국이다. 2000년 당시 양자 무역은 수출액 약 35억 달러, 수입액 약 53억 달러로 약 88억 달러에 불과했으나 2010년에는 수출 약 89억 달러, 수입 약 139억 달러로 양자 교역 총액이 약 228억 달러로 크게 증가했다. 한국의 대인도네시아 수출액은 독일, 베트남에 이어 10위권을 유지하고 있으며, 수입의 경우 광물성 자원(HS-27류) 수입이 증가하면서 2010년 국가별 수입 순위가 7위까지 상승했다(강대창 외, 2011a).

**표 1-3** 2007~2010 대(對)인도네시아 수출입 추이 (단위: 백만 달러)

| | 2007년 | 2008년 | 2009년 | 2010년 |
|---|---|---|---|---|
| 수출 | 5,771 | 7,934 | 6,000 | 8,897 |
| 수입 | 9,114 | 11,320 | 9,264 | 13,986 |
| 수지 | -3,343 | -3,386 | -3,264 | -5,089 |

출처: 강대창 외(2011a).

양국 무역은 전통적으로 한국이 적자를 기록하고 있으며, 교역 규모가 증가함에 따라 무역 적자 폭도 확대되는 추세이다.

대(對)인도네시아 직접 투자 또한 전략적 파트너 관계의 성립과 더불어 증가 추세를 나타낸다. 한국의 대(對)인도네시아 직접 투자는 신고액 기준으로 약 93억 달러, 투자 기준 약 53억 달러 규모에 해당한다. 한국의 국가별 투자 순위에서 인도네시아는 세계 8위, 아시아 5위의 주요 투자국이다. 제조업을 기준으로 봤을 때는 미국, 중국, 베트남에 이어 4위 투자 대상국이다.

인도네시아는 한국이 동남아 국가 중 최초로 투자 진출한 국가로 2007년 무렵부터 투자가 본격적으로 급증하여, 2008년 연간 투자 금액은 4억 8천만 달러 규모를 기록했다. 그러던 것이 글로벌 금융위기로 인해 2009년 3억 3천만 달러 수준까지 감소했으나, 금융위기가 해소되면서 2010년에는 8억 달러 규모를 넘어섰다.

신고 기준으로는 2010년 약 18억 달러로 사상 최대 규모를 달성했으며, 주로 제조업 및 광업 부문에 대한 투자 진출 결정이 이러한 상승세를 주도했다. 제조업은 최대 투자 업종으로 투자 기준 약 54%를 차지하며 다음으로 광업이 약 26%로 그 뒤를 잇는다.

무·유상 원조 실적 또한 양국 경제 협력 관계의 강화를 뒷받침한다. 한국의 1991년 이후 대인도네시아 무상 원조 총액은 약 1억 500만 달러 규모에 달한다. 유상 원조의 경우 EDCF

**표 1-4 2000~2011 대(對)인도네시아 연도별 해외 투자 현황** (단위: 백만 달러)

| 연도 | 신고 건수 | 신규 법인 수 | 신고 금액 | 송금 횟수 | 투자 금액 |
|---|---|---|---|---|---|
| 2000 | 115 | 54 | 111,086 | 164 | 98,372 |
| 2001 | 132 | 59 | 199,652 | 211 | 175,367 |
| 2002 | 105 | 59 | 92,339 | 175 | 74,067 |
| 2003 | 93 | 33 | 225,299 | 148 | 87,270 |
| 2004 | 127 | 52 | 66,039 | 191 | 58,120 |
| 2005 | 175 | 85 | 137,392 | 290 | 106,846 |
| 2006 | 278 | 122 | 275,898 | 495 | 160,773 |
| 2007 | 295 | 127 | 619,127 | 564 | 258,327 |
| 2008 | 397 | 138 | 658,399 | 698 | 486,282 |
| 2009 | 312 | 82 | 526,623 | 592 | 334,073 |
| 2010 | 331 | 111 | 1,792,579 | 661 | 878,022 |
| 2011 | 440 | 156 | 1,332,588 | 955 | 1,200,388 |

출처: 한국수출입은행.

**표 1-5** 2007~2011 대(對)인도네시아 ODA 추이

(단위: 백만 달러)

| 연도 | 2007 | 2008 | 2009 | 2010 | 2011 | 계 |
|---|---|---|---|---|---|---|
| 유상 | – | 58.9 | 58.0 | 140.0 | – | 256.9 |
| 무상<br>(KOICA) | 16.5<br>(11.7) | 10.7<br>(9.5) | 14.9<br>(13.3) | 19.0<br>(15.3) | 17.9<br>(13.7) | 79.0<br>(63.5) |
| 계 | 16.5 | 69.6 | 72.9 | 159.0 | 17.9 | 335.9 |

출처: KOICA.

**표 1-6** 2007~2011 대(對)인도네시아 사업 형태별 ODA 추이

(단위: 백만 달러)

| 구분 | 프로젝트 | 초청 연수 | 봉사단 | 개발조사 | NGO | 기타 |
|---|---|---|---|---|---|---|
| 유상 | 256.9(7건) | – | – | – | – | – |
| 무상(KOICA) | 35.2(21건) | 4.5(663명) | 13.9(838명) | 5.7(7건) | 1.5(16건) | 2.7(8건) |

출처: KOICA.

승인 기준 2위, 집행 기준 4위를 기록하고 있다.

최근 5년간 연평균 약 6천 7백만 달러를 인도네시아에 지원했는데, 이는 베트남에 이어 두 번째로 큰 규모이다. 사업 형태별로는 프로젝트 사업이 28건 약 2억 9천만 달러 규모로 가장 큰 비중을 차지하고 있으며, 무상 원조로는 KOICA의 지원으로 개발조사, 초청 연수, 봉사단 파견 등의 기술 협력도 주요 개발협력사업의 형태로 추진되고 있다.

과학기술 분야 협력의 경우에는 2006년 12월 양국 정상이 정상회담에서 원전 건설에 대한 양해각서를 체결함으로써 시작되었다. 이후 2009년 3월 한·인도네시아 정상회담에서 양국은 과학기술 협력 양해각서 체결을 계기로 과학기술 협력을 본격화했다.

기관 간 협력의 형태로 진행되고 있다. IT 분야의 경우 KOICA가 지원한 '인도네시아대학 IT훈련센터', '중소기업개발센터 IT 기반시설 구축', '인도네시아 IT센터 건립' 등 인프라 구축 지원이 있다.

특히, KOICA는 인도네시아 정부의 행정 능력 강화를 위해 인도네시아 관계자들을 대상으로 다양한 교육 프로그램을 제공한 외에도, 2007년부터 2차에 걸쳐 '정부혁신을 위한 공무원 역량 강화사업'을 지원했다. 중점 협력 분야 중의 하나인 산림·환경 관련 지원으로는 KOICA가 수행한 '열대림 임목 개량 및 현대식 양묘장 조성사업', '맹그로브 숲 복원사업', '에너지 환경 천연물질연구소 건립사업' 등을 들 수 있다.

결론적으로, 한국은 동남아시아에서 인도네시아가 갖는 전략적 중요성을 인지하고 협력

규모를 지속적으로 확대시켜 나가고 있다. 향후에는 KOICA나 EDCF를 통한 개발 협력과 함께 인프라, 에너지, 통상, 농업, 방위산업 부문의 협력이 강화될 것으로 보인다. 아울러, 한류를 바탕으로 한 문화 교류 또한 계속될 것으로 전망된다.

## 제 7 절 결론

지금까지 인도네시아의 역사와 정치, 경제, 사회문화적 여건 및 한국과의 관계에 대해 살펴보았다.

인도네시아는 인구 약 2억 5천만 명에 육박하는 대국으로 풍부한 내수시장과 천연자원을 보유하고 있으며, 견실한 경제 성장을 지속하고 있어 세계적으로 경제 협력 파트너로서 매력적인 국가로 비춰지고 있다. 한국 또한 앞서 밝힌 바와 같이 전략적 동반자 관계 수립을 계기로 지속적으로 정치, 경제 부문의 협력을 확대해 나가고 있는 중이다.

현재의 발전 추세가 이어질 경우 인도네시아는 앞으로도 계속 세계 경제에서 중요한 요소가 될 수 있을 것으로 보인다. 이는 한국이 계속해서 양국 관계를 발전시켜 나가야 함을 의미한다. 다만 이것은 인도네시아가 갖는 정치적 · 사회적 · 문화적 다양성을 충분히 이해할 때 더 효과적일 것이다. 이를 위해 인도네시아의 다양한 문화적 · 역사적 배경과 그에 따르는 정치경제적 특성을 우선적으로 조사 · 연구하고 이를 감안하는 것이 필요하다 하겠다.

# 제 2 장 헌법 및 법률적 기반*

## 제 1 절 헌법 정신

### 헌법의 태동

인도네시아는 세계 최대 이슬람 국가로 이미 1980년대 이후 이슬람화(Islamization)의 움직임이 분명하게 국가 발전에 영향을 미치고 있다. 이는 바로 이슬람을 실천하고 있는 무슬림 수의 증가가 이를 대변하고 있다. 특히 수하르토(Suharto) 정권이 퇴진한 이후에는 종교적 영역으로부터 정치적 영역으로 확산하는 추세가 증가하기 시작했다.

1965년부터 1997년까지 수하르토 대통령이 집권한 32년의 기간은 판차실라(Pancasila) 이데올로기를 국가 정책적으로 통합하며, 동시에 이슬람 영향력도 제도화하는 데 힘을 썼다고 볼 수 있다. 인도네시아가 독립국가로서 활동하기 위해서는 이슬람 세력을 제도적으로 인도네시아 통일국가에 동화시키는 작업이 중요한 역할을 해 왔으며, 이러한 정치적 노력이 헌법의 기반을 다지는 데에도 크게 작용해 왔다. 하지만 이슬람 이데올로기와 판차실라는 인도네시아 헌법적 이념을 달리하고 있다고 하겠다.

독립 후 인도네시아는 1945년 헌법이 제정 공포된 후 수하르토 정권 32년 기간 중에는 헌법 개정이 전혀 없었고, 1999년 10월 19일, 2000년 8월 18일, 2001년 11월 10일, 2002년 8

---

* 이 장은 안영훈 박사가 집필했다.

월 10일에 가서야 4차례의 헌법 개정이 있어 왔다. 그러나 헌법 전문의 내용은 변화가 없었다(강대창 외, 2011: 139). 인도네시아의 1945년 헌법도 제헌 이래 전문을 따로 두고 있는 바, 헌법 전문에서는 일반적으로 당해 헌법의 성립 유래와 기본 원리를 천명하고 있는데 대한민국 헌법 전문도 이에 해당한다. 반면 인도네시아 독립선언과 동시에 제정된 1945 헌법을 보면 판차실라의 원칙에 입각한 기본 원리만을 천명하고 있다.[22]

### 1) 판차실라의 중요성

인도네시아가 독립할 당시 당면한 가장 큰 문제는 다양한 종족과 문화, 종교를 가진 군도로 이루어진 국가를 어떻게 하나로 통합된 단일국가의 성격을 갖는 국가 기본 원리를 천명하는 것이었으며, 이를 함축한 것이 바로 판차실라로서 국가 기본 원칙이요 국가의 철학으로 함축되어 헌법 전문을 구성하고 있다(변해철, 2012).

다양성 속의 통합(Bineka Tunggal Ika)을 국시(國是)로 하여 판차실라가 인도네시아 국민들에게 의미하는 바의 기능은 정치, 사회, 경제, 문화 등 각종 방면에 다양한 영향을 미치고 있다. 판차실라는 다양한 문화, 종교, 인종, 언어를 갖고 있지만 통일된 단일국가를 이루고 있는 인도네시아 국가 철학의 기본 이념이면서 인도네시아 민족의 정신적 원칙의 토대라고 가히 말할 수 있을 것이다.

### 2) 헌법 전문의 정신

사실 인도네시아 헌법의 기초는 네덜란드와 일본의 식민 통치로부터 독립하기 이전인 1945년 8월에 만들어진 초안을 기본으로 하고 있다(대외경제정책연구원, 동남아시아 2: 99). 따라서 '45년 헌법(Undang Undang Dasar 1945, UUD 45)'이라고 불리는 현행 헌법의 초안에서부터 인도네시아 국가 이데올로기인 판차실라 정신이 담겨 있다. 이러한 정신은 수하르토 정권이 물러간 후에 이어진 문민정부에서도 지속되고 있으며, 이 정신에 기초하여 기본 헌법에 명시되었던 군부의 '국방치안 기능'과 '정치 기능'이라는 군부의 이중 기능(Dwi

---

22) 판차실라는 '다섯 가지 원칙'이라는 의미를 가진 산스크리트 어원의 불교 용어에서 차용했다. 불교적 의미는 오계(五戒)를 의미하며, 최고 신에 대한 신앙심, 민족주의, 민주주의, 사회 정의, 인도주의 등의 원칙을 의미한다. 최고의 원칙인 '최고신에 대한 신앙심의 원칙'에 따라 인도네시아는 세속국가로 남지만 국민은 모두 신의 창조물이기 때문에 어떤 종교이든 반드시 종교를 가져야 한다는 것을 명시하고 있다. 하지만 이에 대해 지금까지 상당한 논란이 되고 있다(대외경제정책연구원, 동남아시아 2: 102).

Fungsi, Dual Function)을 폐지하도록 했으며, 지금의 대통령 직선제 체제를 강화시키게 만들었다.

그리하여 헌법 전문에 나타난 인도네시아 국가의 근본 원칙으로는 '공정하고 교화된 인본주의', '인도네시아의 통합', '대표자들 간의 토론에 기초한 민주주의', '사회 정의', '이슬람법을 실행할 의무가 이슬람교도에게 주어진 것에 기반한 신에 대한 믿음' 등을 내포하고 있다(Indrayana, 2008).

인도네시아 국가 수립의 기본 이념으로, 유일의 신성 혹은 신의 존재성(Ketuhanan yang Maha Esa), 정의롭고 인간적인 인류애(Kemanusiaan yang Adil dan Beradab), 인도네시아의 통일(Persatuan Indonesia), 협의와 대의 속에서의 슬기에 의해 지도되는 민주주의(Kerakyatan yang dipimpin oleh hikmat kebijaksanaan dalam permusayawaratan), 인도네시아 전 국민을 위한 사회 정의(Keadilan sosial bagiseluruh rakyat Indonesia) 등이 포함되어 있다.

**표 2-1** 1945년 인도네시아 공화국 헌법 전문

독립은 실제로 모든 민족의 권리이며, 그 때문에 식민주의는 인본주의와 정의에 위배되기에 지상에서 폐지되어야 한다.
인도네시아의 독립운동 투쟁이 독립, 통일, 주권, 정의, 그리고 번영이 함께하는 인도네시아 독립의 출입문 앞으로 인도네시아 국민을 평안하고 안전하게 행복한 시점에 이미 도달했노라.
전능하신 신의 축복이 덕택으로, 자유스러운 국민생활을 할 수 있도록 고귀한 희망에 의해 인도해 주시어 인도네시아 국민은 이로써 독립을 천명한다.
이로써 이후 인도네시아의 모든 국민과 조국을 보호할 수 있고 일반적인 복지 향상을 위한 국가정부의 수립을 위해 독립, 영구한 평화, 사회 정의를 배경으로 한 세계의 질서를 이행하는 데 따르며 민족 삶을 현명하게 한다. 따라서 유일 절대 신에 대한 신앙, 공정하고 인간성이 있는 인류애, 인도네시아의 통일, 협의/대의 속에서 지혜로운 슬기로 지도되는 민주주의를 근본으로 하여 국민 주권을 갖는 인도네시아 공화국을 구성할 때 형성된 인도네시아 헌법에 인도네시아의 독립을 명시한다.

As amended by the First Amendment of 1999, the Second Amendment of 2000, the Third Amendment of 2001 and the Fourth Amendment of 2002
THE PREAMBLE TO THE CONSTITUTION
Whereas independence is the inalienable right of all nations, therefore, all colonialism must be abolished in this world as it is not in conformity with humanity and justice; And the moment of rejoicing has arrived in the struggle of the Indonesian independence movement to guide the people safely and well to the gate of the independence of the state of Indonesia which shall be independent, united, sovereign, just and prosperous; By the grace of God Almighty and motivated by the noble desire to live a free national life, the people of Indonesia hereby declare

their independence.
Subsequent thereto, to form a government of the state of Indonesia which shall protect all the people of Indonesia and all the independence and the land that has been struggled for, and to improve public welfare, to educate the life of the people and to participate toward the establishment of a world order based on freedom, perpetual peace and social justice, therefore the independence of Indonesia shall be formulated into a constitution of the Republic of Indonesia which shall be built into a sovereign state based on a belief in the One and Only God, just and civilised humanity, the unity of Indonesia, and democratic life led by wisdom of thoughts in deliberation amongst representatives of the people, and achieving social justice for all the people of Indonesia.

##  헌법 체계의 안정

1945년 일본 패망 후 인도네시아가 독립하면서 국가의 근본 원리를 결정할 때 이슬람 세력은 이슬람 국가의 건립을, 민족주의 세력과 다른 종교도들은 세속주의적 국가 건립을 주장하면서 상호 대립하게 되었다. 이후 두 세력 간의 타협물로 나온 것이 헌법 전문인 자카르타 헌장(Piagam Jakarta)이다.

비록 자카르타 헌장이 이슬람 세력에게 불만족스러웠지만 그 마지막 원칙에 '이슬람법을 실행할 의무가 이슬람 교도에게 주어진'이란 문구가 바로 이슬람의 특별함을 인정하는 것으로 이해되어 왔다. 하지만 결과적으로 이후의 정치 과정 속에서 크게 부각되지는 못했다. 그 결과 이슬람 세력이 요구한 인도네시아 대통령이 무슬림이어야 한다는 구절 역시 헌법에서 제외되고, 수카르노는 국가 통합이 세력 간 투쟁보다 중요하다는 명분으로 이러한 요구를 받아들이지 않았다. 그리하여 이슬람 세력의 주장이 국가의 정책 수립, 입법 과정에서의 이슬람이라는 특별한 위치 등이 심도 있게 고려되지 않았다. 이러한 것에 불만을 품은 일부 무슬림의 무장 투쟁이 생겨났다.

이슬람 정당의 설립은 국가 운영의 원칙을 이슬람이라는 종교적 운영 원칙으로 대체하기 위한 요구이며, 이의 외부적 요구는 바로 정치적 투쟁으로 가속화되기 시작했다.[23] 그 결과

---

23) 이슬람 정당을 중심으로 이슬람식 가치를 법제화하려는 시도가 있었다. 이들이 오랫동안 요구해온 것들이 법으로 만들어졌는데, 이슬람 법원 관련법, 교육 관련법, 반포르노그라피법, 종교 건축물 건립 관련법 등이 두드러진 예이다. 이러한 이슬람 가치에 기초한 법률들은 세속적 성격의 정당, 비이슬람 세력, 시민사회 중심의 NGO 세력이 반대했으나 통과되었다. 이러한 법제의 성공이 주는 의미는 바로 전통적이고 중도적인 이슬람 세력이 제기하고 있는 문제들을 일반인도 공감했다는 점이고 그것이 법제화로 연결되었음을 시사하는 것이다.

강성 이슬람 집단 중심으로 대규모 시위가 빈번해졌고 일부 극단주의자들은 '발리 테러'와 같은 폭력 시위로 자신들의 주장을 표출시키게 되었다. 하지만 이러한 극단주의적 이슬람 세력은 궁극적으로 정부군에 의해 모두 진압되었다.

그리하여 수카르노 대통령 집권 시기에 이슬람 세력의 정치적 영향은 계속 축소되었고, 이슬람식 교육에 기반을 둔 정책의 수립, 이슬람 가르침의 입법화 등은 성공하지 못했다. 그 결과 수카르노를 이은 수하르토 대통령 역시 이슬람 세력의 영향력을 축소시키는 정책을 계속하는 데 일정한 성공을 거두고 있었다. 비록 이슬람 정당을 하나의 정당으로 일원화했으나 이는 바로 이슬람 세력의 활동을 제약하는 전략으로 활용되었으며, 그로 인해 서구식 경제 개발이 가속화되는 기회를 갖게 되었다.

인도네시아는 1997년 경제위기를 맞게 되었고, 그 과정에서 수하르토가 퇴진했다. 이러한 독재정권의 몰락으로 민주화가 가시화되었고, 오랜 기간 동안 이슬람 세력의 억압된 심정이 폭발하게 되면서, 중국계 인도네시아인에 대한 공격, 기독교도에 대한 공격, 서양인에 대한 테러, 기독교도와 무슬림의 무장투쟁 등 '근원적 감정'에 기초한 폭력과 분쟁이 한동안 표출되기 시작했다. 하지만 이러한 분쟁은 2000년대에 가서야 경제적 안정과 함께 사회적 질서로 제자리를 찾기 시작했다.

## 제 2 절 법률 체계

헌법 체계의 내용을 이해하기 전에 먼저 인도네시아의 법 제도를 구성하고 있는 역사성을 이해할 필요가 있다. 사실 인도네시아의 법 체계는 독립 이전에 크게 세 가지 역사적 제도의 산물로 인해 크게 영향을 받아 복잡한 법 체계를 형성하고 있다.

16~17세기 네덜란드의 식민지 이전에 이미 토착왕국이 적용하고 있는 관습법(adat law)이 있었고, 이어서 제2차 세계대전이 종식되기까지 350여 년 동안 네덜란드 식민지 정책에 의한 네덜란드 식민지법의 보편적 확대 시기를 거쳤다. 이러한 흔적은 오늘날까지도 여전히 법제도에 일부 남아 있다. 그리고 세 번째로는 1945년 17일 인도네시아의 독립을 선언한 이후에는 인도네시아 민족 정신에 의한 자체적인 법 체계가 형성되기 시작했다.

이처럼 3개 분야의 제도적 영향으로 비교적 복잡한 법 체계를 구성하게 되었다. 예를 들면, 인도네시아 상법의 경우 네덜란드 식민지의 유물인 1847년 상법전(Kitab Undang-Undang

Hukum Dagang or Wetboek van Koophandel)에 기초하고 있다. 물론 현재의 상법은 인도네시아 독립 이후 새로 제정된, 1992년 은행법(1998년 개정), 1995년 회사법, 1995년 자본시장법, 1999년 반독점법, 2001년 기름·천연가스법 등과 같은 다양한 법률로 대체되고 있는 상황이다. 그럼에도 여전히 관습법의 원칙 중의 하나인 '만장일치에 의한 의사결정(musyawarah untuk mufakat)'이 여전히 개별법들 가운데 적용되고 있다.

그럼에도 불구하고, 법적 질서의 명확성을 위해 2000년 8월 국민자문의회(MPR)는 인도네시아 법 체계 정립과 관련한 법률적 위계 순위를 정해 발표했다. 가장 최우선의 법적 근거는 1945년 헌법(Undang-Undang Dasar 1945)이고, 다음으로 국민자문의회의 결정(Ketetapan MPR), 법률(Undang-undang), 정부 대체입법(Peraturan Pemerintah Pengganti Undang-undang), 정부시행령(Peraturan Pemerintah), 대통령령(Keputusan Presiden), 지역정부시행령(Peraturan Daerah) 등의 순서로 법 체계가 정리되었다. 이 밖에도 실무적으로 하위 법령 체계상 존재하는 법령을 보면, 대통령 규정(nstruksi Presiden), 각부 장관령(Keputusan Menteri), 정부회람(Surat Edaran) 등이 있다. 이와같이 복잡다기한 법 체계로 인해 법령 규범 간 모순되거나 충돌되는 상황이 발생하는 것에 대해 근절하지 못하고 있다.

법령의 공포는 국가공보물(Lembaran Negara Republik Indonesia)로 하며, 국회가 제정한 법률과 정부령 등은 법령 내용에 대한 부연설명이 담긴 입법취지서(Penjelasan)가 함께 부록(Tambahan Lembaran Negara)으로 공포된다. 법령에 관한 좀 더 명확한 해석이 요구되는 경우에는 이러한 입법취지서가 실질적인 근거를 제공하는 역할도 한다. 동시에 정부가 발행하는 보고서(Berita Negara)도 함께 공시된다.

그런데 인도네시아의 법령 공포 시기가 종종 늦어지면서 이미 법률적 효력이 발생된 후에야 시민들에게 알리는 경우도 나타나는데, 이는 법령 공포 매체들이 많지 않고 실제로 일반 국민들이 최신 법령 내용들에 접근하는 통로도 그다지 많지 않은 실정이다. 이에 주요 중앙행정기관의 경우 국민들이 온라인으로 직접 접근이 가능하도록 행정 절차의 혁신을 추진하는 부서도 생겨나기 시작했다(Hukumonline).

## 1 사법 질서

인도네시아 사법 질서의 정점에는 사법부가 있고, 사법부는 최고법원(Mahkamah Agung) 통제 하에 몇 가지 유형으로 구분하여 운영된다. 사법부는 3심제로서 대법원, 고등법원(26

개), 지방법원 및 분원(326개)으로 구성되어 있으며, 대법원은 하급법원을 지도 감독한다. ① 민사사건이나 형사사건을 다루는 일반 관할, ② 이슬람교법에 따라 결혼, 이혼, 상속을 다루는 종교 관할, ③ 군사 관할, ④ 민간인과 공무원 사이의 소송을 다루는 행정 관할로 구성되어 있으며, 국방부 관할의 군사재판소, 종교부 관할의 종교재판소 등 별도로 설치되어 각 관할 사건을 담당한다.

네덜란드의 민법 전통에 따라서 인도네시아 법원은 공통법적 성격에 익숙해 있는 전례준용 원칙(he principle of precedent)을 적용하고 있지 않다. 모든 법적 다툼은 먼저 제1심 재판인 지방법원으로서의 국가재판소(Pengadilan Negeri)에서 시작되며, 전국적으로 각각의 관할구역을 갖고 있다. 항소심으로서 제2심 재판은 상급법원(Pengadilan Tinggi)에서 진행된다. 최종적으로 판결 파기법원으로서(kasasi, cassation appeal)의 최고법원인 대법원은 수도 자카르타에 있다. 대법원에서는 판결 파기뿐만 아니라 새로운 증거가 발견되면 새로운 청문을 거치는 절차에 따라서 전례에 대한 재심(peninjauan kembali)을 진행하는 경우도 있다.

한편, 법조계의 전문 인력 체계는 크게 공증사, 변호사, 법률 자문인 등 3개 분야로 구분된다. 자카르타 수도권에만 약 140여 명의 공증사(notaris, notary)가 있는데 이들은 합법적으로 법무·인권부(Departemen Kehakiman dan Hak Asasi Manusia)에 의해 공증행위(akta)와 관련하여 교육을 받은 공적 인증이 된 전문가이다. 비록 사적으로 전문공증업의 영업행위를 하지만 국가로부터 임명을 받기 때문이다. 법적인 공증을 거친 행위(akta otentik)는 반드시 이와 같은 공증인의 입회 하에서 이루어져야 하기 때문이다. 또한 법적으로 공증인이 공인한 문서가 효력을 발생시킬 수 있으며, 법적으로도 결정적인 증거 효력을 갖는다. 예를 들면, 회사를 설립하는 경우 법적인 행위 중에는 반드시 공증인으로부터 증명이 필요한 요구 사항(akta pendirian)은 이와같이 공증인으로부터 확인을 받아야만 한다. 변호사(pengacara)들도 정식으로 법률교육을 받아 개인적인 변호행위를 하게 된다. 주로 법적 다툼에 관한 변호 업무를 수행하며 법률회사에 근무하는 경우가 많다. 법률자문인(konsultan hukum)의 직업은 1960대 말부터 1970년 초기에 상당히 부각되기 시작했는데 주로 외국 투자자들이 인도네시아에 투자를 시작하면서 활동하게 되었다. 이들 법률 자문인은 사실상 변호사의 자격을 갖고 있지만 직접 법적 다툼에 끼어들지는 않고 주로 법률 자문을 수행하는 전문직업인들이다. 외국에서 교육을 받은 사람들이 많고, 금융업과 상공업 분야 등 다양한 분야에서 활동한다.

## 2 경제와 사법 질서

경제 분야와 관련된 상사법원(Pengadilan Niaga, Commercial Court)도 이미 1998년 설치했으며, 금융권의 파산, 채무 변제 등에 관한 금융상공업 분야의 다툼도 처리하고 있다. 그리고 정부와 공공기관 간, 국민과 공공기관 간의 다툼에 대해서는 국가행정법원(Pengadilan Tata Usaha Negara)에서 다툼을 처리하고 있다.

법이 이슬람 경제와 직접 연관되는 것 같지 않지만 실제의 경우는 경제활동과 관련된 분쟁을 이슬람 법원에서 심의할 수 있도록 허용하는 혁신적인 내용이 포함되어 있다. 1990년대까지 이슬람 법원에서는 주로 그 심의 대상이 결혼, 이혼, 입양, 상속과 같은 가족 문제가 주 대상이었으나 이슬람 세력과 법원에의 영향 등으로 법제화되면서 경제활동과 관련된 문제들이 이슬람 법원에서 논의되는 기반이 되었다. 즉, 지난 10년간 이슬람 경제와 관련한 입법화 내용을 보면 주로 은행, 자캇(zakat), 증여, 주식회사, 국채 등이 포함되어 있다. 이는 1990년대와 비교해 볼 때 이슬람 가치가 경제 분야의 법제화에 상당한 영향을 미치고 있음을 짐작하게 한다. 그 결과 2008년 제정된 샤리아은행법으로 보면 이슬람 경제의 범위가 법제화의 범위 내에서 어느 정도인지를 알 수 있게 해 준다.

일상생활에서 이러한 것들을 잘 나타내 주는 사례가 '자캇'이다. 자캇은 무슬림의 다섯 가지 의무 중 하나로, 인도네시아에서는 보통 새로운 재산의 2.5%를 기부하는 것으로 이해된다. 자캇을 종교세 개념으로 이해할 경우 강제성을 갖지만, 종교적 의무로 이해할 경우 자발적인 성격이 부각된다. 인도네시아에서는 이슬람 조직이나 모스크를 중심으로 자캇을 수집하고 배분하는 관행이 일반적이다. 그러나 1980년대 이슬람화가 가속화되면서 자캇에 대한 정부의 역할을 요구하는 목소리가 커져 1991년에 종교부 장관령의 제정으로 자캇의 수집과 배분을 담당하는 자발적 결사체를 인정하게 되었다. 1999년 자캇을 다루는 법안이 공포되었다. 법안에는 반관반민의 성격을 가진 관련 조직의 설립 및 운영, 비영리단체에 의한 자캇 운영에 관한 규정 등이 제시되어 있다. 국가자캇관리회(Badan Amil Zakat Nasional)의 공공기관이 설립되면서, 국가 수준에서 자캇을 관리하는 민간단체도 설립되기 시작했다.

이 의미는 이슬람식 경제활동의 확산인데, 민간에 의한 국가적 수준의 자캇 모금이 가진 중용성은 단순한 기부 외에 이슬람식 경제 원칙의 확산을 강조하는 프로그램을 이용하고 있다는 점이다. 이는 경제활동이 비종교적 성격을 갖지만, 자캇을 통해 경제활동에 관한 동일한 현상이나 행동에 기존 설명 방식이 아닌 종교적 시각을 적용하는 이슬람화의 주요 방식으로 작용하게 되어 경제 영역에서 이슬람화의 한 과정을 예시하고 있는 것이다.

## 제 3 절 헌법 체계

### 1 기본 통치 체제

인도네시아 1945년 헌법이 법률의 원칙으로 작용하면서 '견제와 균형의 원리'에 의한 권력 분립 체제를 갖추게 되었다. 집행부는 대통령과 부통령에 의해 수행되고 이들은 매 5년마다 직접선거에 의해 선출된다. 대통령은 국가원수이면서 행정부의 수반이다. 대통령은 각 중앙행정기관을 총괄하는 부처장관과 부처장관을 지원하는 협력장관들을 임명한다. 입법부의 권한은 국민대표의회(Dewan Perwakilan Rakyat: DPR)에 있으며, 상원의 지위를 가진 지역대표의회(Dewan Perwakilan Daerah: DPD)도 있고, 이들은 모두 매 5년마다 국민의 직선으로 선출되는 국민대표 의원들이다.

인도네시아 통치 체제상 가장 중요한 사건은 바로 2004년부터 대통령 직선제를 실시한 것이라고 하겠다. 그때부터 대통령 임기는 국회의원 임기와 동일한 5년으로 시행되고 있고, 대통령의 재선도 가능하게 되었다. 따라서 2004년부터는 총선 이후 대통령 선거가 실시되면서, 2009년의 경우를 고려해 볼 때에도 총선과 대선이 동일한 해에 시행되기 때문에 총선 결과가 자연히 대통령 선거에 직접적인 영향을 주게 되었다.[24)]

대통령 선거제도는 2차 투표로 이루어지는 결선투표제를 시행하고 있다. 말하자면 제1차 투표에서 과반수 이상을 얻은 후보가 없으며, 최다 득표를 한 1, 2위 후보자만으로 결선 투표를 실시하게 된다. 그 전에 대통령 후보가 되기 위해서는 전국 유권자의 지지율이 20%가 넘어야 하거나 또는 의회 의석을 최소 25% 이상 득한 정당으로부터만 대통령 후보자를 선택할 수 있다. 이는 국회의원 총선 결과에 따라서 대선 후보가 결정되는 중요한 요인이 되고 있다.

하지만 2009년 4월 9일 시행된 국회의원 선거와 그 같은 해 7월 9일 시행된 대통령 선거에서는 과거와 다른 행태가 발생하게 되었다. 즉, 현재 대통령인 유도요노는 집권 1기 이후

24) 2012년 현재 유도요노 대통령은 신헌법에 기초하여 2004년 실시된 최초의 직선제 대통령 선거에서 신생 정당인 민주당(Partai Demokrat: PD) 출신으로 2009년 재선된 대통령이다.

에 여당인 PD를 기반으로 해서 단독 후보로 대통령 선거에 출마하게 되었다. 그 이유는 당시 먼저 치렀던 총선에서 PD는 20·85%의 지지율을 획득하게 되어 유도요노가 대통령 후보로 확정될 수 있었으며, 몇 달 뒤 치러진 대선에서 유도요노 대통령은 러닝메이트인 부통령 부디오노(Budiono)와 함께 대통령 후보로 출마하여 제1차 투표에서 59.44%를 얻어내 과반수를 넘기면서 결과적으로 제2차 결선투표를 치르지 않게 되었다. 그 후 유도요노 대통령은 다수당이 될 수 있는 PD와 단독정부를 구성하지 않고, 다른 당을 포함하여 거대 연합정부를 구성하여 국정을 운영하게 되었다.

국민을 대표하는 국회 입법부의 제도 역시 조금 복잡하다. 인도네시아는 원칙적으로 대통령 중심제이나 실질적으로는 의원내각제의 성격이 강한데, 대통령은 행정부의 수반이자 국가원수로서 임기는 5년이며, 국민협의회에서 선출되고 국회에 대해 책임을 진다. 국민자문의회(Majelis Permusyawaratan Rakyat: MPR)는 입법상 최고기관으로 국민대표의회(DPR)와 지역대표의회(DPD)로 구성되어 있다. 국민대표의회(DPR)는 550명 정원으로 임기는 5년이고, 정당명부식 비례대표제로 선출되며, 반드시 모든 의원은 교섭단체에 소속되어야 한다. 주로 법률 제정과 대통령과 정부각료에 대한 책임성을 확보하는 데 그 임무가 있다. 그리고 지역대표의회(DPD)는 지방과 중앙의 정치경제적 불평등 문제를 해결하기 위해 설치되었으며, 128명 정원으로 임기는 5년이다. 직선제로 선출되며, 정당에 소속되지 않도록 법적으로 명시화되어 있다.[25)]

국민자문의회(MPR)는 700명으로 구성되며, 국민대표의회의 의원을 모두 포함하고, 각 지방(provinces)을 대표해 임명된 대표자도 함께 구성원이 된다. 헌법상 국민자문의회는 국가 최고의결기관으로서 이 국민자문의회만이 헌법 개정을 할 수 있는 권한을 갖는다.

이상으로 본 인도네시아 통치 체제가 의미하고 있는 것은, 인도네시아는 대통령제가 주축이 되지만 결과적으로는 내각 체제 방식의 운영 형태가 주류를 이루고 있다는 것이다. 거대 연합정부를 채택한 유도요노 대통령의 선택은 비로 대통령 자신의 선택에 따른 것이라는 평가가 있다. 인도네시아 통치 체제를 좀 더 깊게 이해하기 위해서는 정부 구성이 바로 거대 정당연합의 구도를 이해하는 데 있다는 점이라고 한다. 따라서 거대 연합여당과 반대 야당의 구성을 이해해야 하고, 또한 거대 집권연합의 세력 내에서도 각 주요 정당 파벌 간의 권력적 구도를 파악하는 것이 인도네시아 국정 운영 및 통치 체제를 이해하는 데 가장

25) 국민자문의회(Majelis Permusyawaratan Rakyat or MPR, People's Consultative Assembly); 국민대표의회(Dewan Perwakilan Rakyat or DPR, House of People's Representatives); 지역대표의회(Dewan Perwakilan Daerah, House of Regional Representatives).

핵심적인 요소이다.[26)]

##  행정 통치 체제

인도네시아는 지정학적 관점에서 볼 때, 각 지방정부 관할지역(provinces)과 3개의 특별구인 중앙 자바 지역의 요기야카르타(Yogyakarta in central Java), 수마트라의 아체(Aceh in Sumatra), 그리고 수도권 지역의 자카르타(capital district of Jakarta)로 대별된다. 2000년 지방분권법이 입법화되고 다음해인 2001년부터 법적 효력이 시행되면서 지방자치제도를 실시하게 되었고, 그에 따라서 각 지방정부는 지역 주민들이 직접 선출한 지역정부 대표인 지역대표의회(Dewan Perwakilan Rakyat Daerah: DPRD)에 의해 통치된다. 지방정부의 집행부 대표는 지방정부지사(Governor)가 지역통치권을 행사하며 대통령에 의해 임명된다.

**표 2-2 인도네시아 통치 체계**

| 정부 계층 | 통치자 | 명칭 |
|---|---|---|
| 국가 Nation(Negara) | 대통령 | President(Presiden) |
| 지역정부 Province(Propinsi) | 지방정부지사 | Governor(Gubernur) |
| 기초정부(District, Municipality, Kotamadya Regent) | 시장 | Kabupaten Mayor(Bupati / Walikotamadya) |
| 읍면 Sub-district(Kecamatan) | 읍면장 | Sub-district Head(Camat) |
| Ward(Kelurahan) | 소구역장 | Ward Chief(Lurah) |
| Village(Desa) | 마을 | Village Chief(Kepala Desa) |

행정 실무적 관점에서 볼 때, 인도네시아는 중앙행정 부처를 정점으로 통치된다. 전형적인 정부부처의 조직구조는 다음과 같다. 중앙부처에서 대통령실(Office of the President)이 집행부의 정점에 있으며, 헌법을 근거로 국가 업무를 총괄하고 국방외교를 관장한다. 대통령과 부통령이 부재 상태일 경우에는 헌법에 명시한 서열순으로 제3위에 있는 외교장관이 국무를 관장하고, 이어서 내무부 장관, 국방부 장관 순서로 되어 있다.

26) 대외경제정책연구원, 동남아시아의 최근 정치 · 외교에 대한 전략적 평가, 2012: 214.

**표 2-3** 인도네시아 행정부 계서

| 행정부 계서 | 통치자 | 명칭 |
|---|---|---|
| 중앙부처 Department(Departemen) | 장관 | Minister (Menteri) |
| 사무총국 Secretariat(Sekretariat) | 사무총국장 | Secretary General(Sekretaris Jenderal) |
| 감사국 Inspectorate(Inspektorat) | 감사국장 | Inspector General(Inspektur Jenderal) |
| 행정국 Directorate(Direktorat) | 국장 | Director General(Direktur Jenderal) |
| 행정과 Division(Badan) | 과장 | Head of Division(Kepala Badan) |
| 행정실 Centre(Pusat) | 실장 | Head of Centre(Kepala Pusat) |
| 행정계 Bureau(Biro) | 계장 | Head of Bureau(Kepala Biro) |

중앙부처를 총괄 지휘하는 주무장관 이외에도 여러 명의 장관이 있다. 협력장관(Menteri Koordinator, Coordinating Ministers)으로 불리는 이들은 각자가 부분적으로 담당 분야를 전담하고 있다. 그리고 장관급으로 검찰총장(Jaksa Agung, Attorney-General), 국무장관((Sekretaris Negara, Secretary of State), 군참모총장(Panglima Tentara Nasional Indonesia, Commander of the Indonesian Armed Forces) 등이 있다.

## 3 헌법의 구성 체계

### 1) 1945년 헌법의 개정

인도네시아 헌법은 독립선언 이후 1945년 헌법(Undang-Undang Dasar 1945 or UUD 1945)을 기본으로 한다. 1950년 통일국가로서 의회주의를 시행했을 때 연방헌법이 이를 대체하면서, 다시 1950년의 임시헌법이 있었다. 그 뒤 1955년 선출된 헌법기초위원회가 새로운 헌법을 기초하고자 했으나 초안만 논의한 후 해체되었다. 1959년 7월 5일 대통령령에 의해 다시 1945년 헌법이 재탄생하게 되었고 새 질서(New Order)를 선포하면서 헌법 정신은 더욱 고결해져 갔다. 신헌법은 1998년 민주화 이후 1999년 자유총선거에 의해 구성된 국회에서 완성되었다. 그리고 나서 개혁의 시대(Reformasi Era)를 거쳐 급기야 1945년 헌법은 1999~2002년간 4회나 개정되어 오늘에 이르게 되었다. 그 과정에서 인권에 관한 문제, 의회제도의 도입과 새로운 조항이 신설되었다. 헌법 개정 과정에서 다루어진 것은 권력의 제한에 관한 것으로 대통령 임기의 제한, 중앙정부의 중앙집권 통치 체제에서 도와 각 지방정

**표 2-4** 인도네시아 헌법 구성 체계

| 헌법 조항 | 내용 | |
|---|---|---|
| Chapter I | Form of the State and Sovereignty | 국가 주권 |
| Chapter II | The People's Consultative Assembly(Majelis Permus-yawaratan Rakyat or MPR) | 입법부(국민자문의회) |
| Chapter III | The Executive Power | 행정부(대통령 권한) |
| Chapter IV | Supreme Advisory Council | 삭제 |
| Chapter V | Ministers of State | 정부 운영(장관 권한) |
| Chapter VI | Regional Authorities | 지방정부(지방자치제도) |
| Chapter VII | The People's Representative Council(Dewan Perwakilan Rakyat or DPR) | 국민대표의회 |
| Chapter VIIA | The Council of Representatives of the Regions(Dewan Perwakilan Daerah or DPD) | 지역대표의회 |
| Chapter VIIB | General Elections | 국회의원선거 |
| Chapter VIII | Finances | 국가예산 · 재정 |
| Chapter VIIIA | Supreme Audit Board(Badan Pemeriksa Keuangan or BPK) | 감사원 |
| Chapter IXA | State Territory | 영토 확정 |
| ChapterX | Citizens and Residents | 시민권 |
| Chapter XA | Human Rights | 인권 |
| Chapter XI | Religion | 종교 |
| Chapter XII | State Defence and Security | 국방 · 안보 |
| Chapter XIII | Education | 교육 |
| Chapter XIV | The National Economy and Social Welfare | 국가경제 · 국민복지 |
| Chapter XV | National Flag, Language, Coat of Arms and Anthem | 국기, 언어, 국장 |
| Chapter XVI | Constitutional Amendments | 헌법 개정 절차 |

부로 권력을 이양하는 지방분권의 실시, 헌법기관 및 헌법재판소(Mahkamah Konstitusi)의 창설, 지역대표의회(Dewan Perwakilan Daerah, House of Regional Representatives)의 설치 등이었다.

### 2) 수정헌법의 내용

4번째 수정된 헌법은 그 이전 헌법 내용보다는 더 민주적인 성격을 명확하게 드러냈고, 더불어 권력 분립을 좀 더 분명하게 하기 위한 입법, 행정, 사법 체계에 관한 헌법 조문들을 체계화시켰으며, 인권보장(Bill of right)에 관해서도 제정하게 되었다(Indrayana, 2008: 272).

4번째 수정헌법에서 국민자문의회(MPR)의 대표 구성을 개정했다. 이전에는 국민대표의회(DPR)와 군부를 포함한 여러 직능(전문직) 대표로 구성되었던 최고입법기구였지만, 4차 수정헌법에서는 명실상부하게 국민을 대표하는 상·하원격인 지역대표의회(DPD, regional 'senate')와 국민대표의회(DPR)로만 국민자문의회(MPR)가 구성될 수 있도록 규정한 것이다. 이로 인해 민주적 방식의 두 국민대표기관이 입법부의 최고의결기구로 탄생될 수 있었다. 즉, 군부 등을 배제하고 모두 일반 국민과 다양한 지역성을 고려한 국회 구성이 이루어진 것이다. 하지만 인도네시아가 사실상 양원 국회를 도입하여 연방국가를 지향하고자 했으나, 지역 상원인 '지역대표의회'의 권한은 축소되었다. 그 결과 지역대표의회는 실제 입법권이 없고, 입법 청원을 한 후에는 각 지역정부에 관련된 입법안에 대해서만 법률안 제정 논의에 참석할 수 있도록 했다. 그리고 국가예산, 조세, 교육, 종교 등에 관련된 법률안 제정에 대해서는 자문 의견만 피력할 수 있도록 했다. 이 모든 법률 제정 권한은 대통령과 국민대표의회(DPR)만 갖도록 했다. 과거 독재 시대에 대통령의 입법권은 국민대표의회보다 더 막강했으나 과거 독재의 아픔 때문에 몇 차례 헌법 수정을 거치면서 약화되었다가 다시 4차 헌법 수정을 통해 정상적으로 기본입법권은 국민대표의회에 두고, 부분적으로 대통령에게도 입법권의 일부를 부여하고 있는 것이다.

행정부 운영 체계에 관해 가장 중요한 헌법 개정은 바로 대통령에 대한 간선제에서 직선제로의 전환이라고 할 수 있다. 과거 국민대표의회가 간접 선출하면서 5년 무제한 연임제를 유지하고 있었으나, 수정헌법 이후부터는 대통령의 임기를 5년 중임만 가능한 것으로 제한하고 있다. 그리고 제한적 권한만 가졌던 입법권이 국민대표의회와 동등한 수준으로 보장되었다. 대통령 탄핵 규정에 대해서는 과거에 없었기 때문에 이 수정헌법 조항에 직접 명문화하고 있다. 이와같이 4차 수정헌법을 거치면서 입법부와 행정부 간의 실질적인 민주적 '견제와 균형'이 제대로 정립되었다고 말할 수 있다.

사법부의 독립성과 관련해서는 최고법원 판사 후보자 명부 작성은 사법위원회(Judicial Commission)가 국민대표의회에 제출하면 최종적으로 대통령이 승인하는 절차로 규정했다. 대통령의 사면 및 정치권 회복 등에 관한 남용을 막기 위해 반드시 최고법원의 의견 수렴을 거치도록 했고, 국민대표의회가 제한할 수 있도록 여지를 남겨두었다. 대통령이 사법부에 관여할 수 있는 권한 오직 사법위원회의 위원들을 임명할 수 있는 권한을 소지했고, 이에 대한 임명권도 국민대표의회의 임명 동의를 거쳐야만 한다.

그리고 가장 획기적인 개정으로는 몇 차례 수정을 거쳐 4차 헌법 수정으로 현재의 인권 조항(Chapter XA)이 정리되었다는 점이다. 그러나 헌법 제28조D(1)에서 규정하고 있는 바와 같이 법률 제정으로 소급 적용이 가능하도록 규정하고 있어서 인권 침해의 소지는 여전히 남겨둔 여지는 있다.

## 4 헌법재판소의 조직과 권한

헌법재판소(Mahkamah Konstitusi)는 2001년 헌법 개정을 거쳐 창설되어 특정 법령에 관한 헌법에의 일치 여부 및 국회의원 선거 결과에 대한 판결, 대통령 탄핵 등과 같은 국가 통치 체제상의 갈등과 법령의 헌법 일치성 등을 다루고 있다.

헌법재판소는 헌법재판소장(Chief Justice), 부소장(Deputy Chief Justice) 1인을 포함한 9인의 재판관(Justice)으로 구성된다. 재판관은 국회(House of Representatives), 대통령, 대법원이 각각 3인을 지명하면 모두 대통령이 임명한다.[27]

헌법재판소장과 부소장은 재판관 중에서 호선하며, 임기는 3년이며, 재판관의 임기는 5년으로 1차에 한해 연임이 가능하며, 정년은 67세이다. 재판관의 자격을 좀 더 자세히 보면, 40세 이상의 인도네시아 국민 중에서 법학을 전공하고, 법률 분야에서 10년 이상 종사한 자로, 단 5년 형 이상의 범죄로 인해 법원 판결에 따라 복역한 사실이 없어야 하고 파산선고를 받지 않은 자이어야 한다.

헌법재판소의 사무국(Secretariat General)은 헌법재판소의 의무 및 권한의 수행을 보조하기 위해 설치되었으며, 등록원(Court of Registry)도 함께 운영한다.

헌법재판소의 권한으로는 위헌 법률 심판, 국가기관 상호간의 권한쟁의 심판, 정당 해산

**표 2-5 헌법재판소 발전 연혁**

| 시기 | 사건 | 내용 |
|---|---|---|
| 2001.11.9. | 제3차 헌법 개정 | 헌법재판소 설립 근거 마련 |
| 2002.8. | 국민협의회가 헌법재판소 설립 준비 | 이 기간 동안 대법원이 헌법재판소의 기능을 맡음 |
| 2003.8.13. | 헌법재판소법 제정 | |
| 2003.8.15. | 헌법재판관 임명 | |
| 2003.10.15. | 헌법재판소 활동 시작 | 대법원으로부터 심판사건을 인수받음 |

27) http://www.mahkamahkonstitusi.go.id/(검색일, 2012년 8월).

심판, 선거소송, 대통령과 부통령의 탄핵심판 등의 권한쟁의 사안을 심리하고 재판을 결정한다. 그리고 헌법재판소의 심리 절차는 다음과 같다. 즉, 위헌법률심판은 법률의 제정에 의해 헌법상의 권리를 침해당했다고 주장하는 개인, 관습법상 공동체, 공사법인 및 국가기관이 청구할 수 있다. 선거소송은 선거관리위원회가 선거 결과를 공포한 지 72시간 이내에 결과에 불복하는 후보자와 정당이 청구하며, 접수일 기준으로 대통령 선거는 14일 이내, 기타 선거는 30일 이내에 결정해야 한다.

청구인은 청구인의 성명과 주소, 결정 요구 사항, 청구 이유, 증거 등을 기재한 청구서 부본 12부를 제출하여 심판을 청구하게 된다. 등록원(Court of Registry)은 접수된 청구서를 심사하여 등록부에 기재하고 흠결 시 보정명령을 내리게 된다. 이때 청구인은 7일 이내에 보정해야 한다. 사건 접수일로부터 14일 이내에 최초회의(Session)를 개최하며, 회의 개최 결정은 사건 당사자와 일반인에게 공고한다. 재판소회의(Court Session)는 일반인에게 공개하며 당사자, 증인, 감정인을 소환하여 증거를 수집하고 심리를 진행한다.

사전 심사를 위해 재판관 3인 이상으로 구성되는 지정재판부(Panel)를 설치하고 있다. 심리 및 결정은 예외적으로 재판관 7인이 참석하는 경우를 제외하고는, 재판관 전원이 참석하는 전원재판부(Plenary Session)에서 실시한다.

헌법재판소의 결정이 필요할 때, 청구인에게 유리한 결정을 하기 위해서는 두 개 이상의 증거에 근거해야 한다. 결정은 전원재판부에서 재판관의 합의(consensus)에 의하고, 합의에 이르지 못할 경우 차기 전원재판부 회의까지 연기되며, 다시 합의에 이르지 못하면 표결(voting)을 통해 결정한다. 표결에서도 합의가 이루어지지 않으면 전원재판부 의장이 최종 결정하나 반대 의견을 결정문에 명시해야 한다. 헌법재판소의 결정은 종국적이며, 그 결정의 효력은 인도네시아 영토 전역에 미치게 된다.

## 제 4 절 행정법 체계

### 1 행정법의 발전

인도네시아의 행정법(Administrative law)은 “Hukum Administrasi Negara” 또는 “Hukum Tata Usaha Negara”라고 한다.

행정법의 목적을 보면, 그 주요 초점은 공공행정기관에서 결정한 내용과 국가 결정기관으로서 행정적 책임을 지고 있는 공공기관이 결정한 사항에 대해 사법적 판단과 행정적 판단, 비사법적 판단을 하는 것이다. 그러므로 공법의 한 분야로서 인도네시아 행정법(Hukum Administrasi Negara, Hukum Tata Usaha Negara)은 중앙정부를 비롯한 공공기관의 기능, 권한, 법적 의무 등에 관련한 행정행위를 다루는 분야이다. 정부의 행정행위, 정책결정, 법적 결정에 관한 사법적·행정적 판단과 법적 영역 이외의 판단까지 관련된 공적 활동 분야를 의미한다. 헌법이 공행정기관의 행정권에 관한 법적 지위를 규정하고 있다면, 행정법은 공공기관이 이러한 행정권을 행사할 때 국민과의 관계를 법적으로 규율하는 공법 분야라고 할 것이다.

인도네시아 행정법의 초기 태동은 네덜란드로부터 독립 이후 '새로운 질서'를 외친 수하르토 정권까지로 볼 수 있으며, 이 기간은 네덜란드의 행정법 체계에 의존했다고 볼 수 있다. 1950~59년에는 의회민주주의에 기초한 사법제도가 지배했다면, 1960년대 이후에는 8년 임정국민의회(Provisional People's Congress)가 이어지면서 행정재판제도가 도입되어 행정사법 및 행정법원 체제가 분리된 계기를 맞이했다. 1964년 당시 행정사법(Administrative justice)의 개념이 대두된 것은 그때 법무부 장관으로부터 연유한 바가 컸다. 이 8년의 기간 중에 행정법원 설치 등에 관한 법 제정 논의는 주로, 정부가 후원하고 개혁 성향을 가진 국민대표의회 의원들이 중심이 되어 있었으나, 당시는 주로 사법부의 독립적 지위 회복이라는 주제가 모든 것을 압도할 때였기 때문에 큰 주목을 받지 못했다. 이후 1970년대까지 대학교수, 사법 분야 전문기관 등에서는 지속적으로 행정사법에 관한 연구가 지속되었고, 일단의 판사들이 1976년 프랑스의 행정사법 체계를 배우기 위해 직접 프랑스를 방문하기도 했다. 정치적으로 명확한 사유는 짐작하지 못하지만, 1978년 국민대표의회에서 수하르토 대통령의 국정연설 도중에 행정법원의 설치를 언급했고, 이러한 대통령의 약속을 이행하기 위해 정부 차원에서는 법안을 초안하기 위한 기획단이 꾸려졌다. 그러나 이에 관한 법안에 대해서는 어떤 정치적인 지지도 없었다가 1982년 처음으로 국민대표의회에 행정법원 설치에 관한 법 초안이 소개되었다. 그러나 이때에도 국회에서 법안이 채택되지 못했다.

## 2 행정재판(법원)제도

국민대표의회(House of Representatives, Dewan Perwakilan Rakyat: DPR)에 행정법원법이

1982년 처음 제안된 후, 국민의회 회기 동안 처리되지 못하자 이 법안을 기초로 정부가 다시 1986년 4월 정부법안으로 행정재판에 관한 법(Law on Administrative Justice)을 제안한 뒤에 1986년 9월 국민의회를 통과하면서 제정되었다. 이것은 행정법원에 관한 법(Law no.9/2004 on administrative court)의 개정 법률(Law no.5, 1986)에 주로 근거한 법률이었다. 법률의 시효에 관해서는 이렇게 통관된 법률 제145조의 규정에 따르면 정부가 적절하다고 판단되는 시기에 법률 시행이 가능하다고 규정하면서 준비 기간을 대략 5년까지로 명시했고, 그 뒤에 정부는 준비 기간을 거쳐서 드디어 1991년 1월 14일부터 행정법원법에 관한 법률이 효력을 갖게 되었다. 이에 따라서 전국적으로 행정법원이 설치되기 시작했고, 동시에 행정법원의 판사 임용도 하게 되었다. 법원에 관한 권한은 사법부에 귀속되어 있으므로 행정법원의 판사 임용 역시 주로 사법부 관할 하에 진행되었다.

행정법원이 설치되면서 행정행위에 대한 사법적 판단 원칙에 기초하여 행정절차가 제정되어 갔다. 대체로 1986년 행정법원 설치에 관한 법에는 행정법원의 조직 구성, 인력 운영 등에 국한되어 있었기 때문에 행정절차와 행정행위 판결에 대해 세부적인 원칙과 재판절차 등은 차후의 문제로 남게 되었다. 행정법원의 구성은 크게 기초정부(District level) 수준을 관할 범위로 하는 제1심 판결의 일반법원(State Administrative Court)과 지역정부(Provincial level) 수준을 관할 범위로 하는 제2심 판결의 항소법원(High Administrative Court)으로 체계화되었다.

## 3 행정재판(법원)제도의 기본 내용

1986년 법 제1조 1항에 근거하면 행정재판의 대상이 되는 행정행위는 중앙정부와 지방정부의 행정행위가 모두 해당된다고 규정하고 있으며, 행정심판 절차가 모두 완료된 후에 행정 결정에 관한 항소가 요구되는 사안에 관련해서만 행정법원의 심사 대상이 되는 것으로 규정했다(동법 제48조). 그 결과 행정법원의 심사 대상이 되는 '행정 결정'에 관한 정의를 다음과 같이 하고 있다(동법 제1조3항): "행정 결정이란 공공기관 소속 공무원이 문서로 작성한 것으로서, 법률에 근거한 행정법의 범위 내에서 이행한 행정행위로 구성된 것이며, 각 개인 또는 법인체에 대해, 구체적으로 개별적 사안으로 귀속되는 법적인 결과를 초래한 행정행위"이다. 이에 대해 1심 행정법원의 판결이 완결된 후 항소의 경우에만(동법 제51조) 항소심 법원에 소를 제기할 수 있다고 했다.

행정법원의 사법심사 대상이 되는 행정행위의 근거에 대해서는 좀 더 구체적으로 동법 제53조 2항에 규정되어 있다:

- 관련 법률을 위반한다고 판단되는 행정(기관) 결정
- 행정 결정이 귀결된 시점에 공무원 또는 공공기관이 법적으로 부여된 권한의 범위를 넘어 과도한 권한의 남용을 초래했다고 판단한 경우
- 문제가 되는 행정 결정이 이행되었거나 또는 이행하지 않았을 시점에 공무원 또는 공공기관이 그 시점에 관련된 모든 상황을 적절하게 고려한 뒤에도 그와 같은 행정 결정을 행사했거나 또는 행사하지 않았기 때문에 발생된 경우 등이다.

이후 2004년에는 동법의 규정 중에서 뒤에 두 가지 상황에 대해 폐기했고 대신 '행정(행위) 적합성에 관한 일반 원칙(general principles of proper administration)'에 위배되는 경우에 행정법원에 소(訴)를 제기할 수 있다고 개정했다. 이와 함께 행정행위의 투명성, 비례의 원칙, 책임성 등이 행정행위에 관한 사법적 판단의 근거로 추가되었다. 동시에 행정법원에 관련된 조항들도 수정되었으며, 2007년에는 행정법 체계의 전반적인 개선과 행정법원의 운영 체계 개선 등을 위해 다시 법 개정이 있었다. 즉, 행정행위의 적합성 원칙이 보편적으로 모든 공공기관에 적용되도록 하여 일반 시민으로 하여금 국가기관 및 지방정부 공공기관으로부터의 행정행위로 입은 피해를 최소화하도록 공무원들이 노력해야 한다는 메시지를 전달하는 의미와 함께 국민의 권리 보호를 위해 정부기관의 달라진 태도를 촉구하고 유도하는 데 큰 목적을 두고 있다고 할 것이다. 이러한 목적에 잘 부합할 수 있도록 인도네시아 사법 분야에서는 행정절차와 행정법원의 활성화를 점차적으로 확대하고 있다.

## 제 5 절 결론

인도네시아 정부는 2012년에도 행정개혁과 관련해서 세 가지 법률안을 제출했고, 국회에서 논의 중에 있다. 개혁법률안은 주로 정부기구의 개편, 공무원제도 개선, 윤리강령 등에 관한 내용들이다.[28] 특히 인도네시아의 정치사에 정치부패가 만연해 왔기 때문에 이러한 폐단을 없애고자 윤리강령에 관한 법을 제정하여, 옴부즈만 제도에 의한 일상적인 공직자

28) Ridwan M. Sijabat, Government Makes Last Ditch Effort at Reform, *THE JAKARTA POST*, June 8, 2012.

의 업무 태도의 변화 촉구, 지속적으로 확대되어 온 관료조직의 효율화 제고를 위한 노력 등에 박차를 가하고 있다.

인도네시아의 통치구조는 지금까지 살펴본 바와 같이 복수 정당제에 의한 대통령제 민주공화국의 거버넌스 체제로 삼권분립(Trias Politica) 구조 하에 움직이고 있다. 헌법적 차원에서 결정적으로 2004년 국민자문의회가 진정한 국민의 대표로 탈바꿈하고, 대통령 직선제가 도입되면서 한 걸음 더 민주주의 체제를 견고히 하게 되었다. 현재 재선된 대통령 유도유노(Susilo Bambang Yudhoyono)는 기본적으로 민주당을 중심으로 정당 지도자들을 행정부처 장관으로 임용하고 정치적 안정과 강력한 통치권 유지를 목표로 하고 있다.

하지만 인도네시아의 지방자치 실시 이후 그리고 민주화가 확대되어 가는 긍정적인 면도 있지만 부정적인 측면으로는 지속적으로 부패 현상의 증가를 목격할 수 있다(조흥국 외, 2011: 193). 이는 여전히 오랜 역사성을 갖고 있는 과거의 유산이자, 인도네시아 권위주의 체제의 유산이기도 한 부패, 담합, 연고주의(Korupsi, Kolusi, Nespotisme: KKN) 등이 타파되지 못하고 남아 있기 때문에다. 말하자면 민주화 이후에는 부패가 테이블 밑이 아닌, 테이블 위에서 협상되고 있어, 이를 일컬어서 'middle man'이라고 하고, 이는 인도네시아에서 막후 세력을 의미하는 바 많은 관료가 이러한 브로커 역할을 하고 있는 점도 또 다른 문젯거리로 등장하고 있다.

그럼에도 긍정적인 면들이 계속 증가하고 있는 것도 사실이다. 예를 들면, 권위주의 시절 시민사회가 극심한 통제를 받았으나, 민주화 이후 인도네시아 NGO와 시민사회조직(Civil Society Organization: CSO) 등은 새로운 정치 참여의 기회를 갖게 되면서 시민사회 활동의 정치화가 확대되어 왔다. 행정법 체계의 지속적인 개편 의지를 통해 알 수 있듯이 신생 민주국가로서 행정부의 많은 분야가 공공성을 지향하도록 촉구하고 있고, 그러한 가운에 시민사회조직의 영향도 중요해졌기 때문이다.

다른 한편으로는, 지방자치제도 도입 이후 인도네시아 각 지역에서 시민단체의 활동들이 증가하면서, 예를 들면 마을 단위 이슈와 관련된 시민단체는 마을발전포럼(The Forum Penembangan Pembahuran Desa: FPPD), 마을공동체 발전회의와 양해각서(MOU)를 체결하는 등 다른 선진국에서와 마찬가지로 민관 협력 하에 파트너십을 이행하는 사례도 늘고 있다. 지방정부 수준에서 이와같이 시민단체의 참여가 증가하면서 지역의 부패 방지 등을 위해 NGO들의 참여가 확대되고 지방정부의 정책 입안, 집행 감시 단계뿐만 아니라 자신들이 직접 지방정부의 업무를 집행하는 역할도 수행하고 있다(조흥국 외, 2011: 206).

# 제 3 장 정치 체제 및 거버넌스*

## 제 1 절 서론

인도네시아의 민주화는 아시아 국가의 민주화, 더욱이 무슬림이 국민의 대다수인 이슬람 국가의 대표적인 민주화 사례이다. 1966년부터 이어진 수하르토 대통령의 권위주의적 1인 패권정치는 아시아 금융위기로 드러난 무능력과 권력형 부정부패 등으로 1998년 몰락했다. 이를 계기로 일련의 크고 작은 민주화 개혁이 이어져 오고 있다. 정당 및 NGO 등 단체의 결성 및 활동에 대한 자유화 조치, 군부의 정치적 영향력을 보장했던 제도의 제거, 입법부의 권한을 강화하고 대통령의 권한을 제한하는 정부 형태로의 개혁, 대통령을 포함하여 중앙 및 지방의 공직자 선출에서의 직선제 도입 등을 통해 인도네시아는 국민 주권과 법치에 바탕을 두는 민주주의를 위한 기본적인 제도를 갖추게 되었다. 이 과정에서 시민사회가 국가(정부)의 정당성과 대표성을 가름하는 근거가 된 것은 명백한 성과이다.

하지만 다양한 종족과 종교가 있고 수많은 군도로 구성된 국가, 더욱이 아직도 분리·독립의 기운이 잔존하는 인도네시아로서는 자유 못지않게 안정을 중시해야 하는 여건에 처해 있다. 또한 정치·사회적 관행으로 내려온 인도네시아 특유의 후견인주의, 가족적 체계와 우애를 중시하는 문화, 다수결의 원칙보다 합의를 중시하는 문화가 낳은 부정적 영향 등은 민주주의적 정치제도의 운영뿐만 아니라 국민경제 생활의 발전에도 적지 않은 장애가 되고 있는 현실이다. 아울러 안정적인 거대 정당이 부재하고 다양한 군소정당이 각축을 벌이는

* 이 장은 원준호 교수가 집필했다.

가운데 이념이나 정강정책보다 유력 인물을 중심으로 정당 또는 계파 간 연합이 선거와 국정 운영에서 관건이 되고 있다. 즉, 민주주의적 정치제도를 갖추는 데에서는 성공적이지만 그 제도를 운영하는 메커니즘에서는 여전히 과거의 관행이 작지 않은 역할을 하고 있다. 그럼에도 불구하고 인도네시아가 점진적으로 민주주의를 확대하고 심화하는 길로 나아가는 것은 분명하다.

이 장은 1998년 이후 인도네시아의 민주주의적 정치 체제의 현주소를 고찰하는 데에 그 목적이 있다. 우선 인도네시아 단일국가 형태에 내재된 의미를 언급하고 대통령제 정부 형태의 개혁을 논의하고, 이어서 민주화 이후 정당정치와 선거정치에서의 제도 변화와 운영을 취급한 후, 끝으로 정부-기업 간 관계와 정부-NGO 간 관계를 살펴볼 것이다.

## 제 2 절 국가 형태

### 1 단일국가

인도네시아만큼 단일국가 또는 국가 통일을 강조하는 나라도 없을 것이다. 단일국가는 원래 연방국가와 대비되는 국가 형태를 나타내는 개념이다. 하지만 인도네시아의 경우 단일국가는 연방국가를 원하지 않는다는 차원을 넘어 현 국가를 구성하는 단위(특히 주)들의 분리·독립을 절대적으로 용인하지 않는다는 차원에서 이해되어야 한다.

인도네시아 헌법 제1조 제1항은 "인도네시아 국가는 공화제 형태의 단일국가이다"라고 명시하고 있다. 또한 국가 영토권을 확인하는 제25조 A에서는 "인도네시아 단일 공화국(the Unitary State of the Republic of Indonesia)은 제도(諸島)국가이다"라고 규정하고 있다. 나아가 헌법 개정에 관한 사안과 절차를 다루는 마지막 장의 마지막 조항(제16조 제37장 제5항)은 "인도네시아 단일 공화국 형태와 관련된 조항들은 개정이 허용되지 않는다"라는 점을 확고히 하고 있다. 이를테면 인도네시아 헌법의 처음과 끝 조항은 모두 단일국가를 강조하고 있는 것이다.

아울러 인도네시아 헌법의 전문은 이 헌법의 근원인 '1945년 헌법'의 명칭 및 전문을 그대로 채택하고 있는데, 여기서도 단일국가에 대한 인도네시아의 확고한 의지가 천명되어 있다. 즉, 이 전문에는 인도네시아의 국가 이념으로 작용하는, 이른바 '판차실라(Pancasila:

다섯 가지 기둥)'가 제시되어 있는 바, "유일신에 대한 믿음, 정의롭고 문명화된 인성, 인도네시아의 통일, 국민의 대표자들의 심의로 이뤄진 사상의 지혜가 이끄는 민주적 삶, 그리고 인도네시아의 모든 국민을 위한 사회 정의 실현"이 그것들이다.

이와같이 인도네시아가 헌정 이념 및 질서에서 단일국가를 강조하는 이유는 무엇보다 인도네시아가 다양한 종족 및 종교가 있는 복합민족국가, 그리고 수많은 섬으로 구성된 다도해국가라는 점, 아울러 실지로 아체(Aceh), 이리안 자야(Irian Jaya) 등에서 분리·독립의 기운이 존재하는 특수성 속에서 찾아야 한다. 요컨대, 단일국가의 유지는 인도네시아 국가가 수행해야 하는 지상명령인 것이다.

또한 단일국가에 대한 인도네시아의 확고한 의지는 반식민주의 독립운동이 낳은 역사적 산물이다. 실지로 인도네시아에서는 연방국가 형태가 대두된 적이 있었다(1949~1950). 1945년 수카르노 대통령이 독립을 선언하고 첫 헌법을 공포했지만, 네덜란드는 인도네시아에 대한 지배력을 복구하려고 시도했다. 이 와중에서 네덜란드는 그들의 지배권의 기반이었던 동인도 영역에 느슨한 연방국가를 만들어 정권을 양도하려고 시도했던 것이다. 하지만 연방제는 분리·독립운동 등 지역 간의 갈등이 고조되면서 국가의 통일을 위협했기 때문에 철회되었다. 그 결과 연방제는 인도네시아를 약화시키려는 식민주의적 의도로 거부되었던 것이다(Rohdewohld, 1995: 16; 스미스, 2005: 138).

연방제 시도와 철회를 계기로 인도네시아의 국가정책 모토가 제시되었는데, 그것이 바로 "다양성 속의 통합(Unity in Diversity)"이었다. 이 모토의 중심은 물론 다양성이 아니라 통합에 놓여 있었다. 즉, 다양성은 통합을 지향하는 한 인정될 수 있는 것이었다. 이 모토는 그 후 인도네시아 국가정책의 또 하나의 원칙으로 되었다. 즉, 그것은 정책 및 의사결정에서 정부 및 행정의 하급 단위에는 적은 권한만을 주고 중앙에서 대부분의 권한을 행사하는 중앙집권적 접근이 관행이 되게 했던 것이다(Rohdewohld, 1995: 16).

한편, 1998년 민주화 이후 이러한 중앙집권적 정책 스타일은 시정되고 있다. 대표적인 사례로 2000년 헌법 개정을 통해 지방자치제가 도입되었다. 또한 이것은 이미 1999년 인준된 「지방자치에 관한 법」과 「재정 분할에 관한 법」에 바탕을 두고 있다. 하지만 지방자치제는 시·군 단위 자치로 시작되었는데, 그 이유는 "주가 자치권을 얻을 경우 연방제 요구나 심지어 본격적인 분리·독립운동에 힘을 실어주게 될 것을 우려했기 때문이다"(스미스, 2005: 139). 지방자치제를 통해 인도네시아가, 전형적인 대통령제에 좀 더 근접하는 수평적 권력 분할과 함께, 수직적 권력 분할을 시행한 것은 의미가 크다. 다만, 이것 역시 국가 단일성의 변화를 수반하는 것은 아니다.

단일국가 유지를 위한 중앙집권적 국정 운영은 인도네시아가 장기간 민주주의를 억제하는 정치, 자유보다 안정을 추구하는 정치, 인권을 침해하는 정치를 낳았던 주요 원인이었다고 할 수 있다. 물론, 인도네시아의 특수성을 고려하고 국가의 입장을 감안하면, 국가 통일의 유지가 결코 경시되어서는 안 되는 절대적 사명임에는 틀림이 없다. 그러나 이것은 국가 통일과 안정이라는 명분하에 인권, 자유롭고 민주적인 정치활동의 자유를 억압하는 결과를 낳아왔고, 민주화 이후에도 민주주의 확대와 심화를 더디게 하는 한 요인이라는 점에는 이견이 없을 것이다.

## 2 대통령제 정부 형태

인도네시아 정부는 '1950년 헌법'에 따라 의회제를 채택했던 시기를 제외하고, 대통령제로 운영되어 오고 있다. 1966년 수하르토 정권이 들어서기 전까지 대통령이었던 수카르노는 1959년에 대통령직을 "좀 더 의례적"인 것으로 만들었던 기존의 헌법을 폐기하고 '1945년 헌법'으로 되돌아감으로써 강력한 권한이 보장되는 대통령제를 다시 채택했다(스미스, 2005: 140). 하지만 2002년 개정 헌법에 따라 2004년에 처음으로 직선제로 선출된 대통령제를 운영하기 전까지의 대통령제는 엄밀한 의미에서의 대통령제라고 할 수가 없다. 비록 대통령이 행정수반이자 국가원수로서 국정을 수행했다고 하더라도, 대통령의 선출이 국민자문의회(MPR)에 의해 이뤄졌다는 점에서 직선제 이전의 대통령제는 사실상 '유사' 의회제 형태라 할 수 있다(스미스, 2005: 138).[1)]

인도네시아 대통령제는 임기 5년에 1회에 한해 재임을 허용하고 부통령을 둔다. 1999년부터 2002년까지 4차례에 걸쳐 실시된 헌법 개정은 정·부통령의 직선제 도입으로 정점에 이르는 양상을 보였다. 이는 정·부통령 직선을 통해 국민이, 입법부뿐만 아니라 행정부의 구성에 직접적으로 참여함으로써 선거를 통한 국민 주권의 행사를 좀 더 실질적으로 할 수 있게 되었다는 점에서 의의가 크다. 민주화 이후에도 직선제가 도입되기 전까지 정·부통령은 MPR에서 선출되었다. 수하르토 집권기에 MPR의 정·부통령 선출은 형식적인 절차에

1) 인도네시아 정부 사이트(www.indonesia.go.id)에서는 직선제 대통령제 이전의 정부 형태를 '준(準)대통령제(semi-presidential)'로 언급하고 있기도 하지만, 일반적으로 준대통령제는 우리에게는 이원집정부제로 알려진 프랑스형 정부 형태, 즉 직선제로 선출되는 대통령이 국가원수로서의 역할을 수행하고 의회에서 선출되는 총리가 행정수반으로서의 역할을 담당함으로써 권력 분점을 도모하는 정부 형태를 지칭한다.

불과했다. 우선 MPR의 구성 자체에서 특이함을 발견할 수 있다. 당시 헌법에 따라 최고 국가기구라는 위상을 지녔던 MPR은 선거를 통해 선출된 의원들(500명)로 구성된 국민대표의회(DPR)와 주에서 지명된 대표(147명)로 구성된 지역대표의회(DPD) 및 대통령이 임명한 사회의 다양한 그룹의 대표(353명)로 구성되었다. 이 그룹으로는 군부(ABRI), 엄밀한 의미의 정당이 아닌 직능단체로서 지배정당의 역할을 수행했던 골카르(Golkar), 정치활동이 허용된, 정부에 협력하는 2개의 정당–통합개발당(PPP)과 인도네시아 민주당(PDI)–, 지역의 대표 그룹 등 5개가 있었다(Rohdewohld, 1995: 8-9). 이러한 MPR의 구성 방식으로 인해 계속해서 대통령의 재선이 가능했고, 행정부와 입법부 간의 권력 분립은 불가능했던 것이다.

민주화 이후, 대통령이 그룹별로 할당하여 임명하는 MPR 의원은 없어졌다. 그리고 DPD 의원도 주 단위로 주민의 직선으로 선출한다. 즉, MPR은 이제 국민 직선으로 선출되는 DPR 의원과 주의 주민 직선으로 선출되는 DPD 의원으로 구성된다. 현재 DPR 의원은 560명이고, DPD 의원은 33개 주에서 각 4명의 대표를 선출하여 총 132명이다. DPD 의원의 수는 헌법상 DPR 의원의 1/3을 넘지 못한다.

MPR, DPR, DPD의 관계는 복잡한 양상을 보이고 있다. 먼저, 입법권과 행정부 감독권 등 입법부의 고유한 권한은 DPR이 보유하고 있다. 그리고 DPD는 지방자치 및 중앙과 지방 관계에 관련된 법률안을 DPR에 제안하거나, 그러한 법률안의 심의에 참여하거나, 그러한 법 집행을 감독하는 권한 등을 가진다. MPR에 부여된 고유한 권한은 정・부통령 탄핵에 관한 사안과 헌법 개정에 관한 사안이 주를 이룬다. DPD가 DPR과 달리 주의 대표들로 구성되고 지방(주)의 이해 관계를 대변하는 기능을 가진다는 점에서 형태상 양원제로 볼 수도 있으나, DPD가 법률안 제출권을 가지지 못하고 또 법률안 심의에서 일종의 거부권을 행사하지 못한다는 점에서 엄밀한 의미에서의 양원제와는 거리가 있다.

2002년 신헌법에 근거하여 입법부와 행정부 간의 권력 관계를 살펴보면 대통령의 권한 제한과 입법부, 즉 국민대표의회(DPR)의 권한 강화를 확인할 수 있다. 먼저, 행정부 구성권(장관 임면을 통한 조각・개각)과 정부통치권, 군통수권, 비상사태 선포권 등은 대통령에게 부여되고, 입법에 관한 권한(법률안 제출권 및 결정권) 및 예산안 승인권, 행정부 감독권 등을 DPR이 행사한다는 점에서, 선출의 측면에서뿐만 아니라, 권한의 측면에서도 인도네시아 정부 형태는 입법부와 행정부의 권력 분립이 확연한 대통령제로 규정된다. 한편, 대통령이 법률안을 제출하는 권한과 공동 승인을 위해 법률안을 심의하는 권한을 가지는 것은 인도네시아 대통령제의 독특함이라 할 수 있다. 하지만 여기서 대통령은 공동 승인된 법률안에 대해서는 거부권을 행사하지 못한다. 예산안은 대통령이 제출하고 DPR과 공동으로 심의하

**표 3-1 인도네시아 대통령제 정부 형태의 권력 관계**

| 구분 | 국민자문의회 (MPR) | 국민대표의회 (DPR) | 지역대표의회 (DPD) | 대통령 |
|---|---|---|---|---|
| 행정부 구성권 및 행정권 | – | | | – 장관 임면, 법률에 따라 조각 · 개각<br>– 헌법에 일치하는 정부 통치권 보유<br>– 법집행에 필요한 정부규제 제정<br>– 긴급 시 법률을 대신하는 정부규제 제정 |
| 군통수권 | – | – | – | – 육 · 해 · 공군 최고통수 |
| 비상사태 선포권 | – | – | – | 법률에 따라 선포 |
| 법률안 제출권, 심의권, 제정 및 공포권 | – | – 입법 권한 보유<br>– 법률안 제출, 공동 승인을 위해 심의<br>– 공동 승인된 법률안이 30일 내 대통령의 서명을 얻지 못한 경우 법적으로 법률로 제정 · 공포됨 | – 지방자치에 관련된 법률안 DPR에 제안<br>– 지방자치에 관련된 법률안 심의에 참여 | – 법률안 제출, 공동 승인을 위해 심의<br>– 공동 승인된 법률안에 서명으로 법률 제정 · 공포<br>공동 동의된 법률안에 대한 거부권 불인정 |
| 예산안 제출 및 결정권 | – | 예산안 공동 심의, 승인(미승인 시 전년도 예산안 집행) | 예산안 공동 심의 시 의견 고려됨 | 예산안 제출, DPR과 공동 심의 |
| 장관임면권 외 기타 인사권 | – | – 대통령의 대사 임명 및 외국 대사 접수 시 DPR의 의견 존중<br>– 헌재재판관 3명 지명<br>법무위원회에서 대법관 후보 제안<br>– 감사원 위원 선택<br>– 대통령의 사면 시 DPR의 의견 존중 | DPR의 감사원 위원 선택 시 의견 고려됨 | – 대사 및 영사 임명<br>헌재재판관 3명 지명, 대법원 지명 3명 및 국회 지명 3명 등 총 9명 임명<br>대법관 임명(형식적)<br>감사원 위원 임명 (형식적) |
| 행정부 감독권 및 동의권 | – | – 행정부 감독(정책질의, 조사, 의견 표명 등)<br>면책특권<br>– 대통령이 긴급 시 법률을 대신하여 제정한 정부규제에 대해 다음 회기에 승인(미승인 시 철회됨)<br>– 대통령의 전쟁 선포, 외국과의 강화조약 체결 동의<br>– 국민생활에 근본적인 영향을 미치는 국가 채무 등 외국과의 협약 동의 | 지방자치에 관련된 법집행의 감독 | – |

| 견제권 | – DPR의 신청→헌법재판소의 진위 조사 · 재판 · 결정→MPR의 정 · 부통령 탄핵 대통령 · 부통령의 위헌 여부 DPR의 헌재 결정 의뢰 및 의견 제출<br>– MPR 또는 DPR에서 대통령의 선서 또는 서약 | | | DPR 중지 또는 해산 불가 |
|---|---|---|---|---|
| 헌법개정권 | 헌법 개정 및 발효 | | | – |
| 구성 및 선출 방식 | DPR+DPD | 국민 직선 | 주 단위 주민 직선 | 국민 직선, 결선 투표 |
| 임기 | 5년 | 5년 | 5년 | 5년, 중임 |

출처: 인도네시아 2002년 개정 헌법에 근거하여 작성.

지만 승인은 DPR의 몫이다.

다음으로, MPR 또는 실질적으로는 DPR이 정 · 부통령에 대한 탄핵권을 가지는 데 비해 대통령은 국회를 중지시키거나 해산할 수 없다. 즉, 입법부의 행정부 견제 수단에 상응하는 행정부의 입법부에 대한 견제 수단이 부재한 것이다. 물론, 이 후자의 수단은 의회제 정부 형태에서 전형적으로 나타나는, 의회의 내각불신임에 대한 내각의 의회 견제 수단으로 사용되는 것이지만 말이다. 또한 DPR은 정 · 부통령의 위헌 여부에 대해 의견을 제출하며 헌법재판소에 결정을 의뢰할 수 있다.

아울러, DPR은 대통령이 독자적으로 행사하는 장관임면권 외의 대통령의 다양한 인사권 행사에 대해 형식적 및 실질적으로 관여한다.

끝으로, DPR은 장관에 대한 정책 질의권, 국정조사권, 의견 표명권을 행사하고 기타 주요한 대외적 사안에 대해 동의권을 행사한다. 또한 DPR에는 면책특권이 주어져 있다.

요컨대, 인도네시아 대통령제 정부 형태의 개혁은 한편에서 입법부의 권한 강화와 대통령 중임제(1회에 한해서만 재임 가능) 등을 통해 대통령의 권한을 제한하고 다른 한편에서 국민 직선을 통해 대통령의 정당성과 대표성을 강화하는 양상으로 전개된 것이다. 하지만 이러한 대통령제는 선거와 국정 운영에서 국민의 지지를 많이 받아야 하고 그만큼 국민에 대한 책임도 많아진다. 다만, 대통령의 국정 운영이 국민의 대통령에 대한 기대와 지지에 부응하지만은 않는다는 데에 어려움이 있다. 따라서 대통령제 하에서는 지도자의 더 많은 민주적 리더십이 요구되는 것이다.

한편, 인도네시아는 국정을 안정적으로 주도할 수 있는 거대정당이 부재하고 다양한 군소정당이 국민의 지지를 분할하고 있고 유력한 인물을 중심으로 정당 또는 계파 간 연합을 맺어 선거를 치르고 국정을 운영하는 현실이다. 이러한 조건에서는 대통령이 그러한 인물 중심형 연합을 형성하고 조정하는 재량이 리더십의 결정적인 요소가 될 수밖에 없다. 그리고 그러한 리더십의 경우 다분히 비민주적으로 나타날 수 있는 가능성이 있는 것이다. 이러한 맥락에서 현 유도요노 대통령의 국정 운영의 단면을 살펴보는 것은 의미가 있다.

##  유도요노 대통령의 국정 운영의 단면

건국 후 1998년까지 단지 2명의 대통령이 집권을 해 온 것과는 대조적으로 민주화 이후 인도네시아 대통령직은 5차례나 바뀌었다. 즉, 1998년 수하르토 대통령을 승계한 하비비, 1999년 MPR에서 선출되었고 2001년에 탄핵됨으로써 짧은 임기를 마친 와히드, 2001년 MPR에서 선출된, 최초의 여성 대통령이자 마지막 간선 대통령이었던 메가와티, 그리고 2004년 최초의 직선 대통령이었고 2009년 대선에서 재선된 현 유도요노 대통령 순으로 매우 역동적인 변화를 거듭해 왔다.

현 유도요노 대통령은 군 출신으로, 1998년 민주화 시기에 인도네시아 군의 사회 및 정치적 참모장을 역임했고, 와히드 내각에서는 광업 및 에너지 장관을, 메가와티 내각에서는 정무 및 안보 조정장관을 맡기도 했다.

유도요노 대통령의 정치 경력에서 주목을 끄는 것은 민주당(PD)을 창당하여 2004년 총선에서는 비록 7.5%라는 낮은 지지율을 얻었지만 이어서 치러진 대선에서는 PD의 대통령 후보로 출마하여 대통령에 당선되었다는 것이다. 그의 정치적 리더십이 돋보이는 대목은 당시 소수정당이었음에도 불구하고 정당 또는 계파 간 후보연합을 이끌어 내어 대통령 후보가 되었다는 점과 대선에서 1차 선거를 거쳐 결선 투표에서 최다 득표를 획득했다는 점이다.

2009년 대선의 1차 선거에서 과반수 이상의 지지율(59.44%)로 재선에 성공한 것은 그의 국정 운영에 대한 기대와 지지가 반영된 것이다. 유도요노 대통령은 "개혁, 발전, 민주주의"를 실현할 수 있는 후보로 간주되었고, 부통령 후보인 부디오노(Budiono)는 경제통으로 경제개혁을 이끌 수 있는 공직자로 기대되었다(최경희, 2010: 281).

한편, 그가 첫 번째 임기 때부터 수행해 온 이른바 '법, 산업, 복지(의료, 교육), 자연재난' 등 종합적인 개혁 패키지 프로그램은 국민의 불만과 저항에 직면해 있는 현실이다. 그 이유는 이 정책이 생필품의 가격을 비롯하여 물가를 상승시키고 전기요금 등 공공요금을 올려서 서민들의 생활고를 더욱 악화시키는 결과를 초래했기 때문이다. 구조적으로 빈곤과 불평등이 만연한 상태에서 유도요노 정부가 성장주의 중심의 정책을 시행한 것이 서민 및 빈곤층의 반발을 불러일으키고 있는 것이다(최경희, 2010: 283).

또한 2010년에 드러난 센추리은행(Bank Century) 스캔들에 대해 언급할 필요가 있다. 세계 경제위기로 경영난에 빠져 있던 센추리은행에 대해 2008년 정부가 막대한 규모의 공적 자금(6.7조 루피아)을 긴급히 지급한 것이 그 사건의 내막인데, 이 결정 과정에서 부디오노 부통령(당시 인도네시아 중앙은행 총재)과 재무부 장관(당시 재정안정위원회 위원장)이 핵심적 역할을 했던 것이다. 더욱이 그 막대한 규모의 공적 자금이 PD의 선거자금으로 사용되었다는 의혹이 제기되었고 대규모 반정부시위가 벌어졌다. 유도요노 대통령은 그 사건에 대한 책임자로 규정되어 정치적 공세를 받았으며, 그에 대한 탄핵이 거론되기도 했다(최경희, 2010: 281-282).

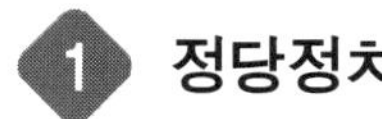

## 제 3 절 정치제도 및 정치 과정

### 1 정당정치

#### 1) 1998년 민주화 이전의 정당정치

1998년 수하르토 정권의 붕괴로 시작된 민주화와 함께 인도네시아 정당정치는 제도와 운영 면에서 큰 변화를 거듭해 오고 있다. 이 과정에서 확인할 수 있는 특징을 논의하기 전에 먼저 민주화 이전의 정당정치에 대해 간략히 살펴볼 필요가 있다. 수하르토 정권은 정치활동을 할 수 있는 정당을 공식적으로 2개의 정당, 즉 통합개발당(PPP)과 인도네시아 민주당(PDI)으로 제한했고, 이른바 골카르(Golkar)라는 '직능단체(functional groups)'를 결성하여 안정적인 국정 운영의 발판으로 삼았다. 골카르와 두 정당만이 정치활동을 할 수 있었던 것이다. 골카르는 일종의 '지배정당'으로서 정부 여당의 역할을 대행하는 기구였고, 나머지 두 정당은 골카르에 협력하는 '충실한 야당'이었다(Hermawan, 2007: 202).

골카르, 경찰을 포함한 군부,[2] 관료제는 수하르토 통치의 기반이 된 3대 집권 세력이었

2) 이른바 ABRI로 칭해진 인도네시아 군부는 경찰을 포함하고 경찰에 대한 실질적인 명령권을 갖고 있었다. ABRI는 이른바 '이중 기능'을 수행했던 바, 한편에서 국방 및 내적 안전을 책임지는 기능뿐만 아니라 다른 한편에서 사회정치적 기능을 수행하는 권한도 보장받았다. 민주화 이후 ABRI가

다. 그리고 골카르에는 관료와 군부도 소속되었다. 관료와 골카르와의 관계와 관련, 수하르토 정권의 등장과 더불어 만들어졌던 공무원 조직(KORPRI)이 골카르에 소속되었다(Rohdewohld, 1995: 4)는 점이 주목된다. 이렇게 공무 인력 역시 정치 체제로 통합됨으로써 관료제는 정치기구의 기능, 엄밀히 말해 수하르토의 통치를 위한 기구로 변질되었던 것이다.

요컨대, 골카르는 일종의 국가 통치기구로 규정할 수 있다. 골카르는 1인 통치 체제를 위한 기반으로서 장기간 비민주적 국정 운영을 가능하게 했다. 수하르토 정권 하에서의 정당정치는 다음과 같은 특징을 갖고 있었다고 정리할 수 있다.

첫째, 정당을 통한 국민의 정치적 활동과 참여를 엄격히 제한했다는 점이다. 이는 국정 운영의 중심을 자유의 신장보다 안정의 유지에 놓기 위한 조치였다고 할 수 있다.

둘째, 국정을 공동으로 책임지는 정부 여당에서나 국정을 비판하는 야당에서나 엄밀한 의미의 정당의 역할이 부재했다는 점이다. 국가의 통치기구로 편입된 골카르가 대통령의 지시에 따라 움직이는 형식적인 여당의 역할을 했고, 그 밖의 야당들은 협력자의 기능을 수행했던 것이다. 따라서 수하르토 정권 하에서는 자유롭고 민주적인 정당정치가 부재했던 것이다.

### 2) 1998년 민주화 이후의 정당정치

민주화의 진척과 더불어 나타난 정당정치의 변화는 다음과 같은 몇 가지 특징으로 정리할 수 있다(Hermawan, 2007: 201-209).

첫째, 정당의 다원화이다. 이미 하비비 대통령은 일련의 정치자유화 개혁을 단행했는데, 그 중에는 정당의 결성 및 활동의 자유화가 포함되어 있었다. 1998년부터 1999년까지 매월 새로운 정당이 출현했고, 1999년 중반 171개의 정당이 등록되었다. 이 중 DPR선거와 지방의회 선거에 후보를 낼 수 있는 자격을 갖춘 정당은 48개였다. 이렇게 정당의 수가 급증한 이유는 기존의 정치활동 금지 조치가 제거되어 정당을 통한 정치활동의 욕구가 폭증한데다 자유로운 정당정치의 기회를 제공하기 위해 정당 결성의 요건을 크게 제한하지 않았기 때문이다. 정당을 만들기 위해서는 21세 이상의 인도네시아 시민 50명이 모이면 된다. 선거제도를 논하는 곳에서 서술하겠지만, 선거에서 정당이 후보를 내는 데에는 일정한 요건을 갖

---

TNI로 개편되면서 경찰도 ABRI로부터 독립되었다. 아울러 ABRI의 이중 기능도 중지되어 국방 및 내적 안전만을 책임지는 기구로 전환되었다. 하지만 이러한 군 개혁이 군이나 군 출신 정치인의 사회정치적 영향력이나 활동을 제한시키는 결과는 낳지 못하고 있는 현실이다. 이 점에 대한 자세한 논의는 이 책 제4편 제2장 외교・안보정책을 참조하시오.

추어야 하지만, 정당을 결성하는 데에는 큰 제한이 없는 것이다. 또한 정당 활동에서도 자율성이 보장된다.

둘째, 민주화 이전에는 골카르, 군부, 관료제가 정치의 중심이었던 데 비해 민주화 이후에는 정당이 정치 체계의 중심으로 자리를 잡고 있다. 이는 골카르의 해체, DPR 의석의 일부를 군부에 할당하는 제도의 폐지, 지방자치제의 도입, 공직선거에서 직선제의 도입 등 일련의 개혁의 성과물이다.

셋째, 정당의 양적 성장과 역할의 확대에도 불구하고 구정치 세력이 다시 득세하는 가운데 인물 중심적 후견인주의에 바탕을 두는 정당정치가 이어지고 있다. 골카르는 해체되었고 군부를 위한 국회 의석의 할당제도 없어졌지만, 관료 출신, 특히 군부 출신의 유력한 인물은 기존 정당에 가입하든가, 기존 정당을 재편하든가, 아니면 새로운 정당을 결성하여 사직을 하고 공직선거에 후보자로 출마하여 공직자가 될 수 있는 기회가 열리게 된 것이다. 그 결과 그들이 과거보다 더 많이, 그리고 좀 더 직접적으로 정치적 영향력을 행사할 수 있는 아이러니한 현상이 나타났다. 예를 들어, 1999년 총선에서 33.7%의 지지율로 최다 득표 정당이 된, 민주화를 추구하기는 했지만 수카르노 대통령의 딸인 메가와티가 이끌었던 인도네시아 민주투쟁당(PDI-P)은 수하르토 정권 하의 인도네시아 민주당(PDI)이 재편된 것이고, 이 선거에서 22.4%를 얻어 2위 정당이 된 골카르 정당은 과거 직능단체였던 골카르가 정당으로 재편된 것이다. 2004년 총선에서 골카르 정당과 PDI-P는 각각 지지율 1, 2위 정당이 된다. 아울러 새롭게 결성된 민주당(PD)의 성공에는 군부 출신으로 정부요직을 거친, 현 유도요노 대통령의 리더십이 결정적인 역할을 했음을 주시해야 한다. 이러한 정당정치의 지형 속에서 정당들 또는 정당 내 계파들은, 특히 대통령 선거에서 유력 인물을 중심으로 선거 이해에 따라 연합을 하고 내각 구성에서도 그러한 연합이 중요한 역할을 한다. 물론, 이것은 국회에서 과반수 이상의 의석을 차지하는 거대정당이 줄곧 부재한 조건 하에서 연합이 불가피한 점과 맞물려 있는 것이기도 하다. 이 점에서 인도네시아 민주주의는 "과거 권위주의 체제의 핵심적인 세력인 엘리트가 정치적 권력을 유지하고 있는 과두제 민주주의"로 규정되는 것이다(최경희, 2010: 285).

## 2 선거정치

민주화 이후 인도네시아의 선거제도에서 가장 중요한 변화는 정·부통령, 국민대표의회

(DPR) 의원, 지역대표의회(DPD) 의원, 각급 지방정부의 장과 주의회(DPRD I) 및 시・군의회(DPRD II)의 의원을 모두 직선제로 선출한다는 점이다. 대선의 경우 후보자가 과반수를 득표하지 못한 경우 1, 2위 후보를 놓고 결선 투표를 한다.

2004년 DPR, DPRD I, DPRD II의 선거에서는 개방형 비례대표제가 도입되었다. 이는 기존의 폐쇄형 비례대표제에서 나타났던 정당의 중앙집권적 지배력을 완화하고 정당 중심의 대표성에 대해 선거구 중심의 대표성을 강화하기 위함이었다. 또한 DPR 선거에서는 소선거구제가 유지된 것과는 달리 DPRD I과 DPRD II 선거에서는 중대선거구제가 도입되었다. 이는 후자의 선거에서 후보자의 선거구 내 인지도를 중시하고 선거구에 대한 책임성을 높이기 위함이었다(Hermawan, 2007: 210).

2009년 총선에서도 일련의 새로운 선거제도가 채택되었다(최경희, 2010: 290). 첫째, 정당 내 여성 의원 비율이 최소 30%이어야 하는 적극적 조치가 시행되었다. 둘째, 봉쇄 조항을 만들어 정당이 유권자의 2.5%의 지지율을 얻어야만 국회에 진출할 수 있도록 했고, 유권자 25%의 지지율이나 국민대표의회 의석 20%를 얻은 정당만이 대통령 후보를 낼 수 있도록 했다. 이는 유권자의 지지 또는 국민대표의회 기반이 약한 군소정당이 대통령 후보를 내는 것을 제한함으로써 대통령의 대표성을 강화함과 아울러 대선 과정에서 표의 분산과 혼란을 막기 위함이라고 풀이된다. 셋째, DPR과 DPRD의 선거에서는 정당 소속 후보만이 출마할 수 있게, 즉 무소속 후보는 출마할 수 없게 했고, DPD의 선거에서는 개인 자격으로만 출마할 수 있게 했다. 이는 DPR에서는 정당정치를 활성화하고 DPD에서는 의원이 정당의 영향력 없이 중앙과 지방의 이해 관계를 조정・통합할 수 있도록 하기 위함이다. 이하에서는 직선제 이후 국민대표의회 의원선거와 대통령선거에 국한하여 2004년과 2009년의 선거 결과를 분석하기로 한다.

### 1) 2004년 국민대표의회 의원선거와 대통령선거

2004년 총선에서는 골카르 정당이 21.6%의 득표율로 최다 득표 정당이 되었다. 그리고 당시 메가와티 대통령이 이끈 PDI－P는 18.5%의 지지율을 얻었다. 그 이전 1999년 총선에서는 PDI－P가 33.7%, 골카르 정당이 22.4%, PKB가 12・6%, PPP가 10.7%, PAN이 7.1%, 그리고 기타 정당들이 13.5%의 지지율을 얻은 결과를 보여주었다(Liddle & Mujani, 2008: 441). 2004년 총선 당시 메가와티 대통령이 소속된 정당인 PDI－P의 지지율이 그 이전보다 현저히 올라갔고, 골카르 정당의 지지율은 내려갔다. 유도요노 현 대통령이 이끈 신생 정당인

**표 3-2 인도네시아 2004년 정·부통령 선거 결과**

| 제1차 선거 | | |
|---|---|---|
| 정·부통령 후보(소속 정당, 종족) | 후보 등록 정당 | 득표율(%) |
| Yudhoyono(PD, 자바) Jusuf Kalla(골카르, 부기스) | PD | 33.57 |
| Megawati(PDI-P, 자바) Hasyim Muzadi(NU 의장, 자바) | PDI-P | 26.61 |
| Wiranto(골카르, 자바) Solehuddin Wahid(NU 부의장, 자바) | Partai Golkar | 22.15 |
| Amien(PAN, 자바) Siswono Husodho(전 장관, 자바) | PAN | 14.66 |
| Haz(PPP, 순다) Agum Gumelar(군인, 자바) | PPP | 3.01 |
| 전체 | | 100 |
| **제2차 선거(결선 투표)** | | |
| 정·부통령 후보(정당, 종족) | 후보 등록 정당 | 득표율(%) |
| Yudhoyono(PD, 자바) Jusuf Kalla(골카르, 부기스) | PD | 60.62 |
| Megawati(PDI-P, 자바) Hasyim Muzadi(NU 의장, 자바) | PDI-P | 39.38 |
| 전체 | | 100 |

출처: 최경희(2008: 118)를 인용하여 재구성.

민주당(PD)은 7.5%를 얻어 지지율 순위 5위에 머무르는 수준이었다. 이렇듯 2004년 총선에서도 그 이전 총선에서와 마찬가지로 과반 이상의 지지율을 얻은 정당이 부재한 가운데 다당제 구도가 확연해졌다.

2004년 7월에 치러진 대선에는 5개 조의 정·부통령 후보가 출마했다. <표 3-2>에서 알 수 있듯이, 총선에서 낮은 지지율을 얻은 민주당 후보가 대선에서는 최다 득표율을 획득했다. 이는 유도요노 대통령 후보의 '강한 이미지'에서 인도네시아의 문제를 해결할 수 있으리라는 기대가 작용했고 부통령 후보가 비(非)자바인의 지지를 끌어낼 수 있었기 때문으로 분석된다(최경희, 2008: 118). 아울러 정·부통령 후보의 조합에서 정당 소속 관계보다 인물을 중심으로 정당, 정당의 계파, 단체 등이 선거 승리를 위해 연합하는 양상을 발견할 수 있다.

1차 선거에서 과반 이상의 득표율을 얻은 후보가 나오지 않았기 때문에 1, 2위 후보 조를 놓고 9월에 결선 투표를 실시했는데, 여기서 유도요노의 후보 조가 60% 이상의 득표율을 얻으며 정·부통령에 당선되었다. 이는 골카르, 인도네시아 민주투쟁당(PDI-P), 통일개발당(PPP) 등이 만들어 낸 '국가연합'과 민주당(PD), 월성당(PBB), 복지정의당(PKS) 등이 힘을 합친 '민중연합'이 대결하여 후자가 승리를 거둔 결과이다(최경희, 2008: 119).

### 2) 2009년 국민대표의회 의원선거와 대통령선거

<표 3-3>에서 알 수 있듯이, 2009년 총선 결과에서 무엇보다 주목되는 것은 민주당의 지지율이 7.5%에서 20.85%로 현저하게 높아져 최다 득표 정당이 되었다는 점이다. 이에 비해 골카르 정당, PDI-P, PKB 등의 지지율은 현저하게 낮아졌다. PKS만이 소폭으로 지지율이 올라갔다. 2009년 총선에서도 과반 이상의 지지율을 얻은 정당이 없는 다당제 구도가 이어졌음을 알 수 있다.

또한 기타 정당 중 이 총선을 기점으로 탄생하여 4.46%를 얻은 대(大) 인도네시아 행동당(Gerindra)과 3.36%를 얻은 하누라(Hanura)라는 정당을 언급해야 하는데, 인도네시아 항동당 대표인 프라보오(Prabowo Subianto)는 메가와티와 조를 이뤄 부통령 후보로, 하누라의 대표인 위란토(Wiranto)는 칼라(Jusuf Kalla)와 조를 이루어 부통령 후보로 출마하게 된다(최경희, 2010: 292).

2009년 대선에서는 3개 조의 정·부통령이 출마했는데, 현직 대통령이 부통령 후보를 바꿔 조합한 유도요노-부디오노 후보, 메가와티-프라보오 후보, 그리고 현직 부통령인 칼라-위

**표 3-3 인도네시아의 2004년과 2009년 국민대표의회 의원선거 결과**

| 2004년 | | 2009년 | |
|---|---|---|---|
| 정당 | 지지율(%) | 정당 | 지지율(%) |
| 골카르 정당 (Partai Golkar) | 21.6 | 민주당 | 20.85 |
| 인도네시아 민주투쟁당 (PDI-P) | 18.5 | 골카르 정당 | 14.45 |
| 민족각성당(PKB) | 10.6 | 인도네시아 민주투쟁당 | 14.03 |
| 통일개발당(PPP) | 8.2 | 복지정의당 | 7.88 |
| 민주당(PD) | 7.5 | 국민수권당 | 6.01 |
| 복지정의당(PKS) | 7.3 | 통일개발당 | 5.32 |
| 국민수권당(PAN) | 6.4 | 민족각성당 | 4.94 |
| 기타 | 19.9 | 기타 | 9.87 |
| 총계 | 100 | 총계 | 100 |

출처: Liddle & Mujani(2008: 441)와 최경희(2010: 291)를 참조하여 재구성.

란토 후보가 그들이다. 선거 결과 유도요노-부디오노 정·부통령 후보가 59.44%의 득표율을 얻어 당선되었다. 메가와티-프라보오 후보의 경우 민주화를 대변했던 메가와티와 수하르토의 사위이고 반민주화 세력을 대변했고 소수 신당의 대표인 프라보오가 조합되었다는 면에서, 그리고 칼라-위란토 후보의 경우 기업가 출신이자 골카르 정당의 의장인 칼라와 군부 출신으로 마찬가지로 소수 신당인 하누라의 대표인 위란토가 조합되었다는 면에서 이미 유도요노-부디오노 후보가 우세한 조건이었다(최경희, 2010: 294). 2004년과는 달리 1차 투표에서 당선자가 결정되었다. 따라서 여기서는 2004년에서와 같은 후보 간 연합은 나타나지 않았다. 하지만 소속 정당인 민주당이 국회에서 과반수 의석을 점하지 못한 조건에서 유도요노 정부는 안정적인 국정 운영을 위해 민주당을 중심으로 다른 정당들과 연합하는 일이 불가피했다. 유도요노 정부가 민주당 소속뿐만 아니라 다른 정당 소속의 정치인과 정당 경력이 없는 전문가를 내각에 포함시킨 것도 그러한 견지에서 이해되어야 한다.

## 제 4 절 거버넌스: 정부, 기업, 시민사회 간의 관계

### 1 정부-기업 관계

인도네시아 정부-기업 관계는 유착 관계라고 정의할 수 있다. 이는 민주화 이전 시기에만 해당하는 것이 아니라 민주화 이후에도 외면으로는 변화를 보여주고 있지만 본질적으로는 큰 변화를 보여주고 있지 않은 듯하다. 무엇보다 인도네시아가 헌법상 가족주의 경제를 정당화하고 있는 점이 특이하다. 수하르토 집권기에 대두되었던 '판차실라 경제', '정실자본주의' 또는 '가족기업' 등은 인도네시아에서의 정부-기업 관계를 대변했던 전형이다. 이러한 정부-기업 간 유착 관계는 민주화 이후에 정당, 정치인, 관료, 기업 간의 '카르텔' 관계에서 지속되고 있다. 그 밖에 '화인기업'에서도 인도네시아 정부-기업 관계의 특이함을 발견할 수 있다.

#### 1) 가족주의 경제

인도네시아의 헌법에서 국민경제와 사회복지를 규정하는 제14장 제33조는 "경제는 가족 체계의 원칙에 기초하는 공동의 노력으로 조직화된다(The economy shall be organized as a common endeavour based upon the principles of the family system.)"라고 명시하고 있다. 1945년의 헌법 33조에서 기업의 형태를 '협력적 기업(cooperative enterprise)'으로 정한 이후 개정 헌법에서도 가족주의적 경제 운영의 원칙은 변함없이 유지되고 있는 것이다. 물론, 이는 공동의 이익을 추구하는 국민경제의 이념과 질서를 지시하는 것이지만, 실제로 그것은 그러한 긍정적 기대보다 파트너들끼리 이익을 공유하는 부정적 결과를 초래할 수 있는 근거이기도 하다는 점에 주목할 필요가 있다.

### 2) 판차실라 경제, 정실자본주의, 가족기업

수하르토는 가족 중심의 경제 체제를 강조한 대통령이었다. 그는 판차실라의 5대 이념을 경제 체계와 노사 관계에 적용함으로써 이른바 '판차실라 경제'로 칭해지는 경제 질서를 만들었다. 하지만 이것은 판차실라 외에 전통적인 자바문화(자바주의)에도 바탕을 두고 있다. 자바주의란 "다수결에 따른 결정 대신에 합의에 도달하기 위한 폭넓은 토의", "상호 양보에 기초하는 합의", 그리고 "모든 차원에서의 상부상조"로 요약된다. 판차실라와 자바주의가 결합된 경제 운영 원칙을 통해 수하르토 대통령은 "타협, 합의, 협력, 조화, 균형, 관용"을 강조하는 경제 질서를 세웠던 것이다. 이는 국가 안정을 위해 갈등을 유발하지 않는 한에서의 심의, 그리고 다수결에 따른 결정보다 합의에 의한 결정을 선호했던 이른바 '판차실라 민주주의'와 맥을 같이하는 것이다(Rohdewohld, 1995: 15).

이익 추구보다 상부상조를 추구하는 판차실라 경제 운영 원칙은 실제로 '정실자본주의(crony capitalism)'와 '가족기업'을 배태시켰다. 경제에 대한 독점권이 수하르토 대통령 가족과 그 밖에 유착된 유력한 기업가에 주어졌고, 수하르토 가족은 거대한 재산을 축적할 수 있었다(스미스, 2005: 171). 이는 강력한 대부(대통령)가 국민의 안녕 복지를 책임진다는 식의 경제 질서가 낳은 부정적 산물이었던 것이다. 1998년 민주화의 동인 중의 하나였던 아시아 금융위기에 대처하기 위해 인도네시아는 IMF에 긴급 융자를 요청하는 한편 긴축재정을 실시했다. 이 와중에서 국민생활을 지원하는 보조금과 가솔린 세금 등 공공요금이 인상되어 국민의 생활고는 가중되었다. 그러나 수하르토 대통령은 가족기업을 보존하려고 획책함으로써 수하르토 정권의 퇴진운동을 좀 더 강하게 불러일으켰다(이와사키, 2002: 123-124). 요컨대 수하르토의 판차실라 경제는 가족기업을 정당화했고, 정부-기업 간 권력형 부정부패의 온상이 되었으며, 마침내 레짐(regime) 붕괴의 구조적 원인이 되었던 것이다.

### 3) 정당, 정치인, 관료, 기업 간의 카르텔

민주화 이후 인도네시아의 정부-기업 관계는 수하르토 식의 가족기업과는 다른 모습을 보여주고 있다. 그것은 직선제에 따른 공직자의 선출이라는 정치 과정상의 민주화와 맞물려 변형되었다. 즉, 가족 관계를 중심으로 경제적 독점권을 향유하는 관계에서 정치 권력과 경제적 특혜를 주고받는 식의 관계로 변화되었다. 이는 "정당, 정치인, 관료, 기업 간의 카르텔"로 파악할 수 있다(최경희, 2010: 297-301). 즉, 정부 · 정당에 대한 기업의 후원과 정부 · 정당의 기업에 대한 특혜라는 메커니즘으로 이해할 수 있는 것이다.

[그림 3-1]에서 볼 수 있듯이, 선거를 매개로 기업, 정당, 정치인, 관료는 일종의 권력형 카르텔을 형성하는 바, 기업은 정당이나 정치인에게 선거자금을 기부하거나 뇌물을 주고 관료에게도 뇌물 등을 상납하고 관료는 기업에게 인허가를 통해 프로젝트나 이권을 제공한다. 그것이 바로 인도네시아에서 부정부패를 낳는 중심축이라 할 수 있다. 이러한 카르텔이

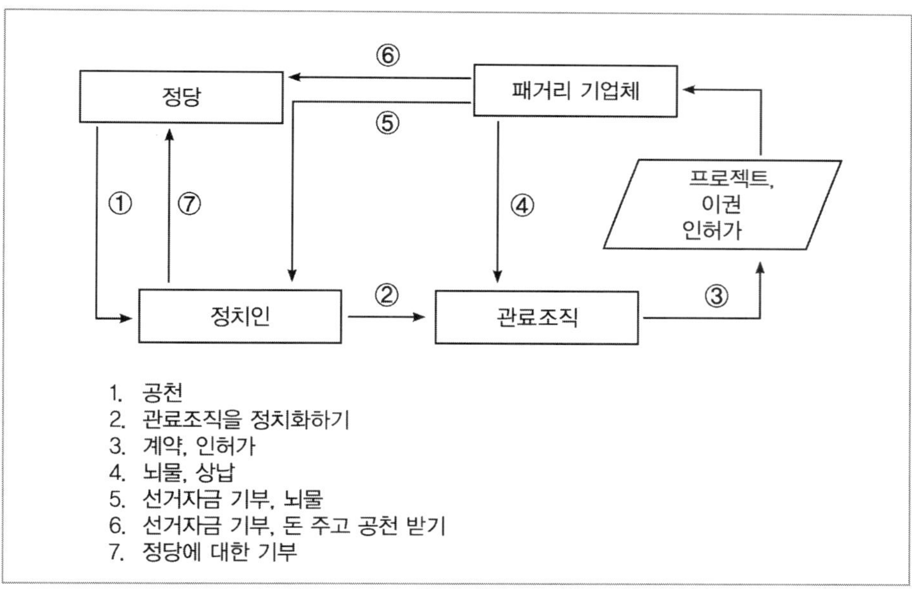


**그림 3-1** 인도네시아의 정당, 정치인, 관료, 기업 간 카르텔[3)]

출처: 최경희(2010: 301).

3) J. Danang Widoyoko가 2010년 광주 아시아 포럼 아시아 민주주의 국제 워크숍에서 발표한 "Making Democracy Meaningful Controlling the Executive, a Lesson Learnt from Indonesia"에서 발췌한 자료로서 최경희(2010: 301)에서 재인용한 것이다.

형성되는 주된 원인은, 정당정치 측면에서 볼 때, 정당이 정치자금을 조달하는 자율적 능력이나 제도가 부재하기 때문이다(최경희, 2010: 300). 한편, 우리는 이러한 카르텔 역시 민주화 이전에 나타났던 정부-기업 간 관계가 낳은 유산이라는 점을 주시할 필요가 있다. 즉, 헌법상 정당화된 가족 관계 중심의 경제 운영과 가족주의적 기업 형태가 부정적으로 관행화되어 온 연장선상에서 이해해야 하는 것이다.

앞에서 언급한 현 유도요노 대통령의 센추리은행에 대한 불법적 공적 자금 제공 의혹은 이러한 카르텔이 낳은 최근의 대표적 사례이다. 이렇듯 정치자금 후원과 기업 특혜라는 바람직하지 못한 정부-기업 간의 유착 관계를 시정하는 방안으로는, 다분히 규범적인 요청이지만, 정치자금의 지출에 대한 규제만이 아니라 정치자금 조달에 대한 규제, 이를테면 기업 또는 단체의 정치자금 제공에 대한 법제적 규제도 적극적으로 검토할 필요가 있는 것이다(Won, 2010).

### 4) 화인기업

인도네시아의 기업에서 또 하나의 특징은 거대 기업그룹 중 대부분을 화교 기업가가 소유하고 있다는 점이다. 인도네시아뿐만 아니라 동남아시아 최대 그룹인 살림그룹(Salim Group)도 화교기업이다. 이 기업은 금융위기 이후에도 건재함을 보여주었다. 1980년대 거대 그룹이 세워지던 시기에 20대 거대 그룹 중 18개가 화교 자본으로 만들어졌다. 이렇게 된 이유 역시 수하르토 집권기 정부-기업 관계에서 찾을 수 있다. 즉, 수하르토 대통령은 가족기업을 운영하는 것 외에 화교 기업가와 유착했다. 흥미로운 것은 수하르토 대통령이 당시 반(反)화교 민족 감정을 고려하여 한편에서는 중국어 상점 간판 사용을 금지시키고 중국어 이름을 인도네시아 이름으로 개명시키는 등 중국어 및 중국 문화에 대한 "정치적·사회적 차별과 억압책"을 시행했지만 다른 한편에서 경제 개발을 위해 화교 기업가를 활용했다는 점이다(이와사키, 2002: 120-121; 스미스, 2005: 171).

### 5) 새로운 노력

1998년 이후 수하르토 집권기의 가족기업은 몰락했다. 금융위기에 대처하기 위해 IMF의 구제 금융을 받는 과정에서 반독점법이 국회에서 통과되었고, 중소기업지원책도 마련되었다. 이 과정에서 이른바 '민중경제'가 대두되었다. 민중경제란 "소규모 상업활동에 많은 사람이 참여하는 형태의 경제"를 말한다. 한편, 화인기업의 영향력을 줄이기 위해 일부 무슬림 정당들이 화인들에 대한 역차별 정책을 제시하기도 했지만, 부자가 모두 화인이고 토착인이 모두 가난하지는 않다는 비판을 받으며 채택되지 못했다(스미스, 2005: 172). 인도네시아 특유의 가족 관계 중심의 경제 운영과 기업 형태를 시정하기 위한 작은 노력에도 불구하고 전통적인 자바주의는 여전히 기업문화의 바탕이 되고 있는 것으로 판단된다. 더욱이 민주화된 정치 과정에서 새롭게 등장한 정당, 정치인, 관료, 기업 간 카르텔에서 나타나는 정경 유착 관계가 시정되기에는 짧지 않은 시간과 적지 않은 노력이 이어져야 할 것으로 보인다.

##  2 정부-NGO 관계

민주화 이후 인도네시아에서는 정당의 결성 및 활동의 활성화와 함께 시민사회의 단체 결성 및 활동도 활발해졌다. 정치활동 자유화 조치의 결과, 2000년도 기준 인도네시아의 NGO 수는 약 7,000개로 집계되었다(Hadiwinata, 2003: 113). 이러한 양적인 증가보다 중요한 것은 시민사회의 위상이 민주화 이전과는 크게 변하여 국가(정부)의 정당성을 위한 근거 영역으로 자리를 잡아가고 있다는 점이다. 학생운동과 함께 시민사회운동이 정부가 민주주의 개혁을 하도록 강요한 주요 동력이었다는 것은 주지의 사실이다. 인도네시아 시민사회단체는 정부에 대한 비판과 제안을 통해, 그리고 정부의 공공 서비스를 일정 부분 대행함으로써 시민사회와 국가의 발전에 적지 않은 기여를 하고 있다.

### 1) 1998년 민주화 이전의 정부-NGO 관계

인도네시아에서 NGO[4]가 활성화된 것은 민주화 이후의 일은 아니다. 이미 1980년대 세계적으로 시민사회단체 또는 NGO가 활성화됨과 때를 같이하여 인도네시아에서도 NGO가

4) 서양 사회 외에서 일반적으로 나타나는 현상이지만, 인도네시아에서 NGO라는 용어는 늘 논란의 대상이 되어왔다. NGO라는 용어의 뜻이 담긴 인도네시아어 약칭인 ORNOP이 사용되었지만, 정부는 이에 대해 반(反)정부적인 의미를 준다는 이유로 불만을 나타냈다. 1980년 자카르타에서 개최된 NGO 세미나에서 자립적인 공동체 기구를 뜻하는 LSM이라는 용어가 도입되었다((Hadiwinata, 2003: 6).이러한 용어 선택의 문제는 NGO가 정부와 어떠한 관계를 맺고 어떠한 활동을 하는가, 말하자면 본문에서 상술하는 바와 같이, 정부 비판적인 운동 NGO인가 아니면 정부 친화적인 개발 NGO인가를 구분하는 기준이기도 하다. 이 글에서는 관례에 따라 NGO라는 용어를 양측면을 모두 포괄하는 광범위한 용어로 사용한다.

활성화되기 시작했다.[5] 하지만 1980년대에 NGO의 활동은 우선 수하르토 정권의 개발주의 정책이 낳은 부산물인 소득 격차의 확대와 빈민 등 개발에서 소외된 집단의 문제에 대처하기 위해, 마땅히 정부가 해야 할 사업이지만 할 수 없는 조건에서, 정부를 대신하여 활동을 시작했고 그 후 점차 인권과 민주화를 위한 정치적 활동을 펼치는 NGO도 활성화되었다(이와사키, 2002: 118). 특히 1990부터 1998년 사이에 정치적 활동, 예를 들어 반부패, 인권, 환경 등에 대해 정치적으로 접근하는 NGO가 증가했다(Hadiwinata, 2003: 98).

민주화 이전 인도네시아 정부의 NGO 관리는 양면적인 방식으로 구사되었다. 즉, 정부는 NGO 활동에 대해 권장과 통제를 병행했다. 먼저, 1970년대부터 1980년대 초반까지 정부는 대부분 지역을 거점으로 공동체의 개발을 위해 활동하는 NGO를 권장했다. 이러한 공동체 개발 지향적인 NGO는 이미 1960년대 이래 외국 및 국제기구의 지원을 받아왔고, 정부는 이에 대한 관리 체계를 갖추기도 했다. NGO가 정부의 공공 서비스 제공을 대행함으로써 정부는 예산을 절감하는 효과를 낳았다. 동시에 NGO는 정부정책의 보조원으로서의 역할을 하게 되었다(Hadiwinata, 2003: 91-92).

1980년대 중반부터 1990년대까지 인도네시아 정부의 NGO 관리는 통제를 강화했고 정부의 통제 하에서 비정치적 활동만을 권장했다. 정부는 각종 정치적 및 사회적 단체의 '탈이데올기화' 및 '탈정치화' 정책을 표방하고 판차실라 이외의 이념을 추구하는 단체를 허용하지 않았다. 또한 정부는 1985년 정당, 이익집단, 노조, 각종 직업적 협회 등 모든 대중 조직을 통제할 목적으로 이들을 내무부에 재등록하도록 했다. 물론, 이 조치는 NGO로까지 확대되었다. 정부의 NGO에 대한 직접적 통제는 1986년 규제에서 발견할 수 있는데, 정부는 NGO로 하여금 정관, 활동, 재원, 조직구조 등을 내무부에 등록·보고하도록 했고, NGO의 활동을 해당 정부부처와 조정하도록 했다. 또한 주 및 지방자치단체에서의 NGO 활동을 통제할 의도로 시행된 1990년의 내무부 규제는 각급 지방정부 장으로 하여금 관할지역의 NGO 목록을 구비하여 활동을 감독하고, 활동을 해당 정부기관과 조정하도록 하며, 활동에 대한 상세보고서를 정기적으로 내무부에 제출하도록 했다(Hadiwinata, 2003: 94-95).

5) 인도네시아 NGO의 기원은 이슬람 단체의 결성으로 거슬러 올라간다. 1911년에 결성된 이슬람연합(SI), 1912년에 설립된 무함마디야(Muhammadiyah), 1926년에 설립된 나흐다틀 울라마(NU)가 그것들에 해당한다. SI는 네덜란드의 식민 통치 하에서 무슬림의 권익을 옹호하고 민족 자각을 고취하기 위해 정치적 활동을 했다. 이에 비해 무함마디야와 NU는 정치적 활동보다 사회봉사 및 교육사업에만 집중했다. 하지만 1939년 인도네시아이슬람최고회의(MIAI)의 결성을 계기로 무함마디야와 NU도 정치적 활동을 병행하게 되었다(김홍구·윤진표, 2002: 110). 한편, 현대 정치 과정에서 NU는 전통주의를 표방하는 이슬람조직이고 민족각성당(PKB)을 창당하고, 무함마디야는 현대주의를 표방하는 이슬람조직이고 국민수권당(PAN)을 창당하여 정당 및 선거정치에서 영향력을 행사한다(강영순, 2008: 175, 180).

**표 3-4** 인도네시아의 개발 NOG와 운동 NGO의 구분

| 구분 | 개발 NGO | 운동 NGO |
|---|---|---|
| 역할 | 전문적 개발 기구 | 조직화된 사회운동 |
| 조직철학 | 전문적 관리, 공식적 조직구조, 낮은 수준의 프로필, syncretic | 반(反)관료제, 비공식적 관리, 내부 민주주의, 단정적이고 대담함 |
| 미션과 목적 | 생산과 경영의 개선, 대상 그룹에 대한 마케팅 | 민주화 촉진, 시민사회에 권한 주기 |
| 활동 분야 | 보건, 소기업 개발, 소규모 대부, 축산, 수공업 생산과 무역, 농업, 경영 교육 | 민초조직, 동원, 주창, 대중교육, 세미나, 토론, 워크숍, 저항 및 시위 |
| 빈곤 원인에 대한 관점 | 스킬 부족, 자본 부족, 건강 약화, 기업정신 부족 | 사회적 부정의, 정치적 지배, 경제적 착취 및 기만 |
| 대상 그룹과의 관계 | 불균형적임: NGO 활동가는 지원과 안내를 제공하고 대상 그룹은 수혜자로 행동 | 상대적으로 균형적임: NGO 활동가는 조언을 제공하고 목표그룹은 적극적 참여자로 행동 |
| 정부와의 관계 | 파트너 관계, 선택적 협력, 갈등 회피 | 비판적 동조, 직접적 대결, 반대 |

출처: Hadiwinata(2003: 104).

민주화 이전에 활동한 NGO는 크게 두 가지 유형, 즉 '개발 NGO'와 '운동 NGO'로 분류할 수 있다(Hadiwinata, 2003: 104). 물론, 이러한 유형화는 민주화 이후의 NGO 지형을 이해하는 데에도 여전히 유효하다. <표 3-4>에 정리된 바와 같이 개발 NGO는 개발 지향적인 활동을 하고 정부에 친화적인 데 비해, 운동 NGO는 사회운동 지향적인 활동을 하고 정부에 대해 비판적이다. 전자가 보수적인 데 비해 후자는 진보적이다.

### 2) 1998년 민주화 이후의 정부-NGO 관계

민주화 이후에도 인도네시아 NGO 활동을 개발 지향적인 것과 운동 지향적인 것으로 분류하는 것이 여전히 유효한 이유는 양대 영역에서 NGO 활동의 수요가 존재하기 때문이다. 우선, 개발 NGO는 구체적으로 빈곤 퇴치 내지 완화를 위해 집중하고 있다. 구조조정 정책으로 인한 실업, 국민 기초생활을 위한 정부 보조금의 삭감, 사회보장 시스템의 악화 등으로 늘어난 도시 및 농촌에서의 빈곤 등은 개발 NGO의 활동을 지속적으로 필요로 하는 요인들이다. 다음으로, 운동 NGO는 민주화 이후 민주주의를 확대·심화하는데, 특히 좀 더 책임 있고 투명한 정부를 만들기 위한 비판활동이나 민주시민교육 등에서 계속적으로 활동이 요구된 것이다(Hadiwinata, 2003: 114).

한편, 민주화 이후 인도네시아 NGO는 내·외적으로 적지 않은 도전과 기회에 직면하고 있다(Hadiwinata, 2003: 114-119). 여기서 그것들을 몇 가지로 재정리하면 다음과 같다.

첫째, NGO와 정당 간의 경쟁 구도와 NGO의 새로운 방향 모색이다. 민주화 이후 정치활동의 자유화는 NGO의 결성과 활동에 대한 정부의 통제도 약화시켰다. 그러나 민주화가 진행되는 시기 동안 NGO의 결성 및 활동보다 정당의 결성 및 활동이 더 왕성해진 현상이 나타났다. 그 이유는 국민들이 "좀 더 강한 상징적 및 이데올로기적 정체성"을 제공할 수 있는 정당에 더 매력을 느꼈기 때문이다. 그 결과 NGO는 사회를 정치적으로 자각시키는 데에 집중했던 과거와는 달리 더욱 광범위한 정치적 맥락을 고려해야 했다. 이를테면, NGO는 사회의 다른 집단들과 정치적 및 이데올로기적 경계를 명확히 해야 함과 동시에 그들과 공동 행동을 조직화하기 위한 공감대를 마련하고 강한 시민사회를 만들기 위해 네트워크와 연대를 발전시켜야 하는 것이다.

둘째, NGO가 정당화(政黨化)되거나 정부정책에 협력하는 현상이다. 인민민주당(PRD)은 좌파 지향적인 NGO가 정당화된 대표적인 사례이다. 이를 통해 PRD는 인도네시아 전체에 걸쳐 과격한 학생들, 노동자들, 농민들을 끌어들일 수 있었다. 그 외 다른 NGO들은 점차 정부와 협력적 관계를 맺는 데 열중했다.

셋째, 개발 NGO의 지속적인 활동이다. 수많은 NGO가 정부의 사회안전망 사업 지출에 전념했다. 여기서 개발사업의 수혜자들은 더 이상 지방정부의 승인을 받지 않아도 되었다.

넷째, 무슬림 중산층의 새로운 정치세력화이다.[6] 무슬림단체의 결성과 활동은 물론 민주화 이후에 나타난 현상은 아니다. 하지만 민주화 이후 무슬림 단체의 활동은 정당조직으로 전개되는 양상을 보였다. 1998년 정당법 개정 등 정치활동의 자유화 조치 직후 약 20여개의 이슬람 정당이 결성되었다. 한편, 이슬람 정당들 간의 정치적 이견과 대립도 부각되었는데, 와히드 대통령의 탄핵을 둘러싸고 탄핵에 반대했던 민족각성당(PKB)과 탄핵을 찬성했던 다른 이슬람 정당 간의 갈등이 대표적인 예이다. 이러한 이슬람 정당 간의 대립을 감안할 때, 앞에서 이미 논의한 바 있는 와히드 대통령 탄핵은 단순히 그의 국정 운영상의 문제에서만 비롯된 것은 아니다.

다섯째, NGO의 청렴과 투명성 유지를 거론해야 한다. 민주화 이전과 이후를 막론하고 NGO의 부패 문제가 끊임없이 대두되어 왔다. 예를 들어 1999년 중반에 완료되는, 외국의

---

6) 하디위나타(Hadiwinata, 2007)는 인도네시아에서 이슬람의 정치세력화, 특히 다른 집단에 대한 종교적 헤게모니를 추구하는 이슬람 과격주의를 시민사회의 '비시민적(uncivil)' 요소로 파악하고 이것이 인도네시아의 민주주의 진척을 위협할 수 있다고 평가한다.

기부로 조성된 정부의 사회안전망 사업비(2.4billion USD)가 광범위하게 오용되었다는 질책이 제기되었다. 적지 않은 개발 NGO 활동가들이 이중장부나 데이터 조작 등으로 부정을 저질렀다는 것이다. 그 결과 NGO 자체 내에서 부패를 척결하고 신뢰를 회복 · 유지하는 과제가 지속적으로 요구되고 있다.

## 제 5 절 결론

이상에서 서술한 바와 같이 인도네시아는 1998년 민주화 이후 일련의 개혁을 통해 민주주의적 정치제도를 갖추는 데에는 성과를 보이고 있다. 하지만 그 제도를 운영하는 데에서는 적지 않은 도전과 과제를 안고 있는 현실이다. 한편에서 자유 못지않게 안정과 통합을 유지해야 하는 단일국가로서의 과제가 있고, 다른 한편에서 전통으로 내려온 후견인주의가 정치 및 경제에서 여전히 힘을 발휘하고 있다. 이는 민주적인 의사 및 정책 결정의 안착을 방해하는 주요 요인으로 간주되어야 할 것이다.

대통령의 권한을 제한하고 입법부의 권한을 강화함으로써 권력 분립이 더욱 보장하는 정부 형태로의 개혁이나 대통령 직선제 도입을 통해 국민 주권이 실질적으로 행사되도록 한 개혁 등은 성공적이라고 평가할 수 있다. 무엇보다 대통령의 정당성과 대표성이 강화되었기 때문이다. 대통령 결선투표제 시행도 이 차원에서 유의미하다. 한편, 민주화 이후 대통령 선거 및 대통령직 수행을 볼 때, 유력 인물의 정치적 재량이 중요한 역할을 하는 것을 확인할 수 있다. 특히, 유력 인물을 중심으로 정당 또는 계파 간 연합을 성사시키는 것이 선거 승리와 국정 운영에 결정적인 영향을 미치고 있다. 물론, 대통령제 정부 형태에서는 대통령의 리더십이 중요하다는 것이 일반적 명제이지만, 인도네시아의 경우 그 리더십이 정당 이념이나 정당정책 요인보다 유력인물 요인에 경도되어 있는 것이 문제점일 것이다. 이는 정당, 정치인, 관료, 기업가 간의 권력형 카르텔이 여전히 정치 및 경제의 작동 메커니즘이고 부패의 중심축이 되고 있는 점에서도 확인할 수 있다.

자유롭고 민주적인 정당정치와 선거정치의 활성화를 위한 제도 개혁도 성공적이라고 판단된다. 정당의 결성 및 활동이 자유로워져 다원적 정당정치가 가능해졌고, 그 결과 정당이 정치의 중심이 되었다. 개방형 비례대표제의 도입과 DPD 의원 선거를 제외하고, 정당만이 후보를 낼 수 있도록 한 것 역시 유권자의 대표성을 강화하고 정당정치를 강화한다는 점에서 긍정적이다. 하지만 이 과정에서 과거의 유력 인물이 정당의 지도자로 재부상하는 현상이 나타났다. 국민 과반수 이상의 지지를 받는 안정적인 거대정당이 부재한 가운데 군소정당의 각축이 벌어져 왔고, 이러한 조건 하에서 유력 인물을 중심으로 연합하는 정당정치와 선거정치가 불가피한 실정이다.

정부-기업 간 관계에서 가족 체계에 바탕을 두는 경제 질서를 정당화하는 것은 인도네시아의 특수성을 보여주는 대목이다. 정당, 정치인, 정부, 관료와 기업 간에 후원과 특혜로 맺어지는 카르텔 구조는 시정해야 할 주요 과제일 것이다. 정부-NGO 관계에서는 과거 통제를 위주로 하면서 권장하는 이중적 관리전략이 제거되었고, NGO의 양적 성장을 낳았다. 민주화 이후에도 인도네시아의 NGO 지형은 정부 친화적 개발 NGO와 정부 비판적 운동 NGO로 분류된다. 한편에서는 정당과 구별되는, NGO만의 정체성을 확보하면서 동시에 광범위한 연대를 이끌어 내는 과제를 안고 있는가 하면, 다른 한편에서는 특히 외부 지원에 의존적인 개발 NGO의 경우 투명성을 높여야 하는 과제가 놓여 있다.

요컨대, 인도네시아의 민주주의는 제도 개혁에는 성공적이고 그 운영에서는 미흡하다고 평가할 수 있다. 하지만 아직은 길지 않은 민주주의 역사를 감안할 필요가 있다. 또한 이제까지의 민주화 개혁이 꾸준히 성과를 내고 있다는 점을 인정해야 한다. 이 점에서 인도네시아의 민주주의는 점진적으로 발전할 것으로 기대할 수 있다.

# 제 3 편 인도네시아의 행정 체제와 과정

# 제 1 장 행정조직 및 행정문화*

## 제 1 절 서론

1997~1998년 인도네시아의 경제적 위기와 정치적 혼란기를 겪으면서 30년 넘도록 '새 질서(New Order)' 시대를 이끌어온 수하르토(Suharto) 대통령의 장기집권은 불명예스러운 퇴진과 함께 막을 내렸고, 곧바로 인도네시아는 개혁의 시대(Reformasi Era)가 도래했음을 천명했다. 개혁의 시대는 국가 전반에서 관료제 개혁, 민주화, 분권화, 경쟁 성장 등 다양한 요구를 분출시켰다. 1998년부터 시작된 인도네시아 정부개혁은 다양한 수준의 정부기관의 구조적 변화를 불러왔고, 사법부, 입법부 및 행정부 3권의 전면적인 개혁으로도 이어졌다. 급진적인 지방분권을 통해 권력은 분권화되었고, 민주화의 촉진과 반부패를 위한 헌법 개정이 1999년부터 2002년까지 4차례에 걸쳐 매년 이루어졌다. 이 과정에서 공무원제도에 대한 전면적인 개혁도 수반되었다.

이후 현재의 유도요노(Susilo Bambang Yudhoyono, 2004년~현재) 2기 정권에 이르기까지 인도네시아의 정부개혁은 계속되었다. 개혁의 시대가 15년 정도 지난 현재 인도네시아는 경제적·정치적으로 상당히 안정화되었다. 수하르토 정권기에 비해 공직사회 부패도 상당히 감소했고, 정부기관의 효율성과 생산성은 크게 향상되었다. 초기의 개혁이 경제적·정치적 외부 요인에 의해 촉발되었던 반면, 인도네시아 정부는 2세대의 새로운 도전에 직면해 있다. 정부예산의 효율성과 통합성을 향상하고, 공공 서비스의 품질을 개선함으로써

* 이 장은 심준섭 교수가 집필했다.

또 한 번의 도약이 필요한 시점이다(Horhoruw et al., 2012).

유도요노 대통령이 2009년 대통령 선거에서 재선되면서 정부개혁의 동력은 더욱 강력해졌다고 할 수 있다. 이를 뒷받침하듯 유도유노 정권에서 정부조직의 구조와 절차를 개혁하려는 노력이 가시화되고 있다. 2010년 말 유도요노 대통령은 정부 관료제를 개혁하기 위한 15년간의 장기계획과 이를 위한 구체적인 추진 로드맵을 발표했다. 구체적으로, 유도요노 정권은 1) 국민 복지의 향상, 2) 민주주의 확립, 3) 정의의 실현을 향후 정부의 5개년 목표로 설정했고, 특히 경쟁력이 있는 경제 발전과 천연자원의 활용 및 인적 자원의 개선을 정부의 최우선 과제로 설정했다.

이 장에서는 먼저 인도네시아 정부조직 구성의 역사적 배경을 살펴보고, 입법 · 행정 · 사법으로 구분해 3권의 분립구조를 개괄적으로 살펴보았다. 다음으로 행정부의 구조와 행정문화에 대해 심층적으로 살펴보았다. 이를 위해 각 중앙부처와 행정기관별로 구조적 특징과 기능들을 살펴보았고, 특히 2009년 출범한 유도요노 2차 통합내각(Second United Indonesia Cabinet)을 중심으로 인도네시아의 중앙행정기구에 대해 심층적으로 살펴보았다. 이어서 인도네시아 행정개혁의 배경과 과정을 살펴보고, 한국 행정에의 시사점을 제시했다.

## 제 2 절 인도네시아의 행정조직

### 1 인도네시아 정부 구성의 역사적 배경

1945년 인도네시아 독립 헌법에서 대통령은 국가원수이며 국가의 최고 지도자였지만, 동시에 5개 국가 고등기관의 하나로서 국가 최고기관인 국민자문의회(MPR)로부터 선출되었다. 다른 국가 기관과 마찬가지로 대통령도 국민자문의회에 종속되었다. 당시 대통령의 임기는 5년이었지만 재선이 가능했기 때문에, 수하르토 대통령은 1967년부터 1998년까지 32년간 대통령으로 재직할 수 있었다. 이러한 장기 집권이 수하르토 정권의 강력한 권위주의 체제 유지를 가능하게 했다.

1997~1998년의 경제적 · 정치적 위기는 1998년 수하르토 정권의 퇴진을 불러왔고, 당시 부통령이던 하비비(Habibie, 1998~1999)는 전임 수하르토 대통령의 잔여 임기를 채우는 최

단기 대통령이 되었다. 그러나 하비비 대통령은 많은 정치적 개혁을 이루어냈다. 1999년 제1차 헌법 개정으로 대통령의 재선은 1회까지만 제한되었으며, 대통령의 권한을 일부 제한하는 개정이 이루어졌다. 대통령의 입법권을 부정하고 법안 제출권만이 인정되었다. 또한 대통령의 국민대표의회 해산권도 제한되었고, 외교교섭권이나 인사권도 국민자문의회의 협의 또는 동의가 필요하게 되었다.

이처럼 수하르토 권위주의 정권을 교훈삼아 제1·2차 헌법 개정에서는 대통령의 권력이 제한되었다. 그러나 동시에 국민자문의회의 권력은 상대적으로 강해졌기 때문에 제3차(2001년) 개정부터는 대통령의 정통성을 확보하기 위한 사항들을 포함하게 되었다. 무엇보다 대통령을 국민자문의회의 선출이 아닌 국민에 의한 직접선거를 통해 선출되도록 개정했다. 이를 통해 대통령은 국민에 대해 책임을 지게 되었고, 국민자문의회와의 권력 관계가 의존적이던 상황에서 대등한 관계로 전환되었다. 그러나 동시에 대통령 해임안을 국민자문의회에서 심의하도록 하는 절차가 만들어졌다. 또한 대통령에게 국가 정책과 국법을 수호할 의무를 부과했고, 매년 정례 국민자문의회에 중간보고서를 제출하도록 했다. 당시 국민자문의회에서 소수정당 출신이었던 와히드(Wahid, 1999~2001) 대통령은 권력 남용 혐의로 중간보고서가 국민자문의회에서 부결되면서 사실상 불신임에 따른 탄핵에 직면했다. 와히드 대통령의 경우, 국민자문의회에서 선출되었음에도 불구하고 지지 세력이 소수였다는 사정이 있었지만 대통령 직선거제가 되면서 이러한 사태가 발생할 수 있었다. 이러한 대통령의 해임 사태를 방지하고, 대통령과 국민자문의회의 권력 분립 도모라는 측면에서 보더라도 국민자문의회에 의한 대통령 해임이나 탄핵의 수속을 더욱 엄격하게 하지 않을 수 없었다. 이처럼 국민자문의회와 대통령 간의 관계는 4차(1999년, 2000년, 2001년, 2002년)에 걸친 헌법 개정을 통해 대폭 변화되어 왔다.

3~4차 헌법 개정을 통해 대통령과 부통령에 대한 직접선거안이 국민자문의회를 통과하면서 시작된 대통령 직선제는 5년마다 다득표 원칙 따라 대통령을 선발하도록 하고 있다. 대통령은 국민자문의회에 의해 승인된 국가정책 가이드라인에 따라 정책을 집행해야 하며, 법률안과 예산안을 통과시키기 위해서는 국민대표의회(DPR)와 협력할 필요가 있다. 그럼에도 불구하고 대통령은 전체 군 통수권을 지니며, 주요 기관에 대한 정치적 임명권[2]을 갖기 때문에 강력한 대통령제의 형태를 띤다고 볼 수 있다(UN, 2005). 대통령은 각 부처의 장관의 임명은 물론 최종 정책결정자로서 행정부의 수반이다.

현 유도요노 대통령은 2004년 인도네시아 역사상 최초로 국민 직선제로 대통령에 선출되

---

2) 장관, 주지사, 대사관, 법관 등.

었다. 2009년 7월의 대통령 선거에서는 약 60%의 득표로 재선에 성공했다. 2기의 유도요노 정권은 1) 국민 복지의 향상, 2) 민주주의 확립, 3) 정의의 실현을 향후 정부의 5개년 목표로 설정했고, 특히, 경쟁력이 있는 경제 발전과 천연자원의 활용 및 인적 자원의 향상을 정부의 최우선 과제로 설정했다. 또한 현 유도요노 대통령은 정당의 지도자를 장관으로 임명하면서 새로운 변화를 시도하고 있다.

## 2 삼권분립의 구조

### 1) 입법부의 구조

인도네시아 입법부는 독특한 구조로 국민자문의회(Majelis Permusyawaratan Rakyat: MPR), 국민대표의회(Dewan Perwakilan Rakyat: DPR) 및 지역대표의회(Dewan Perwakilan Daerah: DPD)로 구분된다.

국민자문의회(MPR)는 국민대표의회(DPR)와 지역대표의회(DPD)로 구성되어 있다. 현재 국민자문의회를 구성하는 692명의 의원은 560명의 국회의원(국민대표의회 의원으로 임기 5년)과 132명의 지역대표회의 대표(33개 지역별로 4명의 대표를 선발, 임기 5년)로 구분된다. 국민자문의회는 헌법의 제정 및 개정, 대통령·부통령의 임기 중 해임 등을 결정할 수 있다.

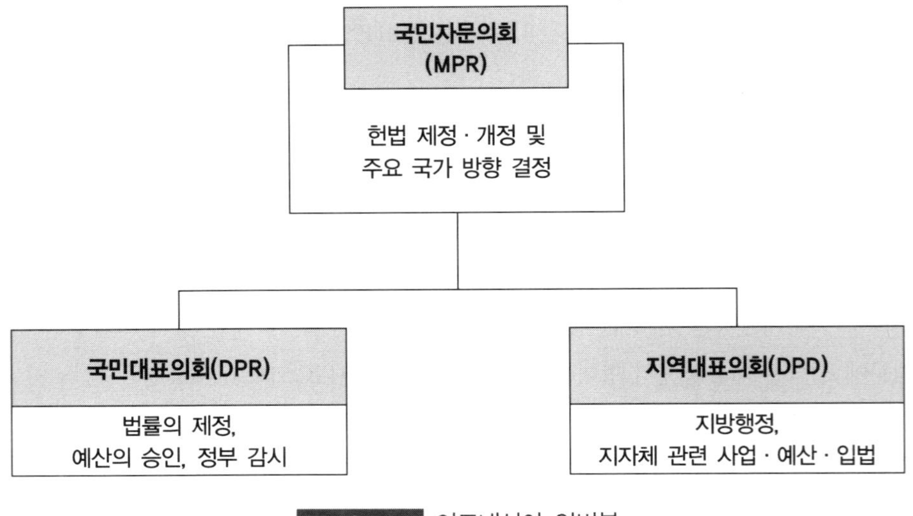


그림 1-1 인도네시아 입법부

그 밖에 국민자문의회는 매 5년마다 회의를 열어 국가정책의 전반적인 아웃라인을 승인하고, 매년 회의를 통해 헌법적 변화에 대해 논의한다. 그러나 국민자문의회가 직접적으로 국가정책을 형성하는 것은 아니며, 행정부의 정책 형성을 감시·감독·견제하는 역할을 한다.

국민대표의회(DPR)는 국회로도 번역되는데, 일반 법률의 제정과 국가 예산의 결정, 정부에 대한 감시 기능을 수행한다. 국민대표의회는 대통령의 국정 운영을 감시하는 중요한 역할을 한다. 대통령이 국가정책 방향을 위반했다고 판단될 경우 국민대표의회는 대통령에게 견책 결의안을 제출해 권고를 한다. 또다시 견책이 필요하다고 여겨지는 경우 임시 국민자문의회의 소집을 요구할 수 있다. 또한 대사의 임명과 외국 대사의 승인에 대해 대통령에게 조언하는 역할을 한다.

국민자문의회와의 관계에서, 국민대표의회는 국민자문의회가 채택한 명령이나 법률을 집행하는 권한을 지닌다. 또한 군사령관 및 경찰청장의 임명과 해임 동의권을 갖고, 대법원장, 대법원 부원장, 대법원 판사의 결원을 보충하기 위해 3명의 후보자를 지명하고, 중앙은행 총재, 부총재, 상급 임원의 추천과 지명 동의권을 가지고 있다. 이와 함께, 최고감사원(BPK)의 원장, 부원장, 감사위원의 결원을 보충하기 위해 3명의 후보자를 지명할 수 있다. 최고감사원에 의한 감사 결과를 심의하는 것도 국민대표의회의 권한이다.

2004년 총선거부터 국민대표의회는 모든 의석이 선거제로 변경되었다. 현재의 국민대표의회는 정원 560명으로 전국 69곳의 선거구에서 비례대표제로 선출된다. 2009년 총선 결과

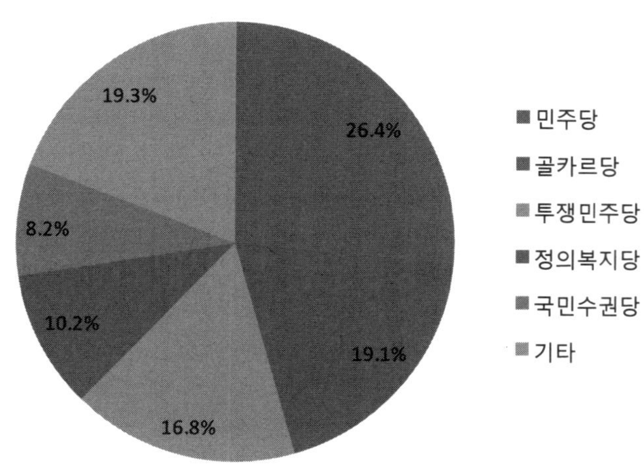


**그림 1-2** 국민대표의회의 정당별 의석 분포

각 정당별 국민대표의회 의석 분포는 [그림 1－2]와 같다. 현 유도요노 대통령은 최다 의석을 차지한 민주당(PD, 148명, 26.4%) 출신이다.

국민대표의회와 함께 국민자문의회를 구성하는 기관이 지역대표의회(DPD)이다. 지역대표의회는 2001년 제3차 헌법 개정에 따라 설치가 결정되었고, 2004년 총선거로 의원이 선출되면서 출범했다. 국민대표의회가 정당에 의해 구성되는 것을 원칙으로 하는 반면에, 지역대표의회는 정당이 아닌 주민 대표들로 구성된다. 지역대표의회의 목적은 지방정부 수준, 특히 빈곤지역의 목소리를 국정에 반영하는 것이다. 각 주에서 각각 같은 수의 의원이 선출되며, 현재 지역대표의회 의원은 전국의 33개 주에서 일률적으로 4명씩 선출되는 비례대표 방식을 채택하고 있다. 따라서 전국의 지역대표의회 의원의 수는 132명이다.

지역대표의회는 국민대표의회에 조언을 하는 기능을 한다. 구체적으로, 지역대표의회의 권한은 1) 지방자치, 2) 중앙과 지방과의 관계 및 3) 천연자원의 중앙・지방 간의 배분과 관계되는 사업, 예산 및 법안을 국민대표의회에 제출하고, 그 심의에 참여하는 것으로 한정되어 있다. 지역별 대표는 자신의 지역에 영향을 미치는 정책적 이슈를 국회에 제기하는 역할을 하기도 한다. 그러나 그 밖의 안건에 대한 법안제출권은 없으며, 이러한 법안의 의결에도 참여하지 못한다. 이처럼 지역대표의회는 매우 한정된 기능만을 수행하고 있다.

### 2) 사법부의 구조

인도네시아의 사법부는 ‘대법원-고등법원(26개)-지방법원(분원 포함 326개)’의 3심제로 구성되어 있다. 개별 사법기관의 재판 결과의 독립성이 보장되며, 대법원은 상고를 담당하는 최종 판결기관이다.

인도네시아 사법부의 관할 영역은 크게 네 가지로서, 1) 민사・형사사건을 담당하는 일반 관할, 2) 종교부 관할 종교법원에서 이슬람법에 따른 결혼・이혼・상속 등 가족법을 담당하는 종교 관할, 3) 국방부 산하 군사법원이 담당하는 군사 관할, 4) 행정법원이 다루는 민간인과 공무원 간의 소송인 행정 관할로 나뉜다(한국수출입은행, 2008).

인도네시아 사법부의 또 다른 중요한 기관이 헌법재판소와 검찰이다. 헌법재판소는 2003년 12월 신설되어 법률의 합헌성 여부를 심사하며, 검찰은 대검찰청-고등검찰청-지방검찰청의 3원화 구조를 가진다(한국수출입은행, 2008). 헌법재판소는 법원의 판결을 뒤집을 수는 없지만, 법률의 헌법 위반 여부를 심사하는 유일한 기관이다(인도네시아 대사관 홈페이지). 또한 헌법재판소는 헌법에 규정된 기관 간 권한 충돌을 조율하고, 정당 해산 및 총선

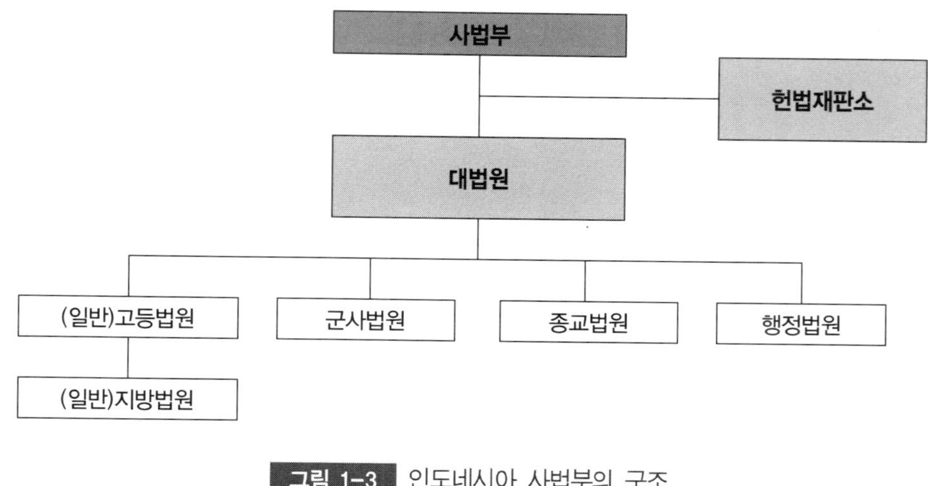


그림 1-3 인도네시아 사법부의 구조

결과에 대한 분쟁 조정을 담당한다(인도네시아 대사관 홈페이지). 그러나 헌법재판소도 대통령과 부통령의 취임 및 탄핵에 대한 국민대표의회의 결정에 구속된다(인도네시아 대사관 홈페이지).

### 3) 행정부의 구조

인도네시아 공화국 헌법은 정치 체제로서 대통령제를 규정하고 있다. 인도네시아 행정부는 직선제로 선출되는 대통령과 부통령, 그리고 대통령이 임명하는 내각(cabinet)으로 구성된다. 대통령은 각부 장관과 국무장관을 임명한다. 부통령(vice president)은 인도네시아의 두 번째 권력을 지닌 존재이다. 현재 무소속의 부디오노(Budiono)가 부통령으로 재직 중이다. 각 부처의 기능과 역할은 대통령령으로 정해져 있다. 또한 각 부처의 조직 및 관계 부처와의 책임에 대해서는 MENPAN(행정개혁부 장관)의 승인 하에 각 부처 규정으로 정해진다. 인도네시아 행정부의 전체적인 구조는 [그림 1-4]와 같다.

내각을 구성하는 장관, 조정장관, 국무장관은 대통령에 의해 임명된다. 내각은 의회가 아닌 대통령에 대해 책임을 지며, 대통령은 각료를 해임할 수 있다. 또한 내각의 구성원은 국민대표의회나 지역대표의회의 의원이어서는 안 된다.

대통령은 대통령령에 의해 내각을 구성할 수 있다. 인도네시아 장관에는 '조정장관' '각부처장관' '특임장관'의 세 가지 유형이 있다. 그 밖에 국무장관, 검찰총장, 내각사무장관이 각료급으로 내각의 구성원에 포함된다. 한편, 대통령이 '대통령령'을 발령할 수 있는 것처

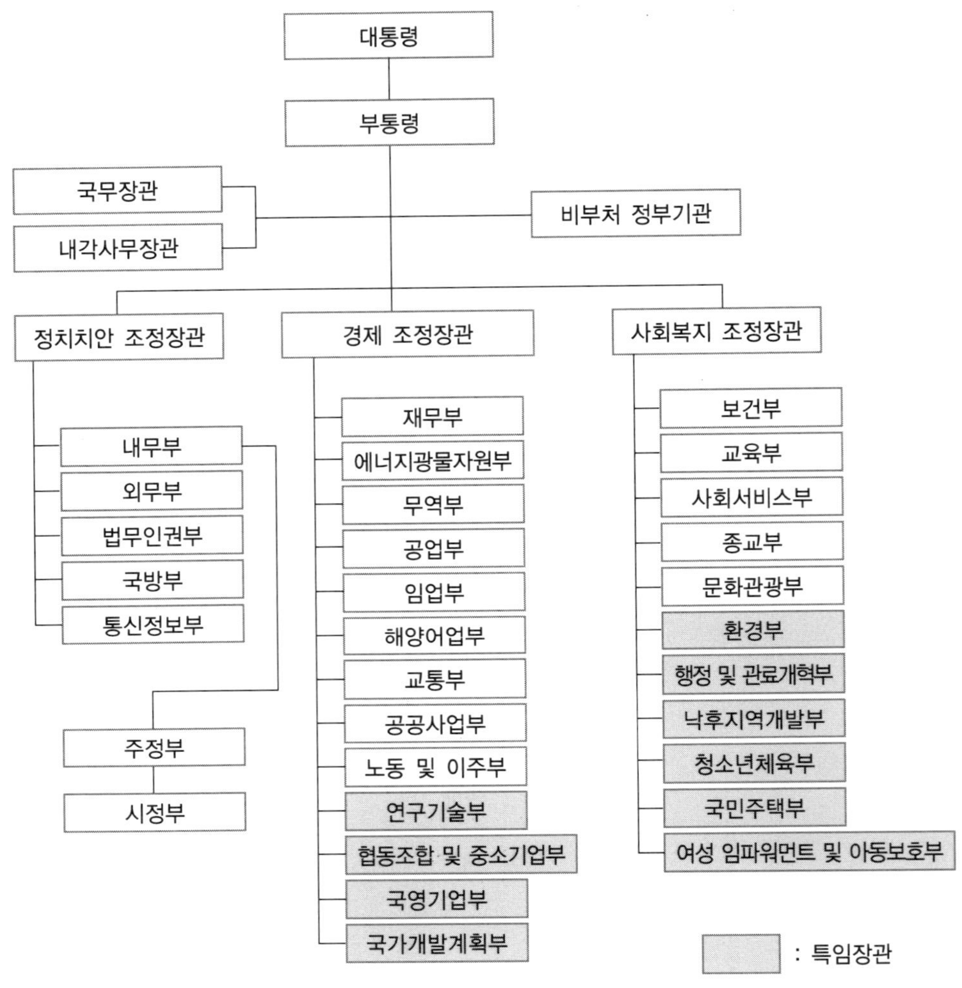


**그림 1-4** 인도네시아 행정부 구조

럼, 각 장관은 '장관령' 및 '합동 장관령'을 공포할 수 있다. 각 중앙부처의 조직과 구조는 특임장관의 자문을 토대로 각 부처 규정에 의해 결정된다.

현 대통령인 유도유노는 2009년 재선과 동시에 두 번째 통합내각을 구성했는데, 이때 <표 1-1>과 같이 3인의 조정장관(secretary of coordination minister), 1인의 국무장관(secretary minister), 20인의 부처장관(minister), 그리고 10인의 특임장관(minister of state)[3]

3) 국내 문헌은 대부분 'minister'와 'minister of state'를 구분하지 않고 '장관'으로 번역하고 있는 실정이다. 그러나 인도네시아 정부 홈페이지를 보면, 'minister'는 부처 단위기관(department)의 장(長)을 의미하는 반면, 'minister of state'는 부처 단위기관의 장관은 아니지만, 정부의 주력사업을

**표 1-1** 인도네시아 내각의 구성

| 구분 | 구성 |
| --- | --- |
| 조정장관(3) | 정치 · 법 · 치안부문, 경제 부문, 사회복지 부문 |
| 국무장관(1) | 국가사무처(SETNEG) |
| 장관(20) | 종교부, 에너지광물자원부, 외무부, 내무부, 법무인권부, 임업부, 보건부, 재무부, 국방부, 공업부, 사회서비스부, 노동 및 이주부, 해양어업부 교육부, 통신정보부, 문화관광부, 공공사업부, 교통부, 무역부, 교육문화부 |
| 특임장관(10) | 국영기업부, 협동조합 및 중소기업부, 환경부, 연구기술부, 행정개혁부, 여성임파워먼트 및 아동보호부, 국가개발계획부, 국민주택부, 낙후지역개발부, 청소년체육부 |

을 임명했다.

## 3 중앙정부 기관별 구조 및 기능

### 1) 국무장관과 내각사무장관

국무장관(State Secretariat)과 내각사무장관(Cabinet Secretariat)은 종합적인 정책의 입안과 조정 및 대통령 지원 기능을 한다. 국무장관(Sekretaris Negara)은 장관급 공직자로서 국가사무처(SETNEG: State Secretariat)의 장이다. 국무장관은 국가사무(state affairs)와 관련하여 대통령과 부통령에게 기술적 · 행정적 지원을 한다. 국무장관은 정부의 법안이나 규제에 대한 대통령과 부통령 지원 역할도 한다. 내각사무장관은 고위공무원으로서 부처장관에게 조언과 지원 기능을 한다. 내각사무처는 영국식 정부 구조를 모델로 한 것이다.

### 2) 조정장관

조정장관(secretary of coordination minister)은 각 책임 영역에서 정책결정 및 집행에 대한 기획 · 계획을 조정하는 대통령 보좌기관이다. 현재 인도네시아 정부에는 3개의 조정부(minister of coordination)가 있으며, 정치 · 법 · 치안 부문, 경제 부문, 사회복지 부문으로 각각의 책임 영역이 구분된다. 조정장관은 산하에 최대 5인의 보좌관(assistant minister

좀 더 종합적 · 적극적으로 실행하는 것을 목표로 하기 때문에 때로는 일반 minister보다 더 강력한 권한을 갖기도 한다. 따라서 이 연구에서는 'minister of state'를 특임장관으로 명명했다.

coordinator)과 최대 5인의 분야별 전문가(staff specialist)를 둘 수 있다(인도네시아 정부홈페이지).

조정부의 역할은 책임 영역에 속한 부처들 사이의 정책 조정이며, 주로 정책형성 과정을 조정하고, 문제 해결을 하는 역할을 한다. 예를 들어 부처 간 조정이 필요한 업무가 발생되면, 조정장관은 관련 부처 장관 및 고위공직자들과 함께 이 문제에 대한 정보를 수집하고, 해결책과 대안을 모색하여 보고서를 작성한 후 대통령에게 제출한다. 또한 여러 부처가 관련된 주요 정책이 일관된 절차에 따라 통일된 언어와 방법을 사용해 국민에게 전달되도록 하고, 중앙-지방정부에서 집행의 일관성이 유지될 수 있도록 조정한다. 따라서 조정장관은 개별 부처장관보다 넓은 책임 영역을 가지며, 책임 영역에 대한 총괄적 관리를 담당한다.

### 3) 부처장관

인도네시아 각 부처(department)의 최고관리자인 장관(minister)은 총 20명이다. 1945년 헌법에서는 외무부, 내무부, 국방부의 3개 부처장관(Ministry Ministers)만이 규정되어 있었으며, 3개 부처를 제외한 모든 장관급 기관은 필요에 따라 조정될 수 있었다(인도네시아 정부 홈페이지). <표 1-1>에서 볼 수 있듯이 현재 종교부, 에너지자원부, 외무부, 내무부, 법무인권부, 산림부, 보건부, 재무부, 국방부, 산업부, 사회부, 인력이주부, 해양수산부, 교육부, 정보통신부, 문화관광부, 공공부, 교통부, 무역부, 문화관광부 등 20개 부처로 분류되어 있다.

각 부처장관을 중심으로 차관급인 사무차관(Secretary General) 및 감찰차관(Inspector General)이 장관을 보좌한다. 부처의 담당 업무는 국 단위로 나뉘며, 각 국은 집행차관(Director Generals)에 의해 관리된다. 또한 각 부처장관은 장관보좌관(Ministerial Advisers)을 임명한다.

### 4) 특임장관

특임장관(minister of state)은 부처(department)의 장관은 아니며, 총 10명으로 구성된다. 특임장관은 주로 공기업, 협동조합 및 중소기업, 환경, 연구 기술, 행정개혁, 여성 임파워먼트 및 아동 보호, 국가개발계획, 공공주택 건설, 낙후지역 개발 촉진, 청소년 체육 등 적극적인 문제 해결이 필요한 사업을 주도한다. 이들은 주로 정부 프로그램을 개선하고 조정하며, 프로그램 간 일관성을 확보하기 위해 필요한 영역을 포괄적으로 관리한다(인도네시아 정부 홈페이지). 조정장관이 직접적인 집행 행위보다는 감독 역할에 집중하는데 비해 특임장관은 실무를 주도한다. 특임장관은 차관(Deputies) 및 차관보(Assistant Deputies)에 의해 보좌된다.

### 5) 장관급 기관

장관급 공무원에는 개발감독 및 통제작업단장(Head of the Presidential Working Unit for Development Supervision and Control), 투자조정위원회(Head of the Investment Coordination Board), 국가정보원장(Head of the State Intelligence Agency), 검찰총장(Attorney General), 국군사령관(Indonesian National Armed Forces Chief of Staff), 국가경찰청장(Indonesian National Police Chief) 등이 포함된다.

### 6) 비부처 정부기관: 청급 기관 및 원급 기관

부처가 아닌 대통령 직속의 행정기관이며, 장관에는 공무원이 임명된다. 다음과 같은 청급 기관과 원급 기관이 여기에 포함된다: 국가개발계획청(BAPPENAS), 국가공무원청(BKN), 국가행정원(LAN), 재정개발 감독청(BPKP), 국가기록관(ANRI), 국립도서관, 중앙통계청(BPS), 국가표준청(BSN), 원자력감시청(BAPETEN), 국가원자력청(BATAN), 국가정보청(BIN), 국가코드원, 국가가족계획조정청(BKKBN), 국가우주항공청(LAPAN), 국토지리원, 국가과학학원(LIPI), 기술응용평가청(BPPT), 국가토지청(BPN), 직원약품감시청(BPOM), 국가정보원(LIN), 국가방위연수소(LEMHANAS), 문화관광진흥청(BUDPAR).

### 7) 각종 위원회 및 태스크 포스(task force)

대통령 혹은 장관에 의해 설치되는 조직으로 국가법률위원회(KHN), 지역자치평가협의회(DPOD), 국가인권위원회(KOMNASHAM) 등이 여기에 포함된다.

## 4 주요 중앙행정기관

인도네시아는 정치와 행정이 매우 역동적으로 변화되는 국가 중 하나이다. 이러한 변화의 주역으로 인도네시아 정부에서 행정관리를 담당하는 중앙기관은 MENPAN(행정개혁부), BKN(국가공무원청), LAN(국가행정원)의 세 기관이다. MENPAN이 주로 행정조직의 관리를 담당하고, BKN과 LAN이 공무원의 인사관리와 교육을 담당하는 형태이다. 이와 함께 국가사무처(SETNEG)를 두어 행정 전반에 대한 지원을 하도록 하고 있다.

### 1) 국가사무처

국가사무처(SETNEG)는 대통령과 부통령 보좌기관으로 우리나라의 대통령 비서실과 유사한 역할을 한다. 국가사무처는 선거로 선출된 대통령 · 부통령의 행정관리 역량을 지원할 수 있는 전문성을 갖추고 있으며, 대통령 · 부통령 관저에 대한 관리도 맡고 있다. 국가사무처의 비전 · 미션 · 전략은 <표 1-2>와 같다.

국가사무처의 행정조직은 [그림 1-5]의 조직도에서 볼 수 있듯이 각 분야의 전문가로 구성되어 있다. 국가사무처는 국무장관 통솔 하에 비서실장, 부비서실장, 군사전문 비서실장으로 구성되며, 특히 국무장관은 정책 지원 · 인적 자원 · 제도/공동체 관계 관리 · 입법 전반의 핵심 영역을 관리한다.

**표 1-2 인도네시아 국가사무처의 비전 · 미션 · 전략**

| 구분 | 내용 |
|---|---|
| 비전 | 대통령과 부통령이 훌륭한 행정 서비스를 제공할 수 있도록 전문성, 투명성, 책임성을 확보 |
| 미션 | 1) 행정부의 의사결정 시 대통령과 부통령에게 기술적 · 행정적 지원 제공<br>2) 대통령과 부통령에게 맞춤형 프로토콜을 제공<br>3) 대통령이 효과적인 군사통제력을 가질 수 있도록 기술적 · 행 정적으로 지원<br>4) 지방행정, 공공행정, 정보 및 제도에 대한 효과적 · 능률적 서비스 제공<br>5) 인적 자원과 시설의 질적 개선 |
| 전략 | 1) 기술적 · 행정적 지원의 효과적 개선<br>2) 대통령 · 부통령 관저의 관리 서비스 제공<br>3) 대통령 · 부통령에 대한 프로토콜 서비스 개선<br>4) 육 · 해 · 공군에 대한 기술적 · 행정적 서비스 개선<br>5) 조직 감독 역량 개선<br>6) 전반적인 행정 서비스 개선과 정보 지원<br>7) 제도적 관계 강화<br>8) 인적 자원 개발 및 질적 향상<br>9) 대통령 관저의 박물관 및 전시관 관리 및 인프라 구축 지원 |

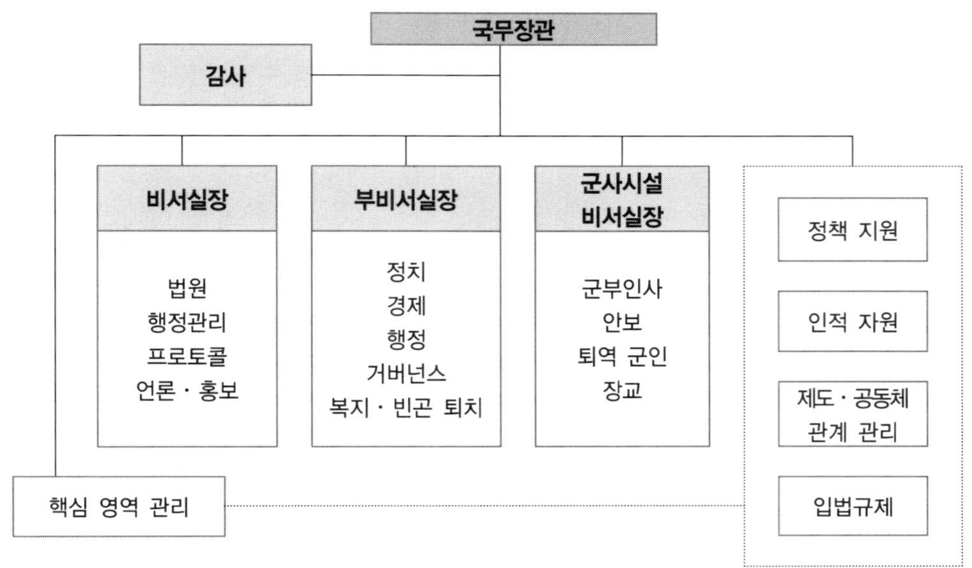


**그림 3-1-5** 국가사무처의 조직도

비서실장은 법원의 행정 · 관리, 프로토콜 개발, 언론 및 홍보를 담당하고, 부비서실장은 정치, 경제, 행정, 거버넌스, 복지 · 빈곤 퇴치 영역을 총괄한다. 그리고 군사전문 비서실장은 군부 인사, 안보, 퇴역 군인에 대한 보장, 장교에 대한 복지 등을 관리한다.

## 2) 행정개혁부

### (1) 설립 배경

행정개혁부(MENPAN)의 전신은 1957년 명령 제30호에 의해 수상 직속으로 설치된 '부처조직에 관한 위원회(Committee for Ministerial Organization)'까지 거슬러 올라간다. 당시 인도네시아 정부는 확고한 행정 체제를 갖지 못했다. 이러한 상황에서 수카르노 정권은 행정기구 및 공무원 제도 확립을 위해 '부처조직에 관한 위원회'를 설치하는 동시에 국가행정원(LAN)을 신설했다.

1967년 대통령 대행에 오른 수하르토는 중앙 및 지방 행정조직의 기능에 대한 연구를 위해 'PPAP팀'이라고 불리는 연구팀을 설치했다. 1968년 정식으로 대통령에게 취임한 수하르토는 대통령 결정 제19호를 발령하여 행정개혁부를 설치했다. 동시에 수하르토 대통령은

1968년 대통령 결정 제199호에 의해 국가경제와 행정 기구의 조정을 위한 위원회인 Proyek 13을 설치했다. 이 조정위원회는 후에 '국가행정개혁섹터(약칭은 '섹터P')'로 변경되어, 정책, 계획, 사업, 조정, 감독 및 행정기구 개혁에 대한 연구를 담당했다. 행정개혁부는 '섹터P'의 의장 역할을 맡았다. 또한 행정개혁부는 섹터N(연구 개발)과 섹터Q(치안 및 풍기)의 구성원이 되었다.

수하르토 정권의 제2차 5개년계획에서 행정개혁부에 중앙뿐만 아니라 지방정부 행정기구의 능력 향상 임무가 부여되었다. 1973년 대통령 결정 제9호에 의해 행정개혁부는 중앙부처로 승격되었다. 이후 1977년의 대통령 통지 제9호에 따라 행정개혁부는 국가개발 행정의 감독기관으로서 대통령에게 조언을 하며, 주나 지방의 감찰국을 통해 행정기관에 대한 감독을 강화해 갔다.

제4차 5개년계획에 따라 행정개혁부는 사업평가나 국영기업 개혁에도 영향을 미치게 되었다. 이후 제5차 5개년계획이 진행되던 1989년 행정개혁부는 장관은 국가 행정기구 개혁을 위한 8개 프로젝트(정원관리, 직무분석, 전문직, 리더십 향상, 국가 행정기관의 절차의 간소화, 공무원 인사관리의 간소화, 행정정보 시스템의 설계, 지방자치의 추진)를 결정했다.

제6차 5개년계획(1993~98)에서 행정개혁부는 6개 프로젝트(공무원 경력 시스템 정비, 공무원 정원의 '제로 성장(zero piece of growth)', 행정조직 간소화, 행정 부문의 주2일 휴무제, 공공 서비스의 충실화, 지방자치의 실험 프로젝트)에 집중했다. 이 시기 행정개혁부는 국가개발 정책에 따라 개발사업의 감독과 행정기구 개혁을 담당하는 조정장관의 권한이 부여되었다.

1998년 수하르토 대통령이 사임하면서 인도네시아는 변혁의 시대로 돌입했다. 정권은 하비비 대통령, 와히드 대통령, 그리고 메가와티 대통령으로 옮겨갔다. 그럼에도 불구하고 행정개혁부는 국가기구의 통일성 확보, 행정 역량의 확보와 향상, 정치적 영향력으로부터의 독립이라는 핵심 임무가 지속적으로 유지됨으로써 인도네시아 정부의 핵심 기관으로서 지위를 유지할 수 있었다.

현재 두 번째 임기의 유도요노 정부는 관료제 개혁을 2010~2025년까지의 장기적 국가개발계획에서 최우선 순위로 설정했다. 2010년 말에는 향후 15년간의 관료제 개혁 로드맵을 발표했다. 또한 유도요노 정부는 공직사회 개혁에 대한 추진력을 강화하고 개혁 의식의 확산을 위해 행정개혁부(MENPAN)는 행정개혁 및 관료개혁부(KemenPAN & RB)로 명칭을 변경했다.

### (2) 구조 및 기능

행정개혁부(MENPAN)의 인도네시아어의 명칭은 Kementarian Pendayagunaan Aparatur Negara이며, 직역하면 '국가기관 강화성'이지만 영어 표기는 Ministry for Administrative and Bureaucratic Reform이다. 행정개혁부는 특임장관이 주도하는 부서로, 국가 행정조직에 관한 사항을 관할한다. 이를 위해 행정개혁부는 1) 개혁 프로그램 및 관료개혁, 2) 제도, 3) 행정관리, 4) 거버넌스, 5) 감독 및 책임, 6) 공공 서비스 분야로 구분해 조직을 구성했다. 행정개혁부의 조직구조는 [그림 1-6]과 같다.

행정개혁부의 기능은 2005년의 대통령령 제9호 제100조에서, 행정조직에 관한 정책의 형

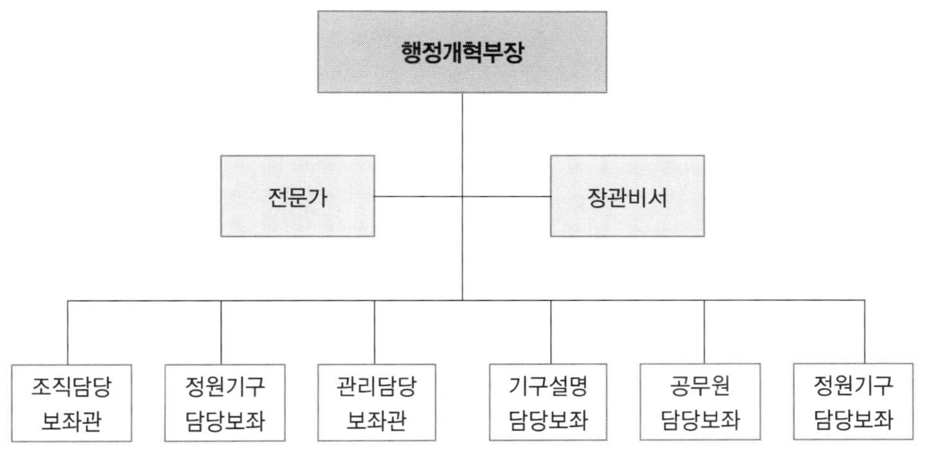


**그림 1-6** 행정개혁부의 조직구조

**표 1-3 행정개혁부의 비전과 미션**

| 구분 | 내용 |
|---|---|
| 비전 | 세계적 수준으로 정부를 개혁하여 집행에서 전문성 · 효과성 · 능률성 · 책임성 실현 |
| 미션 | 1) 공공 서비스의 질적 향상<br>2) 공무원 성과에 대한 책임성 개선<br>3) 통찰을 가지고 범부처의 업무 조정 능력 개선<br>4) 행정관리 능률성 · 효과성 개선<br>5) 공무원의 전문성 강화 |

성 및 조정으로 정해졌다. 행정개혁부의 비전은 세계적 수준으로 정부를 개혁하여 집행에서 전문성 · 효과성 · 능률성 · 책임성을 실현하는 데 있다(MENPAN 홈페이지). 행정개혁부의 비전과 미션은 <표 1-3>과 같이 요약할 수 있다.

이러한 비전과 미션에 따라 행정개혁부는 청렴하며, 효과적이고, 동시에 능률적이면서 높은 전문성을 갖춘 행정 부문을 구축하는 기능을 하고 있다. 구체적으로 행정개혁부는 다음의 기능을 수행하고 있다.

**행정개혁부(MENPAN)의 주요 기능**

- 행정 체제의 개혁에 관한 정책의 결정. 여기에는 중앙 및 지방의 행정기구, 행정기관의 인적 자원, 행정관리, 공무원, 행정기관의 감독과 설명 책임이 포함된다.
- 행정 체제 개혁에 관한 정책집행에 관련되는 조정. 여기에는 중앙 및 지방의 행정기구, 행정기관의 인적 자원, 행정관리, 공무원, 행정기관의 감독과 설명 책임이 포함된다.
- 행정개혁부 장관 책임 하의 국가 자산에 대한 관리
- 근무 성과의 감독
- 근무평가, 조언 및 직무의 검토에 관해 대통령에게 제출하는 보고서의 준비

최근 행정개혁부는 신공공관리(NPM) 이론에 근거해 정부 관료제를 좀 더 반응적이고, 효율적이며, 동시에 전문적인 조직으로 개혁하기 위한 정책 제언을 실시하고 개혁을 추진하고 있다. 그러나 그 성과는 아직 불분명한 상황이다.

### 3) 국가개발계획청

국가개발계획청(BAPPENAS)은 국가개발계획 및 조직 구성, 인적 자원 등을 종합적으로 활용하기 위한 전담기구로 2002년 설립되었다. 국가개발계획청은 대통령비서실의 지원을 받는 국가개발계획 특임장관, 자문위원(Senior Advisor)과 함께 총 9개의 세부 분야로 업무 영역을 구분하고 있다.

행정개혁부가 행정조직 및 행정문화 개혁을 목표로 한다면, 국가개발계획청은 주로 인프라 구축, 인적 자원 개발, 외국계 기업, 외환관리, 국가 지표관리, 인적 자원 교육 및 훈련, 국가 개발 프로그램(PROPENAS) 등 인도네시아의 재정적 안정과 경제 발전을 목표로 삼고 있다.

**표 1-4 국가개발계획청 조직 구성**

| 구성원 | | 직원 |
|---|---|---|
| 국가개발계획청장 | | 특임장관 |
| 부청장 | | 부청장 휘하 5인의 전문위원 |
| 부문별 | 인적 자원 · 문화 부문 | 특임국장(state director) 4인 |
| | 정치 · 법 · 국방 · 안보 부문 | 특임국장(state director) 5인 |
| | 빈곤 · 고용 · 중소기업 부문 | 특임국장(state director) 4인 |
| | 경제 부문 | 특임국장(state director) 5인 |
| | 천연자원 · 환경 부문 | 특임국장(state director) 5인 |
| | 인프라 부문 | 특임국장(state director) 5인 |
| | 지역개발 · 자치 부문 | 특임국장(state director) 5인 |
| | 개발기금 | 특임국장(state director) 5인 |
| | 성과평가개발 부문 | 특임국장(state director) 3인 |
| 감사 | | 조사관 2인 |
| 기밀 담당 | | 4인 |
| 센터 | | 개발 · 교육 · 훈련기획센터<br>자료 및 정보기획센터 |

출처: 인도네시아 국가개발계획부 홈페이지.

### 4) 국가공무원청

국가공무원청(Badan Kepegawai Negri: BKN)은 국가공무원의 선발, 관리, 승진, 보수 등 국가공무원과 관련된 사무를 총괄하는 기관이다. 국가공무원청은 공무원의 임용이나 배치, 각종 수당의 수급 자격, 휴가 기록 등 인사관리에 관한 정보를 관리한다. 국가공무원청의 전신은 1972년에 설치된 국가공무원관리청(BAKN)이며, 1999년 법률 제43호에 의해 BKN으로 명칭이 변경되었다.

국가공무원청은 공무원제도에 관한 1974년 법률 제8호 및 개정법인 1999년 법률 제43호의 집행을 담당한다. 1999년 법률 제43호는 지방분권에 의한 공무원제도의 변경과 기존 공무원제도와의 정합성을 향상하는 것이다. 현재 국가공무원청은 국가공무원을 승인하는 권한을 가지고 있지만, 주정부 공무원에 대해서는 주정부가 정원 및 인사관리 권한을 가진다. 다만 주정부는 국가가 정한 방침 및 가이드라인에 따라야 한다. 중앙 및 주정부는 공무원의 고용 관리에 관해 국가공무원청에 보고할 의무가 있다.

공무원의 중립성과 전문성을 확보하고, 공무원의 삶의 질을 보장하는 것이 국가공무원청의 비전이다(BKN 홈페이지). 특히 공무원의 삶의 질 보장은 충분한 보수와 복지 제공을 통해 공무원과 그 가정의 삶의 질이 개선됨으로써 생계형 부패를 막고자 하는 의도이다.

2010~2014년 국가공무원청의 전략계획은 국가공무원청의 기능과 역할을 분명히 보여주고 있다. 구체적으로, 1) 인적 자원 관리 시스템 개발, 2) 일선 공무원의 정책 가이드라인 및 규정집 발간, 3) 민원행정 서비스의 품질 개선, 4) 인사정보 관리 시스템 개발, 5) 공무원 감독 및 통제 개선이 주된 내용이다(BKN 홈페이지). 국가공무원청의 구체적인 활동은 제2장 인사행정제도 부분에서 좀 더 상세하게 다뤄진다.

**표 1-5 국가공무원청의 비전 · 미션 · 전략계획**

| 구분 | 내용 |
|---|---|
| 비전 | 공무원의 중립성 · 전문성을 확보하고, 공무원의 삶의 질을 보장한다. |
| | 공무원은 정치적 중립성을 지키며, 전문성을 가진다.<br>공무원과 그 가족의 삶의 질을 개선하도록 등급과 성과에 따라 충분한 보수와 복지를 제공한다. 이를 통해 생계형 부패를 예방한다. |
| 미션 | 능력에 기반한 공무원 관리를 통해 전문성 · 중립성 · 공무원의 삶의 질 보장을 모두 충족시킨다. |
| 2010~2014<br>전략계획 | 1) 인적자원관리 시스템을 개발한다.<br>2) 행정 서비스를 위한 정책 가이드라인을 만들고, 규정집을 공식화한다.<br>3) 민원행정에서 우수한 서비스가 제공되도록 한다.<br>4) 인사정보 관리 시스템을 개발한다.<br>5) 공무원 감독 및 통제 방안을 모색한다.<br>6) 국가공무원청 내부관리를 철저히 한다. |

출처: 인도네시아 BKN 홈페이지.

### 5) 국가행정원

국가행정원의 정식 명칭은 Lembaga Administrasi Negara(LAN)이다. 국가행정원의 영어 표기는 National Institute of Administration이다. LAN은 2001년 대통령령 제103호에 근거해 행정기관의 본연의 자세에 대해 행정개혁부(MENPAN) 장관에게 조언을 하며, 공무원의 교육 훈련 및 고위공무원의 연수를 담당한다.

**표 1-6** 국가행정원의 비전과 미션

| 구분 | 내용 |
|---|---|
| 비전 | 체계적인 행정의 개발로 신뢰받는 기관이 되고 정부 공무원의 능력을 향상시킨다. |
| 미션 | 좋은 거버넌스의 달성을 위한 국가행정 체계와 정부기관의 역량 개발에 기여한다. 이를 위해 다음의 역할을 수행한다.<br>1) 행정 분야의 정책형성<br>2) 행정 분야의 연구, 개발<br>3) 정부기관에 교육과 훈련의 제공<br>4) 행정 분야에 대한 자문과 지원<br>5) 과학 및 기술 행정의 개발<br>6) LAN 조직의 역량 강화 |

출처: 인도네시아 LAN 홈페이지.

## 5 정부조직 구성의 원리

### 1) 조직 구성의 원칙

인도네시아에서 행정기관의 신설이나 개폐 등의 조직관리는 행정개혁부의 책임 사항이다. 인도네시아의 정부조직은 1974년 대통령령 제44호인 '국가행정조직 체계'에서 규정한 조직 구성 원칙에 따라 편성되고 있다. 그 기본 원칙은 다음과 같다.

**정부조직의 구성 원칙**

- 장관
- 사무차관(Secretariat General): 사무국은 최대 5개 국으로 구성된다.
- 집행차관(Director-General): 사업 부문을 담당하며 최대 5명의 국장(Directorate)을 둘 수 있다.
- 감찰차관(Inspector General): 총감 밑에 최대 5개의 감찰관실을 둘 수 있다.

정부부처의 신설이나 개폐는 이러한 국가 행정조직 원칙을 따라야 하지만, 세부적인 규제 사항들이 마련되어 있는 것은 아니다. 조직 편성의 원리는 '균형'과 '등급'을 강조한다. 행정개혁부는 이러한 원칙에 근거해서 중앙부처 조직구성안을 심사하고 승인한다. 그 결과, 인도네시아 정부 각 기관의 조직편제는 대부분 유사한 구조로 되어 있다. 현재도 행정개혁

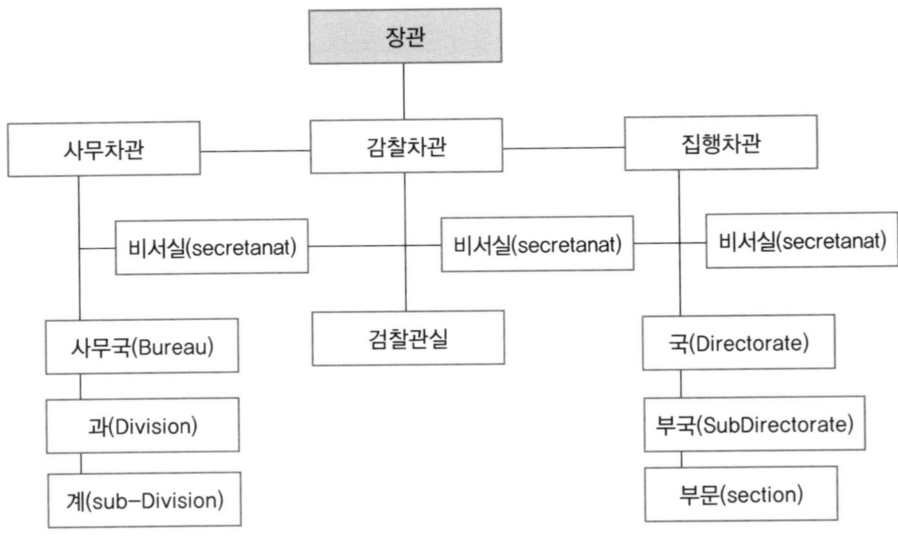


그림 1-7 인도네시아 중앙부처의 조직 구성 원리

부는 여전히 국가 전체의 행정조직에 관한 규제 권한을 지니고 있는 상황이다.

이처럼 1974년의 대통령령은 표준화된 부처 조직구조의 원칙을 제시하고 있으며, 따라서 부처별 대상 업무나 기능의 차이를 크게 고려하지 않고 있다. [그림 1-7]은 중앙부처의 조직 구성 일반 원칙을 구조도로 나타낸 것이다.

인도네시아 각 부처에는 사무차관 및 감찰차관이 설치된다. 각 부처는 장관의 지시를 따르며, 각 부서는 집행차관이 통솔한다. 한편 3개 조정부의 경우는 책임 영역마다 보좌관이 배치되어 있다. 행정개혁부는 행정조직 관리의 관점에서 조직개혁안을 심사하고 승인하며, 제안 기관에 대해 조직 체계에 따라 조직의 증감을 요구할 수 있다. 개별 부처별 조직구조는 이러한 조직 기준으로부터 다소간의 차이를 보인다. 부처 구성에서 기본 단위는 지원 단위, 통제 단위, 집행 단위로 구분될 수 있다(<표 1-7> 참조).

표 1-7 중앙부처 조직의 구성 요소

| 구분 | 조직 단위 | 특징 | 기능 |
|---|---|---|---|
| 지원 단위 | 사무차관 | 막료조직 | 행정, 내부관리, 범부서별 과업 |
| 통제 단위 | 감찰차관 | | 통제, 감독 |
| 집행 단위 | 국장 | 계선조직 | 전문적, 기술적 과업 |

### 2) 차관의 역할

장관은 부처의 최고 관리자로서 대통령에 의해 임명된다. 장관은 정책의 개발과 집행에 대한 책임을 진다. 보통 많은 전문가(staf ahli)들이 장관을 보조한다. 사무차관(Secretariat General)은 지원 단위로서 부처의 행정적, 재정적, 조직적, 절차적 업무를 담당하며, 또한 나머지 단위 조직들의 업무 수행을 지원한다. 사무차관은 조정, 기획, 부처 내 행정의 개발 및 공공 관계와 절차에 대한 책임을 진다. 연구와 개발, 교육 및 훈련은 사무차관의 역할에는 포함되지 않지만 이들 활동의 기획과 조정에 참여한다. 사무차관은 5개의 사무국(biro)을 통솔하며, 사무국은 다시 과(bagian)와 계(sub-bagian)로 나뉜다.

감찰차관(Inspectorate General)은 부처의 내부 모니터링과 통제를 담당하는 단위이다. 감찰차관은 부처의 나머지 업무 단위들의 보고서와 활동 영향평가에 기초해서 재정적 통제와 업무 프로그램에 대한 모니터링 책임을 진다. 감찰차관에 대해서는 아래에서 좀 더 구체적으로 설명된다.

집행차관(directorate general)은 부처의 집행 단위로서 부처의 주요 정책 영역을 포괄하는 핵심 실행 단위를 통솔한다. 집행차관의 역할에는 해당 분야 정책의 형성과 집행이 포함한다. 또한 나머지 정부 부처와 대중에 대한 정책 홍보와 지원 기능도 수행한다. 대부분의 부처는 5개의 국을 두고 있으며, 국은 다시 부국(sub-direktorat)과 부문(seksi)으로 나뉜다.

##  6 감사기관

### 1) 재정개발감독청

2003년에 제정된 새로운 국가재정법은 내부감사를 정부의 책무로 규정해, 예산 및 재무관리에 포함시키고 있다. 내부감사 기관이나 절차는 대통령령으로 정해져 있다. 현재 인도네시아 정부의 내부감사를 담당하는 기관은 재정개발감독청(BPKP)이다.

재정개발감독청은 1983년의 대통령령 제31호에 의해 설치된 대통령 직속의 독립기관이다. 재정개발감독청은 중앙정부의 각 부처 및 주정부의 행정에 대해 감사를 실시해 왔지만, 지방분권의 추진에 따라 2001년 대통령령 제103호에 의해 주정부의 내부감사는 재정개발감독청의 감사 대상에서 제외되었다. 재정개발감독청의 장관은 감사 결과를 대통령에게 보고

하지만, 행정관리에 관한 사항은 행정개혁부 장관에게 보고한다. 재정개발감독청은 7개 국으로 구성된 본청 외에 25곳의 지방사무소를 운영하고 있다. 재정개발감독청의 감사관들에 대해서는 2년마다 전문 연수가 실시되고 있다. 또한 지방분권에 따라 주정부의 내부감사는 주정부의 감사기구(BAWASADAS)가 담당하고 있다. 재정개발감독청의 구체적인 역할은 다음과 같다.

**재정개발감독청의 기능**

- 재무 감찰에 관한 전략 및 정부 방침 결정
- 중앙정부 및 주정부 기관에 대한 감사
- 국영기업의 재무 감사
- 아시아 개발은행이나 세계은행 등의 외부 자금 지원 프로젝트에 관한 감사
- 정부 각 부처의 기관평가 실시
- 각 부처 감찰차관실의 직원 연수, 주나 지방 감찰관의 연수 및 내부 감사관의 인증 시험 실시

### 2) 감찰차관

중앙부처마다 감찰차관이 내부감사를 담당하고 있으며, 감찰차관(Inspectorates General)은 감사 결과를 장관에게 보고한다. 매년 감찰차관이 해야 하는 감사와 연말 회계감사 사항은 부처 규정으로 정해진다. 각 부처의 감찰차관은 부처의 사무차관(Secretary General), 최고감사원(BPK) 및 재정개발감독청(BPKP)에 회계감사 보고서를 제출한다. 핵심 사안인 경우 장관은 매달 보고를 받는 동시에, 분기별 감사보고서와 내부감사에 대한 권고를 받는다.

아시아개발은행(ADB, 2004) 보고서에 따르면, 감찰차관의 능력이 미흡하며 특히 재무감사 능력에 문제가 있는 것으로 나타났다. 또한 지방분권에 따라 주정부기관에 대한 감찰차관의 감사 업무가 폐지되었음에도 불구하고 감찰차관실의 인력은 줄어들지 않는 문제를 드러냈다(ADB, 2004). 아시아개발은행은 인도네시아의 내부감사 기관의 업무 프로세스가 국제 표준에 이르지 못하며, 재정개발감독청과 각 부처의 감찰차관 사이에 업무의 중복이 있으며, 지방분권 이후에도 재정개발감독청과 감찰차관은 과잉 인력을 보유하고 있는 반면, 주정부의 내부감사 기관인 BAWASADAS들은 능력 부족에 직면하고 있다고 지적했다(ADB, 2004).

### 3) 최고감사원: 외부감사 기관

인도네시아 헌법은 인도네시아 국가재정의 관리에 대한 감사원(Badan Pemeriksa Keuangan: BPK)의 감사 권한을 규정하고 있다. 1973년 법률 제5호에 의해 감사원은 정부 회계 및 예산 집행을 감사하는 권한이 부여되었다. 2002년 개정 헌법 제4조는 감사원에 대해 외부감사 기관으로서의 독립성을 보장하며, 국가재정 관리 및 조사 권한을 부여했다. 인도네시아는 감사원이 모든 정부기관(정부 각 부처 및 국영기업)의 재정을 감사하도록 규정하고 있지만, 실제 감사 범위는 국가 예산에 따라 정해지고 있다.

감사원의 감사 절차는 미국 회계감사 기준(1994년)을 따르고 있다. 감사원은 감사 결과를 국회에 보고해야 한다. 또한 감사원은 주정부의 회계감사도 담당하고 있다. 다만 감사원은 주정부의 감사에 관한 사항에 관해서는 지방대표의회(DPRD)에 보고해야 한다.

감사원의 감사위원은 국민대표의회가 추천하고 대통령이 임명한다. 감사위원회는 7명의 위원으로 구성되어 있으며, 감사원장(Auditor General)이 의장을 맡고 있다. 감사원장은 정부의 중요 정책 과제를 고려해 감사의 우선순위를 결정한다. 감사원의 규모는 재정개발 감독청의 10분의 1 정도이며, 직원의 자질 역시 재정개발 감독청보다 떨어지고 있는 것으로 나타났다.[4)]

## 제 3 절 행정문화

### 1 통치자와 권력 지향적 문화

행정 시스템은 정치, 경제, 사회, 문화의 하위 시스템으로 이러한 외부적 환경에 의해 큰 영향을 받을 수밖에 없다. 인도네시아 행정 역시 예외는 아니어서, 이러한 외부적 환경 요인에 의해 커다란 영향을 받고 있다. 무엇보다 인도네시아 행정문화에는 식민지 시대의 잔재가 뿌리 깊게 남아 있다. 정부 관료제의 구조나 기준뿐만 아니라 가치와 문화에서 시민의

4) BPK 직원의 감사 능력이 높은 이유는 BPK는 개발원조 예산에 의해 직원 연수를 지속적으로 실시해 왔기 때문이다(Nasution, A. "The Role of the Audit Board of the Republic of Indonesia (BPK-RI) in Promoting Transparency and Accountability of the State," BPK 홈페이지).

권리 향상보다는 통치자에 대한 복종이 중요한 기준으로 자리 잡고 있다(Thoha, 2003). 따라서 인도네시아 공직문화에는 고객에 대한 서비스 제공 문화가 아직 제대로 형성되어 있지 못하다. 인도네시아 행정 체제의 구조나 과정이 시민에게 더 나은 서비스를 전달하는 데 초점을 맞추어 진화된 것이 아니라, 시민의 행태를 규제하고 감독하기 위한 도구로서 기능하도록 설계되어 왔다는 점은 놀랄 일이 아니다(Prasojo et al., 2007). 이러한 식민지적 통치 패러다임 속에서 행정의 주요 목적은 정부의 권한을 유지하고 국민을 적절히 통제하는 것이었다. 인도네시아 정부가 행정의 구조, 기준, 가치들을 시대적 요구에 맞도록 변화시키는 과정에서 국민의 다양한 요구와 높은 기대 수준을 충족시키기에는 미흡한 실정이다.

반면 관료와 정치인들 간에는 자신의 욕망과 권력을 성취하기 위한 권력문화(power culture)가 만연되어 있다(Prasojo et al., 2007). 권력 지향적 문화는 자연스럽게 국민이 아닌 통치자에 대한 복종과 순응으로 이어지고 있다. 또한 공무원 스스로 공익에 대한 봉사자가 아니라 국민을 이끄는 지도자라는 인식이 확산되어 있다(Dwiyanto, 2004). 이러한 권력 지향적 문화는 관료제가 스스로 적극적으로 공공 서비스의 품질을 개선하기 위한 노력을 기울이기 어렵도록 만드는 중요한 요인이 되고 있다. 인도네시아 행정에서 공공 서비스의 결정 및 전달 절차는 투명하지 못하며 왜곡되어 있고, 공공 서비스의 수준도 만족할 만한 수준에 이르지 못하고 있다. 이러한 상황에서 관료제의 부패나 불법적인 뇌물 문제가 완전히 근절되기는 쉽지 않을 것이다.

## 2 강력한 관료제 주도의 발전행정 문화

인도네시아 정부의 가장 큰 어려움 중 하나는 관료제의 강화와 정부개혁의 추구라는 딜레마에 직면해 있다는 점이다. 전 세계적인 신공공관리 개혁 패러다임에 맞추어 선진국들이 정부와 공공 무분의 규모를 축소하기 위해 노력하는 상황에서 인도네시아는 강력하고 효율적인 관료제가 경제 성장과 국가 개혁의 중심축으로서 역할을 해야 하는 딜레마에 직면해 있다.

인도네시아 관료제는 '개발의 역군(agent of development)'으로서 역할을 수행하며 국가 경제에서 주도적인 역할을 하고 있다(Bintoro, 1991). 인도네시아 행정 체제는 개발 프로그램을 수행하는 데 필요한 발전행정으로서 기능하도록 변화되어 왔다(Salamoen, 1993). 특히 1990년 말 경제위기는 정부 관료제에 더 큰 역할을 요구하는 상황을 불러왔다. 정부 관료제는 빈곤 문제를 해결하고, 실업률을 낮추며, 경제성장률을 끌어올려야 하는 막중한 책임을 부여받았다. 그러나 행정의 과도한 역할과 개입에 따른 문제점이 나타나면서, 변화를 요구하는 목소리들이 커져가고 있다. 특히 시민사회의 성숙과 민간 부문의 역량이 강화되면서 행정의 과도한 역할을 축소해야만 하는 상황을 맞고 있다.

더욱이 정부 관료제의 주도적 역할에도 불구하고 관료제의 실질적인 역량과 능력의 부족 문제는 발전행정을 오히려 어렵게 만드는 요인이 되고 있다(Prasojo et al., 2007). 관료제의 능력 부족은 공공 서비스의 품질 저하로 이어지고 있다. 관료제의 능력 부족의 문제는 공무원의 충원 과정에서부터 시작된다. 공무원 충원 과정에서 경쟁력에 대한 평가 절차가 매우 미흡하며, 현직자의 교육 및 훈련 역시 해당 기관 업무의 효율적인 수행에 필요한 전문성을 충족시키기에는 미흡한 수준이다. 또한 공무원의 충원과 승진이 실적에 기초하기보다는 연고주의적 관계에 의해 지배되고 있다. 공공 부문의 미흡한 인적 관리 제도는 부패, 결탁 및 연고주의의 주된 원인이 되고 있다.

이와 함께 민주화, 분권화의 시대적 요구 속에서 인도네시아 행정은 민간 부문을 통제하고 감독하는 공급자 중심의 행정보다는 규제 완화와 비관료제화를 통해 민간 부문의 참여를 지원하고 민간 부문과의 거버넌스를 확대해 나가야만 하는 상황이다.

## 3 KKN으로 불리는 부패, 결탁 및 연고주의의 만연

인도네시아 정부의 역사는 부패한 관료제와의 전쟁의 역사라고 해도 과언이 아니다. 인도네시아 행정을 지배하는 주된 특징은 부패, 결탁, 정실의 인도네시아어인 KKN(Korrupsi, Kollusi, Nepotisme)으로 축약된다(Arifianto, 2001).

1999년까지 인도네시아 공무원의 정치적 중립 의무가 없었기 때문에 공무원이 주도적으로 정당을 만들고 정치에 개입하여 이익단체로 영향력을 행사하는 상황이 오랜 기간 지속되었다. 그 결과 공무원 사회의 거대한 관료제화를 초래했고, 그에 따른 역기능이 심각한 수준에 이르게 되었다. 더욱이 정부 관료제가 경제 발전의 주도적 역할을 담당하면서 관료제 부패는 통제하기 힘든 상황에까지 이르게 되었다.

고질적인 관료제 부패 문제를 해결하기 위해 인도네시아 정부는 1999년의 개정 공무원법을 통해 공무원의 정당 가입 금지를 의무화했다. 또한 공무원의 부패, 결탁, 연고주의를 금지하고 모든 임용과 승진은 객관적인 성과평가와 경쟁력에 근거하도록 의무화했다. 2002년에는 인도네시아 정부에 부패근절위원회(KPK)가 설치되었고, 2005년에는 대통령 직속의 부패범죄박멸팀이 만들어져 부패근절위원회와 협력적인 반부패 활동들이 강화되었다.

이러한 적극적인 공무원 부패 근절 노력에도 불구하고 여전히 인도네시아 공무원 스스로 부패지수를 세계 최하위 수준으로 평가하고 있는 상황이다. 인도네시아에서 공무원 부패의 원인은 매우 다양하다. 인도네시아 관료제의 부패 문제는 크게 문화적 요인, 개인적 요인, 조직적 요인 및 제도적 요인에 기인한다(Kasim, 2004). 특히 문화적인 측면에서 보면, 부패가 정부 관료제의 관행처럼 여겨지고 있다. 이러한 문화는 소위 '마지못함의 문화(reluctant culture)'로도 불린다((Prasojo et al., 2007). 이 밖에도 조직 및 제도적 요인으로 미약한 처벌, 비일관적인 법의 집행, 부적절한 규율, 내부통제의 미흡, 상관의 무능, 낮은 보수 등이 부패의 원인으로 지적된다. 또한 부적절한 외부통제 장치, 규제의 명확성 부족, 뇌물 공여 문화, 소극적 사회 규범 등도 중요한 원인으로 여겨지며, 또한 개인적인 측면에서는 공무원의 낮은 보수 수준과 윤리 의식이 주된 원인으로 지적되고 있다.

전반적으로 연고주의 문화(affiliation culture)와 이미 고착화된 관료제 내의 부패로 인해 인도네시아 공직에서 뇌물과 불법적인 착복을 근절하기는 쉽지 않은 상황이다(Prasojo et al., 2007). 관료제의 최고위층부터 최하층에 이르기까지 연고주의적 관계, 인종주의, 지역주의, 정치적 연고주의, 뇌물문화 등이 지배하고 있다. 이러한 상황은 관료제의 도덕적 해이로 이어지면서, 인도네시아에서 공무원 개혁을 어렵게 만드는 중요한 원인이 되고 있다.

## 제 4 절 정부개혁

### 1 정부개혁의 배경과 전략

#### 1) 배경

인도네시아 정부개혁의 중심에는 행정개혁부(MENPAN)가 자리하고 있다. 인도네시아 정부는 행정개혁부를 중심으로 '2025년 세계적 수준의 정부로(Menjadi Pemerintah Kelas Dunia Tahun 2025)'라는 슬로건 하에 "부패 없고, 중립적이며, 투명하고, 우수한 공공 서비스를 제공할 수 있는 전문적인 정부 관료제를 확립하는 것"을 목표로 정부개혁을 추진하고 있다.

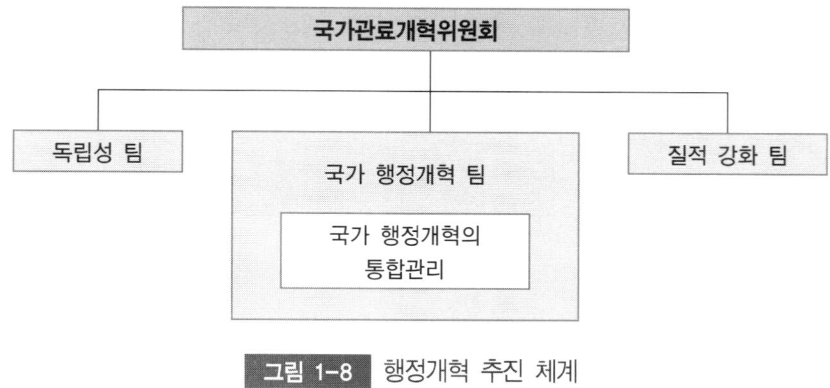


그림 1-8 행정개혁 추진 체계

[그림 1-8]은 행정개혁부 내에 정부개혁을 추진하기 위해 구성된 팀의 조직도이다. 국가관료개혁위원회는 산하에 독립성 팀, 질적 강화(quality assurance) 팀 및 국가 행정개혁 팀을 두고 행정개혁을 주도하고 있다.

인도네시아 정부개혁의 주요 특징은 경제적·정치적 환경 변화가 정부개혁의 동인으로 작용하고 있다는 점이다. 1990년대 말의 인도네시아 정부개혁이 경제 위기와 정치적 혼란이라는 외생변수들에 의해 촉발되었던 것처럼, 최근 인도네시아는 새로운 변화에 직면하고 있다. 전 세계적인 거버넌스 패러다임의 변화는 규제와 정책, 공공관리 방식의 변화를 요구할 뿐만 아니라, 중앙-지방정부 간의 관계에도 새로운 변화를 요구하고 있다. 또한 정부기관에 요구되는 역할과 책임이 다양해지고, 막대한 예산과 인력 투입으로 인한 업무 절차의 복잡성이 증가함에 따라 관료제의 최상층부터 최하층까지 총체적으로 업무 절차를 재조정할 필요가 생겼다. 이와 함께 여전히 뿌리 깊은 공무원 부패를 근절하지 않고서는 정부개혁 노력이 성공을 거두기 어렵다는 인식이 국가 전반에 확산되었다.

이러한 배경에서 인도네시아 정부는 총체적인 행정문화 재창조를 위해 총 다섯 가지 미션을 제시했다. 인도네시아 정부개혁의 미션은 1) 조직의 재구성·강화, 2) 인적 자원의 전문성 강화, 3) '좋은 거버넌스' 실현, 4) 감독 및 책임 강화, 5) 공공 서비스의 질적 개선으로 구성된다.

구체적인 내용을 살펴보면, 먼저 조직 부문은 공공조직을 적절한 규모와 기능에 따라 구분하는 것을 목표로 하고 있다. 이를 위해 거버넌스 시스템, 프로세스, 절차 등을 좀 더 객관적이고 측정 가능하도록 기술하는 데 초점을 맞추고 있다. 둘째, 입법 부문에서는 규제가 좀 더 일반적이고 중복되지 않도록 조정하는 데 목표를 두고 있다. 셋째, 인적자원관리 분야에서는 좀 더 전문성 있고 높은 성과를 낼 수 있으며, 중립적이고 통합적인 행정을 수

**표 1-8 행정개혁의 평가 기준**

| 구분 | 내용 |
|---|---|
| 부패 | 없음 |
| 폭력 및 페널티 | 없음 |
| 예산 | 보통 |
| 프로그램 | 모두 종료 |
| 자격 부여 | 적절하고 빠르게 모두 완료 |
| 대중과의 커뮤니케이션 | 좋음 |
| 시간의 효율적 운영 | 생산적이고 효과적인 시간 사용 |
| 지속적이고 일관성 있는 상벌 적용 | Yes |
| 발전 결과의 가시성 | 빈곤 감소, 일자리 창출, 복지 증진 등의 개선 |

출처: 인도네시아 행정개혁부 홈페이지.

행할 수 있는 공무원을 선발하는 데 목표를 두고 있다. 넷째, 감독은 부패 없는 정부를 만드는 것이고, 책임성은 관료의 공공 서비스 역량과 성과에 대한 책임성을 증가시키는 것이다. 다섯째, 공공 서비스는 관료에 대한 사회·문화적 기대 및 요구에 따라 좋은 서비스를 제공하는 데 목표를 두고 있다.

그렇다면, 이러한 행정개혁 목표들의 성취도를 판단할 수 있는 지표들은 무엇인가? 각 지표별 성취도를 평가하기 위한 기준은 <표 1-8>과 같다. 즉, 좀 더 투명한 정부, 좀 더 성과 중심의 예산 활용 및 프로그램 운영을 하는 정부, 대중과 좀 더 밀접한 정부, 지속적이고 일관성 있는 관리가 가능한 정부, 그리고 이러한 결과들을 토대로 실제로 발전적 결과를 도출해 낼 수 있는 정부를 만들고 있느냐 하는 점이 인도네시아 행정개혁의 평가 기준이다.

### 2) 정부개혁의 방향 및 전략

2009년까지 인도네시아 정부개혁의 방향 및 추진 전략을 살펴보면, 장기계획(2005~2025년), 중기계획(2005~2009년) 및 국가기구 개혁전략 계획(2005~2009년)에서 다음과 같은 전략들이 설정되었다.

**인도네시아 정부개혁의 방향 및 전략**

**1) 부패, 결탁, 연고주의(KKN)의 근절**
- 모든 정부기관 및 사업에서 '좋은 거버넌스(good governance)' 원칙의 실현
- 효율적인 규칙에 근거한 적절한 규제의 실시
- 내부 통제, 전문적 통제, 사회적 통제를 통한 정부기관의 효율성 및 통제의 향상
- 업무 문화, 지식, 및 '좋은 거버넌스'에 대한 이해의 향상

**2) 국가 행정관리의 질적 개선**
- 정부조직이 임무를 적절하고, 간결하며, 탄력적이고, 책임있게 수행할 수 있도록 조직개편 추진
- 모든 정부기관에서 관리 및 절차의 효과성과 능률성을 향상
- 국민에 대한 봉사 임무 및 기능 수행을 위해 공무원의 능력 향상
- 근무 실적에 근거한 경력 시스템의 실시

**3) 개발계획의 실행에서 인적 능력 향상**
- 기본적인 서비스에 요구되는 공무원의 자질 향상
- 개발 및 거버넌스 참여를 통한 국민의 능력 향상

이러한 전략을 달성하기 위해 행정개혁부에서는 1) '좋은 거버넌스' 관련 프로그램, 2) 국가 기구의 설명 책임과 통제 향상에 관한 프로그램, 3) 행정 및 조직관리 프로그램, 4) 인적 자원관리 및 능력 향상 프로그램, 5) 공공 서비스의 품질 향상 프로그램, 6) 정부 및 거버넌스 지도력 프로그램 등 6개 프로젝트를 추진했다.

## 2 정부조직의 개편 과정

인도네시아에서는 1998년 수하르토 대통령이 퇴진한 이후, 하비비 정권, 와히드 정권, 메가와티 정권, 그리고 현재의 유도요노 정권으로 바뀔 때마다 대폭적인 정부조직 개편이 이루어졌다. 예를 들면, 2000년 8월 제2차 와히드 정권은 장관 직위를 대폭 줄인 반면, 2001년 8월에 출범한 메가와티 정권은 직위를 큰 폭으로 늘려 모든 장관을 3개 조정장관 아래에 두도록 조직개편을 실시했다. 현재의 유도요노 대통령은 상공부를 무역부와 공업부로 분리했고, 문화관광부를 특임장관에서 부처장관으로 변경했으며, 국민주택부와 청소년체육부를 부활했고, 거주 인프라부로부터 공공사업부로의 명칭 변경을 실시했다. 또한 2005년에는

통신·정보부를 특임장관에서 부처장관으로 변경하고, 이에 따라 우정통신국은 교통부로부터 통신정보부로 소속 변경되었다. 이처럼 빈번한 정부조직 개편이 가능했던 이유는 정부조직의 실설 및 폐지가 대통령령으로 가능하기 때문이다. 이러한 문제점으로 인해 부처의 신설을 국민대표의회의 동의 사항으로 하는 부처설치법 제정이 논의되고 있기도 하다.

최근 인도네시아에서는 공직사회 부패 근절을 위한 제도 정비가 집중적으로 추진되고 있다. 2002년에는 부패근절위원회(KPK)가 독립된 국가기관으로 설치되었다. 부패근절위원회는 메가와티 정권에서는 두드러진 실적이 없었지만, 부패 근절을 위한 유도요노 대통령의 단호한 자세 속에서 총선거위원회에 의한 조직적 뇌물 공여 사건의 적발(위원장을 포함한 간부 및 위원을 체포), 러시아제 헬리콥터 구매 과정에서 확인된 횡령사건에 따른 아체 주지사의 체포 등 중앙과 지방정부의 심각한 부패 사건들을 적발하는 실적을 거두었다. 2005년 6월에는 대통령 직속의 '부패범죄박멸팀'이 부패근절위원회와 협조하여 메카 순례 자금의 유용 범죄를 저지른 전 종교부 장관과 종교부 고위 공직자들을 체포했다. 같은 해 9월에는 수하르토 전 대통령의 이복동생의 부패사건 재판에서 뇌물 수수 사건으로 대법원 직원과 변호사를 체포했고, 11월에는 이 사건에 관여한 것으로 의심되는 대법원장에 대한 사정 면담을 하는 등 사법부의 부정부패를 근절하려는 노력도 진행되고 있다.

한편, 2006년 10월 유도요노 대통령은 '정부개혁 가속화를 위한 3인팀(UKP3R)'을 설치했다. UKP3R의 목적은 정부개혁의 의제를 설정하는 것이지만 두드러진 성과는 나타나지 않고 있다.

## 3 부처별 성과관리제도의 강화: SAKIP

인도네시아 정부가 도입하고 있는 평가제도는 '실적 책임 시스템(SAKIP)'이다. 실적 책임 시스템은 1999년 대통령령 제7호 '정부기관의 실적 책임'에 의해 도입된 것으로서 국가행정원(LAN)이 요강을 작성하고, 재정개발감독청(BPKP)이 실적 보고서를 평가하며, 행정개혁부(MENPAN)가 대통령 지시의 집행 상황을 감시하는 체제로 만들어져 있다. SAKIP의 실시기관은 각 부 장관, 군 최고사령관, 중앙은행 총재, 경찰청장, 정부 관계 기관 장관, 국민대표의회 사무총장, 주지사 및 시장으로 다양하다.

SAKIP은 미국 연방정부의 「정부 성과 및 결과법(GPRA)」을 모델로 하고 있으며, 5년간의 전략 계획, 실적 측정 보고, 실적평가의 3단계로 구성되어 있다. 각 기관은 전략 목표를 수

**표 1-9** SAKIP 도입 현황

| 구분 | 2001년 | 2002년 | 2003년 | 2004년 | 2005년 |
|---|---|---|---|---|---|
| 부처 및 중앙기관 | 37 | 59 | 62 | 64 | 68 |
| 주정부 | 10 | 23 | 30 | 27 | 29 |
| 시·군 정부 | 82 | 273 | 342 | 291 | 356 |
| 합계 | 129 | 319 | 434 | 382 | 453 |

출처: Ruswadi(2005).

립하고, 목표를 가장 효율적이며 효과적으로 달성하기 위한 적절한 프로그램을 선택한다. 이후 실행 기관 자체의 내부평가와 외부기관에 의한 평가를 통해 진행 상황을 관리하는 것이 SAKIP의 핵심이다. 2001년부터 2005년까지의 SAKIP의 도입 현황은 <표 1-9>와 같으며, 점차 도입이 확대되고 있는 상황이다.

SAKIP의 주요 성과로는 다음과 같은 사항이 지적되고 있다. 무엇보다 행정개혁부와 부패방지위원회가 협력하여 SAKIP을 부패 방지를 위한 기제로 활용한다는 점이다. 이를 통해 공무원의 법규 준수와 국민에 대한 봉사라는 의식 개혁이 공직사회에 확산되고 있는 점이 가장 큰 성과이다. 두 번째 성과는 2005년도부터 상사와 부하가 매년 실적 합의(Performance Agreement)를 체결하도록 한 점이다. 이를 통해 목표에 의한 관리가 가능해졌다. 세 번째 성과는 국가재정에 관한 2003년 법률 제17호에 의해 SAKIP와 예산편성의 연계를 도모할 수 있게 되어 중앙과 지방정부 모두 실적주의 예산으로의 전환이 가능하게 되었다는 점이다. 또한 국가 재정에 관한 2004년 법률 제1호에 따라 인도네시아 정부는 정부재정 연차보고서에 실적의 달성도에 관한 정보를 포함하도록 규정했다.

이와 함께, 행정개혁부는 정부의 실적 정보의 투명성을 증진하기 위한 전략계획(2004~2009년)을 수립하여, 국민들이 부처 홈페이지에서 정보 접근이 가능하도록 만들었다. 또한 행정개혁부는 다른 정부기관이나 주정부에 대해서도 실적 정보의 투명성을 향상시키기 위한 노력을 전개하고 있다.

이처럼 두드러진 성과에도 불구하고, SAKIP의 실시에 따른 문제점도 동시에 지적되고 있다. 첫째, SAKIP의 추진에는 선거 또는 정치적으로 임용된 고위관료의 노력이 중요하다. 둘째, 인도네시아의 공무원 문화는 국민보다 정부에 봉사하는 인식이 강하며, 공무원이 전문성보다는 정실에 의해 임용되고 있기 때문에 먼저 이러한 문화를 바꾸는 것이 시급하다. 셋째, 공무원의 실적을 측정하는 객관적인 지표를 설정하는 것이 매우 어렵다. 또한 실적을 어떻게 정의할 것이냐에 논란이 있고, 성과나 절차 위주의 지표가 중심이 되고 있는 것도 문제이다. 그 밖에도, SAKIP의 실시에 필요한 예산이 적절히 배분되어 있지 않은 점도 문제점으로 지적되고 있다.

SAKIP의 추진을 감독하는 입장에 있는 행정개혁부는 SAKIP의 정착을 위해 적극적으로 노력하고 있다. 또한 SAKIP을 부패 방지의 '좋은 거버넌스'와 결합시키기 위한 모형 개발 프로젝트를 주정부 및 시정부 수준에서 추진하고 있다. 인도네시아 정부는 주나 시 수준에서는 업무 개선이나 정보 공개 등이 시행되고 있으며, 따라서 모형 개발 사업을 통해 지방 수준에서 행정의 능률성 향상과 성과주의의 확산이 이루어지고 있다고 평가하고 있다.

## 제 5 절 한국 행정에의 시사점

'좋은 거버넌스'는 정부의 적절성, 투명성, 참여, 효과성, 책임성 등을 전제로 한다. 1998년 이후 인도네시아 정부는 지속적으로 정부개혁을 추진해 왔고, 현재 2기 유도요노 정권은 개혁의 속도를 더욱 높이고 있는 상황이다. 급속한 경제적·정치적 전환기를 겪고 있는 다른 개발도상국들처럼 인도네시아는 명령과 통제(command-control) 패러다임으로부터 투명하고 책임성 있는 행정 체제로 바꿔 나가야 하는 새로운 도전에 직면하고 있다. 비록 인도네시아 정부개혁이 상당한 성과를 거두고는 있지만, '좋은 거버넌스'를 실현하기 위해서는 아직도 가야 할 길이 멀다.

인도네시아 행정 체제의 진화 과정은 우리나라 행정에 시사하는 바가 크다. 무엇보다 인도네시아 사례는 정치적·경제적 환경이 공공 부문 개혁과 밀접하게 연관되어 있음을 보여준다(Horhoruw et al., 2012). 수하르토 정권에 의한 장기 집권 과정에서의 경제적·정치적 후퇴는 1990년대 말의 정치·사회적 혼란으로 이어졌지만, 이러한 혼란이 거꾸로 인도네시아 정부개혁의 외부적 동력원으로 작용하게 되었다. 그 결과 인도네시아에서 집권화된 권력을 하위정부로 분권화하고, 관료제 부패를 근절하기 위한 전면적인 개혁이 가능할 수 있었다. 또한 정치적 재선의 성공은 현 유도요노 대통령에게 공공 서비스 개혁을 목표로 하는 두 번째 대규모 개혁의 동력을 제공했다. 유도요노 정권은 내각뿐만 아니라 행정개혁부(KemenPAN & RB)의 개편을 통해 개혁의 동력을 지속하기 위한 노력을 전개하고 있다. 이처럼 인도네시아에서 정치·경제적 환경은 정부개혁의 촉발 기제로 작용했다.

이러한 개혁 노력에도 불구하고 인도네시아 정부개혁에서 구시대적인 명령과 통제식 접근법의 흔적은 여전히 남아 있다. 인도네시아 정부는 정치화된 관료제의 무능과 타성을 완전히 극복하고 있지 못하다(Horhoruw et al., 2012). 그 결과 인도네시아의 거버넌스는 여전히 낮은 수준에 머물러 있다. 이러한 사실은 정치・경제적 환경이 개혁의 촉발 기제로 작용할 수는 있지만, 개혁의 성공을 보장해 주지는 못한다는 점을 분명하게 보여준다. 인도네시아 정부가 지속적인 개혁 동력을 유지하기 위해서는 개혁에 대한 하향식(top down) 접근을 지양하고 시민 참여를 확대하며, 관료제의 책임성을 강화하기 위한 장치를 좀 더 적극적으로 마련해야 할 것이다.

또 다른 시사점은 정부개혁의 역량의 부족뿐만 아니라 개혁의 피로도가 발생되는 원인이 개혁의 주도적 역할을 담당하는 기관에 있다는 점이다(Horhoruw et al., 2012). 인도네시아 정부는 행정개혁부(KemenPAN & RB)를 중심으로 오랜 기간 개혁을 지속적으로 추진해 오고 있으나 행정개혁부 자체에 대한 개혁은 매우 미흡한 수준에 머물고 있다. 특히 개혁의 전략적 방향을 이끌 수 있는 리더십, 개혁기관 내부적인 역량, 문화 및 성과관리 시스템이 여전히 미흡한 수준이다.

가까운 장래에 인도네시아 정부는 또 다른 중요한 전환기를 맞을 가능성이 크다. 과거 장기간의 중앙집권적 정부 시대를 거쳐, 인도네시아는 급속한 민주화와 정치적・관료적 권력의 분권화를 경험하고 있다. '좋은 거버넌스'를 향한 인도네시아 정부의 적극적인 노력과 공공 부문 개혁이 가져올 결과가 주목된다.

# 제 2 장 인도네시아의 인적자원관리*

## 제 1 절 서론

수하르토 정권(1965~1998년)의 30년 넘는 장기 집권을 거치면서 인도네시아 행정 체제는 근본적인 문제에 직면해 있었다(Prasojo, Kurniawan, & Holidin, 2007). 당시 행정 체제는 상당 부분 식민지 정부 시절의 잔재를 떨쳐버리지 못하고 있었다. 정부 관료제의 구조, 기준, 가치와 규제는 시민의 권리보다는 통치자의 이해 관계 실현에 기여하는 도구로서 여겨졌다. 국민에게 더 나은 서비스를 제공하기 위해 정부가 존재한다는 인식은 부족했고, 공공서비스의 구조와 절차는 정부의 시각에서 공급자의 편의를 위해 설계되었다. 이처럼 권위주의적 사고가 지배하는 상황에서 관료제의 주된 임무는 국가 권위를 유지하고 시민의 행동을 정부가 원하는 방향으로 통제하고 유도하는 것이었다. 한마디로 인도네시아 행정 체제는 국민의 기대와 요구를 실현하려는 의지가 부족했다.

1998년 수하르토 대통령의 장기 철권통치가 종지부를 찍으면서 인도네시아의 국가 전반에 대한 국민의 개혁 요구는 엄청난 정부개혁의 동력으로 작용했다. 심각한 공무원 부패는 1997년의 경제위기와 1998년의 수하르토 정권의 몰락을 가져온 가장 중요한 원인 중 하나였다. 따라서 공무원제도에 대한 근본적인 개혁은 거스를 수 없는 정부개혁의 요체로 받아들여졌다. 이후 인도네시아 정부는 세계적 흐름뿐만 아니라 국내적 요구와 필요성에 따라 공무원제도를 지속적으로 보완, 개선해 왔다. 이처럼 정부 관료제에 대한 전면적인 개혁은

* 이 장은 심준섭 교수가 집필했다.

인도네시아 '개혁의 시대(Reformasi Era: 1998~현재)'의 상징처럼 여겨졌다.

1974년 공무원법을 통해 경력과 성과 시스템에 기초한 공무원의 지위, 책임, 권한, 관리 등의 내용이 규정됨으로써 현대적인 공무원 시스템의 기반이 마련되었다. 그러나 여전히 공무원들은 부패했고, 관료제의 권력 지향적인 속성은 오히려 심화되었다. 마침내, 1999년 공무원법에 대한 대폭적인 개정이 이루어졌는데, 부패한 수하르토 정권에 대한 환멸은 공무원의 정치적 중립과 국민에 대한 봉사를 확보하기 위한 부패 방지 방안들을 마련하라는 절대명령으로 이어졌다. 당시 '공무원 부패와의 전쟁'을 뒷받침하기 위한 세부 개혁 방안이 마련되었고, 이러한 개혁 방안들은 현재의 공무원제도의 근간을 이루게 되었다. 특히 1999년의 공무원제도 개혁은 공무원의 임용, 승진, 능력 개발, 보수, 복지, 성과관리 등 공무원제도 전반을 포괄하는 매우 광범위하고 심층적인 개혁 내용을 담고 있었다. 그러나 무엇보다 중요한 개혁은 공무원의 정당 가입을 금지하는 것이었다. 공무원의 정당 가입을 금지함으로써 공무원의 정치 세력화를 차단하고 공무원을 정치 권력이 아닌 국민에 대한 봉사자로 만들겠다는 의지가 담겨 있었다.

2004년 국민투표로 출범한 유도유노 정부가 개혁의 성과를 인정받아 2009년 재선에 성공하면서 공무원제도에 대한 개혁 드라이브는 좀 더 강력해질 수 있었다. 특히 부패근절위원회(KPK)와 행정개혁부(MENPAN)를 두 축으로 공무원 부패를 근절하고 행정개혁을 좀 더 적극적이며 지속적으로 추진하기 위한 노력이 전개되고 있다.

이 장에서는 인도네시아의 인사행정제도의 전반적인 현황을 살펴보고, 공무원 관리기구, 공직 체계, 임용 및 정원관리제도, 승진 및 정년제도, 급여 및 성과관리제도, 교육 및 훈련제도, 행정윤리 및 부패 방지, 인사행정의 개혁 등으로 구분하여 구체적인 내용을 살펴보고자 했다. 나아가, 이를 토대로 한국 행정에의 시사점을 제시하고자 했다.

## 제 2 절 인사행정제도

### 법적 근거

공무원제도는 1961년 초기 공무원법을 시작으로, 1974년 제정된 공무원법(법률 제8호)에 뿌리를 두고 있다. 1974년 공무원법은 공무원의 지위, 책임, 권한 및 관리를 경력과 성과에 따르도록 규정했다. 이후 25년 동안 공무원 관리제도는 별다른 변화를 보이지 않았다. 1998년 수하르토 정권의 장기 집권이 막을 내리고 난 직후부터 정부의 거버넌스 패러다임에 근본적인 변화가 나타났고, 그에 따라 공무원제도 역시 대폭적인 개혁이 이루어졌다. 과거 정부 권력의 도구였던 공무원이 국가기관의 전문적인 인력으로 자리매김하고, 모든 정치적 세력들로부터 중립을 확보하려는 범국가적 노력이 진행되었다. 또한 1999년 지방자치제도가 도입되면서 정책과 행정에는 엄청난 변화가 일어났다.

이러한 상황에서 1999년의 개정 공무원법(개정 법률 제43호)은 공무원의 청렴성, 전문성, 효율성, 효과성, 책임성을 향상하는 데 초점이 맞추어졌다. 이를 위해 공무원 수급계획, 임용, 능력 개발, 지원, 승진, 임금, 복지 및 해고에 이르기까지 거의 모든 인사제도 분야에서 대폭적인 개정이 이루어졌다. 또한, 1999년 개정법을 통해 공무원의 의무는 국가에 대한 봉사뿐만 아니라 국민을 위한 봉사임이 강조되었다. 이를 위해 공무원이 특정 정당에 소속되지 않도록 하는 공무원의 중립성을 요구하는 조항이 마련되었다.[6] 이를 실천하기 위해서는 공무원 부패 방지와 연고주의 철폐가 중요한 이슈로 대두되었다. 또한 개정 공무원법은 공무원들의 성과(performance)를 객관적으로 평가하고 경쟁 절차를 거쳐 임용 및 승진이 이루어지도록 규정했고, 이를 뒷받침하기 위한 공무원 보수 체계의 개혁도 수반되었다.

## 2 공무원 현황

인도네시아의 공무원은 국가(중앙)공무원과 지방공무원으로 구분된다. 인도네시아의 모든 공무원은 국가공무원으로 지방정부에서 근무하고 있는 공무원 역시 국가공무원이다. 1999년 신분권화법(the new decentralization law)은 지방정부가 자체적으로 지방 공무원을 관리하고, 새로운 공무원을 선발하고, 보수를 주도록 규정했지만, 전반적인 정책, 절차 등의 기준은 중앙정부에서 결정하고 있다(UN, 2005).

인도네시아는 공무원이 전체 인구에서 차지하는 비율이 높은 것이 특징이다. 수하르토 정권의 '새 질서(New Order, 1966~1998년)' 시대 초기 수년 동안 전 국민의 2.1%에 이를 만

6) 1999년 공무원법의 개정 이후에도 국립경찰(Anggota Kepolisian Negara Republik Indonesia: POLRI)과 인도네시아 국군(Anggota Tentara Nasional Indonesia: TNI)은 정치적 독립성을 확보하기 위해 여전히 선거에서 투표권이 없는 상황이다.

**표 2-1 중앙공무원과 지방공무원의 구분**

| 구분 | 내용 |
|---|---|
| 중앙공무원 | 1. 정부 예산에서 보수가 지급되는 공무원으로 부처, 비부처, 최고기관의 보좌관과 법원 공무원<br>2. 서비스 기업에서 근무하는 공무원<br>3. 자치단체에서 근무하는 공무원<br>4. 법률에 근거해 근무를 하는 자 또는 공기업, 재단 등에 근무하는 공무원<br>5. 지방법원 및 고등법원의 판사 |
| 지방공무원 | 지방자치단체에 근무하는 자 또는 자치단체 소속으로 정부로부터 보수가 지급되는 공무원 |

큼 공무원의 비율이 높았으나, 1970년대부터 점차 감소하기 시작하여 2005년에는 전체 인구의 1.7%로 감소되었다. 그러나 이후 다시 증가하여 2011년 10월 기준으로 인도네시아의 전체 공무원 수는 중앙과 지방을 합쳐 약 464만 명에 이르고 있다. 이는 전체 인구(2억 3천만 명)의 2% 정도에 이르는 높은 비율이다.

또 다른 특징은 공무원 규모에서 지방공무원이 차지하는 비율이 중앙공무원에 비해 월등히 높다는 점이다. 1970년대는 중앙공무원이 압도적으로 높은 비율을 차지했으나 2000년대 이후 지방자치제도가 정착되면서 일선 공무원의 수가 급격히 늘어난데 따른 것이다. 또한 시민에게 더 나은 서비스를 제공하려는 정부개혁의 목표와도 부합되었다(Tjiptoherijanto, 2006). <표 2-2>는 정부의 수준별 공무원 수의 변화 과정을 정리한 것이다.

**표 2-2 인도네시아 공무원 수의 변화 과정**

<table>
<tr><th rowspan="2">구분</th><th colspan="2">1974</th><th colspan="2">2002</th><th colspan="2">2003</th><th colspan="2">2005</th></tr>
<tr><th>공무원 수</th><th>%</th><th>공무원 수</th><th>%</th><th>공무원 수</th><th>%</th><th>공무원 수</th><th>%</th></tr>
<tr><td>중앙정부</td><td>1,312,254</td><td>78.3</td><td>915,660</td><td>24.0</td><td>840,007</td><td>23.1</td><td>896,211</td><td>24.0</td></tr>
<tr><td>주 정부</td><td rowspan="2">362,617</td><td rowspan="2">21.7</td><td rowspan="2">2,907,426</td><td rowspan="2">76.0</td><td>311,047</td><td>8.5</td><td>303,724</td><td>8.1</td></tr>
<tr><td>시·군</td><td>2,496,951</td><td>68.4</td><td>2,541,560</td><td>67.9</td></tr>
<tr><td>합계</td><td>1,674,871</td><td>100</td><td>3,823,086</td><td>100</td><td>3,648,005</td><td>100</td><td>3,741,498</td><td>100</td></tr>
</table>

출처: Tjiptoherijanto(2006).

과거 공무원의 80% 정도가 중앙공무원 신분이었지만, 1999년 지방분권 실시에 따라 공무원법이 개정된 이후 지방에서 근무하는 많은 국가 공무원의 신분이 지방정부로 이관되었다. <표 2-2>에서도 보듯이 2002년의 경우 지방정부로 할당된 공무원 수는 중앙정부 공무원 수보다 3배 이상 많았다. 2005년에는 중앙정부 소속 공무원이 약 90만 명으로 그 비율은 24%까지 낮아졌다. 한편, 지방정부에 할당된 공무원의 대부분은 교원이나 위생 관련 공무원들이다.

또한, 1999년에 제정된 지방자치법(1999년 법률 제22호) 76조는 "주 및 지방정부가 지방공무원의 승진이나 급여 등에 대해 조례를 제정할 권리를 가진다"고 규정하고 있다. 이와 함께, 1999년 개정된 공무원법은 지방공무원의 인사관리의 원활한 실시를 위해 지방자치단체장에 의한 지방공무원청의 설치를 규정하고 있다.

인도네시아 공무원은 학력 면에서는 전반적으로 여전히 낮은 수준이지만, 매년 고학력자의 수가 증가하는 추세이다. 가장 높은 비율을 차지하고 있는 계층은 고등학교(senior high school) 졸업자들로 전체 공무원의 33.5%를 차지하고 있다. 또한 고졸 이하는 38.2%로 조사되었다(2011년 10월 기준, BKN 홈페이지). 이러한 결과는 공무원의 학력이 공공 부문에서 요구되는 인적 자원의 질을 충족시키기에는 부족하다는 점을 보여준다(Dewi & Winarsih, 2012).

**표 2-3 인도네시아 공무원의 학력 구성**

(2011년, 10월 기준)

| 구분 | 학력 | 남 | 여 | 공무원 수 | 비율(%) |
|---|---|---|---|---|---|
| 1 | 초등 졸업 | 84,171 | 5,315 | 89,486 | 1.9% |
| 2 | 중등 졸업 | 114,649 | 15,636 | 130,285 | 2.8% |
| 3 | 고등 졸업 | 886,465 | 669,479 | 1,555,944 | 33.5% |
| 4 | 학위1(D1) | 26,296 | 50,900 | 77,196 | 1.7% |
| 5 | 학위2(D2) | 268,398 | 440,103 | 708,501 | 15.2% |
| 6 | 학위3(D3) | 175,224 | 259,989 | 435,213 | 9.4% |
| 7 | 학위4(D4) | 12,343 | 6,485 | 18,828 | 0.4% |
| 8 | 학사(S1) | 807,975 | 709,453 | 1,517,428 | 32.7% |
| 9 | 석사(S2) | 73,111 | 32,264 | 105,375 | 2.3% |
| 10 | 박사(S3) | 6,440 | 1,655 | 8,095 | 0.2% |
| 합계 | | 2,455,072 | 2,191,279 | 4,646,351 | 100.0% |

출처: 국가공무원청(BKN) 홈페이지.

인도네시아 공무원을 연령 및 성별에 따라 구분해 보면 [그림 2-1]과 같다. 40대가 38.7%로 가장 많은 비중을 차지했으며, 다음으로 30대가 25.3%로 나타났다. 성별로는 남성이 52.8%, 여성이 47.2%로 비슷하게 나타났다.

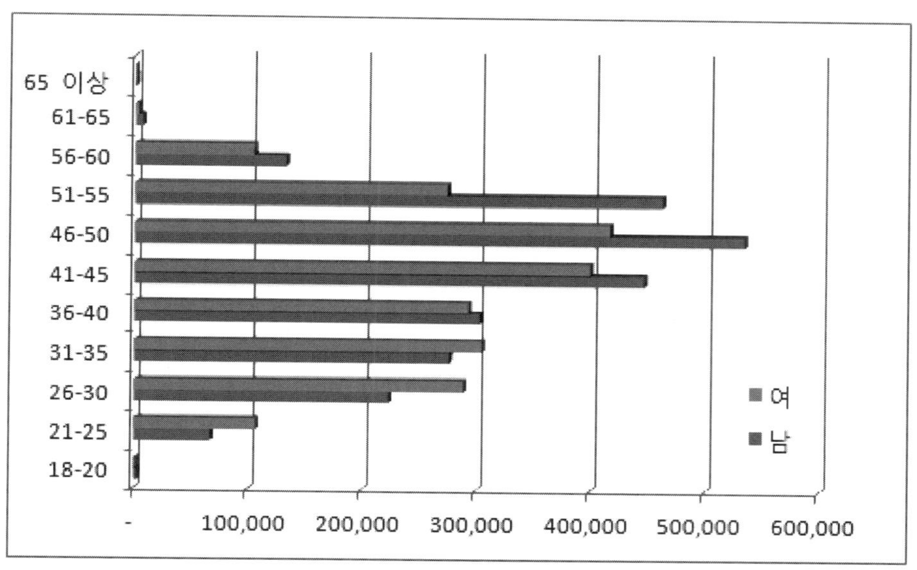


그림 2-1 인도네시아 공무원의 연령 및 성별 분포도

자료: BKN 홈페이지(2011.10.1.기준).

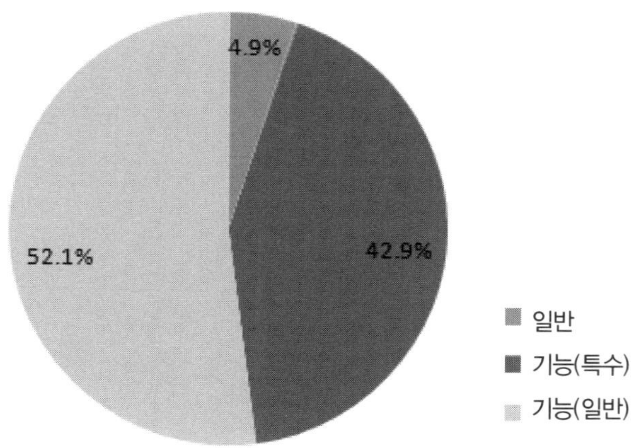


그림 2-2 인도네시아 공무원의 직위별 분포도

자료: BKN 홈페이지(2011.10.1.기준).

인도네시아는 공무원을 직위(positions)에 따라 구조직(structural position)과 기능직(functional position)으로 구분하고 있다. 기능직은 다시 일반기능직과 특수기능직으로 구분된다. 인도네시아 공무원들을 직위별로 비교해 보면 [그림 2-2]와 같이 일반직보다 기능직의 비율이 높으며, 특히 기능직의 경우 여성(55.6%)이 남성(44.4%)보다 많아 전체적으로 남성이 더 많은 인도네시아 공무원 구조를 고려한다면 독특한 구조이다(2011.10.1. 기준, BKN 홈페이지).

## 3 정원관리 제도: 제로성장 정책

기본적으로 인도네시아의 공무원 인사관리는 각 부처가 개별적으로 규칙을 정해 운영하는 방식이다. 그러나 인도네시아 정부의 공무원 정원은 행정개혁부(MENPAN) 장관이 국가공무원청(BKN)의 의견을 참고하여 결정한다. 행정개혁부의 정원관리 기본 방침은 '제로성장 정책(zero growth policy)'으로도 불린다. 제로성장 정책은 1994년부터 실시되고 있는 정책으로 그 이전까지는 공무원의 대량 채용이 이루어지고 있었다. 기본적으로 제로성장 정책은 퇴직자 수와 같은 수의 신규채용만을 인정하는 제도이다. 그러나 각 부처마다 퇴직자 수와 동수의 신규채용을 인정하는 것이 아니고, 각 부처의 요구를 종합적으로 감안하여 정부 전체의 공무원 수의 제로성장을 도모하는 것이다. 제로성장 정책의 집행은 부처 간 인사를 담당하는 국가공무원청이 맡고 있다.

주정부 공무원 인사관리의 경우 내무부가 각종 규제를 하고 있어 지방분권 시대에 부합하는 진정한 지방공무원제도의 정착은 제대로 이루어지고 있지 못하다. 다만 각 주정부는 국회의 승인이 필요하지 않은 독자적인 절차나 가이드라인을 다양하게 결정함으로써 공무원 관리의 지방분권이 점진적인 진전을 보이고 있는 상황이다.

## 4 인적자원 관리기구

### 1) 현황

인도네시아의 공공 부문 인적자원관리는 단일 독립기관에 의해 이루어지는 것은 아니며,

여러 기관이 부분적으로 역할과 책임을 나누어 가지고 있는 다소 복잡한 구조이다. 급여는 재무부, 공무원제도의 기획 입안은 행정개혁부(MENPAN), 공무원 임용이나 전보와 관련되는 사무는 국가공무원청(BKN), 공무원의 교육 및 연수에 대해서는 국가행정원(LAN)이 담당하는 복잡한 구조이다.

1999년 개정 공무원법에 따라 국가공무원청(BKN)이 공무원의 임용과 승진 등 공무원제도를 관리하고 있다. 또한 국가공무원청은 공무원의 승진과 해고에 대한 가이드라인을 정하고, 공무원의 수를 규제함으로써 국가공무원법을 집행하는 공식적인 책임을 진다. 재무부의 예산 배분은 공무원의 규모를 결정하는 데 핵심적인 역할을 한다. 행정개혁부 장관은 국가 행정에 대한 규제를 총괄하는 책임을 지며 주로 정책이나 장관명령으로 이러한 규제들을 시행하고 있다. 한편 1999년 개정 공무원법에서 국가인사위원회의 설치가 포함되었지만 현재까지도 설치되지는 못하고 있다.

앞 장에서 행정개혁부(MENPAN)에 대해서는 상세하게 다루었기에, 이하에서는 국가공무원청(BKN)과 국가행정원(LAN)의 기능을 중심으로 살펴보고자 한다.

### 2) 국가공무원청의 기능

국가공무원청(Badan Kepegawai Negri: BKN)은 공무원의 전문성, 중립성, 생활 수준 향상 세 가지를 비전으로 설정하고 있다. 전문성은 공무원이 자신의 직무에 요구되는 경쟁력을 갖추고 있어야 함을 의미한다. 중립성은 공무원이 정치적 세력이나 그 밖의 영향력으로부터 중립적으로 공정하고 형평성 있게 행정 서비스를 제공해야 함을 의미한다. 생활 수준

**표 2-4 인도네시아 인적자원 관리기구의 역할과 책임**

| 구분 | 기능 |
|---|---|
| 국무장관 및 내각사무장관 | 정부정책 전반의 대통령 조언 |
| 재무부(KPKN) | 공무원 급여 및 연금의 관리<br>- 국영기업은 공기업 장관의 감독 하에 자체적으로 보수와 연금 체계를 결정함 |
| 행정개혁부(MENPAN) | 국가공무원청과 국가행정원의 감독 및 조정을 포함한 모든 공무원 관련 사항에 대한 감독, 조정, 모니터링 및 성과평가 |
| 국가공무원청(BKN) | 공무원의 임용, 승진, 이동 및 인사관리:<br>- 단, 대통령 산하 팀에서 관리하는 최고위직은 제외 |
| 국가행정원(LAN) | 공무원의 교육, 연수 및 조직설계 조언 |

향상은 공무원과 가족이 일정한 생활 수준을 영위할 수 있도록 소득을 보장하는 것을 의미한다.

국가공무원청은 공무원의 충원과 승진, 이동, 인사 기록 등과 관련된 모든 업무를 담당한다. 인도네시아 정부부처와 중앙기관은 국가공무원청의 가이드라인에 따라 인사에 관한 결정을 할 수 있다(UN, 2005). 각 부처의 최고위 공무원들은 장관이 대통령에게 추천안을 제출한 뒤 대통령이 국가공무원청의 의견을 참고하여 결정한다.

### 3) 국가행정원

국가행정원(LAN)의 정식 명칭은 Lembaga Administrasi Negara이다. LAN의 영어 표기는 National Institute of Administration이다. 국가행정원은 2001년 대통령령 제103호에 근거해 행정조직의 본연의 자세에 대해 행정개혁부 장관에게 조언을 하며, 공무원의 교육, 훈련 및 고위공무원의 연수를 담당한다. 국가행정원은 대통령 직속 독립기관으로 1957년 실립되었다. 국가행정원은 행정 분야의 교육기관인 STIA(행정학교)를 운영 중이며, STIA에서는 D3, S1(학사), S2(석사) 학력을 수여하고 있다.

국가행정원은 행정개혁부와 함께 관료제 개혁의 중심축 역할을 했다. 행정개혁부가 정책기관으로서 개혁의 방향을 설정하는 역할을 한 반면, 국가행정원은 실제 관료제 개혁을 집행하는 기관으로서 핵심적인 역할을 했다. 국가행정원은 인도네시아 행정 체제를 인적 자원, 과정, 구조 등 거의 모든 측면에서 재구조화하는 역할을 담당했다.

## 5 공직 운영 체계

### 1) 등급과 서열

인도네시아 공직 체계는 상당히 구조화된 높은 계층제 형태를 띠고 있다. 인도네시아 공무원들은 직급(golongan)과 에셀론(echelon 또는 eselon)에 따라 조직화되어 있다. 또한 인도네시아 공무원의 직급은 등급제(pangkat)로 운영된다.

인도네시아 공직은 I 급부터 IV급까지의 4직급으로 나눌 수 있으며, I급이 최하위 직급이며, IV급이 최고위 직급이다. 직급은 보수의 수준과 직결되며, 각 직급은 다시 근속 기간을 기초로 4~5개 등급(a, b, c 등)으로 재분류되며, 따라서 총 17개 등급으로 나뉜다. 구체적

**표 2-5 공무원의 유형 및 인원 수(2010년)**

(단위: 명, %)

<table>
<tr><th>등급</th><th>인원(%)</th><th>총 세부 등급</th><th>자격 요건</th><th>직렬</th><th>내용</th></tr>
<tr><td>Ⅳ등급</td><td>904,187(19.1)</td><td rowspan="4">17개</td><td rowspan="2">학사학위</td><td rowspan="2">일반직</td><td rowspan="2">계급(echelon)별 승진 시험을 통해 승진</td></tr>
<tr><td>Ⅲ등급</td><td>2,244,785(47.4)</td></tr>
<tr><td>Ⅱ등급</td><td>1,458,055(30.8)</td><td>–</td><td rowspan="2">기능직</td><td rowspan="2">48개 전문 분야</td></tr>
<tr><td>Ⅰ등급</td><td>125,445(2.7)</td><td>–</td></tr>
</table>

으로, I, II, III 직급은 4등급(a, b, c, d)으로 나뉘고, IV 직급은 5등급(a, b, c, d, e)으로 나뉘며, 따라서 Ia에서 IVe까지 총 17개 등급으로 구분된다.

<표 2-5>에 제시된 것처럼 공무원 직급 중 가장 높은 비율을 차지하고 있는 것은 III 직급으로 47.4% 정도를 차지한다. 다음으로 II 직급이 30.8%, 최고위직인 IV 직급은 19.1%를 차지하고 있으며, I 직급이 가장 적은 2.7%로 나타났다. <표 2-6>은 인도네시아의 공무원 등급 체계를 정리한 것이다.

**표 2-6 인도네시아 공무원 체계**

| 직급/등급 | 직위명 | 임용 기준 학력 |
|---|---|---|
| I/a | 초급 서기((Juru Muda) | 초등학교 졸업 |
| I/b | 초급 서기 1급(Juru Muda Tingkat I) | 중등학교 졸업 |
| I/c | 서기(Juru) | |
| I/d | 서기 1급(Juru Tingkat I) | |
| II/a | 초급 주무(Pengatur Muda) | 고등학교 졸업 |
| II/b | 초급 주무 1급(Pengatur Muda Tingkat I) | D1, D2 |
| II/c | 주무(Pengatur) | D3 |
| II/d | 주무 1급(Pengatur Tingkat I) | |
| III/a | 초급 행정관(Penata Muda) | S1 |
| III/b | 초급 행정관 1급(Penata Muda Tingkat I) | S1, S2 의사, S1 약사 |
| III/c | 행정관(Penata) | S3 |
| III/d | 행정관 1급(Penata Tingkat I) | |
| IV/a | 관리관(Pembina) | |
| IV/b | 관리관 1급(Pembina Tingkat I) | |
| IV/c | 핵심 초급 관리관(Pembina Utama Muda) | |
| IV/d | 핵심 중간 관리관(Pembina Utama Madya) | |
| IV/e | 핵심 관리관(Pembina Utama) | |

에셀론(echelon)은 각 공무원이 계층제에서 차지하는 관리직위(management position)를 나타낸다. 초급 행정관(III/a) 이상의 공무원이 에셀론으로 불리는 등급에 속하며, 다시 최고 Ia부터 최하위 IVb까지 8등급으로 세분화된다. <표 2-7>에 제시된 것처럼, 중앙정부, 주정부, 지방정부(시군)에서 에세론이 서열화되고 있다 예를 들면, 정부부처의 차관이 Ia이며, 주의 부장관은 Ib, 군의 부군수는 IVa로 서열화할 수 있다. 직급도 에셀론에 상응하고 있어서 중앙정부의 과장은 IVa-IVb 직급이지만, 군의 과장은 IIIb-IIIc 직급이다.

**표 2-7 인도네시아 정부 수준별 공무원 유형**

| 에셀론 | 중앙정부 | 주정부 | 시(군)정부 | 직급 (최하-최고) |
|---|---|---|---|---|
| Ⅰa | 차관, 감찰총장 등 | | | Ⅳ/d-Ⅳ/e |
| Ⅰb | 차관보 | 부장관 | | Ⅳ/c-Ⅳ/e |
| Ⅱa | 국장, 부장, 센터장 | 국장, 부부장관, 청장, 의회 사무국장 | 부시장 | Ⅳ/c-Ⅳ/d |
| Ⅱb | | 부장 | 국장, 부부시장, 청장 | Ⅳ/b-Ⅳ-c |
| Ⅲa | 과장 | | | Ⅳ/a-Ⅳ/b |
| Ⅲb | | | | Ⅲ/d-Ⅳ/a |
| Ⅳa | 계장 | 계장 | 국장, 부군수, 구청장 | Ⅲ/c-Ⅲ/d |
| Ⅳb | | | 과장 | Ⅲ/b-Ⅲ/c |
| Va | | | | Ⅲa-Ⅲb |

인도네시아 공무원은 각 직급별로 공직 임용에 필요한 학력 요건이 다르다(<표 2-5>와 <표 2-6> 참조). 인도네시아 공직은 학력과 경력(연공서열)을 기초로 각 직급이 결정되며, 학사학위가 있어야 Ⅲ · Ⅳ급 공무원이 될 수 있다(UN, 2005). 또한 IIIb급 이상에서는 석사학위, IIIc급 이상에서는 박사학위가 필요하다. 현재 초등학교와 중등학교 졸업자들이 I 직급을 차지하는 반면, II 직급 공무원은 대부분 고등학교 학력을 지니고 있다. Ⅲ급과 Ⅳ급은 대부분 학사학위 이상의 높은 학력을 지니고 있다. 이러한 학력 규정은 인도네시아 관료제의 학위 인플레의 원인으로 지적되기도 한다.

### 2) 직위의 구분

공무원의 직위(position)는 구조적 직위(structural positions)와 기능적 직위(전문·기술직무, functional positions)로 구분된다. 구조직 공무원은 공공기관을 이끌어 나가는 데 필요한 공무원의 과업, 책임, 권한을 지닌 직위를 나타낸다. 구조직은 조직구조상 분명하게 확인되는 직위로 일반관리직에 해당된다. 즉, 구조직 공무원은 조직에서 업무 단위 부서의 장들로서 일정한 수의 부하 직원에 대한 지휘, 감독을 하는 위치에 있는 사람들이다. 모든 구조직은 에셀론에 포함된다. 구조직은 최하위직이 에셀론 IV/b이며 최고위직이 에셀론 I/a이다. 중앙정부의 구조직 공무원에는 각 부처의 사무차관(secretary general), 집행차관(director general), 관장(Bureau chief), 선임보좌관(senior advisor) 등이 포함된다. 지방정부의 구조직 공무원에는 부문장(section chief), 마을장(village heads), 부구청장(subdistrict secretary) 등이 포함된다.

반면 기능직 공무원은 목표를 달성하기 위한 전문성이나 기술에 대한 책임과 기능에 따른 과업, 책임, 권한을 지닌 직위를 나타낸다. 기능직 공무원은 정부의 공식적 조직구조에서 분명하게 언급되지 않지만, 기능적 측면에서 정부조직에 필요한 인력들을 나타낸다. 기능직에는 전문 분야에 따라 총 48개 직군이 포함되는데 회계사, 교수, 교사, 간호원, 조산원, 통계원, 의사, 약사, 강사, 통역사, 연구원, 농작물 병해충 감시원, 어류감시원(supervisor of fishery), 산림감시원, 화산감시원 등이 포함된다. 기능직 공무원이 되기 위해서는 특정한 전문적 기술과 학위 요건을 충족해야 한다. 보통 기능직은 또 다른 기능직으로의 전환이 쉽지 않다. 또한 각 기능직별로 상이한 경력 및 훈련 경로를 가지고 있다. 기능직 공무원은 인도네시아 정부조직이 효율적으로 운영되도록 하는 데 기여하며 정부의 성과 향상에도 크게 기여하고 있다.

### 3) 국가공무원과 지방공무원

지방분권화 이후 지방정부는 공무원의 임용과 선발에 대해 독립적인 권한을 보유하게 되었다. 지방정부에서 공무원 임용은 지방정부의 필요에 따라 이루어지고 있다. 그러나 중앙정부가 정한 일반적인 가이드라인과 세부 가이드라인을 준수해야 한다(Dewi & Winarsih, 2012). 대표적으로, 지방공무원 선발 인원은 중앙정부가 결정한다. 지방정부는 일정한 수의 공무원 임용을 중앙정부에 신청하면, 중앙정부가 그 수를 결정하는 방식이 유지되고 있다. 또한 지방공무원의 임용 과정은 여전히 부패, 결탁, 연고주의(KKN)가 만연되어 있으며, 실력 기반 임용이 이루어지고 있지 못하다(Dewi & Winarsih, 2012).

##  공무원 임용, 승진 및 정년제도

### 1) 임용제도

제로성장 정책(zero growth policy)에 따라 인도네시아 공무원 임용은 기본적으로 공석을 충원하는 개념으로 진행된다(BKN 홈페이지, 2012). 즉, 공직자가 사직, 은퇴 또는 사망 등의 이유로 결원이 발생되는 경우에 충원이 이루어진다. 따라서 공무원의 충원 숫자나 자격요건은 수요에 따라 결정된다.

모든 인도네시아 국민은 일정한 조건을 갖추면 공무원이 될 자격을 지니고 있다. 또한 공무원 임용에서 성별, 종교, 인종, 계급, 지역에 따른 차별을 배제하고 있다. 그러나 <표 2-6>처럼 각 직급마다 임용에 필요한 기본적인 학력 요건은 상이하다. 또한 공직에 지원하기 위해서는 인도네시아 국민으로 공직 임용 시점에 적어도 18세 이상 35세 미만이어야 한다. 공무원 지원자들에 대해서는 행정적 서류심사와 임용시험의 2단계로 임용 절차가 진행된다. 서류심사 절차는 각 지원자들의 지원서에 대해 검토하고 일정한 조건을 충족하고 있는지 확인하는 단계이다. 인사 업무를 담당하는 공무원이 이력서를 검토한다.

임용시험은 능력시험과 인성시험(psikotest)으로 구성된다. 임용시험의 공정성을 확보하기 위해 시험은 필기시험으로 치러진다. 능력시험은 지원자가 직무 요건, 일반 지식, 정부 정책에 대한 지식, 기술적 지식 등을 갖추고 있는가를 평가하는 데 초점이 맞춰진다. 필요한 경우 구두시험이 면접 형태로 치러진다. 구두시험은 필기시험을 보완하면서 응시자에 대해 좀 더 심층적인 평가를 위해 실시된다. 인성시험은 지원자의 인성, 관심사, 재능을 평가하기 위해 실시된다.

중앙부처의 장관이나 기관장 및 지방자치단체장 등 인사권을 가진 관리자들은 임용시험에 합격한 지원자의 명부를 국가공무원청(BKN)에 제출한다. 국가공무원청은 당해 연도 예산 범위 안에서 공무원 임용을 최종 결정한다. 물론 공무원에 대한 최종 임명권자는 대통령이며, 대통령은 공무원의 임명, 전보, 해고의 권한을 가지고 있다. 그러나 수많은 공무원의 임명, 전보, 또는 해고 업무의 효율적인 처리를 위해 장관, 기관장, 청장 등의 인적자원 관리자와 주지사, 시장과 같은 지역의 인적자원 관리자에게 권한을 위임하고 있는 것이다(1999년 공무원법 제43호 25조).

공무원에 임용되면 EIN으로 불리는 공무원 신분 번호가 발급되며 교육 수준에 따라 서열과 등급이 부여된다. 또한 공무원에 임용되면 1년에서 최대 2년까지의 수습 기간을 거쳐야 한다. 만일 수습 기간에 능력 미흡으로 결정되면 최종 임용에서 탈락하게 된다. 최종 임용을 위해서는 1) 직무평가에서 모든 항목에 적어도 '보통' 이상을 받아야 하며, 2) 공무원으로 임용되기 위한 육체적·정신적 요건을 갖추고 있어야 하며, 3) 교육 및 훈련을 통과해야 한다.

## 2) 승진제도

1999년 개정 공무원법에 따라 공무원의 승진제도가 마련되었다. 인도네시아의 공무원 승진제도는 연공서열 및 공식적인 공무원 교육에 기초한 폐쇄형 경력 시스템(closed career system)의 전형적 특징을 보인다(UN, 2005). 국가행정원(LAN)은 승진에 필요한 공무원의 훈련과 교육을 관장하고 있다. 공무원 승진제도는 크게, 정기승진, 선택승진, 사후승진, 기여승진으로 구분된다(<표 2-8> 참조). 승진서열은 업무 성과와 헌신에 대한 보상을 반영한다. 사후승진과 기여승진을 제외한 공무원의 승진은 매년 4월 1일과 10월 1일 시행된다.

**표 2-8 공무원의 승진제도**

| 유형 | 자격 |
|---|---|
| 정기승진 | 승진에 필요한 세부 조건을 충족한 공무원들을 대상으로 하며, 구조직과 기능직이 아닌 일반 공무원들로서 전직 기관에서 전임직으로 근무한 경우 등이 해당된다.<br>1. 같은 등급에서 최소 4년을 근무한 사람들을 대상으로 한다. 최고 등급은 학력 수준에 따라 결정된다.<br>3. 지난 2년간 DP3(성과평가)에서 최저 이상의 평가를 받은 사람에 한한다. |
| 선택승진 | 상당한 성과를 거둔 공무원들에 대한 존경과 신뢰 형식의 승진으로 구조직과 기능직의 TTT 직위, 상당한 성과를 보인 경우, 국가에 이익이 되는 새로운 발견을 한 경우, 국가에 의해 임명된 공무원, 학위나 졸업증명서를 획득한 경우, 전직 기관에서 전임직으로 근무한 경우 등이 해당된다.<br>1. 같은 등급에서 최소 2년 이상 근무한 경우로서,<br>2. 지난 2년간 DP3에서 최저 이상의 평가를 받은 사람에 한한다. |
| 사후승진 | 근무 중 순직한 경우<br>– 사후승진은 해당 공무원이 사망한 시점부터 효력이 발생된다. |
| 기여승진 | 국가에 대한 기여를 근거로 승진하는 경우<br>– 정년이 된 경우, 근무 중 장애를 입은 경우 등에 대한 승진<br>– 선택 승진과 조건이 같음 |

대부분의 임용이나 승진은 공무원 재직 기간 동안 한 기관 내에서 이루어지며, 성과평가는 감독관에 의해 기록된 내용을 근거로 수행된다. 승진은 매 4년마다 이루어지며, 선임자 우선의 연공서열 원칙으로 진행된다(Dewi & Winarish, 2012). 구조직의 승진은 상당 부분 '지지 보상(support rewarding)'에 따른 것으로 정실인사가 지배하고 있다. 이는 중앙부처나 기관장이 능력보다는 개인적 친분 관계에 따라 구조직위의 참모(staff)들을 선임한다는 의미이다. 기능직 공무원인 교사, 의사, 치과의사, 약사 등은 매 2년마다 승진이 이루어진다. 따라서 성과평가에 의한 승진보다는 연공서열에 의한 승진이 보편화되어 있으며, 성과평가 시스템에 기초한 승진제도는 취약한 수준이다.

공무원 성과평가에서 감독관은 DP3 목록에 따라 피평가자의 정직성, 국가에 대한 충성심, 상관의 명령에 대한 순응도 등을 평가하며, 감독관은 결원이 발생되면 그에 적합한 후보자들의 명부를 평가서와 함께 제출하고 평가한 뒤, 내부승진위원회(internal promotion broad)는 당사자에 대한 인터뷰 없이 승진 대상자를 최종 선발하는 방식이다(UN, 2005). 에셀론 II 이하에서의 승진은 각 부·청 단위 기관 내에서 자체적으로 이루어지며, 이 과정에서 상관이 후견인처럼 커다란 영향을 미친다.

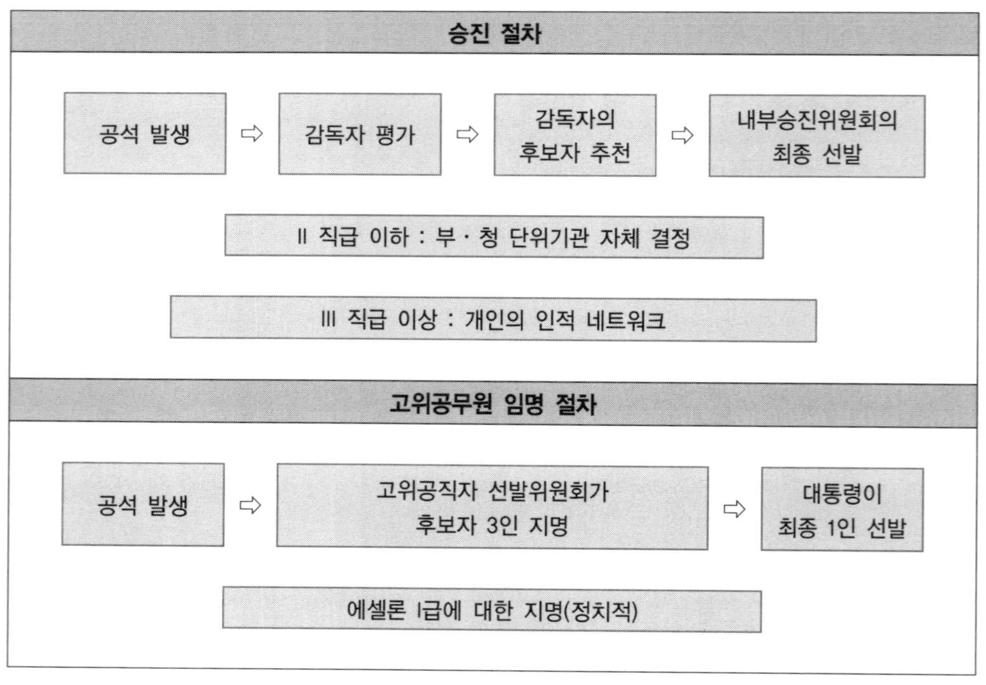


그림 2-3 인도네시아 공무원 승진 및 임명 절차

에셀론 I급 공무원에 대한 임명은 대통령의 승인이 필요하며, 대표적으로 각 부처의 사무차관이나 집행차관(각 부처별로 5~6인 정도), 비장관급 기관장이 그 대상이 된다(UN, 2005). 고위공직자 선발위원회(Baperjanas)가 구성되어 재정개발통제청(BPKP)의 청렴성 검토보고서와 함께 후보자들을 검토하여 3명을 최종 후보로 추천한다. 대통령은 3명의 후보 중 1인을 최종 임명하는 방식이다. 따라서 고위공직자의 임명은 비록 기관 내부에서 이루어지더라도 정치적 영향을 크게 받는다(University of Sydney, 2001; UN, 2005).

이처럼 인도네시아 정부의 공무원 승진 시스템 구축 노력에도 불구하고 최근까지도 인도네시아 중앙 및 지방 정부기관에서 공무원의 승진과 이동은 성과평가 시스템에 근거하기보다는 연공서열에 의존하는 경향이 큰 것으로 나타났다(Dewi & Winarsih, 2012). 성과평가 시스템은 여전히 형식적인 절차처럼 여겨지고 있으며, 주관적인 평가가 평가의 핵심 기준으로 작용하는 문제를 드러내고 있다.

공무원 순환제도는 2002년의 국가공무원청(BKN) 결정 제13호에 근거해서 이루어지고 있다. 순환은 크게 세 가지 형태로 구분된다. 첫째는, 수평적 순환이다. 동일한 에셀론에 속하는 구조적 직위 간의 순환 체계이다. 둘째는 수직적 순환 체계로서 하위 에셀론에서 상위의 에셀론으로의 이동을 의미한다. 셋째는 혼합적 순환 체계로서 기능직에서 구조직으로 또는 그 반대 경우의 순환보직을 의미한다.

### 3) 정년제도

인도네시아 공무원의 정년은 56세로 규정되어 있다(1972년 명령 제32호). 그러나 고위직 공무원(에셀론Ⅰ·Ⅱ)의 경우, 2년 연장을 최대 2회까지 할 수 있다. 연금은 최종 기본급의 75%가 지급된다.

### 4) 공무원 조직: KORPRI

인도네시아의 공무원제도를 이야기할 때 공무원 조직인 KORPRI의 존재를 언급하지 않을 수 없다. 수하르토 정권의 '새 질서(New Order)' 정책 하에서 KORPRI는 여당의 최대 직능조직이며, 동시에 국민자문의회(MPR)에서는 최대 파벌이었다. KORPRI는 수하르토 정권과 공무원을 연결시키는 정치적인 역할뿐만 아니라, 다양한 문화적 이벤트를 통해 인도네시아에서 공무원 문화 창조에 큰 역할을 했다. 그러나 KORPRI가 관료제 부패와 권력 지향적 관료제 문화의 주요 원인이라는 비판이 훨씬 강했다. 그 결과 수하르토 대통령 실각 이후 1999년 공무원법 개정에 의해 공무원의 정치적 중립이 의무화되었고, 공무원의 KORPRI 가입은 임의 사항이 되었다.

##  공무원 급여 및 성과관리

### 1) 급여 체계

#### (1) 배경

인도네시아에서 공무원제도 개혁의 핵심 내용 중 하나는 공무원 보수 체계의 개혁이었다. 인도네시아 정부는 유능한 인재를 공직에 충원하고 공공 부문의 성과를 개선하기 위해서는 민간 부문에 상응하는 보수 수준이 필요하다는 점을 인식했다. 인도네시아에서 정부 공무원의 질이 상대적으로 민간에 비해 낮은 수준이었다. 그 이유는 상당 부분 공직에 대한 매력이 떨어지는데서 기인한다(Tjiptoherijanto, 2006). 또한 공무원 부패의 중요한 원인 중 하나가 낮은 수준의 보수라는 점도 보수 체계 개혁을 촉진했다. 이러한 문제들을 개선하기 위해 인도네시아 정부는 1999년 이후 유능한 인재의 충원을 위해 보수를 인상하고 각종 혜택을 부여하기 위한 방안들을 추진해 오고 있다. 인도네시아 정부는 공무원 임금을 책임 수준과 직무 유형에 따라 결정되도록 했다.

2000년 이후 인도네시아에서는 공무원 임금 인상이 꾸준히 이루어졌다. 특히 2001년 공무원 급여의 대폭적인 인상이 이루어졌고 등급 간의 격차도 축소되었다. 2010년에는 유도요노 대통령이 군인과 경찰에 대한 임금 인상안에 서명했다.

#### (2) 구조

인도네시아 공무원의 보수는 기본급, 수당, 기타 보조금으로 구성된다. 기본급은 단일 지표 체계와 이중 지표 체계가 결합된 결합 지표 체계에 기초한다. 결합 지표 체계 하에서 어떤 공무원은 동일한 등급이나 수준의 다른 공무원에 비해 더 높은 보수를 받을 수 있다. 따라서 인도네시아 공무원이 같은 등급이라고 해도 보수의 범위는 기본급, 수당, 기타 보조금 등에 따라 차이가 난다.

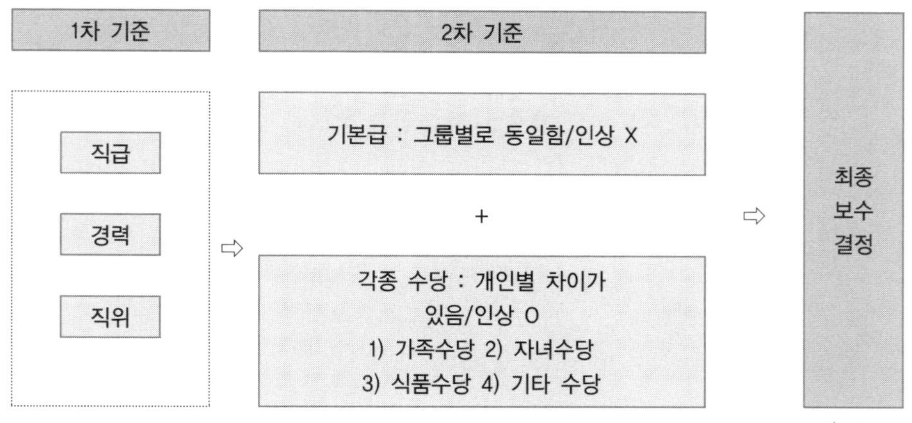


**그림 2-4** 보수 결정 과정

기본적으로, 인도네시아 공무원 보수는 직급, 연공서열, 직위에 따라 달라진다. 공무원 임용에서 등급의 계층제는 공무원 급여에서의 분명한 서열화로 이어진다. Ⅰ직급과 Ⅳ직급의 급여 차이는 1 : 3이다. 또한 에셀론에 속하는 관리직에게는 직급에 따라 관리직 수당이 지급된다. 수당의 금액은 최고위급인 에셀론 Ⅰa와 최하위급인 에세론 Ⅳb 간에 상당한 격차를 보인다. [그림 2-4]는 인도네시아 공무원의 보수 결정 과정을 요약한 것이다.

1997년 외환위기 이후 인도네시아 공무원의 임금 인상은 기본급을 인상하는 방식이 아니라 각종 수당을 인상하는 방식으로 추진되었으며, 기능직 수당이나 구조직 수당 등 직위에 따른 수당도 지급되고 있다(UN, 2005). 따라서 기본급보다 수당이 보수에서 많은 비중을 차지하고 있으며, 또한 기능직이나 구조직 수당이 기본급이나 다른 수당들에 비해 훨씬 많을 수도 있다.

인도네시아 공무원이 받는 수당에는 식품 및 가족수당, 구조직 수당, 기능직 수당, 오지 근무 수당 등이 포함된다. 기타 보조금에는 특별한 날(이슬람 종교 휴일)이나 행사 시에 지급되는 보너스, 프로젝트 보너스, 공식 경비, 건강보조비 등이 포함된다.

모든 인도네시아 공무원의 임금은 중앙정부의 예산(중앙정부 수당기금, DIK; 지방정부 수당기금, SDO)에 따르며, 공무원 보수는 매달 재무부(KPKN)에서 지급된다. 보수의 지급 방법은 개별 부처별로 분할 지급된 뒤, 다시 개별 공무원에게 지급되는 방식이다. 고위공무원 중 일부는 지역 재무부 사무소(KPKN)에서 직접 계좌 이체해 주기도 한다(World Bank, 2000 & 2001; UN, 2005).

현재까지도 인도네시아 공무원 보수는 민간 부문과 비교하면 낮은 수준이며, 이러한 저임금은 공무원의 부패를 유발하는 중요한 요인이 되고 있다. 또한 직급 간의 보수 격차도 심각한 상황이다. 예컨대 30년 정도 근무한 IVe 최고 직급 공직자의 임금이 월 300 달러에도 미치지 못하고 있는 실정이다. 최고 직급의 임금이 이처럼 낮은 점을 고려할 때 최하 직급의 임금은 이보다 훨씬 낮은 수준에 머물고 있다. 이처럼 현재까지도 낮은 보수 수준은 유능한 인재들을 공직에 충원할 수 있는 충분한 유인으로 작용하고 있지 못하며, 우수한 대졸자들이 공직 진출을 꺼리는 중요한 원인이 되고 있다. 또한 공직에 임용된 뒤에는 뇌물수뢰나 불법행위를 유발하는 원인이 되고 있다.

### 2) 성과관리제도

인도네시아 공무원에 대한 성과관리제도는 '업무 집행평가 목록(DP3: List of Work Implementation Assessment: Daftar Penilaian Pelaksanaan Pekerjaan)'으로 불린다. DP3는 공무원의 충성심, 업무성취도, 책임성, 충성도, 정직성, 협력성, 주도성과 리더십 등을 평가 요소로 하고 있으며, 각 평가 요소마다 5단계로 평가된다. 구체적으로, 공무원의 성과는 매우 우수(91~100), 우수(76~90), 보통(61~75), 보통 이하(51~60), 미흡(50 이하)으로 구분된다. 그러나 충성심이나 정직성과 같은 평가 요소들은 지나치게 주관적이며 객관적인 측정이 사실상 어렵다. 따라서 객관적인 평가 기준을 결정하고 점수를 부여하는 작업이 매우 어렵다. 이러한 이유로 인도네시아 공무원에 대한 성과평가에서 평가자의 주관이 크게 개입되기 쉽다(Dewi & Winarsih, 2012).

평가자는 적어도 6개월 이상 피평가자에 대해 지휘 체계상의 상관으로 재직해야만 평가 자격이 부여된다. 평가 결과는 해당 공무원에게 전달되며 평가자의 상관에게도 전달된다. 공무원이 자신의 평가 결과에 대해 불만이 있는 경우 평가 종료 후 14일 이내에 이의를 제기할 수 있다. 그러나 공무원의 이의 제기는 상관에 대한 무례한 행동으로 비춰지기 쉬우며, 따라서 실제로 이의 제기를 하기는 쉽지 않다(Dewi & Winarsih, 2012).

또한 국가공무원청(BKN)은 공무원 서열명부(daftar urut kepangkatan)를 작성하여 공무원 경력관리와 성과관리에 이용하고 있다. 공무원은 직급, 직위, 근속 기간, 교육 등에 따라 서열이 결정된다.

종합적으로 살펴보면, 인도네시아 공무원 성과평가는 주관적이고 비계량적인 지표들이 중심이 되고 있으며, 평가자 역시 상관에 한정됨으로써 다면적이고 객관적인 평가가 이루어지고 있지 못하다(Dewi & Winarsih, 2012).

## 8 교육 및 훈련

인도네시아 정부는 고교 졸업 학력이 전체 공무원의 30% 이상 가장 높은 비율을 차지하고 있는 상황에서 공무원의 능력과 기술을 향상하기 위해서는 교육과 개발이 절대적으로 필요했다. 인도네시아에서 공무원 교육 및 훈련의 목적은 다음과 같다(국가공무원청(BKN) 홈페이지, 2012).

- 각 정부기관의 요구 사항에 맞춰 공무원들이 개성과 윤리에 근거하여 전문적인 사무를 처리할 수 있는 지식, 기술, 전문성, 태도를 증진한다.
- 개혁의 선도자와 통합의 주체로 활동할 수 있는 역량을 증진한다.
- 공직, 후견 의식, 공동체 임파워먼트에 대한 태도와 정신을 함양한다.
- 행정 업무를 수행할 때 공통의 비전과 역동적인 의식을 고취하고 '좋은 거버넌스'의 실현을 위해 노력한다.

2000년의 '공무원의 교육과 훈련에 관한 정부규제' 제101호에 따라 공무원의 훈련은 크게 직무 준비 훈련과 현직 훈련으로 구분된다. 직무 준비 훈련은 공무원으로 임용되기 위한 조건으로서 필요한 훈련인 반면, 현직 훈련은 공무원으로 재직하는 기간 동안의 훈련이다. 직무 준비 훈련은 공직 후보자들을 대상으로 하며, 공직자로 최종 임명되기 위한 필수 요건 중 하나이다. 교육 기간과 내용은 공직 후보자의 임용 직급(golongan)에 따라 달라진다. 따라서 I급, II급, III급별로 훈련 기간과 내용이 구분되어 있다. 직무 준비 훈련의 목적은 미래 공무원에게 요구되는 정신 자세, 준비 의식, 규율 등을 갖추도록 하는 것이다. 각 정부기관별로 국가행정원(LAN)에서 만들어놓은 교육 커리큘럼을 가지고 직무 준비 훈련을 실시한다.

현직 공무원을 대상으로 하는 현직 훈련은 직급이 아닌 기능 중심으로 진행되며, 크게 리더십 훈련, 기능적 훈련, 기술적 훈련으로 구분된다. 리더십 훈련은 일반관리자인 구조직 공무원의 경력 개발을 위한 것이다. 리더십 훈련의 주된 목적은 관리 능력을 향상하고 행정적 리더십을 기르는 것이다. 리더십 훈련은 특정한 구조직에 요구되는 경쟁력을 갖추는 데 필요한 공무원의 교육, 기술, 태도, 행태를 개선하는 데 초점이 맞춰져 있다. 따라서 리더십 훈련은 기능적 관리, 관리와 리더십의 일반적 내용, 관리기법, 커뮤니케이션 기술, 정치 및 경제적 이슈에 대한 이해 등 다양한 과목을 훈련 내용으로 하고 있다. 리더십 훈련은 각 에셀론별로 차별화되어 있다. 따라서 에셀론 I급 공무원에 대한 훈련은 에셀론 IV급 공무원에 대한 훈련과 내용이나 과정 면에서 큰 차이를 보인다. 각 직급별 승진 조건을 갖추기 위해서는 공무원들은 필요한 훈련 코스를 이수해야 한다. 훈련 코스는 필수 코스와 선택 코스로 구성된다.

현직 공무원을 대상으로 하는 또 다른 훈련인 기능적 훈련은 특정한 기능 직위를 수행하고 있거나 또는 수행하게 될 공무원의 경쟁력을 향상하는 데 초점을 맞추고 있다. 기능적 훈련은 의사, 도서관 사서, 강사 같은 기능직 공무원들을 위한 훈련이다. 기능적 훈련은 기능직의 유형에 따라 큰 차이를 보인다. 구조적 직위가 특정한 지식을 필요로 하는 경우 구조적 직위를 지닌 공무원도 기능적 훈련에 참여할 수 있다.

기술적 훈련은 보통 일반 기술, 행정 및 관리 훈련과 실질적인 기술 훈련으로 구분된다. 일반 훈련은 공공기관에서의 행정과 관리기술을 위한 일반 능력을 향상하는 데 초점을 맞추고 있다. 반면 실질적 훈련은 모든 부서마다 상이한 특정 직무를 수행하는 데 필요한 특정한 기술적 능력을 증진하는 데 초점을 맞추고 있다. 기술적 훈련은 구조적 공무원이던 기능적 공무원이던 상관없이 공무원이 직면한 과제와 관련된다. 직접적인 직무와 연관된 기술적 훈련이 각 정부기관에 의해 실시되는 반면, 일발 기술적 훈련(예: 직무분석, 프로젝트 관리)은 국가행정원에서 주관한다.

인도네시아에서 모든 공무원에 대한 훈련과 시험은 국가행정원(National administration Institute: LAN)이 주관한다. 공무원 교육과 훈련은 국가행정원에서 주기적인 프로그램을 제공하는 방식으로 수행되며, 각 부처 및 청급 기관은 공무원들의 교육 및 훈련 참여를 강제해야 한다(UN, 2005). 교육 및 훈련의 내용은 행정 절차 및 규칙에 대한 새로운 지식, 행정 실무, 새로운 관리 기술 사용 및 응용, 법과 이념에 대한 이해 등이며, 그에 대한 평가가 수행된다.

또한 인도네시아의 공무원 교육훈련은 경력관리 시스템의 전형으로 승진을 위해서는 반드시 이러한 교육훈련에 참가하도록 되어 있다(UN, 2005). 인도네시아 정부는 교육훈련을 통해 공무원의 업무 수행 능력을 향상할 뿐만 아니라, 합리성과 조정 능력을 향상함으로써 궁극적으로 행정문화의 변화를 유도하려는 목표를 가지고 있다(UN, 2005). 특히 학력이 높은 공무원일수록 학력이 낮은 공무원에 비해 더 많은 훈련을 받도록 하고 있다.

전반적으로, 인도네시아 공무원 교육 및 훈련이 상당한 성과를 거두고 있기는 하지만, 관료제의 형식주의와 규칙의 지나친 준수 문제도 유발하고 있다(UN, 2005). 공무원의 전문성과 역량을 강화하기 위한 훈련의 본질이 훼손되고 있다(Dewi & Winarsih, 2012). 인도네시아에서 공무원 훈련은 추가적인 수입을 보장하고, 승진을 위한 수단으로 여겨지고 있다.

이와 함께 공무원 경력관리 역시 상당히 미흡한 실정이다. 1999년 개정 공무원법 제43호에 따라 공무원 경력관리제도가 도입되었지만 현재까지도 경력관리제도가 제대로 정착되지 못하고 있다(Dewi & Winarsih, 2012). 더욱이 공무원의 경력관리는 상당 부분 연공서열과 서열명부에 기초하고 있다.

# 제 3 절 행정윤리 및 부패

## 1 공무원의 윤리 의식

인도네시아에서 공무원은 핵심적인 정부 의사결정자이며, 또한 지역공동체의 지도자로 여겨진다((Tjiptoherijanto, 2006). 따라서 인도네시아 공무원은 자신들이 살고 있는 공동체 내에서 많은 역할을 하도록 기대를 받고 있다. 이러한 역할은 도덕 규범의 준수를 요체로 하는데, 인도네시아 공무원은 부정을 방지하고 공직자로서의 규범을 준수해야 할 의무를 지닌다.

그럼에도 불구하고 최근 국제기구 서베이 결과에 따르면, 인도네시아 공무원 사회의 부패는 심각한 수준으로 나타나고 있다. 2000년도 조사에서 인도네시아 공무원들을 대상으로 책임성을 평가하도록 했는데, 1/10점으로 매우 낮게 나타났다. 또한 최근 2008년도 조사에서 부패 인식 지수는 126/180등으로 나타나 여전히 낮은 수준으로 평가되었다. 인도네시아 정부는 2014년까지 부패 인식 지수를 5/10으로 높이는 목표를 수립하여 추진하고 있다(행정개혁부 홈페이지).

행정개혁부(MENPAN)는 「부패와의 전쟁 강화 및 촉진 보고서」에서 공무원 부패의 다양한 원인을 제시했다. 미약한 처벌, 비일관적인 법의 집행, 부적절한 규율, 내부 통제의 미흡, 상관의 무능, 낮은 보수 등이 부패의 내부적 요인으로 지적되었다. 반면 외부적 요인으로는 부적절한 외부 통제 장치, 규제의 명확성 미흡, 뇌물 공여 문화, 소극적 사회 규범 등이 지적되었다.

1999년의 개정 공무원법은 매우 간략하며, 따라서 원칙과 절차를 규정하는 규제 사항들

**표 3-2-9** 인도네시아의 부패 인식 지수와 순위

| 연도 | 부패 인식 지수 | 순위 | 서베이 참여 국가 |
|---|---|---|---|
| 2008 | 2.6 | 126 | 180 |
| 2007 | 2.3 | 143 | 180 |
| 2006 | 2.4 | 130 | 163 |
| 2005 | 2.2 | 137 | 159 |
| 2004 | 2.0 | 133 | 146 |
| 2003 | 1.9 | 122 | 133 |
| 2002 | 1.9 | 96 | 102 |
| 2001 | 1.9 | 88 | 91 |
| 2000 | 1.7 | 85 | 90 |
| 1999 | 1.7 | 96 | 99 |
| 1998 | 2.0 | 80 | 85 |

출처: www.transparecny.org(Choi, 2009 재인용).

의 시행령에 의존하고 있다. 이 법은 부패, 결탁, 연고주의(KKN)를 금지하고 모든 임용과 승진은 객관적인 성과평가와 경쟁력에 기초하도록 의무화하고 있다. 또한 공무원은 정당에 가입할 수 없도록 규정하고 있다. 수하르토 대통령 시절에는 공무원연합(Korps Pegawai Republik Indonesia: KORPRI)이 골카르당(Golkar) 정부의 세 번째 규모의 당파였다. 이러한 문제점은 1999년 공무원법 개정에서 국민에 대한 봉사를 의무화하고 정당 가입을 금지하는 조항의 신설로 이어졌다.

## 2 행정윤리의 강화와 부패 방지 노력

인도네시아 공무원제도 개혁에서 가장 중요한 부분을 차지하는 것이 바로 공직윤리 강화와 부패의 근절이다. 인도네시아 정부의 역사는 '공직부패와의 전쟁' 역사라고 해도 과언은 아니다. 인도네시아 정부의 부패 근절 노력은 공무원 윤리 강화를 통한 부패 예방과 부패 공무원의 처벌에 집중되고 있다.

인도네시아에서 최초의 반부패 노력은 1950년대로 거슬러 올라간다. 그러나 본격적인 반부패 조치들은 1970년대부터 나타나기 시작했다. '새 질서(New Order)' 정부가 들어서면서 부패를 척결하기 위한 시도로서 1970년에 '4 위원회(Commission of Four)'가 설립되었다. 이

위원회는 부패의 심각성을 보고했다. 1999년에는 경찰과 검사들에게 부패사건에 대한 수사권을 부여하는 법안들이 마련되었다. 또한 1999년 개정 공무원법은 공무원의 정당 가입을 금지하고, 공무원의 부패, 결탁, 연고주의(KKN)를 금지했다. 이처럼 1999년의 개정 공무원법을 통해 공직사회 부패 방지를 위한 기본틀을 마련한 인도네시아 정부는 2000년대 이후 관료제 부패 근절을 위한 좀 더 강력한 드라이브를 걸어왔다.

특히 2002년에는 부패근절위원회법(Law on the Corruption Eradication Commission)에 따라 부패근절위원회(Komisi Pemberantasan Korupsi: KPK)가 독립된 국가기관으로 설치되었다. 부패근절위원회는 정체된 국가적 반부패 노력에 긍정적인 변화를 유도하려는 적극적 의도에서 설립되었다. 인도네시아 정부는 이전의 반부패 노력이 성공을 거두지 못한 이유들을 자평하면서, 그 이유를 사전조사, 조사, 부패사건 기소의 순으로 진행되는 강압적 활동에만 초점을 맞추었기 때문으로 보았다. 비록 강압적 활동이 부패 근절에 핵심 요소이기는 하지만, 근본적인 부패 예방 활동이 부족했기 때문에 실패할 수밖에 없었다는 것이다.

이러한 배경에서 부패근절위원회는 '부패로부터 자유로운 인도네시아'를 비전으로 설정하고, 부패사건에 대한 조사와 기소, 행정에 대한 모니터링 권한을 부여받았다. 특히 피의

**표 2-10 부패근절위원회(KPK)의 역할과 권한**

| 구분 | 내용 |
|---|---|
| 임무 | - 부패 근절을 위해 권한이 부여된 다른 기관에 대한 감독 및 조정<br>- 부패사건에 대한 사전조사, 조사 및 기소<br>- 부패 예방 활동<br>- 주정부 거버넌스의 모니터링 |
| 유관기관 간 협력 | - 부패 근절을 돕기 위한 보고 체계의 제공<br>- 관련 기관의 부패 근절 활동에 관한 정보 요구<br>- 기관 간 자문회의와 회의 개최<br>- 관련 기관에 대한 부패예방 보고서의 요구 |
| 감독 기능 | - 부패 근절 기관에 대한 감독, 조사 및 연구 |
| 부패조사 대상 | - 법집행자, 정부 공무원, 및 기타 관련자<br>- 중요한 대중 관심사<br>- 백만 루피(미화 100,000달러) 이상 가치를 지닌 사건 |
| 예방 조치 범위 | - 정부공무원 재산에 대한 감사<br>- 유착 보고서의 검토<br>- 부패 근절 프로그램의 설계와 촉진<br>- 대중적 부패 근절 캠페인<br>- 부패의 가능성을 줄이기 위한 모든 중앙정부와 주정부 기관들의 관리 시스템 연구 |

자에 대한 재산 정보 요구, 여행 금지, 금융 거래 금지, 피의자의 구금, 도청과 같은 막강한 권한을 행사했다. 부패근절위원회의 구체적인 역할과 권한은 <표 2-10>과 같다.

부패근절위원회는 메가와티(Megawati, 2001~2004) 정권에서는 두드러진 실적이 없었지만, 부패 근절을 위한 유도요노(Yudhoyono, 2004~현재) 대통령의 단호한 자세 속에서 총선거위원회에 의한 조직적 뇌물 공여 사건의 적발(위원장을 비롯한 간부·위원을 체포), 러시아제 헬리콥터 구입에 영향을 미친 횡령사건에서 아체 주지사의 체포 등 중앙과 지방정부 수준의 심각한 부패 사건들을 적발하는 실적을 거두었다. 유도유노 대통령의 공직부패 근절 공약은 재선에 큰 밑거름이 되었다.

1999년 개정 공무원법에 이어 2004년에는 정부규제 제37호를 발령하고 공무원이 정당의 구성원이 되거나 집행부에 가입하는 경우 공직에서 해고되도록 규정했다.

2005년 6월에는 대통령 직속의 부패범죄 박멸팀이 부패근절위원회와 협조하여 메카 순례 자금의 유용·착복 범죄를 저지른 전 종교부 장관과 종교부 고위공직자들을 체포했다. 같은 해 9월에는 수하르토 전 대통령의 이복동생에 대한 부패사건 재판에서 뇌물 수수로 대법원 직원과 변호사를 체포했고, 11월에는 이 사건에 관여가 의심되는 대법원장의 사정청취를 하는 등 사법부의 부정부패를 근절하려는 노력도 진행되고 있다.

2003년 말 활동을 개시한 이후, 2009년 상반기까지 부패근절위원회는 86건의 정부 조달 및 예산과 관련된 뇌물 공여와 유착 사건에 대한 수사에서 100% 유죄 판결을 얻어내는 성과를 거두었다. 그럼에도 불구하고 공무원 부패는 여전히 만연되어 있으며, 관료제에 대한 개혁은 선거 개혁이나 헌법 개혁 같은 분야에 비하면 상당히 지체되고 느린 속도를 보이고 있다(Horhoruw et al., 2012).

## 제 4 절 인사행정의 개혁

### 1 인사행정 개혁의 과정

인도네시아는 1997년 IMF 경제 위기 속에서 우리나라와 마찬가지로 심각한 경제적 위기를 경험했다. 인도네시아는 GDP가 13% 감소하고 중산층이 붕괴되는 상황을 맞이했고 심각한 경제적 후유증을 겪게 되었다. 당시의 경제 위기는 분리독립 위기를 가속화했고, 성난

군중은 대규모 집회를 열고 정부에서 부패, 결탁, 연고주의(KKN)를 척결할 것을 요구했다. 실제로 KKN은 인도네시아 경제 위기의 주범으로도 여겨졌다(World Bank, 2009). 이러한 정치·경제적 위기는 1998년 5월 철권 대통령인 수하르토(Suharto)의 하야로 이어졌고, 인도네시아는 30여년의 '새 질서 시대(New Order Era)'를 종언하고, 소위 '개혁의 시대(Reformasi Era, 1998~현재)'로 돌입하게 되었다. 개혁의 시대는 인도네시아 정부 거버넌스 전반에 대한 개혁으로 이어졌다.

이처럼 거대한 패러다임 변화 속에서 인도네시아 정부는 지속적으로 관료제를 개혁하기 위한 노력을 기울여 왔다. 새로운 제도의 구축과 개선을 통해 공무원의 행태와 인식을 개혁하려는 시도가 중심이 되었다. 그러나 현 시점에서도 전반적으로 공무원의 수준 향상과 현대적이고 효율적인 공무원제도 구축이 필요한 상황이다. 특히 민주화, 분권화의 시대적 흐름 속에 인도네시아 정부에서는 관료제 개혁이 무엇보다 중요한 의미를 지닌다. 세계은행은 인도네시아 정부에 대한 보고서에서 공무원 개혁 전략에 동기부여 체계, 공직의 규모, 충원, 성과관리, 보상, 정직성의 변화 등이 반드시 포함해야 한다고 강조했다(World Bank, 2001).

실제 인도네시아 정부의 인사행정 개혁은 이러한 문제점에 대한 개선에 초점이 맞춰지고 있다. 1999년 개정법(수정법률 제43호)은 공무원의 전문성, 효율성, 효과성을 향상하는 데 초점이 맞추어졌다. 이를 위해 공무원 수급계획, 임용, 능력 개발, 승진, 임금, 복지 및 해고에 이르기까지 인사행정의 거의 모든 분야에서 대폭적인 개선이 이루어졌다. 특히, 1999년 개정 공무원법을 통해 공무원의 의무는 국가에 대한 봉사뿐만 아니라 국민에 대한 봉사임이 강조되었다. 그러나 공무원의 중립성 확보와 국민에 대한 봉사를 위해서는 공직자 부패 방지와 연고주의 철폐가 시급한 과제로 대두되었다. 이를 위해 인도네시아 정부는 공무원들이 성과를 객관적으로 평가받고, 경쟁 과정을 거쳐 임용 및 승진이 되도록 규정했으며, 이를 뒷받침하기 위한 보수 체계의 개혁도 추진했다.

현재 두 번째 임기의 유도요노(Yudoyono) 대통령은 관료제 개혁을 2010~2025년까지의 장기적 국가개발 계획에서 최우선 순위에 두었다. 2010년 말에는 향후 15년간의 관료제 개혁 로드맵도 발표했다. 또한 유도요노 대통령은 공직사회 개혁에 대한 추진력을 강화하고 개혁 의식의 확산을 위해 행정개혁부(MENPA)를 '행정개혁 및 관료제 개혁부(KemenPAN & RB)'로 변경했다.

##  인사행정 개혁의 한계와 문제점

인도네시아 모든 정부부처와 기관에서 개혁을 확산해야 한다는 절박함이 '행정개혁 및 관료제 개혁부'로의 변경으로 이어졌지만, 동시에 큰 문제점들을 노출했다(Horhoruw et al., 2012).

첫째, KemenPAN & RB의 출현 속에서 개혁에 대한 하향(top-down)식 명령과 통제 접근법의 한계가 드러나고 있다. KemenPAN & RB가 요구한 개혁의 절차와 과정들은 일방적인 순응만을 강조함으로써 개혁의 절대명령에 배치되는 또 다른 관료적 권력기관의 출현으로 여겨지고 있다.

둘째, 국가적인 개혁 드라이브는 관료제 개혁의 필요성에 대한 인식을 확산시키는 데 크게 기여했다. 그러나 개혁을 뒷받침하기 위한 핵심 기능, 즉 전략적 방향, 성과관리, 역량과 문화를 형성하기 위한 실질적 지원이 부족했다.

셋째, 분명한 제도적, 거버넌스적 프레임워크의 부재 속에서 실제 집행 과정이 전략과 의사결정 과정으로부터 괴리되는 상황이 초래되었다. 가장 논란이 되는 이슈들 중 하나는 KemenPAN & RB가 개혁의 방향을 인도하고 다른 부처들을 통제한다는 문제점이다. 이러한 문제점은 인도네시아 관료제 개혁 과정에서 정부기관들이 누구에 대해 책임을 져야 하는가의 근본적인 의문에 봉착하게 만들었다.

넷째, 관료제 개혁을 추진하기 위한 성과와 책임성 확보 기제가 미흡하다. 무엇보다, 개혁의 유인으로서 성과나 생산성이 보수와 연계되지 못하고 있다. 또한, 개혁의 성과와 결과를 측정할 수 있는 정교한 기제와 방법론이 미흡하다. 이와 함께, 투명성의 부재 속에서 시민들은 개혁이 어떤 성과를 가져오는지 확인할 수 없었다.

# 제 5 절 결론: 한국 행정에의 시사점

인도네시아는 1998년 '새 질서(New Order) 정부'가 물러나고, 정치, 경제, 사법 및 행정 분야의 개혁을 추구하는 사회적·정치적 요구가 급속히 확산되었다. 특히 1999년의 지방자치법과 공무원법은 인도네시아에서 공직사회 개혁의 새로운 가능성을 열었다. 이 시기를 기점으로 전반적으로 인도네시아의 공무원제도는 실적제에 근거한 현대적인 인적자원관리

제도의 틀을 갖추게 되었다.

현재 인도네시아에서 공무원은 사회적으로 존경받는 직업으로 여겨지고 있으며, 급여가 낮음에도 불구하고 권위가 있는 직업으로 평가받고 있다. 그러나 현재까지도 인도네시아의 공무원제도는 미흡한 수준에 머물고 있다. 관료제의 자질과 성과는 여전히 국민의 기대에 훨씬 미치지 못하고 있다(Prasojo, Kurniawan, & Holidin, 2007). 고객 지향적인 공직문화가 형성되어 있지 못하다. 관료제가 국민의 봉사자이기보다는 지도자라는 인식은 공직사회 변화를 이끄는 데 커다란 걸림돌로 작용하고 있다(Dwiyanto, 2004). 또한 공무원의 임용, 승진 및 성과평가 과정에서 부패, 유착, 연고주의(KKN)가 여전히 만연되어 있는 상황이다.

아시아개발은행(ADB, 2004)은 조사보고서에서 인도네시아 공무원제도의 문제점을 다음과 같이 정리하고 있다(ADB, 2004). 무엇보다 정부의 행정관리제도나 공무원제도가 '좋은 거버넌스'나 공무원 성과 향상과 연계되지 못하고 있다. 공무원 인사관리 계획, 개발 계획, 예산 등도 유기적으로 연계되지 못하고 분리되어 있는 상황이다. 또한 행정개혁부(MENPAN), 국가공무원청(BKN), 국가행정원(LAN)은 실적보다는 절차에 집착하는 모습을 보이고 있다. 공무원의 경력 역시 편중되어 있으며, 전문성이나 실적을 경시하는 분위기가 만연되어 있다. 또한 공무원 간 배치 전환이나 이동이 계획적으로 이루어지고 있지 못하다. 이와 함께, 공무원 보수가 여전히 낮아 공직 부패의 주요한 원인이 되고 있다.

이러한 상황에서 인도네시아 정부는 청렴하고 효율적인 정부 관료제를 실현하려는 노력을 가속화하고 있지만, 수준 높은 공직사회를 달성하기 위해서는 아직도 가야 할 길이 멀다고 하겠다. 인도네시아에서 정부 관료제의 다양한 문제점을 해결하기 위해서는 공무원제도 전반에 대한 또 한 번의 근본적인 개혁이 필요할 것이다(Parasojo et al., 2007). 무엇보다 유능한 공무원을 선발하기 위해서는 충원 과정을 개선하는 것이 시급하다. 이를 위해서는 중앙과 지방정부뿐만 아니라 모든 공공기관에서 각 직위와 업무에 대해 체계적으로 분석하는 작업이 선행되어야 한다. 이를 통해 직무에 필요한 요건들을 결정할 수 있을 것이다. 또한 직무 수행에 필요한 공직자의 수를 결정하는 데도 도움을 얻을 수 있다. 다음으로 업무 성과, 능력 및 훈련 결과에 기반한 객관적인 보수 체계가 확립되어야 한다. 이를 위해서는 공무원의 성과를 객관적으로 평가할 수 있는 성과관리 시스템이 선행되어야 한다. 이와 함께, 공무원 윤리강령에 대한 엄격한 준수를 확보할 수 있는 장치도 마련해야 할 것이다.

# 제 3 장 인도네시아의 예산과 재정*

## 제 1 절 서론

많은 정책이 행정과 정치의 협업으로 이루어지나 그것이 가장 분명하게 나타나는 분야가 바로 예산 과정이다. 예산이란 결국 공공 부문이 가지고 있는 권한의 핵심이므로 예산 과정을 살펴보면 그 나라의 지배구조의 모습을 살펴볼 수 있다. 또한 예산 내역은 한 국가가 가지고 있는 정책적 우선순위의 총체적 결론이라고 볼 수 있다. 이와같이 예산에 대한 연구는 크게 예산편성 과정에 대한 연구와 그 편성 내용에 대한 연구로 나뉜다. 이 장은 인도네시아 예산의 우선순위, 편성 방향 등 내용에 대한 언급은 최소화하고자 한다. 그보다는 예산의 편성 과정을 소개하고 그 과정에서 행정부와 입법부, 또한 행정부 내 부처 간 기능과 역할이 어떻게 협조하고 충돌하는지에 초점을 맞추어 설명하고자 한다.

예산편성은 거의 모든 나라에서 행정부와 입법부가 그 힘을 나누어 가지고 있다. 민주주의가 발달할수록 입법부의 역할이 상대적으로 강화되는 것이 대부분인데 예산권도 대체로 예외는 아니다. 인도네시아 의회도 예산편성에 상당한 권한을 행사하고 있다. 전반적으로 보아 한국의 의회에 비해 권한이 강하다고 보여진다. 이 장은 예산편성 과정에서 행정부와 의회의 역할 분담은 어떠한지 향후 개선되어야 할 점은 없는지 설명하고 있다.

인도네시아의 예산제도를 이해하기 위해서는 중장기 개발계획에 대한 이해가 선행되어야 한다. 인도네시아 정부는 2005년부터 2025년까지 20년간에 대한 국가장기개발계획을 가

---

* 이 장은 박진 교수가 집필했다.
자료 수집을 도와준 KDI대학원의 Waode, Prastiwi, Nazaruddin, Saiful Islam에게 감사를 표한다.

지고 있다. 2008년의 세계 금융위기 이후 이 장기계획을 보완하여 2011~2025년 중장기 경제개발기본계획(MP3EI)을 수립하기도 했다.[1] 장기계획을 달성하기 위해 1차(2005~2009), 2차(2010~2014) 등 5년 단위의 중기계획과 연간계획도[2] 수립되고 있다. 중기계획은 국가발전을 위한 각 분야의 정책 수단을 포괄하고 있는 매우 광범위한 계획이다. 중기계획의 시작과 끝은 대통령의 임기(5년)와 맞물려 있어 그 실행력이 더 강화되고 있다. 이와 같은 5년 중기계획과 예산제도가 어떻게 연계되고 있는지는 인도네시아 예산제도를 이해하는 핵심이다.

한국에서는 과거 1960년대 경제기획원이 출범한 이후 현재까지 계획(기획) 기능과 예산 기능이 한 부처에 있었다.[3] 그러나 인도네시아에서는 재무부와 국가개발계획청(BAPPENAS)이 각각 예산과 계획 기능을 별도로 담당하고 있다. 그러나 계획의 핵심은 투자사업 예산이므로 이러한 사업예산 편성은 국가개발계획청의 영향을 받게 된다. 재무부는 인건비 등 경직성 예산을 맡고 있다. 재무부는 국가개발계획청의 사업예산 편성 방향을 받아 전체 국가예산에 대한 총괄 기능을 행사한다. 이와같이 예산편성 과정에서 이 두 부처가 어떻게 역할분담을 하는지는 인도네시아의 예산제도를 이해하는 데에 매우 중요하다.

이와같이 편성된 예산은 재무부, 재무개발감독원(BPKP), 감사원 등 다양한 주체의 통제를 받게 된다. 이러한 재정관리제도는 제3절에서 다루고 있다. 인도네시아는 1999년 이후 민주화의 바람 속에 정치, 경제, 사회적으로 많은 변화를 겪으면서 예산제도 역시 많은 변화를 겪었다. 인도네시아가 추진하고 있는 예산 및 재정개혁의 방향과 그 성과에 대한 총괄적인 논의는 제4절에 포함했다.

---

1) 인도네시아 정부는 2010~2014년 중기계획을 수립하면서 2008년 세계 금융 위기 이후의 경제환경 변화를 수용하여 2005~2025년 장기개발계획의 보완계획이 필요하다는 점을 느끼게 되었다. 이를 위해 2011~2025년 중장기 경제개발기본계획(The Masterplan of Acceleration and Expansion of Indonesia's Economic Development: MP3EI)도 수립하게 되었다(Bappenas, Indonesia's Structural Reform Priorities, APEC New Strategy on Structural Reform, 2011). 그러나 이 MP3EI의 가장 중요한 장(章)인 인도네시아 경제개발 회랑계획(Indonesia Economic Development Corridor: IEDC)을 일본 정부가 제의했다는 점은 MP3EI가 공적개발원조 사업 유치를 위한 목적을 가지고 있다는 점을 보여 주고 있다.

2) 20년 장기계획과 5년 중기계획은 매년 개정되는 계획(rolling plan)이 아니며 상황의 변화는 별도의 연간 계획에 의해 실행되는 구조이다.

3) 1998년 정부조직 개편에 의해 기획예산위원회와 재정경제부로 나뉘면서 예산청이 재정경제부의 외청으로 설치된다. 일면 기획 기능과 예산 기능이 분리된 것으로 보이나 실제로는 예산청이 기획예산위원회의 관할 아래에 있었으므로 조직상은 분리되어 있었으나 실제로는 기획예산위원장의 통솔하에 있었다고 보아야 한다. 기획예산위원회는 1999년 정부조직 개편에 의해 예산청을 흡수, 기획예산처로 개편된다. 2008년 기획예산처는 재정경제부와 통합되어 기획재정부의 한 축을 이루게 된다.

## 제 2 절 예산제도 및 예산 과정

### 예산제도와 구조

#### 1) 개발계획 수립

인도네시아의 예산제도를 파악하기 위해서는 중장기 발전계획에 대한 이해가 선행되어야 한다. 발전계획에 따라 투자사업 예산이 결정되기 때문이다. 먼저 장기 개발계획 수립은 초안 마련, 공청회, 최종안 작성, 국회 제출·확정의 네 단계로 이루어진다. 반면 중기계획은 초안 마련 시 구체적인 실행계획이 같이 작성되어 다음 단계인 공청회에 제출된다는 점이 장기계획과 다르다. 장기계획을 수립하기 위해 먼저 각 부처는 소관 분야에서 초안을 작성하여 공청회를 개최한다. 많은 이해관계자가 공청회에 참석하여 발언하며 각 부처는 그 의견을 수렴하여 최종안을 마련한다. 부처별 최종안을 취합하는 것은 국가개발계획청(BAPPENAS)이며, 이러한 최종안이 의회에 제출되면 의회는 장기계획(2005~2025)을 법제화 한다.

장기계획에 따라 1차 중기계획(2005~2009)이 이미 완료되었으며 2012년 현재 2차 중기계획(2010~2014)이 2012년 단기계획과 함께 집행되고 있다. 2차 중기계획이 수립된 절차는 아래와 같다. 1차 중기계획의 마지막 연도인 2009년에 20년 장기계획을 염두에 둔 2차 중기계획 지침이 마련된다. 마침 2009년에 있었던 대통령 임기에서 승리한 당선자의 철학이 반영되는 것은 물론이다. 이 지침은 대통령 당선자에게 사전에 보고되고 내각회의에서 확정된다. 이 지침은 각 부처에게 시달되며 각 부처는 이 지침에 근거, 부처별 전략계획 초안을 작성한다. 그 과정에서 지방정부와의 역할 분담이 논의된다. 부처별 전략계획안은 국가개발계획청에 제출되어 국가 차원의 중기계획 초안으로 종합되고 이는 내각회의에 보고된다. 국가개발계획부는 특별한 사유가 없는 한 부처의 의견을 대부분 존중하는 경향이 있다.

그 후 공청회가 열리는데 이는 대개 대통령 취임 후 두 달 이내에 이루어진다. 공청회에는 공무원, 정치인은 물론 다양한 이해관계자가 참여하도록 되어 있으나 2009년에 만들어진 2차 중기계획에서는 시민사회단체의 참여 없이 행정부, 지자체, 국민대표의회 의원들만 참여했다. 공청회는 전체 회의와 분과별 회의로[4] 나뉘어 진행된다. 각 분과는 해당 분야의 국가적 우선순위 설정에 대해 논의한다. 각 부처는 상충되는 사항을 소규모 회의를 통해 조정해 나간다. 이때 제기된 지적 사항들을 반영하여 최종안이 만들어지며 정부는 내각회의에서 정부안을 확정한다. 그 후 의회의 검토를 거쳐 법제화되는데 이 모든 과정이 새로운 대통령 취임 후 3개월 이내에 이루어진다. 이와같이 대통령의 임기와 5개년 중기계획의 시작을 같이하는 것은 계획의 실효성을 제고하기 위한 것이다. 이러한 점은 대통령 임기가 5년으로 같은 한국에서도 배워야 할 점이 아닌가 한다.

**2010~2014년 5년 중기계획의 개요**

이 중기계획은 "공정하고 융성하는 민주적인 인도네시아"를 비전으로 하고 있다. 이 비전은 다음과 같은 5대 국정목표로 구성된다: 경제 발전과 국민의 복지 향상, 국가 거버넌스 체제의 향상, 민주주의의 신장, 법치 확립과 부패 척결, 균형 발전. 이러한 5대 국정 목표를 달성하기 위한 11대 국가적 우선순위 분야로 정부개혁, 교육, 보건, 빈곤, 식량, 인프라, 투자환경, 에너지, 환경과 재난 대비, 낙후지역 개발, 문화와 기술혁신이 꼽히고 있다. 이를 통해 2014년 말까지 평균 경제성장률 6.3~6.8%, 평균 물가상승률 4~6%, 실업률 5~6%, 빈곤율 8~10%, 인구성장률 1.1% 이하, 15세 이상 인구의 문맹률 4.18%, 기대수명 72세, 1000명당 유아사망률 24명 이하를 달성하는 것으로 목표로 하고 있다.

### 2) 예산제도

어느 나라든 예산은 다소간의 경직성을 갖기 마련이다. 하지만 인도네시아 예산구조의 특징을 한마디로 요약하면 '기득권을 위한 칸막이'라고 할 수 있다. 인도네시아에서는 기득권층의 담합 구조가 깊게 뿌리를 내리고 있어 기득권을 훼손하는 개혁은 고사하고 다소간의 조정도 매우 어렵다. 이를 해결하기 위해 조정을 전담하는 부처를 세 개 두고 있으나 제대로 역할을 하지는 못하고 있다. 중앙의 각 부처는 물론 지방정부, 국민들까지 기득권을 보호하기 위해 예산에 다음과 같이 수많은 칸막이를 치고 있다.

첫째, 지방자치단체와 중앙정부 간의 칸막이이다. 중앙정부는 석유 등 천연자원에서 오는 수입의 상당 부분을 해당 지자체와 나누도록 되어 있다. 이는 자원이 나는 지역의 독립 요구를 무마하기 위해 불가피한 조치이다.[5] 그나마 중앙정부에 귀속되는 수입의 26%는 지

4) 대개 제1분과는 교육, 보건, 빈곤, 문화, 기술혁신, 제2분과는 식량, 기업, 투자, 환경, 재난대책, 제3분과는 에너지, 인프라, 제4분과는 행정개혁, 지방자치 문제로 구성된다.

5) 인도네시아에서는 늘 단일국가 유지가 통치권자의 최우선 과제이다. 수많은 섬으로 이루어져 있

자체에 교부금으로 이전하도록 되어 있다.

둘째, 중앙정부 사업 부처 간에도 칸막이가 쳐 있다. 헌법상 특정 분야에 대한 지출 규모가 규정되어 있는 경우가 있다. 대표적으로 교육에 대해 전체 정부 수입의 20%를 쓰도록 되어 있다. 자연히 교육의 범위가 어디까지인지에 대해 많은 논란이 있다. 또한 특정 분야에만 쓰이도록 된 조세수입이 많다는 점도 예산의 경직성을 심화시킨다. 이러한 특별회계 중 대표적인 것이 산림세인데 이는 육림 관련 분야에만 사용될 수 있다.

셋째, 예산편성을 하는 부처 간에도 칸막이가 있어 사업예산과 운영예산 사이에도 칸막이가 쳐 있다. 재무부가 예산에 대한 총괄 기능을 수행하도록 되어 있으나 과거 재무부의 권한은 운영 예산에 국한되어 있으며 사업예산은 국가 중장기계획을 수립하는 국가개발계획청의 역할로 되어 있었다. 그러나 최근 예산 일원화 개혁 조치에 의해 재무부의 권한이 더 강화되어 가는 추세이다. 투자우선 순위에 따라 검토되는 사업예산에 비해 운영예산은 심도 있는 심사가 이루어지지 않고 있다. 운영예산의 대부분을 차지하는 공무원 인건비를 누구도 건드리고 싶어하지 않기 때문이다. 정년이 보장되는 인도네시아 공직사회의 특성도 한 요인이다. 이에 따라 운영예산을 줄여 사업예산에 편성하는 개혁이 인도네시아에서는 거의 불가능하다.

넷째, 구체적인 예산 항목에도 칸막이가 쳐 있다. 특히 인도네시아 재정에서 에너지 분야, 특히 석유에 대한 보조금은 예산의 경직성에 큰 요인이다. 인도네시아는 석유화학 공업의 미발달로 원유를 수출하고[6] 비싼 정제 석유를 수입하고 있다. 이에 따라 석유가격이 높아져 공기업으로 하여금 국민에게 낮은 가격의 에너지를 공급하게 하고 그 적자분을 정부가 보조해 주고 있다. 2008년에는 그 보조금의 비중이 전체 예산 지출의 20%에 달했다. 정부는 보조금 수준을 점차 낮추어 가려고 하나 국제 석유가격이 고공 행진을 계속해 크게 성과를 보고 있지는 못하다. 에너지 보조금을 낮추려 할 때마다 대규모 시위가 발생하는 것도 한 요인이다.

이와같이 경직성이 심한 예산구조인 상황에서 공무원 인건비 등 경직성 경비를 제외하면 중앙정부의 재원 중 투자사업에 활용될 여력은 극히 제한된다. 이에 따라 인도네시아에서는 정부가 직접 부처 예산에 편성하여 집행하는 예산 외에도 다양한 방법으로 투자사업이 집행된다. 첫 번째는 외국으로부터의 원조나 차관에 의한 투자사업으로서 이 경우 Blue

---

고 네덜란드의 식민 통치가 형성한 국가이기 때문일 것이다. 실제로 아직도 독립을 요구하는 지역이 존재하는 것이 현실이다.

6) 2008년 기준으로 정부 수입의 약 15%가 석유를 비롯한 에너지 분야에서 나왔다. 최근에는 석유 생산이 크게 줄어 석유수출국기구(OPEC)에서도 탈퇴했다.

Book이라는 사업계획에 포함시켜 연차적으로 집행하고 있다. 다음으로는 공기업이 자체 수입으로 진행하는 사업들이다. 이러한 형태는 주로 요금을 징수하는 인프라 사업에 해당된다. 세 번째로는 최근 들어 중요해지고 있는 민관합작사업(Public Private Partnership: PPP)이 있다. 네 번째로는 지방정부에 의한 투자사업이 있다. 재정 여건이 어려워지면서 이러한 네 가지 방법의 중요성은 더욱 커지고 있다. 인도네시아는 2010~2014년 중 총 인프라 투자의 29%를 중앙정부가 담당할 예정이며, 지방정부, 공기업, 민간자본이 각각 18%씩 부담하는 것으로 계획되어 있다. 나머지 17%에 대해서는 대외 원조에 기대를 걸고 있는 상황이다.[7)]

## 2 예산 과정

### 1) 예산 과정의 특징과 문제점

인도네시아에서 예산편성 과정을 요약하면 아래와 같다. 먼저 재무부가 주요 경제 변수에 대한 구간 전망치를 근거로 재량 지출과 비재량 지출을 잠정 구분한다. 국가개발계획청(BAPPENAS)은 중기계획에 의거한 부처별 잠정 실행계획의 초안을 취합하고 재량 지출의 총액 한도 내에서 부처별 사업예산의 한도를 마련한다. 그 후 의회와의 사전 협의를 통해 이를 확정하고 다시 행정부는 중기계획에 따른 부처별 실행계획을 부처별 예산안으로 전환하여 확정한다. 행정부의 예산안은 의회의 심의로 최종 확정되며 의회의 배정 승인을 거쳐 집행된다.

인도네시아 예산편성 과정의 특징은 '권한의 분점'이라고 할 수 있다.

첫째, 행정부와 의회 간에 권한을 분점하고 있다. 한국에서는 예산편성권이 행정부에 있고 국회는 예산을 삭감할 수 있을 뿐, 증액이나 새로운 항목 신설을 하기 위해서는 예산 부처의 동의를 얻도록 되어 있다. 이에 따라 예산편성에서 행정부가 국회에 우위를 보이고 있다. 그러나 인도네시아에서는 행정부와 의회가 예산편성권을 비교적 균점하고 있다. 인도네시아 예산은 경직성이 높은 비재량 예산을 미리 설정하고 나머지를 대상으로 실질적인 심의를 하게 된다. 비재량 예산을 설정하기 위해서는 각종 경제지표에 대한 전제를 결정하

7) 국가개발계획청(BAPPENAS), Effective Public Spending: The Case of Infrastructure, 2012 OECD Global Forum on Development, Feb. 29th 2012.

는 것이 중요한데 행정부가 구간을 정하고 의회와의 협의를 통해 그 구간 내에서 정확한 수치를 확정한다. 한국에서는 예산 당국이 구체적인 전망치를 확정하는데 국회는 이에 대해 의문을 제기하기는 하지만 이를 바꿀 권한은 없다. 또한 한국에서는 정부가 예산안을 확정한 후에야 국회의 심의를 받으나 인도네시아에서는 예산안 확정 이전에 의회와의 사전 협의 절차가 있다. 이 사전 협의 절차를 통해 경제 변수 예측치가 확정되고 이에 따라 비재량 및 재량 지출 사업의 규모가 확정된다. 또한 중기계획에 따른 부처별 실행계획도 이 사전 협의 절차를 통해 확정된다. 이와 같은 사전 협의 절차에도 불구하고 사업에 대한 정보를 더 많이 가지고 있는 행정부가 의회에 비해서는 더 많은 역할을 하게 되는 것은 당연하다. 그러한 정보량의 비대칭성을 극복하고 인도네시아 의회에 힘을 실어 주는 것은 예산 배정 승인권이다. 인도네시아 의회는 예산안이 확정된 이후에도 배정을 승인하지 않을 수 있는 권한을 가지고 있다.

둘째, 행정부 내에서도 재무부와 국가개발계획청이 권한을 나누고 있다. 재무부는 전체 예산을 총괄하면서 경제지표 전망을 통해 재량 지출과 비재량 지출을 획정하는 권한을 가지고 있다. 그러나 투자사업 등 재량 지출 예산을 부처별로 배분하는 권한은 중기계획을 관장하는 국가개발계획청의 의견을 참고한다. 이에 따라 국가개발계획청은 늘 어떻게 하면 전체 예산에서 인건비, 경상비 등 비재량 지출을 축소하고 투자사업의 비중을 늘릴 수 있는지에 관심을 두고 있다. 예산편성 과정도 재무부가 먼저 재량 지출의 규모를 정하고 국가개발계획청은 그 한도 내에서 중기계획에 따른 단년도 부처별 실행계획을 수립하면 재무부가 그 계획을 참고하여 부처별 예산안으로 전환하는 구조이다. 국가개발계획청이 예산과 중기계획의 연계를 책임지고 있다면 재무부가 프로세스와 단년도 예산을 책임지고 있다. 과거에는 두 기관의 역할이 팽팽한 균형을 이루었으나 최근에는 재무부의 역할이 더욱 강해지고 있는 상황이다.

셋째, 예산 편성과 관련하여 한국의 예산실 권한은 부처에 비해 월등한 편이다. 이러한 점은 인도네시아에서도 비슷하나 상대적으로 사업 부처의 권한이 더 강한 것으로 판단된다. 물론 공무원 인건비 등 운영예산은 재무부의 소관으로서 다른 부처가 침범하기 어려운 영역이다. 그러나 국가개발계획청이 영향력을 행사하는 사업예산은 중기계획에 따르게 되는데 이 중기계획을 수립할 때 각 부처가 매우 적극적인 역할을 하는 경향이 있다. 국가개발계획청의 권한은 과거 한국의 경제기획원(EPB)에 비하면 작은 편이다. 최근 재무부의 권한이 강화되면서 사업 부처의 목소리가 상대적으로 약화되는 경향이 있다. 또한 각 부처는 의회와의 사전 협의 때 부처별 실행계획과 예산안에 대해 의회 내 해당 분과와 직접 협의를 진행한다는 점도 부처의 권한을 강화하는 장치이다.

인도네시아는 예산편성 과정의 투명성을 제고하기 위한 노력을 경주해 왔다. 그러나 아직도 많은 문제가 남아 있다. 특히 예산편성 및 심의 과정에 많은 시간과 노력이 투입되는 예산서 작성 관행은 여전하다. 예산 편성 과정이 지나치게 길고 복잡하여 많은 행정력이 낭비되고 있는 반면 그 내용은 잘 지켜지지 않고 있다. 특히 원유가격에 대한 과소 추정으로 인해 예산안이 거의 매년 수정되고 있어 예산안에 대한 신뢰도를 저하시키고 있다.

### 2) 예산편성 과정[8)]

#### (1) 소요재원 파악(매년 2~3월)

매년 2월 경 재무부 재정정책국에서는 각종 경제지표를[9)] 예측하여 다음 연도의 정부 수입 예상치를 내어놓고 정부 부채 목표를 감안하여 재정지출 한도를 정한다. 이를 위해 관련 부처로 위원회를 구성하는데 재무부 장관을 위원장으로 하여 국가개발계획청, 국가통계청, 중앙은행, 천연자원부, 경제산업조정부[10)]가 참여하게 된다. 이들 기관은 자체의 전망치를 가지고 논의를 벌여 각종 경제지표에 대한 전망치에 합의를 보는데 하나의 예측치를 내어놓기보다는 구간으로 제시하는 것이 보통이다. 구간 내에서 하나의 전망치를 정하는 것은 5~6월 중 행정부와 의회의 협의에 달려 있다.

경제지표 예측 중 늘 현실과 괴리가 큰 것은 원유가격이다. 인도네시아에서는 늘 실제 원유가격보다 크게 낮게 전망을 해왔다. 물론 최근 원유가격이 중동사태, 투기적 수요 등으로 예측하기 어려웠던 것은 사실이다. 그러나 인도네시아 특유의 중앙-지방 간 수입 배분 구조가 더 중요한 이유이다. 원유 판매 수입의 배분은 예산안에 포함된 원유가격 예측치를 기준으로 하고 있기 때문이다. 실제 원유가격이 예측치보다 높거나 낮다고 해도 정부는 예측치를 기준으로 재원을 배분해야 한다. 따라서 정부로서는 지자체에 대한 수입 배당을 줄이기 위해 가급적 원유가격을 낮게 예측할 유인을 가지고 있다. 재정정책국은 수입 전망치에서 몇 가지를 차감하여 활용 가능한 정부 수입 규모를 예산실에 보낸다. 대표적인 차감 항목은 경제위기 대비용 예비비, 석유 보조금 규모, 지방정부에 대한 이전 규모, 이자 지출

---

8) 이하의 논의는 Blondal, Hawkesworth, & Hyun-Deok Choi(2009)의 2·3절 내용을 근간으로 작성되었다.

9) 경제성장률, 환율, 이자율, 물가상승률, 석유 및 원유가격이 대표적인 지표들이다.

10) Co-ordinating Ministry for Economy, Finance and Industry · 인도네시아는 부처 간 업무를 조정하는 부처를 세 개나 두고 있다.

등이다.

예산실은 재정정책국의 자료를 바탕으로 3월경 총 가용재원을 재량 지출과 비재량 지출로 배분한다. 재량 지출은 대체로 사업예산, 비재량 지출은 인건비, 경상비 등 운영예산에 해당한다. 예산실은 비재량 지출의 각 항목별로 올해 대비 상승률을 결정한다. 제로베이스에서 항목의 존폐를 검토하지 않으므로 일단 비재량 지출에 포함되면 그 예산 항목은 거의 항구적으로 존속된다고 보아도 무방하다.

### (2) 신규 사업 중 우선순위 설정(매년 3~5월 중순)

국가개발계획청은 연초부터 5년 중기계획을 참고하여 내년도 실행계획 편성의 우선순위와 기본 방향에 대한 논의를 진행한다. 3월 중 재무부로부터 재량 지출 사업의 규모를 통보받고 국가개발계획청은 연초의 논의를 바탕으로 각 부처에 하달할 단년도 실행계획 수립지침을 마련한다. 이 과정에서 대통령실 및 부통령실과 긴밀한 협의가 일어난다. 물론 사업을 담당하는 개별 부처가 참석하여 의견을 개진하기도 하나 기본적으로 실행계획 편성 지침은 하향식(top-down)으로 이루어진다. 이 협의 과정을 거쳐 3월 내각회의에서는 부처별 실행계획 수립지침과 부처별 지출 한도를 확정하게 된다. 국가개발계획청과 재무부는 공동으로 설명회를 갖고 이 지침과 지출 한도를 각 부처에 시달한다.

개별 부처는 실행계획 수립지침과 부처별 지출 한도 내에서 부처별 실행계획안을 편성하여 두 예산 관련 부처에 제출한다. 부처별 실행계획안에 예산계획도 포함되는 것은 물론이다. 4월 중에는 두 부처와 사업부처 간의 협의가 일어난다. 국가개발계획청이 부처별 실행계획안과 5년 중기계획의 조응성 점검에 초점을 맞춘다면 재무부는 각 사업별 예산 규모의 적절성을 주로 검토한다. 그 과정에서 부처별 지출 한도가 조정되는 일은 매우 드물다. 그러나 그 한도 내에서는 부처의 초안에 변화가 가해지는 경우는 흔하게 발생한다.

4월 말에서 5월 초 국가개발계획청은 지방정부, 각종 시민사회단체와의 협의회(Musrenbang)를 통해 의견을 수렴한다. 이 과정은 중앙정부의 예산편성 방침이 지방정부에 전달되는 수단이기도 하다. 그러나 단순한 의견 수렴이나 정보 전달에 그치지 않고 협상과 조정이 일어나는 매우 동적인 과정이다.

대통령은 5월 중순까지는 내각회의를 열어 내년도 범정부적 실행계획안을 확정하도록 되어 있다. 대통령은 회의를 개최하여 국무위원과 각 국가기관의 장에게 범정부적 실행계획의 중요성을 강조한다. 그런데 이 범부처 실행계획안은 5년 중기계획의 구조에 따라 160개 사업으로 되어 있다. 이 사업들은 부처별로 소관이 명확히 나뉘어 있는 것은 아니어서 그 중 30개 사업은 복수의 부처가 공동으로 수행하도록 되어 있다. 예산은 결국 부처별로 편성되므로 이는 결국 범부처적 실행계획상의 사업 구분과 부처별 예산상의 사업 구분이 일치하지 않는다는 것을 의미한다. 자연히 실행계획과 예산의 연계는 약화되게 된다. 이를 해결하기 위해 나중에 설명되는 성과주의 예산개혁이 논의되고 있다.

### (3) 의회와의 사전 협의(5월 중순~6월 중순)

행정부는 내각회의에서 범정부적 실행계획안을 확정하고 이를 즉시 의회에 「재정정책과 예산 우선순위」라는 보고서를 제출한다. 이 보고서는 예산안과는 다르며 예산편성의 1단계였던 재정정책국의 거시변수 전망, 국가 부채 한도, 수입 전망, 재량・비재량 지출 한도에 대한 내용을 담고 있다. 이 보고서와 함께 예산편성의 2단계에서 작성한 범정부적 실행계획안과 부처별 실행계획안도 같이 제출된다.

의회에는 11개의 분과위원회가 있으며, 각 위원회에서 한 명씩 대표자를 선정하여 총괄기능을 수행하는 예산위원회를 구성한다. 재무부와 국가개발계획청은 먼저 경제재정을 담당하는 제11 분과위원회와 협의를 거친 후 최종적으로 예산위원회와 협의해야 한다. 그 협의 과정은 크게 두 단계로 구성되는데 먼저 재무부 재정정책국과 의회는 구간으로 설정되었던 경제 전망치를 하나의 숫자로 결정하는 협의를 진행한다.[11] 에너지 보조금과 지방정부 재정이전 규모도 이때 결정된다. 두 번째로 개별 부처는 부처별 실행계획안, 그리고 그와 관련된 예산안을 의회 내 해당 분과위원회와 협의한다. 이 과정에서 부처별 지출 한도가 변하는 경우는 거의 없으나 한도 내 구성은 종종 변화한다.

### (4) 예산안 확정(6월 중순~8월 중순)

의회와의 사전 협의가 끝난 후 재무부는 각 부처의 사업예산 한도를 잠정 확정한다. 각 정부 부처는 중기재정계획에 의거 작성하는 부처별 실행계획안을 최종 확정하게 된다. 그 과정에서 의회의 분과위원회와 비공식 협의가 일어나기도 한다. 부처별 실행계획안이 확정된 후 각 부처는 이를 각 부처별 예산안으로 전환하는 작업을 한다. 그리고 부처별 실행계획안과 예산안을 7월 중순까지는 국가개발계획청과 재무부에 제출하도록 되어 있다. 국가개발계획청은 각 부처별 실행계획안이 범부처 실행계획안의 내용을 잘 반영하고 있는지를

---

11) 2013년 예산 산정 시 가정으로는 경제성장률 6.8%, 인플레이션 4.9%, 환율(루피아/달러) 9,300, 3년 만기 국공채 수익률 5%, 인도네시아 Crude Oil(달러/배럴) 100 등이다.

확인한다. 반면 재무부 예산실은 부처별 예산 한도가 잘 준수되는지를 점검하며 단가 등 세부 내역의 적절성도 체크한다. 그러나 그 과정에서 전년도 예산사업의 성과에 대한 정보가 잘 활용되고 있지는 못하다.

이상의 과정을 거쳐 재무부는 예산안을 확정한다. 예산안에는 예산 내역 외에도 경제 전망, 정부 세수 전망 등 다양한 정보가 포함된다. 범정부적 실행계획안도 예산안의 부록으로 첨부된다. 대통령은 8월 16일 의회 연설을 통해 예산안을 상정하는 것이 관례이다. 인도네시아는 8월 17일이 독립기념일인데 그 하루 전날 예산안이 상정되는 것이 전통이 되어 있다.

### (5) 국회 심의와 부처별 실행예산지침 마련(매년 8월 중순~연말)

의회는 상정된 예산안을 심의하여 10월 31일까지는 승인을 하도록 되어 있다. 그러나 인도네시아에서는 의회의 공식 승인을 받은 후에도 의회의 분과위원회에서 특정 사업예산의 배정을 유보시킬 수 있는 권한을 가지고 있다. 간혹 다음 회기 연도가 시작한 후에도 예산 배정이 유보되는 일이 종종 발생한다. 2007년에는 전체 예산 규모의 45%가 지연되는 사태도 있었다. 의회의 공식 승인과 배정 승인이 난 이후 재무부는 각 부처에 예산을 배정하며 각 부처는 실행예산지침을 만들어 집행을 시작한다.

### (6) 예산집행과 예산안 수정(다음해 8월 중)

전년도에 확정된 예산안이 경제 상황과 불일치하는 경우 예산안에 대한 수정안이 8월 중 발의된다. 2001년 이후 수정예산안은 전체 예산의 평균 13%에 달했다. 회기 연도 종료 네 달을 앞두고 이와 같은 대폭 수정이 일어날 경우 이는 당초 예산안의 신뢰도를 저하시키고 집행 단계의 어려움을 가중시킨다. 이와같이 예산안 수정이 빈번한 이유는 지방정부에 대한 보조 규모를 줄이고자 원유가격을 늘 과소 추정하기 때문이다.

예산의 집행에서도 대부분 연말에 집행이 집중되는 등 대체로 집행률이 매우 느린 편이다. 이는 의회로부터의 배정 승인이 늦어지는 것이 한 요인이며 조달 절차에 많은 시간이 소요되는 것도 중요한 요인이다. 조달청의 독립성을 강화하고 실효성 있는 전자 조달 시스템을 도입할 필요가 있다. 5년도 중기계획이 단년도 계획에 반영되고 이것이 다시 단년도 예산안으로 연계되는 방식이므로 5년 중기계획에 대응되는 다년도 예산편성 개념이 없다. 이 때문에 사업 종료에 수년이 소요되는 대형 국책사업의 예산 배정과 집행이 차질을 겪는 경우가 많다. 대형 국책사업의 경우 다년도 예산편성 제도를 도입하여 5년 중기계획의 실행력을 높일 필요가 있다.

## 제 3 절 재정관리 체계

### 행정부 내부의 재정 감독

인도네시아의 정부 부채가 GDP에서 차지하는 비율은 2000년 이후 지속적으로 감소하고 있다. 1997년에는 거의 100%에 달했으나 2000년에는 80%, 2005년에는 47%로 떨어졌고 중기계획이 완료되는 2014년까지 이를 24%로 낮추는 목표를 가지고 있다. 2012년 현재 IMF에 의하면 25% 수준으로 예상되고 있어 목표 달성은 어렵지 않을 것으로 보인다. 그리고 앞으로 그 수치는 더 떨어질 것으로 예상되고 있다. 인도네시아의 재정관리 체계가 성공할 수 있었던 요인은 기본적으로 재정 수입의 확보가 용이했던 점을 들 수 있다. 그러나 그 밖에 재정관리 노력의 역할도 무시할 수는 없다.

먼저 2005년에 발표된 재무부의 부채관리 전략은 대체로 큰 방향성만을 제시하고 있으나 부채 감소에 중요한 역할을 수행했다. 외환 부채, 특히 일본 엔화 부채의 규모를 축소하고 국내에서의 국채 발행을 중시했으며 가급적 고정 이자율을 적용하고자 했다. 향후 이러한 규정을 좀 더 구체화하고 정보공개를 확대할 필요가 있다. 위의 부채관리 전략을 추진하기 위해 정부부채관리국을 설치한 것도 주목할 만하다. 그 전에는 정부 부채를 관리하는 기능이 재무부 내에서도 분산되어 있었는데 이를 통합 관리하는 부서가 생기게 되어 부채관리의 통합성과 추진력이 커지게 되었다.

재정감독제도를 수행하는 대표적인 기구는 재무개발감독원(Finance and Development Supervisory Agency: BPKP)이라고 할 수 있다. 재무개발감독원은 행정부 내에서 재무 분야의 감사원 역할을 한다. 감사원은 행정부와 독립적인 외부 감사를 수행하는 반면 재무개발감독원은 내부 감사 기능이라고 볼 수 있다. 재무개발감독원은 원래 재무 및 회계감사를 통해 문제 분야를 적발하고 이를 처벌하는 기능이 중심이었으나 최근 사전적으로 예산 사용의 적절성 교육, 재무 관련 문제 분야의 조기 발견 등을 통해 부패와 비효율의 가능성을 차단하는 노력을 강화하고 있다.

구체적인 업무는 크게 네 분야로 나뉜다. 첫째, 감사 분야로서 수입, 지출을 포함하는 중앙정부의 재정 전반, 공기업의 재무 성과, 해외 차입이나 공여자금, 공식 수입으로 잡히지 않는 각종 정부 수입, 기타 부패 소지가 있는 자금의 흐름 등 매우 광범위한 기능을 수행하도록 되어 있다. 둘째, 컨설팅 혹은 평가 기능으로서 정부부처의 성과관리 시스템(Government Agencies Performance Accountability Systems)은 물론, 지방정부의 재무회계 시스템(Regional Government Financial Accounting System), 중앙 혹은 지방공기업의 지배구조에까지 광범위한 발언권을 가지고 있다. 셋째, 부패 척결을 위한 역할도 중요하다. 물론 인도네시아에서 반부패의 핵심적인 역할은 부패조절위원회(Corruption Eradication Agency: KPK)가 수행하고 있으나 반부패의 중요한 단서인 자금의 흐름과 관련해서는 재무개발감독원이 한 축을 담당하고 있다. 끝으로 감독원 내에 감독교육훈련센터(The Centre of Supervisory Education and Training)를 두어 공공 부문에 대한 회계 전문가를 양성하고 인증을 하는 기능을 수행한다.

재무개발감독원의 역사는 1936년에 재무부 국고국에 공공 부문 회계보고서 작성의 기준 제시와 감독을 위한 기능으로 설치되면서 시작된다. 독립 후에도 유사한 조직이 유지되다가 1966년 재무부에 별도의 국(Directorate General of State Finance Control)으로 확대 개편된다. 그러면서 예산에 대한 전반적인 감독 기능을 가지게 된다. 그러다가 1983년에 재무부로부터 독립하여 현재의 재무개발감독원으로 출범하게 된다. 재무와 개발 분야를 감독한다는 의미는 인건비 등 경직성 경비만이 아니라 투자 예산 분야도 감독한다는 의미를 담고 있다. 그 후 2005년, 2008년의 법 개정을 거치면서 재무개발감독원의 역할과 기능은 지속적으로 강화되어 왔다.

인도네시아는 정부 부처 외에도 2011년 현재 142개의 공기업이 정부투자 사업에서 매우 중요한 역할을 하고 있다.[12] 이들 공기업의 총괄 관리는 공기업부(Ministry of State-Owned Enterprises)이다. 공기업부는 공기업 임직원 선임, 평가 및 보상 등 내부 거버넌스와 관련된 업무를 중심으로 하면서도 공기업과 개별 부처 간의 사업을 지원하는 역할도 수행하고 있다. 인도네시아는 향후 공기업부 전체를 지주회사 체제로 전환할 계획을 가지고 있다. 공기

12) 2010~2014년 중 전체 국가투자사업의 약 18%를 공기업이 담당하도록 되어 있다. 이는 1,239개에 달하는 지방정부 산하 공기업은 제외한 수치이다(국가개발계획청; Effective Public Spending: The Case of Infrastructure, 2012 OECD Global Forum on Development, Feb.29th 2012). 2009년 자료이기는 하나 공기업의 매출과 순이익이 GDP에서 차지하는 비중은 18%와 2%였다. 2009년 정부 수입의 12%를 공기업이 제공했다(Ministry of State-Owned Enterprises of Indonesia, Towards the World Class Corporation, 2010).

업의 주요 분야는 교통 인프라, 물류, 건설 관련 분야가 총 41개로 가장 많고 플랜테이션, 농업 지원사업, 산림업, 어업 등 1차 산업이 28개, 은행, 보험 등 금융 분야가 22개로 그 뒤를 잇고 있다. 많은 공기업이 있으나 그 중 26개 대규모 공기업이 전체 공기업 수입의 90%, 자산의 92・5%를 차지하는 등 규모의 편차가 크다. 매출 기준 공기업 순위는 석유가스공기업, 전력공기업, 통신공기업, 은행공기업, 비료공기업 등이다.13)

##  행정부 외부의 재정관리

행정부 외부의 재무관리는 의회와 최고감사원이 수행한다고 보면 될 것이다. 행정부는 회기 연도의 6개월이 지난 후 반기 보고서를 의회에 제출해야 하며 회기연도가 끝난 후에는 결산서를 의회에 제출한다. 그러나 한국과 마찬가지로 의회에 의한 결산 심의는 상대적으로 느슨한 편이다. 더구나 앞서 말한 재무개발감독원, 그리고 다음에 설명할 감사원의 기능이 있어 의회의 재정관리 기능은 상대적으로 약한 편이다.

행정부 외부의 재무관리 기능은 최고감사원(The Supreme Audit Board: BPK, 이하 감사원)이 수행하고 있다. 감사원은 대통령, 의회, 대법원, 헌법재판소 등과 같은 독립적인 헌법기구이다. 대통령 직속으로 되어 있는 한국과 달리 진정한 의미의 외부 감사 기능을 수행하도록 하는 장치이다. 1998년 이전의 권위주의 시절에는 사실상 대통령의 영향력 하에 있었으나 최근 독립성을 확보해 가는 과정에 있다. 감사원은 중앙 및 지방정부는 물론 그 공기업과 정부산하기관 전반에 관한 감사 권한을 부여하고 있다. 1990년대에는 감사원의 감사권이 일부 정부 지출에만 국한되고 있었고 민감한 분야인 조세 분야, 비조세 정부 수입, 해외 원조 및 차관, 공기업, 군부의 수입과 지출은 아예 감사하지 못하도록 되어 있었다. 그러한 기능은 앞서 설명한 재무개발감독원이 수행했다. 권위주의 시대에는 민감한 재정 분야를 행정부 외부 감사기관에 맡기고 싶지 않았을 것이다.

그러다 2006년 법 개정을 통해 감사원의 독립성과 입법부에 대한 책무성이 강화되었다. 과거 수하르토(1966~1998) 정부에서는 행정부가 조직, 인사, 예산권을 통해 감사원을 통제했으나 이제는 감사원 예산은 입법부에서 직접 나오게 되며 조직과 인사권을 자체적으로 행사하게 되었다. 현재 감사원은 행정부에 대한 감사 결과를 입법부에 제출하도록 되어 있다.

---

13) Ministry of State-Owned Enterprises of Indonesia, The Opportunities and Challenges of IFRS Adoption, 5th IFRS Regional Policy Forum & International Seminar, Bali, 24th May 2011.

# 제 4 절 재정(예산)개혁의 내용과 성과

인도네시아의 예산제도는 1997~1998년의 경제 및 정치 위기를 겪으면서 많은 변화를 겪게 된다. 특히 2003~2005년 중 많은 제도적 변화가 일어났다. 여러 재정개혁 중 가장 중요한 사항에 대해 설명하고자 한다.

## 1 재정의 법제화

먼저 1997년 이전의 예산제도는 네덜란드 식민 시대의 편성 방식에서 크게 다르지 않았다. 총독부 안에서 만들어지던 것이 대통령실의 영향력 하에 있는 내각에서 이루어진다는 점이 다를 뿐이었다. 과정은 불투명했고 예산편성에 대한 책임성도 희박했다. 그러던 것이 2003~2005년 중 많은 법령이 동시다발적으로 제정되었다. 더욱이 의회에서의 치열한 논의 없이 거의 만장일치로 통과되었다. 합의 형성을 추구하다 보니 법률 규정이 해석상의 모호함을 많이 남기고 있다는 점이 문제로 지적되기도 한다.

먼저 국가재정법(The State Finances Law, 2003)은 예산편성의 절차와 시기를 규정하고 국가재정의 관리와 책무, 나아가 중앙과 지방 간의 재정적 관계를 설정하고 있다. 국가회계법(The State Treasury Law, 2004)은 재무부의 역할과 정부회계 및 공적 기금에 대한 규정을 담고 있다. 국가계획법(The State Planning Law, 2004)은 국가개발계획의 수립 절차와 국가개발계획청의 역할을 규정하고 있다. 지방자치법(The Regional Governance Law, 2004)은 1999년에 만들어진 법을 대체한 것으로서 지방자치단체의 역할을 설명하고 있다. 지자체의 역할은 교육, 보건, 인프라, 농업, 산업, 교통, 토지, 노동, 환경, 무역 등 모든 분야에 걸쳐 있다. 균형재정법(The Fiscal Balance Law, 2004) 역시 1999년에 만들어진 법을 대체한 것으로서 지방정부의 재정건전성 유지를 위해 제정되었다. 지자체의 기금관리, 수입 창출 권한, 중앙정부로부터의 재정이전 등이 포함되어 있다. 국가감사법(The State Audit Law, 2004)은 감사원의 역할과 기능을 규정하고 있으며 의회에 자료를 제출할 책임을 부여하고 있다. 눈여겨볼 대목은 국가재정법(재무부)과 국가계획법(국가개발계획청)이 별도로 제정되어 있고 또 각기 다른 부처에 의해 운영되고 있다는 점이다.

##  계획 기능과 예산 기능의 통합성 강화

대부분의 OECD 국가는 기획 혹은 계획 기능이 예산과 통합되어 있다. 한국도 예외는 아니어서 경제기획원(1961~1994), 재경원(1994~1998), 기획예산위원회(1998~1999), 기획예산처(1999~2008), 기획재정부(2008~ ) 등을 거치면서 기획(계획) 기능과 예산 기능은 늘 한 부처에 있었다. 그러나 인도네시아에서는 두 기능이 재무부(예산)와 국가개발계획청(계획)에 분산되어 있다.

경제관리 부처의 기능은 크게 기획(계획), 예산, 경제정책, 세입, 국고, 금융 기능으로 대별해 볼 수 있다. 과거 1960년대에서 80년대의 경제기획원은 앞의 세 기능을, 재무부는 뒤의 세 기능을 수행한 바 있다. 2000년대의 기획예산처는 경제정책 기능을 재경부에 물려주고 앞의 두 기능을, 재경부는 뒤의 네 기능을 수행했다. 반면 인도네시아의 국가개발계획청은 기획(계획)을 맡고 예산은 재무부와 나누고 있는 형태이다. 위의 기능들을 어떻게 묶어 부처를 만들 것인지는 많은 나라의 오랜 고민이다. 모든 기능을 한 부처에 몰아주어 한국의 재정경제원이나 기획재정부와[14] 같은 거대 부처를 만들면 이 문제는 해결된다. 그러나 이는 거대 부처의 비효율이 문제가 된다. 실제로 재정경제원의 비효율은 1997년 경제위기를 초기에 인지하지 못한 배경으로 지목되기도 한다.

예산 기능이 기획(계획) 기능과 통합되어 국가개발계획청으로 가는 대안도 생각할 수 있다. 경제개발계획을 예산으로 뒷받침해야 하며 경제부처인 재무부의 논리가 아닌 중립적인 시각에서 계획을 수립하고 예산을 편성해야 한다는 논리이다. 반면 예산 기능은 세입과 같이 보아야 하며 경제정책 조율의 한 수단으로 활용되어야 한다는 논리에 입각하면 예산권은 재무부로 가야 한다. 인도네시아는 이를 적절히 조화하는 모델을 택하고 있다. 중기계획과 관련된 사업예산 편성은 국가개발계획청이, 인건비 등 운영예산은 재무부가 나누어 맡고 있다.[15] 예산권의 향배에 대한 두 논점의 장점을 모두 취한 타협안으로 평가할 수 있다.

이렇게 예산편성권을 분리한 당초 취지는 개발예산을 강조하고 두 부처의 책임성을 강화

---

14) 금융 기능은 2008년 재정경제부에서 금융위원회로 이관된다.

15) 사업예산을 담당하는 국가개발계획청이 재무부 내 예산국에 비해 다른 부처들과의 업무 관련성이 더 높다고 볼 수 있다. 두 부처 모두 다른 부처를 담당하는 과를 두고 있으나 재무부는 예산국만 그러한 체제로 되어 있는 반면 국가개발계획청은 부처 전체가 다른 부처 담당 체제로 되어 있어 훨씬 세분화되어 있다. 인력 구조도 재무부는 대체로 경제, 금융, 회계 전문가가 중심인 반면 국가개발계획청은 더 다양한 전문성을 갖추고 있다.

하기 위한 것이었다. 그러나 운영예산과 사업예산 간에도 우선순위 설정이 필요한 경우가 있었으나 그러한 조정이 어렵게 되는 부작용이 발생했다. 이에 따라 운영예산과 사업예산을 통합하여 재무부가 하나의 예산안으로 만드는 개혁을 추진하게 된다. 재무부가 예산 과정의 절차를 관장하면서 국가개발계획청의 의견을 참고하는 방향으로 변화가 이루어지고 있다.

## 3 부처 간 칸막이 제거

인도네시아 정부는 정부예산으로 잡히지 않으면서도 각 부처가 자체 수입으로 조성하는 비예산 수입을 축소하고자 노력하고 있다. 비예산 수입의 첫번째 예는 부처별로 운영하는 기금이었다. 이 기금은 특정 세목에 부가되어 조성되는데 예산 당국의 통제에서 벗어나 각 부처별로 자유롭게 사용되었다. 두 번째는 각 부처별로 자체 수익사업에서 조성한 수입이었다. 대표적인 것이 군(軍)으로서 이러한 개혁 전에는 군이 정부예산 없이도 거의 재정 자립을 할 수 있을 정도로 비예산 수입이 큰 비중을 차지했다. 세 번째 예는 각 부처가 국유재산의 운영권 내지 개발권을 특정인이나 민간기업에 나누어 주고 얻는 수입이다. 이와 같이 각 부처, 군이 예산 당국 통제 밖의 자체 수입으로 많은 비용을 충당하는 제도와 관행은 국가적 우선순위 설정에 칸막이를 치게 되어 자원의 효율적인 배분을 어렵게 했다. 그보다 더 심각한 것은 심각한 부정부패의 원천이라는 점이다. 사실 이러한 개혁은 아직도 진행형이다. 이는 단순히 재정개혁의 문제가 아니라 부정부패와의 싸움이며 행정부와 군과의 세력 싸움이기도 하기 때문이다.

## 4 행 · 재정의 분권화

1998년의 민주화 열풍은 지방에도 미치게 된다. 자원이 풍부한 일부 주(州, province)에서는 독립을 요구하는 목소리까지 나오게 된다. 정부는 이에 대폭적인 지방분권으로 독립의 목소리를 약화시키고자 한다. 정부는 지방자치단체에 권한을 이양하면서도 32개 주(州)의 아래 단위인 400여개 군(郡, region)에 초점을 맞추고 있다. 주(州)로의 권한 이양은 실질적 독립의 위험성이 커지기 때문이다.

분권화 노력 중 가장 대표적인 것은 250만 명에 달하는 공무원을 지방공무원으로 전환시킨 것이다. 이러한 노력의 결과로 중앙과 지방을 포괄하는 전체 지출에서 지방정부가 차지하는 비중은 과거 10% 이하에서 30% 수준에까지 올라섰다. 그러나 이는 지방정부의 재정자립으로 인한 것이 아니며 중앙정부의 지원이 많아졌기 때문이다. 그 중앙정부의 지원도 대부분은 중앙공무원을 지방공무원화하고 인건비를 지원했기 때문이다. 특정 지방정부에 대한 지원은 지자체의 10% 매칭 펀드가 요구되는데, 이러한 보조금은 중앙정부의 지방정부 지원 총액의 10% 정도에 불과하다. 중앙정부 지원의 약 70%는 지방정부에 대한 인건비 지원이라고 보면 된다.

##  성과주의 예산제도와 e-planning

재무부는 2010년 성과주의 예산제도를 확립하기 위한 첫 시도로 각 부처로 하여금 2011년도의 산출목표(output target)를 수립하도록 했다. 이를 위해 전 부처를 대상으로 자체 혹은 세계은행과 공동으로 워크숍을 개최하기도 했다. 성과주의를 확립하기 위해서는 사업별 예산을 부처 내 부서별 예산으로 전환해야 한다. 성과에 대한 책임은 결국 각 부서가 지는 것이기 때문이다. 과거 재무부는 인건비 등 운영예산을 담당하고 있어 상대적으로 성과주의에 대한 관심이 높지 않았다. 그러나 예산일원화 이후 재무부의 성과주의에 대한 관심도 높아가고 있다. 반면 국가개발계획부는 5년 단위 중기개발계획에 의거한 사업별 예산에 초점을 두고 있어 부처별, 부서별 책임을 묻는 성과주의를 적용하기가 쉽지 않은 상황이다. 성과주의 예산에서는 재무개발감독원(BPKP)의 기능도 중요한데 재무부와 국가개발계획청 간의 업무 충돌로 제대로 사업이 추진되고 있지 못하다. 인도네시아에서는 부처 간 업무 관할 다툼이 잘 조정되지 못하는 경우가 많은데 이로 인해 사업이 추진되지 못하는 상황이 자주 발생한다. 향후 성과주의를 강화하여 예산지출 이후에 대한 사후통제 중심으로 전환할 필요가 있다.

국가개발계획청은 성과주의 예산의 인프라를 구축하기 위해 e-planning 사업도 추진 중에 있다. 이 사업은 전자정부사업의 일환으로서 예산편성과 자금 배정을 전자화하여 업무의 효율성과 투명성을 제고하고자 하는 사업이다. 국가개발계획청은 이미 다양한 전자정부 시스템을 운영하거나 개발 중에 있는데 2008년에는 전자 조달 시스템과 문서관리 시스템이 도입되었으며 2009년부터는 예산편성과 자금 배정을 전자화하는 사업이 시작되었다.

e-planning 사업은 순조로운 진척을 보여, 2011년 시험 단계에 접어들었다. 시스템의 안정화를 이룰 시간은 다소 필요하며 아직 활용이 본격화되지는 않고 있다. 현재 이 시스템은 국가개발계획청 내부의 시스템에 머물러 있어 향후 다른 부처와의 연계를 더욱 강화할 필요성이 제기된다. 아울러 전자정부 시스템의 활용도 제고를 위해서는 직원들이 그 필요성과 활용 방법을 이해하는 것이 필수적이라는 점을 강조하고 싶다. 향후 예산편성 과정이 신속하고 투명해지면서 직원들의 업무효율성이 크게 향상될 것으로 기대된다.

##  에너지 보조금 축소

에너지 보조금 축소는 인도네시아 재정개혁의 최대 현안이다. 인도네시아는 세계 최대 수준의 LNG 수출국이지만 에너지 수요의 약 절반을 석유에 의존하고 있다. 따라서 정부는 막대한 보조금으로 석유 등 에너지 가격을 낮게 유지해 왔다. 국민들의 소비구조는 낮은 에너지 가격에 익숙해 있다.[16] 2013년 예산안을 보면 전체 지출의 약 2/3는 중앙정부가 직접 지출하고 있으며, 1/3은 지방정부에 대한 교부금으로 나타나고 있다. 중앙정부 지출 항목 중 가장 큰 것은 에너지 보조금이다. 2012년의 에너지 보조금은 중앙정부 지출의 1/5 수준이었다. 그러던 것이 2013년의 에너지 보조금은 2012년에 대비하여 36% 증가했다. 이에 따라 에너지 보조금은 중앙정부 지출의 1/4 수준에 이르게 된다.

현재 인도네시아 정부 지출에서 가장 시급한 것으로 꼽히는 것은 인프라 예산이다. 그러나 인프라 투자예산은 최근 에너지 보조금을 상회한 적이 없다. 증가세에서도 2013년은

**표 3-1 2013년 정부 예산안** (단위: 조 루피아)

| 구분 | 2012 | 2013 |
|---|---|---|
| 수입 | 1,358.2 | 1,507.7 |
| 지출 | 1,548.3 | 1,657.9 |
| 중앙정부 지출 | 1,069.5 | 1,139.0 |
| 투자 지출 | 168.7 | 193.8 |
| 에너지 보조금(연료+전기) | 202.4(137.4+64.9) | 274.7(193.8+80.9) |
| 지방교부금 | 478.8 | 518.9 |

출처: 인도네시아 재무부, KOTRA 홈페이지에서 재인용.

16) 인도네시아는 아세안 1위 자동차 시장이자 세계 3위 오토바이 시장이다.

2012년 대비 15% 증가에 그쳤다. 현재 인도네시아에 절실한 인프라 투자의 발목을 잡고 있는 것은 에너지 보조금이다.[17]

그러나 에너지 보조금 축소는 인도네시아에서 매우 정치적인 문제이다. 인도네시아는 1980년대 원유 생산이 정점에 달했을 시점에 마침 원유가격이 고공 행진을 하여 막대한 정부 수입을 얻은 바 있다. 당시 수하르토는 이러한 정부 수입을 바탕으로 에너지 보조금, 농업 보조금 등 각종 시혜적 정책을 펼쳐 국민적 지지를 유지해 나갈 수 있었다. 그 후 인도네시아의 원유 생산이 줄면서 이러한 보조금 정책을 유지하기 어려워지게 되었다. 그러나 낮은 석유가격에 길들여진 국민들의 소비 행태는 쉽게 바꿀 수 없었다. 정부는 경제위기 이후 IMF와의 약정에 따라 석유가격을 인상해 연료 보조금을 지속적으로 낮추고자 했다. 그러나 1998년 5월 아시아 금융위기 직후 당시 수하르토 대통령이 유가 인상을 추진한 것은 그를 권좌에서 물러나게 한 직접적인 계기가 되었다. 2004년의 대선에서 격돌한 메가와티와 유도요노는 당선 후 모두 석유가격을 올리지 않겠다고 공언할 정도였다. 공언과는 달리 유도요노 현 대통령은 집권 후 재정난에 직면하여 2005년과 2008년에 석유가격을 인상하지 않을 수 없었다. 반발을 무마하기 위해 저소득층에게 현금 지원 프로그램을 선물로 제시하기도 했으나 국민적 저항을 피해 가기는 어려웠다. 2009년 재선을 건 대통령 선거를 앞두고 유도요노 대통령은 당시 하락하고 있던 국제 유가를 등에 업고 에너지 가격을 크게 낮추는 정책을 발표한다. 이는 지지율 60.8%의 압도적인 승리를 가능케 한 중요한 요인으로 인식된다.

에너지 보조금 축소정책의 한 축을 담당하는 의회는 이 문제에 대해 상대적으로 목소리를 높이지 않는다. 국민의 환심을 잃지 않기 위해 보조금 정책의 축소를 반대하기는 하지만 진정으로 이를 막으려 하기보다는 이를 이용하여 다른 예산사업을 얻어 내는 데에 더 큰 관심을 두고 있다. 보조금 정책이 전 국민을 대상으로 하는 것이어서 보조금 축소 여부가 특정 정당의 지지도에 별 영향을 미치지 않기 때문이다. 그보다는 보조금 축소를 반대하다가 이를 조용히 용인하면서 각 정당마다 목표로 하는 예산안을 따내는 것이 관례처럼 되어 있다. 에너지 가격 인상의 모든 책임이 대통령에게 집중되는 구조인 것이다.

인도네시아 정부는 2012년 4월부터 가솔린 가격을 33% 인상한다고 발표했다. 그러나 강력한 국민적 저항에 직면, 이를 철회했다. 이미 사회복지에 대한 지출도 높아가고 있는 상

17) 인프라 투자는 에너지 보조금을 낮추기 위해서도 필요하다. 인니 정부는 에너지 소비구조를 석유에서 천연가스 중심으로 전환하고자 노력 중이다. 그러나 국내 수송 기반시설이 부족하여 성과를 거두지 못하고 있다. 가스파이프 라인 등에 대한 투자는 에너지 보조금을 낮추는 데에도 일조할 것이다.

황에서[18] 에너지 보조금 축소는 심화되는 재정적자 속에서 꼭 필요한 개혁이지만 정치적으로는 달성하기 어려운 목표처럼 보인다.

## 제 5 절 결론

인도네시아의 예산제도는 기득권 유지를 위한 칸막이가 많아 유연성을 발휘하기 매우 어려운 구조로 되어 있다. 한국에서도 특별회계 및 기금의 축소가 재정개혁의 중요한 과제로 추진되어 왔으나 부처의 반발 속에 늘 기대에 미치지 못하는 성과를 거두곤 했다. 인도네시아 역시 최근 이를 개선하기 위한 노력이 진행되고 있으나 담합이 만연한 사회의 구조적 특성으로 인해 가시적인 개선을 보이고 있지는 않다.

인도네시아의 의회는 한국에 비해 예산 편성권 과정에서 역할이 큰 편이다. 과거에 비해 최근 이러한 경향이 더욱 짙어지고 있다. 그러나 의회는 예산정책 관련된 논의를 벌이기보다는 개별 예산사업에 대한 논쟁에 대부분의 시간을 보내고 있다. 의회의 배정 권한 행사도 지나쳐 다음 회기 연도 중에도 배정을 승인하지 않는 경우가 빈발하고 있다. 인도네시아 의회에서의 심의 과정은 구체적인 예산사업에 대한 논의보다는 예산정책의 큰 방향에 초점을 맞출 필요가 있다.

과거 인도네시아 예산은 운영예산의 편성 주체와 사업예산의 편성 주체가 재무부와 국가개발계획청으로 나뉘어 있었다. 이러한 제도는 사업예산과 중기계획의 일관성을 보장하면서도 재무부에 경제정책 조정의 힘을 실어 준다는 두 마리 토끼를 모두 잡는 절충안으로 보이기도 한다. 그러나 부처의 책임성을 약화시키는 문제가 있어 최근 재무부로 예산권이 이관되어 가는 추세이다. 현재는 다소 과도기적 형태라고 생각된다.

향후 예산편성권은 다음의 세 가지 대안이 가능할 것이다.

첫째, 재무부와 국가개발계획청을 통합하여 과거 한국의 재정경제원과 같은 거대 부처를 형성하는 방안이다. 기획과 예산의 일원화는 쉽게 달성되나 이미 비대하고 강력한 두 부처를 통합하는 것은 조직의 비효율성을 심화시킨다는 우려가 있을 수 있다.

둘째, 현재와 같이 재무부로 예산권을 일원화하고 국가개발계획청은 중장기 계획 수립에

---

18) 2013년 정부예산은 2012년에 비해 18% 증가했으나 이 중 각종 보조금 등 사회보장 관련 예산은 2012년에 비해 22% 증가되었다. 정부예산의 25% 정도가 복지예산에 투입되는 것이다.

만 초점을 맞추는 대안도 가능하다. 그러나 이 경우 중장기 계획 수립은 예산 편성의 기본 방향으로만 작용할 뿐 실제 단년도 예산편성에 활용되기 어려울 수 있다는 점이 한계이다.

셋째, 국가개발계획청으로 예산권을 일원화하는 대안도 생각할 수 있다. 과거 한국의 기획예산처와 유사한 모델이다. 이 경우 경제정책 수립과 예산편성과의 연계성이 문제가 될 것이다. 한국의 경제기획원은 그 연계성 해결을 위해 기획과 예산에 경제정책 기능까지 통합한 모델이다.

조직 구성에 정답은 없다. 각국이 처한 상황에 따라 적합한 모델이 달라질 것이다. 일반적으로 경제개발계획의 중요성이 남아 있는 개발도상국에서는 예산권과 기획(계획) 기능을 통합하는 것이 좋다고 생각된다. 현재는 인도네시아에서는 계획과 예산이 분리되어 계획의 실효성이 약화되는 문제를 피하기 어렵다. 이렇게 보면 인도네시아에 적합한 예산 당국의 모델은 한국의 재정경제원, 경제기획원, 기획예산처 중 하나로 귀착된다. 이 중 어느 모델이 현 시점에서 가장 바람직한지에 대한 심도 있는 연구를 제언하고 싶다.

# 제 4 장 인도네시아의 정부 간 관계와 지방행정*

## 제 1 절 서론

### 1 지방자치의 태동

비록 1993년 지방분권에 관한 법에서 지방행정기관에 대한 언급이 있었지만, 30년의 수하르토(Suharto) 대통령 집권기 동안[1] 인도네시아는 강력한 중앙정부의 국가 시기를 거쳤고, 1998년 5월 수하르토가 실각한 이후 정치적 자유와 지방분권화가 본격화되었다. 그 전에 지방행정 구조는 기본적으로 중앙정부와 지방정부인 2계층으로 조직되었으나 1957년 지방행정기본법(Law No.1, 1957)에서 이를 폐지하고 중앙행정기관의 지방 소재 집행기관으로 전환시켜 2001년까지 지방정부는 존재하지 않고 대신 국가의 지방행정기관(kanwil/kandep, local field administrations)으로만 유지되었다.

그러다가 천연자원이 풍부한 일부 지방자치단체에서의 지역이기주의를 위한 지방분권화가 아닌 효율적이면서도 민주적인 지방자치를 위한다는 더 큰 목적에 따라 지방분권화가 본격화됐다고도 볼 수 있다.

이와같이 시각에서 실질적인 지방분권의 시작은 1999년에 지방 분권화와 지방자치 정책에 대한 법률이 통과되면서부터이다. 이처럼 지방분권이 시작되면서 2004년 새로운 지방정

---

* 이 장은 안영훈 박사가 집필했다.
1) 수하르토 집권 시기(1967~1998)를 '새 질서(New Order) 시대'라고도 한다.

부가 탄생되어 현재의 33개로 만들어졌다. 그리고는 지방정부에 관한 법 22호, 그리고 중앙과 지방정부 간의 재정 균형에 관한 법 No.25가 각각 공포되었다. 이 법률은 크게 민주주의, 평등과 공정, 지역사회 참여와 권한, 지역사회 내 잠재성과 다양성의 인식, 지방법 강화의 필요성 등에 대해 언급했다. 이후 2004년 No.32/33, 2005년 No.3, 2008년 No.12(2004년 No.32 개정), 그리고 지방정부의 지사 역할을 다시 정의한 2010년 No.19 등이 있다 (아래 지방자치 관련 법령 참조).

지방차지의 기능을 강화하기 위해 중앙정부는 국가개발계획(2004~09)을 발표했다. 이를 통해 중앙정부와 지방정부 간의 역할을 명확하게 하고, 지방자치단체 간의 협력 강화, 지방정부연구소 재건설, 지방정부 공무원의 질 향상, 지방정부 재정 능력 강화 등을 강조한 바 있다.

## 2 지방자치 관련 법령

헌법에서 지방자치와 관련된 규정은 제6장 '지방정부'를 규정하고 있는 조항이며, 이러한 지역을 대표하는 지역대표자들이 중앙정치 무대에서 활약하는 기구는 제7장 A의 '지역대표의회(DPD)와 직접 관련이 있다. 지방정부에 직접 관련된 법안에 대해서는 언제든지 이 지역대표의회가 상원의 기능과 유사한 역할을 하기 때문에 국회 입법 과정에 참여하여 의견을 제시할 수 있다. 법률 차원에서는 앞서 언급한 1999년 5월 법률을 시작으로 해서 <표 4-1>과 같은 법률, 대통령령이 지방분권과 직접 관련된 법들이다.

**표 4-1 인도네시아 지방분권 관련 주요 대통령령**

| 법령(대통령령) | 내용 |
|---|---|
| Government Regulation No.25/2000 | 지방정부의 자치권 |
| Government Regulation No.104/2000 | 재정조정기금 |
| Government Regulation No.105/2000 | 지방정부 재정관리 및 책임성 |
| Government Regulation No.107/2000 (Tentang Pinjaman Daerah) | 지방정부 지방채 발행 |
| Government Regulation No.108/2000 (Tentang Tatacara Pertanggungjawaban Kepala Daerah) | 지방정부 지사의 책임성 |
| Government Regulation No.129/2000 (Tentang Persyaratan Pembentukan dan Kriteria Pemekaran, Penghapusan dan Penggabungan Daerah) | 지방정부 설치 · 폐지 · 합병에 관한 대통령령 |

| | |
|---|---|
| Government Regulation No.20/2001 On | 지방자치 거버넌스 체제 및 감독 |
| Government Regulation No.39/2001 (Tentang Penyelenggaraan Dekonsentrasi) | 행정사무의 행정분권적 집행 |
| Government Regulation No.52/2001 (Tentang Penyelenggaraan Tugas Pembantuan) | 행정 업무의 협력적 집행 |
| Government Regulation No.56/2001 (Tentang Pelaporan Penyelenggaraan Pemerintahan Daerah) | 지방자치 거버넌스 보고 |
| Goverment Regulation No.65/2001 | 지방정부 지방세 |
| Government Regulation No.66/2001 | 지방정부 징수제도 |
| Government Regulation 8/2003(Pedoman Organisasi Perangkat Daerah) | 지방정부 조직 구성 |

## 제 2 절 지방행정조직

### 지방자치계층 구조

1998년 지방자치제도를 개혁한 후, 2012년 현재를 기준으로 인도네시아 영토는 지역(Province), 시(Municipalities, Kota), 군(Districts, Kabupaten), 읍면(Desa), 동(Kelurahan)으로 구분된다. 지역은 다시 399개의 군 단위로 나뉘며, 이는 기초지방정부에 해당된다. 'regencies'(kabupaten)의 용어는 네덜란드 식민지 시절부터 전해 온 것이며, 도심권의 경우에는 99개의 cities(kota)가 있다. 시도 군과 마찬가지로 기초지방정부로서의 지위를 갖는다.

**표 4-2 지방정부 계층구조**

| 지방정부 계층 | 대표 통치자 | 명칭 |
|---|---|---|
| 〈33개〉 지방정부<br>Province(Propinsi) | 지방정부 지사 | Governor(Gubernur) |
| 〈399개 군, 99개 시〉<br>기초정부(District, Municipality, Kotamadya Regent) | 시장 | Kabupaten<br>Mayor(Bupati / Walikotamadya) |
| 읍면<br>Sub-district(Kecamatan) | 읍면장 | Sub-district Head(Camat) |
| Ward(Kelurahan) | 소구역장 | Ward Chief(Lurah) |
| Village(Desa) | 마을 | Village Chief(Kepala Desa) |

## 2 지방정부

지방정부(Province)는 집행기관인 장으로서 지사가 있고 입법기관으로 지역대표의회(Dewan Perwakilan Rakyat Daerah, "Regional People's Representatives Assembly")의 의원들을 선출하며 선출직은 모두 5년의 임기를 수행한다. 지방정부는 2000년 이후 7개가 새로 설치되었고, 이 중에서 전국적으로 5개의 특별지방정부가 존재한다. 그 하나는 자카르타 수도권으로서 수도인 자카르타는 '수도 특별지방정부'로 지방정부 지사가 총괄하고, 다시 그 하위 자치계층으로 총 5개의 기초자치구(kota)가 있다. 이에 대해서는 시장이 관할한다. 시장은 자카르타 수도권 지사에 의해 임명된다.

두 번째 특별지방정부는 과거 식민지 시대의 유물로 남은 요기야카르타(Yogyakarta)인데 유일하게 술탄이 실질적인 지역정부 지사로서 평생직의 통치자(Sultan Hamengkubuwono X)이기도 하다. 이에 대해서는 중앙정부의 의지와는 어긋나는 제도이기 때문에 여전히 법적인 다툼은 남아 있는 상황이다. 수세기 동안 요기야카르타의 술탄이 통치를 해왔던 지역이기 때문이지만, 최근 중앙정부가 제안한 법에 따르면 선출을 통해 지방정부의 지사를 선출하는 것으로 했지만 현실적으로 적용되지 않는 문제가 있다.

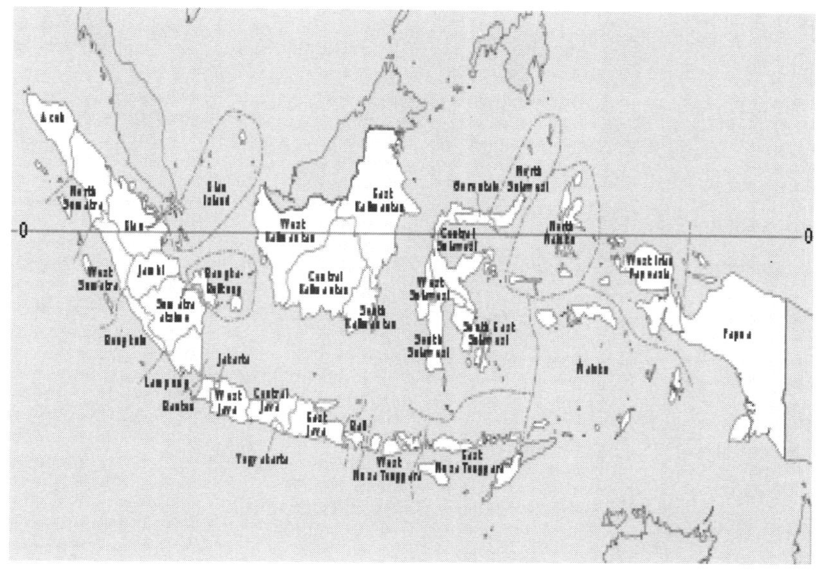

**그림 4-1** 인도네시아의 지방정부(Provinces)

세 번째 특별지방정부는 아체의 지방정부(special province, Aceh)인데 2003년 법제도의 개편에 따라서 인정된 지역으로 다수의 무슬림으로 구성되어 인도네시아 국가로부터의 분리주의 성향을 보여 인장감이 남아 있는 지역이기도 하다. 아체 지방정부는 무슬림을 위한 별도의 법률(Islamic syari'ah law), 국기와 국가(國歌) 등을 사용하고 지방정치정당도 활동하고 있다. 이에 대해 아체 지역에서 2006년 시행된 지사 선출 지방선거 결과 후 중앙정부가 이의를 제기하기도 했다. 그러나 이번 2012년 4월에 치러진 지방선거는 바로 지방의원, 지사, 시장 등을 선출했던 선거로서 이 지역에서 문제가 되었던 현직 지사(Irwandi Ysuf)를 낙선시키고 새로운 지방정부 지사(Muzakir Manaf)를 선출했다. 파푸아(Papua) 지방정부도 이들 지방정부와 마찬가지로 별도의 국기와 국가를 사용하며 상당한 독립적 지방분권 체제를 향유하고 있다. 지사는 반드시 파푸아에서 태어난 자만이 후보가 될 수 있다. 그리고 서파푸아(West Papua) 지방정부도 마찬가지의 법적 지위를 행사하고 있다.

**표 4-3 인도네시아 지방정부 계층(2012년 기준)**

| Province (지방정부) | Population (지역 인구) | Island/s (관할 지역/섬) | Capital city (각 지방정부 수도) |
|---|---|---|---|
| 아체(Aceh) | 5,201,0025,201,002 | 수마테라(Sumatera) | 반다 아체(Banda Aceh) |
| 수마테라 우타라 (Sumatera Utara) | 1245091112,450,911 | 수마테라(Sumatera) | 메단(Medan) |
| 수마트라 바랏 (Sumatera Barat) | 4,566,1264,566,126 | 수마테라(Sumatera) | 파당(Padang) |
| 리아우(Riau) | 4,579,2194,579,219 | 수마테라(Sumatera) | 페칸바루(Pekanbaru) |
| 잠비(Jambi) | 2,635,9682,635,968 | 수마테라(Sumatera) | 잠비(Jambi) |
| 수마테라 슬라탄 (Sumatera Selatan) | 6,782,3396,782,339 | 수마테라(Sumatera) | 팔렘방(Palembang) |
| 벵쿨루(Bengkulu) | 1,549,2731,549,273 | 수마테라(Sumatera) | 벵쿨루(Bengkulu) |
| 람풍(Lampung) | 7,116,1777,116,177 | 수마테라(Sumatera) | 반다르 람풍 Bandar Lampung |
| 케풀라우안 빙카 (Kepulauan Bangka) 벨리퉁(Belitung) | 1,043,4561,043,456 | 수마테라(Sumatera) | 팡칼 피낭 (Pangkal Pinang) |
| 케풀라우안 리아우 (Kepulauan Riau) | 1,274,8481,274,848 | 수마테라(Sumatera) | 탄중 피낭 (Tanjung Pinang) |
| 대라 커서스 (Daerah Khusus) | 8,860,3818,860,381 | 자와(Jawa) | 푸삿 자카르타 (Pusat Jakarta) |

| | | | |
|---|---|---|---|
| 이부코타 자카르타 (Ibukota Jakarta) | | | |
| 자와 바랏(Jawa Barat) | 3896544038,965,440 | 자와(Jawa) | 반둥(Bandung) |
| 자와 텡가 (Jawa Tengah) | 3197796831,977,968 | 자와(Jawa) | 세마랑(Semarang) |
| 대라 이스티메와 (Daerah Istimewa) 요기야카르타 (Yogya karta) | 3,343,6513,343,651 | 자와(Jawa) | 요기야카르타(Yogyakarta) |
| 자와 티무르 (Jawa Timur) | 3629428036,294,280 | 자와(Jawa) | 수라바야(Surabaya) |
| 반텐(Banten) | 9,028,8169,028,816 | 자와(Jawa) | 세랑(Serang) |
| 발리(Bali) | 3,383,5723,383,572 | 발리(Bali)/ 누사 텡가라 (Nusa Tenggara) | 덴파사르(Denpasar) |
| 누사 텡가라 바랏 (Nusa Tenggara Barat) | 4,184,4114,184,411 | 누사 텡가라 (Nusa Tenggara) | 마타람(Mataram) |
| 누사 텡가라 티무르(Nusa Tenggara Timur) | 4,260,2944,260,294 | 누사 텡가라 (Nusa Tenggara) | 쿠팡(Kupang) |
| 칼리만탄 바랏 (Kalimantan Barat) | 4,052,3454,052,345 | 칼리만탄(Kalimantan) | 폰티아낙(Pontianak) |
| 칼리만탄 텡가 (Kalimantan Tengah) | 1,914,9001,914,900 | 칼리만탄(Kalimantan) | 팔랑카라야(Palangkaraya) |
| 칼리만탄 슬라탄 (Kalimantan Selatan) | 3,446,6313,446,631 | 칼리만탄(Kalimantan) | 반자르마신(Banjarmasin) |
| 칼리만탄 티무르 (Kalimantan Timur) | 2,848,7982,848,798 | 칼리만탄(Kalimantan) | 사마린다(Samarinda) |
| 술라웨시 우타라 (Sulawesi Utara) | 2,128,7802,128,780 | 술라웨시(Sulawesi) | 마나도(Manado) |
| 술라웨시 텡가 (Sulawesi Tengah) | 2,294,8412,294,841 | 술라웨시(Sulawesi) | 팔루(Palu) |
| 술라웨시 슬라탄 (Sulawesi Selatan) | 7,509,7047,509,704 | 술라웨시(Sulawesi) | 마카사르(Makassar) |
| 술라웨시 텡가라 (Sulawesi Tenggara) | 1,963,0251,963,025 | 술라웨시(Sulawesi) | 켄다리(Kendari) |
| 고론탈로(Gorontalo) | 922,176922,176 | 술라웨시(Sulawesi) | 고론탈로(Gorontalo) |

| 술라웨시 바랏 (Sulawesi Barat) | 969,429969,429 | 술라웨시(Sulawesi) | 마무주(Mamuju) |
|---|---|---|---|
| 말루쿠(Maluku) | 1,251,5391,251,539 | K. 말루쿠(K. Maluku) | 암본(Ambon) |
| 말루쿠 우타라 (Maluku Utara) | 1,035,4781,035,478 | K. 말루쿠(K. Maluku) | 소피티(Sofifi) |
| 파푸아 바랏 (Papua Barat) | 760,855760,855 | 파푸아(Papua) | 마노크와리(Manokwari) |
| 파푸아(Papua) | 2,851,9992,851,999 | 파푸아(Papua) | 자야푸라(Jayapura) |

자료: 위키피디아 인도네시아편에 근거하여 정리(2012년 8월 기준).

## 3 기초지방정부

군(Kabupaten, regency)과 시(Kota, city)는 지방정부의 행정관할구역 내에 위치한 기초단위의 지방정부 유형으로 주민들과 가장 가까이서 공공교육과 공중보건 등 대중 서비스를 제공하는 공공기관으로서 지방정부만큼이나 권한이 크다. 군과 시는 동일한 자치계층으로 집행기관과 지방의회를 갖고 있으며, 두 기초 단위 간 차이가 있다면 인구 규모, 관할행정구역의 크기, 경제 수준 등에서만 차별될 뿐이다.

일반적으로 군 지역은 군수(regent, Bupati)가 집행부를 총괄 지휘하는 지방정부로서 도시권보다 행정구역 범위가 더 넓다. 도시지역은 시장(Walikota)이 행정 업무를 총괄하는 자치단체로, 농업산업이 약한 도심권을 형성하고 있는 곳이라고 할 것이다. 기초지방정부의 수장인 이들은 모두 5년 임기의 주민 직선에 의해 선출되며 지방정부를 대표한다. 다만 자카르타 수도권의 기초정부 수장에 대해서는 지방정부의 지사가 임명하고 있다. 그리고 각 군과 시는 하위행정계층(Kecamatan)을 관할한다. 이 하위 행정계층을 관할하는 책임자는 'Camat'이라고 하며,[2] 공무원의 신분으로 관할지역의 군수와 시장의 지휘 하에 기초자치단체의 하부 행정계층에 관한 행정 업무를 책임진다. 마을 단위에서도 하위 행정계층으로 Desa와 Kelurahan(책임자, Lurah)이 있다. Desa는 농촌지역의 마을(village)의 의미를 갖고 있는 전통성을 지닌 구역이며 구역장(Kepala Desa)을 주민들이 선출한다. 발리 지역에는 크게 두 가지 형태의 농촌마을이 있는데 문화마을(desa adat, cultural village)과 서비스마을(desa dinas, service village)로 구분하기도 한다. 서비스 마을은 행정 업무를 담당하고 문화

2) 파푸아 지역에서는 이러한 행정계층(Distrik) 책임자를 'Head of District'(Indonesian: Kepala Distrik)라고 한다.

마을은 종교 의식과 문화행사 등의 분야를 책임진다.

## 제 3 절 중앙-지방정부 간 권한 배분

지방자치와 관련한 헌법 규정은 제6장에 있다. 먼저 자치계층의 구분에 대해 명시하고 있으며, 지역 주민의 보통선거로 선출된다는 점을 규정했고, 지방자치단체의 대표자는 "민주적으로 선출"된다고 적시했다. 따라서 지방분권 원칙은 폭넓게 적용되고 있기 때문에 국가는 일부 지역정부에 대한 특별자치권의 성격을 인정하고 있다.

2004년 수정된 법을 통해 지방자치가 시작된 이후 국가의 주요 기능은 외교, 국방, 치안, 법, 국가 재정 및 통화정책 그리고 종교로 정의되며, 이 밖의 역할은 지방정부가 수행한다. 1999년 법 제22호(Para 7.1)의 규정에 보면 위에서 언급한 크게 5개 분야는 국가가 배타적으로 수행하는 국가사무로 규정하고 있다. 그리고 기타 다른 분야(Para 7.2)로는 거시 수준의 계획, 재정 · 세제 균형, 공공기관, 경제제도, 인적 관리, 자연자원 활용, 전략적 기술 발전, 환경보전 및 국가 표준 등의 사무도 국가사무로 지정하고 있다. 또한 특별하게 국가사무를 지방으로 이양할 때 재정 지원이 없는 사무 이양은 할 수 없다(unfunded mandates)는 내용을 규정하고 있다(Para 8.2).

한편, 2005년부터 지방정부의 장을 직접 선출하는 지방선거가 시작되었으며, 약 200만 명의 공무원이 지방정부로 이동했다. 이와 동시에 중앙정부 예산의 40% 이상이 지방정부로 이관되었다. 그 결과 2009년까지 총 497개의 지방정부가 수립되었으며, 이 기관들의 공공지출은 전체 지방정부 지출의 75%를 차지하고 있다.

따라서 지방정부의 사무와 관련해서 시와 군은 동일 수준으로 취급하며, 지방정부의 업무 범위는 다른 지방정부의 의견 조율, 지방정부의 요청 사항 대행 등에 관한 사무를 수행하기 때문에 제한적이다. 지방정부가 사무를 수행하기 어려울 경우에는 기초지방정부로 재위임이 가능하다(동법 Para 9.2). 그리고 1999년 법(Para 11)은 각 지방정부가 수행해야 할 지방사무에 대해 열거하고 있다(bidang pemerintahan yang wajib dilaksanakan oleh Daerah Kabupaten/Kota). 이에 근거하면, 지방사무는 주로 공공토목사업, 의료, 교육, 문화, 농업, 교통, 산업과 무역, 투자, 환경, 토지관리, 그리고 인력관리 등을 수행해야 한다.

지방정부의 지사가 행사하는 기능으로 지사는 지방정부와 수직적으로 중앙정부의 업무

조정, 시 · 군과의 중앙 업무 조정, 시 · 군의 업무 감독, 시장 · 군수의 업무 평가, 해당 지역에 속해 있는 기관장 임명 등의 권한을 가진다. 지방정부 지사는 자동차세, 자동차 소유권 이전세, 연료세, 담배세, 지표수세 등을 부과할 수 있다.

기초 단위인 군수(Bupati) 그리고 시장(Walikota)은 모두 주민이 직접 선출하고 시장 · 군수가 역할을 수행할 때 지방의회의 관할 하에 행정 업무를 수행한다. 각종 허가권 발급의 권한을 가진다. 예를 들어, 지방자치가 형성되기 전 중앙정부에서 발급했던 광업권은 현재 지방군수가 발급한다. 시장 · 군수는 호텔, 레스토랑, 옥외 광고, 비광물, 토지, 건물에 대한 세금을 부과할 수 있으며, 가로등, 주차, 지하수 설치에 관한 허가권을 갖는다.

지방정부 지사의 기초지방정부에 대한 권한은 감독 기능으로 제한되어 있다. 지역정부 이외의 지방정부는 중앙정부와 지역정부에 할당된 임무 이외의 모든 업무를 관장한다. 예를 들어 공공사업, 보건, 산업, 무역, 투자, 환경, 농업 등이 지방정부의 수장이 갖는 권한이다.

## 제 4 절 지방재정

### 1 재정분권 개요

인도네시아는 2001년 지방분권 체제가 출범하면서 중앙집권 국가 통치 체제로부터 행정적 · 정치적 분권 체제 및 재정분권 체제로 전환하는 계기를 마련하게 되었다. 2004년 제정된 지방정부 자치권에 관한 법률(Regional Autonomy) 제32호와 균형재정에 관한 법률(Fiscal Balance) 제33호 등에 의거해서 지방정부는 중앙정부로부터 권한 이양을 통해 새로운 사무를 수행하게 되었다. 동시에 재정 수입을 위한 징수제도도 개편되어 과거 중앙정부로부터 이전받고 있던 재정자원을 지방정부 차원에서 세수 확보에 의한 징수제도로 개편하게 되었다.

이처럼 지방분권에 의한 재원이전을 통해 현재의 지방정부는 과거보다 재정력이 높아진 것은 사실이다. 따라서 지방정부의 가장 중요한 재정수입은 국가로부터의 재원이전 부분이고 현재 전체 공공 지출의 약 38% 정도를 지방정부가 관할하고 있다. 또한 정부의 공공 투자 부분에서도 지방정부는 대략 1/2 정도를 직접 이행하고 있다. 이러한 지방정부의 자율재정권이 증가하면서 자원관리의 경험이 여전히 오래되지 않아 많은 문제가 노출되고 있는 것도 사실이다(*Public Expenditure Reviews*, 2010). 심지어 어떤 지방정부는 재정보조금을 쓰지 않고 별도로 보관하는 경우도 있는데 비록 이러한 재정관리 행태가 일반적이지는 않지만, 주민생활 향상을 위해서는 기본적으로 상당한 투자력을 집중시켜야 하는 업무에서도 재정력을 활용하지 않고 비축해 두는 상황이 발생하면서 실제로 재정 운영을 효과적으로 하지 못하고 있다는 지방정부의 무능력함을 보여주는 사례도 상당수 나타나고 있었다.

아무튼 인도네시아에서는 재정분권과 관련해서 여전히 중요한 장애 요인을 해결해야 하는데, 예를 들면 지방정부로 하여금 재정지출 방법을 어떻게 향상시킬 것이며, 또 어떤 방법으로 그와 같은 재정지출 속도를 높일 수 있을지, 나아가 중앙정부에만 기대고 있는 재정 의존도를 줄일 수 있는 방법 등에 대한 해결책을 필요로 하고 있다.

2001년 재정분권 체제가 확립되면서 대부분의 공공 투자에 관한 권한은 중앙정부로부터 지방정부로 이양되었다. 따라서 500여 개 이상의 지방정부(provincial, kabupaten, kota)는 현재 교육 서비스, 의료 서비스, 인프라 구축 등과 관련해서 재정 지출을 책임지고 있다. 특히 이러한 분야는 자본 투자가 중장기적으로 이루어져야 하는 분야이며 상당한 재정 운영 노하우를 필요로 하며, 지방정부로서도 이에 필요한 재원 확보도 대단히 어려운 숙제이다.

인도네시아 지방정부들의 재정자립도 수준은 전체 재정수입에서 평균 15% 정도만 확보하는 상황이다. 이렇기 때문에 자본 투자 목적에 사용되는 재원에 대해서는 주로 중앙정부로부터의 재원이전에 의존하고 있다. 재원 확보를 위해 중앙정부는 재원이전 메커니즘을 더욱 확대하고 투자보조금과 관련해서 그 지원을 강화시킬 필요가 있다는 지적이다. 반면, 지방정부 수준에서 재정 운영에 관해서는 상당한 자치권을 인정하고 있기 때문에 재원 확보 대안의 하나인 정부 간 자본 투자 보조금의 이전제도를 강화한다고 해도 크게 지방분권 취지를 해치지는 않는다고 보고, 이러한 재원이전 방식으로 지방정부의 자치사무 수행 능력을 향상시키는 데 기여할 것으로 판단된다.

지방정부의 재정수입 구조는 자립재원으로서 지방세가 있고, 이외에도 재정조정기금, 지방채, 세외수입 등으로 구성된다. 통상 지방정부는 국내외 금융시장으로부터 자본 대부(채권, 지방채)가 가능하며 이에 대해서는 중앙정부로부터 사전 승인을 받으면 된다.

재정조정기금(Dana Perimbangan)은 지방정부 차원의 재산세 분담금(PBB) 및 지역의 자연자원의 수입(bagi hasil)으로부터 이전되는 재산양도취득세(BPHTB), 그리고 일반보조금(DAU, Dana Alokasi Umum), 특별보조금(DAK, Dana Alokasi Khusus) 등이 있다.

지방정부의 자체수입(Pendapatan Asli Daerah: PAD)으로는 지방세, 세외수입 및 사용료, 지방기업 소득세, 국가자원 수입에 따른 보전세, 재정조정기금, 그리고 지방채 등이 있다.

재정 조정 및 교부제도와 관련해서 지방정부가 중앙정부에 대해 불만이 있는 경우 이에 관해 무효화를 위한 소를 제기할 수 있다(Para 114).

##  중앙-지방정부 간 재원이전

### 1) 중앙정부의 이전재원

정부 간 재원이전제도를 보면, 지방정부에 이양되는 재정이전 유형은 크게 일반보조금(Dana Alokasi Umum: DAU, General Allocation Funds)과 특별보조금(Dana Alokasi Khusus: DAK: Specific Allocation Funds)으로 되어 있다.

2010년을 기준으로 일반보조금(DAU)은 정부재원이전 총액에서 약 63%를 차지했고, 반면에 특별보조금(DAK)은 약 7% 수준이었다. 일반보조금은 주로 지방정부 공무원들의 임금 지불, 일반경상비용 등에 지출하고, 특별보조금은 투자 지출 분야에 소요되는 것으로 국가 차원에서 정부의 우선사업으로 추진하는 프로젝트 등에 투입된다. 2010년 기준으로 특별보조금은 약 23억 달러가 된다.

2008년 공공투자심사(*Public Expenditure Reviews*, 2008) 보고서에 따르면 교육이나 보건의료와 같은 인프라 구축을 위한 공공투자 비용들이 다른 분야에 비해 상대적으로 적게 투자되었다고 보고 있다. 이에 따라 중앙정부는 관련 사회 인프라 확충을 위해 상당액의 특별보조금을 이전하여 보전하려는 노력을 지속해 왔다.

### 2) 특별보조금

현재 14개 분야에 대해 특별보조금 투자액이 지속적으로 증가하고 있는데, 그 분야는 주로 도로 건설, 관개 수로 건설, 먹는 물 공급, 위생관리 등이다. 예를 들어 이 들 중 4개 분야에 투자된 총비용이 4억 9천만 달러가 되며, 이는 2010년 특별보조금 전체 금액의 1/5 정도나 되는 수준이다. 가장 투자를 많이 하는 인프라 분야는 도로 건설(62.5%), 관개 수로 건설(21.5%), 먹는 물 공급(8%), 위생관리(8%) 등과 같은 투자 분야이다.

특별보조금은 중앙정부의 국가예산(Anggaran Pendapatan dan Belanja Negara: APBN)에 배정되어 지방정부로 이전되는 교부금 성격을 갖는다. 이 특별보조금의 용도는 주로 국가정책으로 추진하는 사업과 연관해서 그 우선권이 부여된 경우로 지방정부로 하여금 관할

행정구역 내에서 주도적으로 관련된 특정 사업활동에 재정적 지원을 하라는 목적으로 이행되고 있다.

특별보조금 총액의 결정은 국가 예산 총액 범위 내에서 연간 비율로 기초해서 책정된다. 그 결정 기준으로 크게 일반적, 특정적, 기술적인 유형의 세 가지가 충족되어야 한다. 일반적 기준의 경우는 지방정부의 재정력을 기준으로 한다. 특정적 기준은 지방정부가 다른 특별교부금 등의 수혜를 받고 있는지 또는 낙후지역 등의 등급을 가진 지방정부인지 등 지역적 특성을 고려하여 배분 기준으로 삼고 있다. 세 번째 기술적 기준의 경우는 지방정부 관할 행정구역 내에 있는 인프라의 조건을 고려하는데 가령 총 도로의 길이와 관리·건설 조건 등을 확인한 후 배분한다. 그리고 나서 분야별로 지역별로 분류해 특별보조금 지급 수준을 결정하게 된다.

특별보조금 총액의 증가율을 보면 2003년 22억 루피아(IDR)였던 것이 2009년에는 248억 루피아로, 국가 예산 전체로 볼 때 0.7%에서 2.4%로 증가해 왔다. 비록 2010년에는 세계적인 금융위기로 인해 전년도에 비해 전체 특별보조금이 17.4% 축소되었기는 하지만, 특별보조금의 수혜를 받는 지방정부들은 각 지정 분야에 일치하도록 대략 10%의 매칭펀드를 지출하는 것을 의무로 하고 있다. 물론 지역별로 차별화를 두고 재정력이 약한 지방정부에 대해서는 이러한 매칭펀드 의무에서 제외시켜 주기도 한다.

중앙부처인 재무부가 특별보조금을 각 분야에 배정한다면, 지방정부의 경우에는 유연성을 갖고 지방정부가 원하는 하부사업을 설정해서 투자할 수 있도록 운영하고 있다. 공공건설부(Ministry of Public Works: MPW)에서는 기술적인 가이드를 제공하고 있으며(대통령령 제42호/PRT/M, 2007), 각 투자 분야마다 제대로 사업이 이행되고 있는지 확인, 감시, 평가를 시행한다. 공공건설부의 기술 가이드에는 명확하게 특별보조금을 사용하는 곳에서 어떠한 산출물이 나와야 하는지 명시하고 있으며, 일반적으로는 기존 인프라의 유지·보수, 개선 등에 사용된다.

재정분권이 이행된 이후 특별보조금 운영과 관련해서는 비교적 잘 정착이 되었지만 여전히 문제가 되는 것들은 기금 사용에 관한 감시활동과 사후적 확인 등을 위해 물리적인 산출물 등을 제대로 평가하고 검토해야 하지만 이런 부분까지 완성도를 높이기에는 아직 역부족이라고 할 수 있다. 최근 국가기획부(National Planning Agency, Bappenas)가 5년간의 특별보조금 사용과 관련해서 조사 및 평가한 보고서(Options for Improving DAK Grants, 2009)에 따르면 여전히 재정적, 기술적, 제도적 부분에서 문제점이 발견된다고 했다. 재정적 측면과 관련해서 남아 있는 문제로는 재정이전을 받은 특별보조금 총액과 지방정부가 필요로 하는 총액 간의 격차가 크다는 점을 들고 있다. 또한 지방정부가 특별보조금 사용과 관련해서 자체평가를 하고 이를 재무부에 보고한 내용에 따르면, 재무부의 부분적인 제재 조치들이 상당한 효과를 가져오고 있다고 한다. 기술적인 측면에서 볼 때 지방정부는 정부로부터 이전받는 특별보조금을 지방정부 자체예산 내역에서 당연한 부분의 하나로 간주하고 예산 수립을 하기 때문에 중장기적인 발전계획에 활용되어야 하는 특별보조금의 본래 취지와 연간 예산 비용과 같은 성격으로 사용되는 경우 간의 연계성이 크게 없다는 점들이 아직은 약점으로 지적되고 있다.

## 제 5 절 결론

수하르토 정권이 붕괴된 이후, 행정개혁(Reformasi)을 지속적으로 이어가기 위해 인도네시아 전역에 지방분권 체제를 전격적으로 도입하기도 했고(1999년 법 제22호), 이를 보완하기 위한 중앙-지방정부 간 재정균형법(1999년 법 제25호)도 뒷받침을 하면서 2001년부터 시행해 왔다.

이렇게 추진한 지방분권과 관련해서 크게 네 가지 특징을 관찰할 수 있다. 첫째, 개혁 취지에 따라서 행정적 분권 체제보다는 지방분권 체제에 더 많은 제도적 개혁을 추진했다. 둘째, 과거와 달리 중앙집권형 사무 수행 체계로부터 지방정부로 이전하면서 정부 간 관계가 비교적 수평적인 관계를 형성하게 되었다. 셋째, 재정분권의 측면에서 볼 때 중앙정부로부터의 재정이전에 관한 제도적 장치가 비교적 명확하게 법률로 제정되어 뒷받침하고 있다. 넷째, 민주적인 체제 하에서 지방분권이 이행되는 환경을 만들어 왔기 때문에 주민과 가장 가까운 지방자치계층의 경우에는 과거로부터 관습적으로 적용해 온 공통법(adat) 원칙들이 다시 부활되는 계기를 마련하기도 했다.

긍정적인 측면을 보면, 지방자치제가 실시된 이후 공공 서비스 이용자의 70% 이상이 보건 및 교육 시스템에 긍정적 변화가 발생했다고 응답하고 있다. 부정적인 측면은, 코넬대학 교수인 아지즈(Iwan Jaya Aziz)에 따르면 지방자치제 도입 후, 지방정부의 경제성장률은 오히려 하락했다고 지적하고 있다. 예를 들며, 1993~96년까지 평균경제성장률은 8.13%였으나, 2001~07년까지의 평균 경제성장률은 4.88%를 기록한 바 있다. 그리고 중앙정부와 지방정부 간의 역할, 책임 그리고 자원 배분에 대한 명확한 틀이 없어 혼동을 야기하고 있다. 중앙정부가 가지던 공공 서비스, 지출, 재정 등의 분권화는 2001년부터 현재까지 진행 중이다. 또 지방정부와 중앙정부 간의 정책 결정의 중복(overlapping)으로 경제활동의 불확실성이 해소되지 않고 있다. 그뿐만 아니라 지방정부의 경제활동과 연관된 권한은 오히려 지방투자 활성화에 장애물 역할을 하고 있다. 이외에도 지나친 노동 규제, 새로운 지방조세 등으로 인해 기업 활동에 어려움이 발생하고 있고, 영업 허가권 발급 비용 증가 · 지연 · 불편함 등이 빈번하게 발생하여 결과적으로 불완전한 분권화로 향후 허가권 등의 문제점 발생 가능성이 전보다 더 높아져 결과적으로 관료주의와 부패가 만연하고 있다는 지적도 많다.

또 다른 차원의 문제로 지역정부의 관할구역 내에서 점차 커지는 이슬람 종교의 영향력에 몇 가지 문제점이 발견되고 있다. 인도네시아에서 이슬람의 영향은 1980년대 이후 더욱 확대되어 온 면이 없지 않은데, 많은 사람이 신앙심 깊은 무슬림으로 변화한 경우가 상당히 증가했다. 말하자면 자바의 전통 종교는 그 지배적인 위치를 이슬람에게 양보하게 되었고, 그 결과 중부 자바의 농촌에서는 종교적 의무를 실행하고자 하는 세력이 탄생되었으며 모든 일상생활의 문제를 이슬람의 관점에서 고려하기 시작했다(강대창 외, 2011b: 145). 이러한 종교적 영향이 지방정부 활동에도 상당한 정치적 영향력을 미치게 하고 있다.

가령 지방정부 수준에서 이슬람식 가치에 기초를 둔 정치활동이 지방정부 활동에 영향을 준 것이 바로 조례(Peraturan Daerah) 제정이다. 조례 제정은 지역을 중심으로 하여 강력한 정치력을 행사하는 이슬람 정당을 통해 가능하게 되었다. 한 발 더 나아가 이러한 지역정부들은 국가의 상위법과 충돌되는 조례도 공포하게 되었다. 예를 들어 주류는 국가법상 생산과 유통, 소비가 허용되는 범주에 속하지만 이슬람의 영향을 받는 지역의 지방정부들은 조례 제정을 통해 그 판매를 금지시키기도 했다. 그 결과 일반 무슬림이 동의할 수 있는 주류, 매춘의 문제를 넘어 쉽게 동의하기 어려운 내용까지 조례 제정이 가능해지게 되었던 것이다.

또 다른 예로는 수마트라 파당(Padang) 지역에서는, 종교와 관계 없이 모든 여학생에게 질밥(jilbab) 착용을 강제하는 조례, 밤 10시~새벽 4시까지 남성 보호자를 동반하지 않는 여성의 외출 금지 조례, 중학교 진학 시 코란을 읽고 쓸 수 있다는 능력을 보여줄 자격증 제출을 의무화하는 조례 등이 제정되었다(강대창 외, 2011b: 148). 이는 민주화된 이후 발전해 온 지방자치제도에 이슬람식 가치나 샤리아를 쉽게 제도화시킬 수 있는 법제적 환경을 조성함으로써 공공 부문에서의 이슬람화를 가속화하게 되는 결과를 낳는 부정적인 측면이 없지 않다.

# 제 5 장 인도네시아 전자정부의 현재와 미래*

## 제 1 절 서론

ASEAN 주요 회원국으로 한국과 밀접한 관계를 유지하고 있는 인도네시아는 수많은 섬으로 이루어진 천연자원의 부국으로서 2억 5천만의 인구를 가지고 있다. 300여 개의 다양한 민족과 언어가 존재해 통일적인 국가 경영이 어려우면서도 전형적인 개발도상국가의 특징인 중앙집권적인 정치행정 체제를 유지하고 있다. 인도네시아는 열악한 경제 및 정치환경으로 인해 전자정부 구축에 지금까지 많은 한계에 직면해 왔다. 그러나 2004년 국민 직선제로 치러진 대통령 선거에서 당선된 유도요노(Susilo Bambang Yudhoyono) 대통령 이후 인도네시아는 전자정부 구축을 위한 많은 노력을 기울여 왔다. 기존의 대통령 중심의 중앙집권제에서 벗어나 지방분권화로의 전환에 힘을 기울여 왔고, 1차 산업 중심에서 벗어나 고부가가치 산업의 육성과 국가정보화를 통한 민주화와 부정부패 척결에도 힘쓰고 있다.

전 세계적으로 ICT 산업과 전자정부 도입의 중요성이 강조되어 오면서 인도네시아도 전자정부 구축을 위해 다양한 개혁정책의 수립과 제도 도입을 추진하고 있다. 초기에는 주로 정부 내부 기능의 자동화와 정부 기록의 전산화에 중점을 두었으나 점차적으로 국민을 위한 공공 서비스의 제공과 ICT 산업의 발전을 추구하고 있다.

인도네시아의 성공적인 전자정부 구축을 위해 우리나라도 많은 노력을 기울여 왔는데, 1973년에 인도네시아와 외교 관계를 수립한 이래 지속적으로 우호적 관계를 발전시켜 왔

---

* 이 장은 문명제 교수와 이은경이 집필했다.

고, 2012년에는 양국 간 포괄적 경제 동반자 협정을 체결하여 실질적인 협력 관계를 구축했다. 이러한 한국-인도네시아 양국 간 전략적 파트너십은 양국 간 교역 규모의 확대뿐만 아니라 인도네시아 정부가 적극적으로 추구하는 전자정부 구축에서의 협력을 가져왔다. 인도네시아는 전자정부를 위한 정보통신기술이 부족하며 중앙정부와 지방정부 간의 격차가 심하고 공공 서비스의 원활한 제공이 어려웠을 뿐만 아니라 국민의 전자정부화에 대한 인식 또한 매우 미흡했다.

한국은 2001년 세계은행(World Bank) 정보격차해소단에 가입한 후 개발도상국에 정보통신기술의 전수에 힘써왔다. 1989년 이래 인도네시아에 공적 개발 원조(ODA)를 지원함으로써 한국의 인도네시아에 대한 IT 및 전자정부 분야에서의 공적 개발 원조가 활발히 이루어졌다. 한국이 인도네시아 전자정부 발전에 건설적인 대안을 제공할 경우 양국 간의 우호적 관계가 더욱더 증진될 것으로 판단된다.

따라서 이 장의 목적은 최근 고성장 중인 인도네시아 전자정부의 수준과 현황을 살펴보고 미래 성공적인 인도네시아 전자정부 구축에 대한 대안을 제시하고자 한다.

## 제 2 절 인도네시아의 특성과 전자정부 도입 배경

### 1 국가 특성[1)]

인도네시아 공화국은 동서로 4,000km에 걸쳐 산재한 13,000여 개의 섬으로 이루어진 세계 최대의 군도(群島) 국가라는 특성을 가진다. 원유, 천연가스, 임산물과 주요 광산물 등 천연자원의 부국이며, 2008년 기준 인구 규모가 세계 4위로서 2억 5천만 명의 인구로 구성되어 있다. 즉, 인도네시아는 저렴하고 풍부한 노동력을 보유하고 있을 뿐만 아니라 인구 2억 5천만이라는 광대한 소비시장을 지니고 있는 거대 신흥시장이다(정영규, 2008).

그러나 천연자원 수출 이외에 뚜렷한 대표 산업을 가지고 있지 못해 인도네시아의 1인당 국민소득은 3,830달러 정도 수준에 그치고 있다(정충식 외, 2011). 특히, 열악한 경제 인프라, 투자 관련법 개정 지연, 법 적용의 일관성 결여, 부정부패 등이 인도네시아의 지속 가능

1) 이 부분은 방민석(2000)의 연구를 발췌 요약했다.

한 성장을 저해하는 구조적 취약성으로 지적되고 있다(백승주, 2009, 방민석, 2009: 27 재인용).

인도네시아는 전형적인 다인종·다민족 형태의 사회구조를 가지고 있다. 큰 국토에 300여 개의 다양한 민족과 언어가 존재하고, 개별 민족만이 가지고 있는 독특한 민족성도 유지되고 있다. 대부분이 말레이 인종으로 구성되어 있으며 전체의 95%를 차지한다. 이외에 멜라네시아인, 폴리네시아인, 미크로네시아인 등의 인종이 있다.

인도네시아 인구구조의 형태는 전형적인 피라미드 형태이다. 인구의 절반이 평균 연령 30세 미만이며, 0~14세 인구가 28.8%, 15~64세가 65.8%, 65세 이상이 5.4%로 분포되어 있다. 이 점은 향후 20~30년간 경제 발전에 필요한 풍부한 인력 공급이 가능하며 IT산업의 사용자층인 젊은 층이 많다는 것을 의미한다. 또한 인구는 지역별로 편중되어 있는데, 현재 수도인 자카르타에 약 1,050만 명이 거주하고 있으며, 수라바야(Surabaya) 259만 명, 반둥(Bandung) 214만 명, 메단(Medan) 179만 명, 세마랑(Semarang) 135만 명, 팔렘방(Palembang)에 144만 명이 거주하고 있다.

인도네시아의 표준어는 바하사 인도네시아(Bahasa Indonesia)어이고, 영어가 제2외국어로 정부 및 비즈니스에서 널리 사용된다. 그 밖에도 인도네시아어, 자바어, 순다어 등 모두 583종의 지방언어가 사용되고 있다(방민석, 2009). 이러한 다양한 민족과 언어는 한 국민의 동질성을 유지하는 데 어려움을 주고 있다.

인도네시아의 정치환경은 5년 임기의 대통령이 행정부를 중심으로 하는 강력한 중앙집권 체제이다. 2004년부터 대통령은 국민 직선으로 선출되며, 현재 2009년에 다시 재선된 유도요노 대통령이 집권 중이다. 현 행정부의 지속적인 분권화의 노력으로 권한이 중앙정부에서 지방정부로 이전해 가는 추세이다.

인도네시아의 행정환경은 대통령과 부통령, 35명의 장관과 검찰총장, 국가정보원장 등으로 조직된 행정부의 행정 체계를 가지고 있다. 한편 인도네시아의 행정구역은 발리(Bali) 등 30개 주(propinsi), 2개 특별주(daerah istimewa) 및 자카르타가 소재한 1개 특별수도권(daerah khusus ibukota) 등 33개로 나뉘어 있다.

## 2 전자정부의 도입 배경 및 목적

인도네시아의 전자정부 도입 배경은 크게 세 가지로 구분할 수 있다.

첫째, 정부 내 응용 프로그램들을 일반 국민이 이용할 수 있도록 발전시키고자 했다. 오래전부터 전 세계적으로 많은 국가에서 전자정부 시스템을 구축하면서 대규모 전산화 프로젝트를 추진했다. 하지만 당시 인도네시아의 전자정부는 일반인을 위한 서비스 제공보다는 주로 정부 내부 기능의 자동화와 정부 기록의 전산화를 강조했다.

둘째, 정보기술(IT)을 인터넷을 통해 활용함으로써 정부와 국민과의 활발한 의사소통을 실현하고자 했다. 각국에서 추진하는 전자정부는 국민과 정부 간의 활발한 의사소통을 유도하는 장치로서 국민들에게 효율적인 공공 서비스를 제공하는 데 주로 활용되고 있었다. 이러한 전자정부 시스템은 점차 확대되어 농촌지역에까지 전자정부의 영향을 미치게 했다.

셋째, 전자정부를 구축함으로써 정부 서비스의 온라인 고객을 점차적으로 확대하고자 했다. 공무원들의 개입 없이 공공 서비스에 손쉽게 접근할 수 있는 권한을 정보화를 통해 부여한다는 것이다. 공공정보에 고객들의 손쉬운 접근은 향후 공공기관의 책임성을 확립하고 투명성을 개선함으로써 궁극적으로 공무원 부패를 감소하는 효과가 있을 수 있다.

전자정부의 목적으로는 전자정부화로의 전환을 추구하는 세계적인 추세에 맞추어 기존의 열악했던 공공 서비스 제공 문제를 해결할 필요가 있었다. 더욱이 민주적인 거버넌스 실행 이후 중앙집권화된 정치 풍토가 지방분권화로 서서히 변화하는 상황에 있었다. 이에 인도네시아 정부는 중앙과 지방정부 간의 활발한 의사소통, 투명성 개선, 책임성의 통제 및 보장의 방향으로 정부를 변화시킬 필요가 있었다. 특히 인도네시아는 부패 인식지수(Corruption Perception Index)에서 163개국 중 130위를 차지하면서 부패와 공공 서비스 및 정보의 투명성에 관해 심각한 문제를 보였다. 이러한 다양한 문제점을 해결할 목적으로 인도네시아는 전자정부로의 전환을 추구하고자 했다(Furuhol et al., 2008).

그러나 인도네시아 정부의 강력한 IT 추진 정책과 IT 산업의 급속한 발전 등에도 불구하고 전반적으로 인도네시아의 전자정부 구축은 미흡한 수준이며, 하드웨어, 통신 인프라, IT 소프트웨어 산업 분야에서의 발전이 지연되어 왔다. 이러한 문제점을 극복하고자 2003년부터 본격적으로 전자정부 개발을 위한 기술적인 가이드라인을 구축하여 현재는 중앙정부 기관의 90% 이상이 전자정부를 도입하게 되었다. 이러한 조치가 시작되기 전인 2003년 이전에는 지방정부에 의해 중앙의 어떤 가이드라인도 없이 산발적으로 전자정부를 개발했다는 점에서 효과적인 전자정부의 도입이 어려웠다는 한계가 있었다(Furuhol et al., 2008).

인도네시아는 전자정부 구축을 위한 두 가지 기본계획의 전략적 목표가 있다. 첫째는 정보 인프라 구축으로 정부의 의사결정을 신속하게 지원하는 것이고, 둘째는 중앙정부 및 지방정부와 온라인(on-line)으로 연결하여 다양한 정부 서비스를 제공하는 것이다.

# 제 3 절 인도네시아 전자정부 구축을 위한 한국의 ODA 지원사업

## 한국-인도네시아 관계

한국과 인도네시아는 오래전부터 협력 관계를 유지해 오고 있다. 대표적인 한국-인도네시아 협력 관계 내용을 살펴보면 1966년에 인도네시아와 영사 관계를 수립했다. 1973년에 대사급 외교 관계를 수립했고, 이후 1981년 전두환 정부 시기부터는 정상 간 교류가 활발히 진행되면서 양국 간 긴밀한 협력 관계를 유지하고 있다. 2006년에는 노무현 대통령이 인도네시아를 방문하면서 한국-인도네시아 간 미래의 발전적 관계를 위해 '전략적 동반자 관계'를 구축하기로 합의했다. 2009년에는 한국-아세아 정상회담 시 양국 정상은 실질적인 협력이 정보통신과 청정 에너지 개발 등의 신성장 동력 분야로 확대되고 있다는 데 초점을 맞추어 긴밀한 경제 협력을 강화하기로 했다. 2012년에는 양국 간 포괄적 경제동반자협정(CEPA) 체결을 통한 협상 게시를 선언하고 양국 교역량을 2015년 500억, 2020년 1,000억 달러로 늘리는 목표를 정했다.

이러한 한국-인도네시아 양국 간 전략적 파트너십을 통해 한국 정부는 물론 인도네시아 정부도 행정 전반에 걸친 제도적 기본 틀을 마련할 수 있는 기회를 제공받고 있다.

2004년 양국 간 교역 규모가 100억 달러를 돌파한 이래로 그 규모는 지속적으로 확대되고 있으며, 인도네시아는 한국의 제6위 무역 대상국 및 동남아시아 지역의 제1위 교역국이 되었다. 또한 인도네시아는 한국의 대외국인 직접 투자에서 동남아시아 국가들 중 베트남

**표 5-1 한국-인도네시아 협력 관계**

| 구분 | 주요 내용 | 성과 |
|---|---|---|
| 1966년 | 인도네시아와 영사 관계 수립 | 지속적인 협력 관계를 통한 인구 및 GDP의 규모가 큰 거대 신흥시장인 인도네시아를 선점할 수 있는 계기를 마련 |
| 1973년 | 대사급 외교 관계 수립 | |
| 2006년 | 전략적 동반자 관계 구축 | |
| 2012년 | 포괄적 경제 동반자협정(CEPA) 체결 | |

에 이어 2위를 지속적으로 유지하고 있다. 2011년 한국의 대(對)인도네시아 수출은 135.6억 달러로 전년 대비 52.4% 증가했고 수입은 23.1% 증가한 172.2억 달러, 총 무역액은 307.8억 달러를 기록했다. 2012년 5월을 기준으로 한국의 대 인도네시아 수출은 전년 대비 10.1% 증가한 58.2억 달러이며, 수입은 71.1억 달러로 1.8%가 늘었고, 무역 수지는 12.9억 달러 적자를 기록했다(KOTRA－자카르타 무역관 홈페이지).

## 2 전자정부 구축을 위한 ODA 지원

인도네시아는 1인당 국민소득이 3,830달러 정도에 그쳐(정충식 외, 2011), OECD DAC 국가들로부터 공적 개발원조(Official Development Aid: ODA)를 받고 있다.

한국은 1989년부터 인도네시아에 ODA 지원을 한 이래 2009년까지 누적 2억 8,200만 달러를 지원해 왔다. 전체 인도네시아 지원액의 6.4%에 지나지 않지만, 다른 OECD DAC 국가들과 비교했을 경우 그 규모가 작지는 않다. 예를 들어, 2009년에 한국이 약 3,200만 달러를 지원(GDP는 약 8,325억 달러)한 반면, 이탈리아는 약 3,000만 달러만 지원(GDP는 약 2조 1,113억 달러)했고, 스페인은 약 4,900만 달러를 지원(GDP는 약 1조 4,603억 달러)했을 뿐이다(서우택, 2012).

인도네시아는 전자정부 구축에서 후발 주자에 속한다. 중앙정부와 지방정부 간의 전자정부 격차가 심하고 전반적으로 정부 서비스의 원활한 제공이 저조하다. 국민과 정부 모두 전자정부에 대한 인식 또한 미흡했다. 이에 인도네시아 정부는 강력한 IT 정책을 추진해 왔는데, 그 과정에서 선진적인 전자정부와 IT 강국인 한국으로부터의 협력이 필요했다.

한국은 양국 간의 우호적 관계 증진 및 인도네시아 전자정부 발전을 위해 건설적인 대안을 제공할 목적으로 인도네시아에 전자정부 ODA를 제공하게 되었다. 한국은 전자정부 ODA 사업을 위해 행정안전부(한국정보화진흥원), 외교통상부(KOICA), 방송통신위원회(한국인터넷진흥원)와 같은 중앙행정기관들과 그 산하단체들로 하여금 IT 봉사단·전문가 파견, 정보화 자재 지원 등을 진행해 왔다. 또한 ODA의 효과성과 효율성 제고를 위한 다양한 방안들이 제시되고 있다(권율 외, 2009; 정충식 외, 2011).

이와 같은 노력은 인도네시아에 대해 향후 한국과의 협력 체제를 추진하는 데 큰 시사점을 줄 것이며, 또한 한국은 ODA 경험 구축에 인도네시아가 좋은 파트너 역할을 할 것으로 보인다.

# 제 4 절 인도네시아의 전자정부 현황

## 1 인도네시아의 정보화 수준

인도네시아의 정보화 수준은 아시아 국가들에 비해 많이 뒤처지고 있다. UN 자료에 의하면 인도네시아의 정보화 순위는 2012년 현재 97위로, 인접 국가인 싱가포르(10), 말레이시아(40), 필리핀(88), 베트남(83)보다 정보화 수준이 떨어지는 것으로 나타났다<(표 5-2 참조).

**표 5-2 아시아 국가들의 정보화 지수**

| 국가별 | 2012 지수 | 2010 지수 | 2008 지수 | 2003 지수 | 2012 순위 | 2010 순위 | 2008 순위 | 2003 순위 |
|---|---|---|---|---|---|---|---|---|
| 싱가포르 | 0.8474 | 0.7476 | 0.7009 | 0.8503 | 10 | 11 | 23 | 7 |
| 말레이시아 | 0.6703 | 0.6101 | 0.6063 | 0.5706 | 40 | 32 | 34 | 43 |
| 타일랜드 | 0.5093 | 0.4653 | 0.5031 | 0.5518 | 92 | 76 | 64 | 46 |
| 필리핀 | 0.5130 | 0.4637 | 0.5001 | 0.5721 | 88 | 78 | 66 | 41 |
| 브루나이 | 0.6250 | 0.4796 | 0.4667 | 0.4475 | 54 | 68 | 87 | 73 |
| 베트남 | 0.5217 | 0.4454 | 0.4558 | 0.3640 | 83 | 90 | 91 | 105 |
| 인도네시아 | 0.4949 | 0.4026 | 0.4107 | 0.3819 | 97 | 109 | 106 | 96 |
| 아시아 지역(평균) | 0.4793 | 0.4424 | 0.4290 | 0.4388 | - | - | - | - |
| 세계 | 0.4882 | 0.4406 | 0.4514 | 0.4267 | - | - | - | - |

출처: UN e-government survey(2012).

<표 5-3>은 인도네시아 전자정부 수준에 대한 세계은행의 평가표를 나타낸 것인데, 인도네시아는 정보 제공 단계에서 상호 작용 단계로 진입 중에 있는 것을 알 수 있다. 그러나 아직까지 인도네시아의 전자정부 수준은 활성화 단계라 할 수 있는 거래 단계까지의 진입은 미흡한 수준이다. 인도네시아의 369개 정부기관 소속 개별 부서에서 그들의 웹사이트를 운영하고 있지만 전체 웹사이트의 24%가 불충분한 예산으로 인해 지속적으로 운영

**표 5-3 인도네시아 전자정부 수준에 대한 세계은행 평가표**

| 전자정부 단계 | 평가지표 | 평가 결과 |
|---|---|---|
| 정보 제공 단계 | • 정부 웹사이트가 구축됨<br>• 독립적이거나 연계된 웹사이트 존재<br>• 정적 · 동적이며 전문적인 정보 제공<br>• 정부 공시, 법, 규제와 조례 및 뉴스 제공<br>• 기능 검색과 관련 이메일 주소 제공<br>• 다수의 정부기관 하이퍼링크 연결 | 45.2% |
| 상호작용 단계 | • 이용자들이 정부 웹사이트에서 양식과 원서를 다운받을 수 있음<br>• 이메일과 네트워크를 통해 공무원과 의사소통 가능<br>• 전문 데이터베이스에서 정보 검색이 가능함<br>• 웹사이트 내용과 정보과 정기적으로 업데이트됨 | 50.0% |
| 거래 단계 | • 전자상거래, 전자포럼, 전자투표나 결과를 볼 수 있음<br>• 전자서명이 폭넓게 적용됨<br>• 정보 보안이 보장됨 | 4.8% |

출처: 방민석(2009: 47).

이 안 되고 있는 실정이다(문명재 외, 2012).

## 2 인도네시아의 정보통신기술(ICT)

인도네시아 정부는 현재 전자정부 구축을 위해 다양한 정책적 노력을 하고 있다. 전략적 정보통신기술(ICT) 지원 정책, 통신 인프라 확충 등 IT 산업 전반에 대한 지속적인 투자를 하고 있다. 더욱이 2억 5천만 인구의 절반이 30세 미만인 ICT 산업의 사용자층이라는 점에서 향후 잠재력은 매우 크다. 따라서 인도네시아의 IT 시장은 확대되고 수요층의 증가는 지속될 것으로 예상된다.

<표 5-4>의 인도네시아 IT 시장 규모를 보면, 2006년부터 지속적으로 증가하여 2013년에는 2006년 대비 2배 이상 증가할 것으로 판단된다. 2009년 IT 시장의 불황에도 불구하고 2009~13년 인도네시아의 IT 시장은 연평균 13% 성장할 전망이다. 인도네시아의 IT 시장은 하드웨어 시장이 주도하고 있으며, 2010년 약 38억 달러로 성장하여 ASEAN 국가 중 가장 높은 성장을 기록했다(윤여필, 2009).

**표 5-4** 인도네시아 IT 시장 규모 전망 (단위: 백만 달러)

| 구분 | 2006 | 2007 | 2008 | 2009 | 2010 | 2011 | 2012 | 2013 |
|---|---|---|---|---|---|---|---|---|
| IT 시장 | 2,568 | 2,979 | 3,366 | 3,467 | 3,814 | 4,348 | 5,043 | 5,749 |
| 하드웨어 | 1,884 | 2,166 | 2,425 | 2,476 | 2,698 | 3,048 | 3,503 | 3,956 |
| 서비스 | 417 | 492 | 564 | 589 | 658 | 761 | 895 | 1,035 |
| 소프트웨어 | 267 | 322 | 377 | 402 | 458 | 539 | 646 | 759 |
| PC | 1,507 | 1,711 | 1,940 | 2,005 | 2,186 | 2,475 | 2,872 | 3,275 |
| 서버 | 170 | 195 | 218 | 223 | 243 | 274 | 315 | 356 |

출처: 윤여필(2009).

## 3 인도네시아의 정보통신

인도네시아의 정보통신 시장은 1990년대 후반의 통신 개혁정책의 영향이 큰데, 인도네시아 정부는 국가의 정보통신 분야의 발전을 위해 1999년 통신법을 개정하고, IMF의 경제 회생 프로그램의 권고에 따라 통신시장을 개방하는 등 정보통신 시장의 활성화를 도모했다. 이러한 정보통신과 관련된 전반적인 수준을 측정하는 지수가 있는데 세계경제포럼(WEF)과 유럽경영대학원(INSEAD)에서 공동 발표하는 '네트워크 준비지수'이다. 이것은 해당 국가가 정보통신기술을 효과적으로 사용하기 위해 얼마나 준비 되어 있는지를 보여주는 지표이다.

### 1) 네트워크 준비지수(NRI)

<표 5-5>는 국가의 전자정부 수준을 직·간접적으로 확인할 수 있는 세계 정보통신기술(ICT) 발전도와 경쟁력을 평가하는 지표인 네트워크 준비지수(NRI)를 나타낸 것이다. 네트워크 준비지수(Network Readiness Index: NRI)란 국가별로 경제 발전 및 경쟁력 제고를 위해 IT를 활용하는 종합지수[2]를 말한다. 즉, 해당 국가가 정보통신기술을 효과적으로 사

---

2) 종합지수는 구체적으로 [시장, 정치/규제 및 인프라 등 IT를 위한 제반 환경], [개인, 기업, 정부가 IT의 수혜를 누릴 수 있는 준비도], [최신 정보통신 기술의 실제 활용 정도] 등 3부분에서 나온 지수를 종합평가한 것이다.

**표 5-5 네트워크 준비지수(2012년)**

| 국가 | 점수 | 순위 |
|---|---|---|
| 타이완 | 5.48 | 11 |
| 한국 | 5.47 | 12 |
| 홍콩 | 5.46 | 13 |
| 일본 | 5.25 | 18 |
| 말레이시아 | 4.80 | 29 |
| 중국 | 4.11 | 51 |
| 몽골 | 3.95 | 63 |
| 인도 | 3.89 | 69 |
| 타일랜드 | 3.78 | 77 |
| 인도네시아 | 3.75 | 80 |
| 베트남 | 3.70 | 83 |
| 필리핀 | 3.64 | 86 |

출처: The Global Information Technology Report 2012.

용하기 위해 얼마나 준비가 되어 있는지를 보여주는 지표이다. 인도네시아와 인접 국가인 아시아 국가들과 비교하면 상대적으로 인도네시아의 네트워크 준비지수가 떨어지는 것으로 나타났다. 타이완(11), 한국(12), 홍콩(13), 일본(18), 말레이시아(29), 중국(51) 등에 비해 인도네시아는 2012년 현재 전체 80위로 나타났다.

네트워크 준비지수(NRI)는 정보통신뿐만 아니라 각국의 정치 · 규제, 비즈니스 환경과 인프라 및 디지털 콘텐츠 · 가격 적정도 · 기술 관련 준비도, 개인 · 기업 · 정부의 활용(이용), 경제와 사회에 미치는 영향(Impact)을 포괄하는 광범위한 평가지수인데 세부 항목별 순위는 <표 5-6>과 같다.

아시아 국가들과 비교했을 때 인도네시아의 정치 · 규제, 비즈니스 환경 수준은 2012년 현재 전체의 72등으로 나타났으며, 인프라 · 디지털, 기술의 준비 수준은 전체의 74등으로 나타났다. 또한 개인 · 기업 · 정부에 활용되는 수준은 전체의 85등으로 나타났으며 경제 · 사회에 미치는 영향은 86등으로 나타났다. 네트워크 준비지수의 세부 항목에서도 인도네시아는 다른 아시아 국가들에 비해 뒤처지는 것을 알 수 있다.

**표 5-6** 네트워크 준비지수의 세부 평가 항목 순위(2012년)

| 국가 | 정치 · 규제 · 비즈니스 환경 수준 | | 인프라 · 디지털 · 기술의 준비 수준 | | 개인 · 기업 · 정부의 활용 수준 | | 경제 · 사회에 미치는 영향 수준 | |
|---|---|---|---|---|---|---|---|---|
| | 점수 | 순위 | 점수 | 순위 | 점수 | 순위 | 점수 | 순위 |
| 타이완 | 4.88 | 24 | 5.95 | 14 | 5.31 | 14 | 5.78 | 3 |
| 한국 | 4.63 | 35 | 5.64 | 24 | 5.84 | 2 | 5.76 | 4 |
| 홍콩 | 5.34 | 7 | 5.90 | 16 | 5.22 | 16 | 5.37 | 10 |
| 일본 | 4.85 | 26 | 5.52 | 27 | 5.51 | 8 | 5.13 | 17 |
| 말레이시아 | 4.92 | 23 | 5.03 | 55 | 4.60 | 29 | 4.64 | 24 |
| 중국 | 3.88 | 64 | 4.78 | 66 | 3.82 | 51 | 3.96 | 41 |
| 몽골 | 3.59 | 95 | 5.22 | 40 | 3.40 | 75 | 3.56 | 62 |
| 인도 | 3.72 | 78 | 4.79 | 64 | 3.36 | 78 | 3.70 | 52 |
| 타일랜드 | 3.96 | 59 | 4.58 | 75 | 3.32 | 83 | 3.28 | 85 |
| 인도네시아 | 3.79 | 72 | 4.63 | 74 | 3.28 | 85 | 3.28 | 86 |
| 베트남 | 3.58 | 96 | 4.36 | 86 | 3.52 | 69 | 3.33 | 79 |
| 필리핀 | 3.42 | 111 | 4.57 | 77 | 3.28 | 86 | 3.29 | 84 |

출처: The Global Information Technology Report 2012.

## 2) 유선전화 현황

정보통신 시장의 규모는 유선전화, 이동전화(무선), 인터넷 사용자 수 및 가입자 수, 보급률로 그 규모를 판단할 수 있다. 인도네시아의 정보통신 시장은 전체적으로 활발한 성장 추세를 보이고 있는데, 인도네시아의 유선전화 구독 현황을 보면 <표 5-7>과 같다. 인도네시아는 2006년 말 기준 유선전화의 보급률이 6.45%에 불과했는데 2011년에는 15.94%로 2배 이상 증가한 것을 알 수 있다. 2006년부터 2011년까지의 연간 증가율은 19.8%로 나타났다.

**표 5-7** 유선전화 현황

| | Fixed-telephone subscriptions | | | Fixed-telephone subscriptions per 100 inhabitants | | |
|---|---|---|---|---|---|---|
| | (000s) | | CAGR(%) | | | CAGR(%) |
| 인도네시아 | 2006 | 2011 | 2006 – 11 | 2006 | 2011 | 2006 – 11 |
| | 14,820.7 | 38,617.5 | 21.1 | 6.45 | 15.94 | 19.8 |

출처: International Telecommunication Union(ITU).

### 3) 이동전화(무선) 현황

이동전화 가입자는 소득 수준의 증가와 다양해진 통신 서비스에 대한 수요 확대에 힘입어 급속히 증가하여 2006년 말 8,500만 명에 이르렀고, 매년 30% 전후의 성장률을 기록하고 있다(정영규, 2008).

이동전화 가입자 수 기준 보급률을 살펴보면(<표 5-8> 참조), 2006년부터 2011년까지의 연간 증가율은 30.0%였다. 인도네시아 이동전화 시장은 1994년 서비스를 시작한 Telkomsel(PT Telkom의 자회사), Indosat, 그리고 1996년 시장에 진출한 Excelcomindo사가 전체 시장의 95%를 장악하고 있다. 이동통신 서비스 이용료의 지불은 선불카드를 통해 이루어지는 것이 대부분이며, 1997년 Telcomsel이 처음 도입한 이후 지금은 GSM 사업자들이 모두 이 제도를 운영하고 있다(방민석, 2009: 34 재인용).

**표 5-8 이동전화(무선) 현황**

| | Mobile-cellular telephone subscriptions | | | | Ratio of mobile cellular subscriptions to fixed-telephone lines |
|---|---|---|---|---|---|
| 인도네시아 | (000s) | | CAGR(%) | per 100 inhabitants | CAGR(%) |
| | 2006 | 2011 | 2006 - 11 | 2011 | 2006 - 11 |
| | 63,803.0 | 236,799.5 | 30.0 | 97.72 | 6.1:1 |

출처: International Telecommunication Union(ITU).

### 4) 인터넷 현황

인도네시아 인터넷 ISP협회(2005)에 따르면, 2000년부터 2005년 사이 인터넷 사용자는 약 8배 정도 급증했고, ISP 업체도 매년 꾸준한 증가세를 보였다. PC 보급률, 인터넷 가입자 수 기준 보급률, 초고속 인터넷 등의 인프라 수준과 대비한 인도네시아의 인터넷 사용자 수의 관계는 다음과 같다.

5%에 불과한 낮은 PC 보급률이라는 열악한 인터넷 통신환경에도 불구하고 인터넷 사용자 수는 급격히 늘었다.

인터넷을 주로 사용하는 장소로는 인터넷 카페 43%, 사무실 41%, 자택 12%, 학교 4%로 집계됐다. 학생의 경우 3천여 개의 와르넷(Warnet: 인터넷 카페) 이용이 77%를 차지하고 회사원인 경우 사무실에서 85% 정도가 인터넷을 이용하며, 인터넷 카페 이용자의 대부분은 중고생 및 대학생이다. 또한 인터넷 가입자와 사용자의 75%가 자카르타에 거주하고 있으며, 나머지 25%의 인구는 기타 지역에 분포하고 있다. 인도네시아의 지리적 제약과 더불어 전체 인구의 43%만이 도시지역에 거주하고 있으므로 지역 간 인터넷 사용자들의 편차는 심각한 상황이라고 할 수 있다(Dahlan, 2007; 방민석, 2009: 재인용).

## 제 5 절 인도네시아 전자정부의 미래

### 1 인도네시아 전자정부 추진 체계

인도네시아에서 정보통신 주관 부처는 정보통신부(Ministry of Communications and Information Technology)로서 ICT 관련 정책 수립 및 시행을 총괄하고 있으며, 또한 IT 산업 정책도 담당하고 있다. 정보통신부는 전자정부 구축을 ICT 발전의 5대 분야의 하나로 선정하여 국가적 과제로 추진하고 있다(정충식 외, 2011). 정보통신부 산하의 우편통신부(Department General of Post and Telecommunications: DGPT)가 IT, 전화통신, 방송 부문 실무를, 산하의 인도네시아 정보통신산업 조정팀(Tim Koordinasi Telematika Indonesia: TKTI)이 행정부처별 정보통신 관련 사안 조정 및 법안 조정 역할을 담당하고 있다(정영규, 2008).

또한 인도네시아 통신관리부(Badan Regulasi Telekomunikasi Indonesia: BRTI)는 통신 분야 규제, 감독, 조정 기능을 담당하고 있는데, 통신 네트워크와 서비스 운영에서 투명성, 독립성, 공정성을 기하기 위해 2003년 7월에 설립되었다. 그 산하 조직으로는 통신규제국(Telecommunications Regulatory Committee: KRT), 우정통신사무국(Directorate General of Posts and Telecommunications: DGPOSTEL)으로 구성되어 있다(정영규, 2008).

<표 5-9>는 정보기술 촉진을 위해 우선적으로 정부에서 추진해야 할 내용을 나타낸 것이다. 정보기술 촉진을 위해 우선적으로 추진해야 할 것은 정보기술을 위한 교육이 전체의 57.1%로 가장 높게 나타났다. 다음으로 정보기술 산업 촉진을 위한 정부의 재정적 지원(25%), 지역정보화의 활성화(14.2%), 정보기술 장비의 증가(3.5%) 순으로 나타났다.

**표 5-9 정보기술 촉진을 위한 우선순위**

| 항목 | 1순위 | 2순위 | 3순위 |
|---|---|---|---|
| 정보기술 장비의 증가 | 3.5% | 39.2% | 39.2% |
| 정보기술 산업을 위한 재정적인 지원 | 25% | 35.7% | 14.2% |
| 정보기술을 위한 교육 | 57.1% | 14.9% | 21.4% |
| 지역정보화의 활성화 | 14.2% | 10.7% | 25% |

## 2 미래 전자정부 구축을 위한 전략적 로드맵

인도네시아 중앙정부인 정보통신부가 실시한 2011년 전자정부 평가에서 인도네시아 정부의 전자정부 수준은 다른 국가에 비해 상당히 낮은 수준이라 할 수 있다. 비록 인도네시아 정부에서 인터넷을 통해 시민과 기업에 각종 서비스를 제공하고자 하는 계획을 수립하고 있지만, 낮은 수준의 인적 자원과 부족한 재정적 자원 및 인프라로 인해 빠른 시일 내에 스마트 환경에 적응하는 것은 쉽지 않을 것으로 판단된다. 지금의 ICT 환경에 적응하지 못하면, 미래의 생존 경쟁에서 밀릴 수 있다는 인식으로 스마트 정보화를 향한 전략적 로드맵을 발전시키고 실행해야 할 것이다.

인도네시아 정부는 자국의 전자정부를 구축하고 발전시키기 위해 '디지털 번영을 위한 스마트 정부'라는 가치 아래, 시민의 삶의 질을 향상시키고 기업의 성장을 위해 스마트 기술을 활용한 전자정부를 활성화할 필요가 있다. '디지털 번영을 위한 스마트 정부'는 정보와 지식을 각 정부 차원에서 공유하고 활용하는 것을 촉진하며, 스마트 기술을 활용한 새로운 서비스의 창조를 통해 구현할 수 있다. 이러한 비전은 시민의 편의성을 극대화하며 시민 참여를 장려함으로써 구현할 수 있다. 또한 인도네시아 정부는 ICT를 활용하여 업무 과정에서의 혁신을 창조해야 하고 시민의 삶의 질을 증진시켜야 한다. 이를 위해, 2015년까지 인도네시아 정부는 스마트 정부의 기초를 확립하는 데 초점을 두고 정보화 사업을 체계적으로 진행해야 한다. 2025년까지는 효율적이고 투명한 정부, 시민과 기업에게 편리한 서비스를 제공하는 정부를 구현하기 위한 수준 높은 전자정부를 구현하는 것이 필요하다. 마지막으로 2030년까지 인도네시아 정부는 완전한 스마트 정부의 모습을 갖추어야 한다. 이는 최소한의 수준이며 그렇지 못할 경우 미래 경쟁에서 낙오자가 될 수 있다는 점을 명확히 인식할 필요가 있다.

이러한 방향을 완성하기 위해, 인도네시아 전자정부의 로드맵은 디지털 공공관리, 디지털 서비스, 디지털 인프라의 세 분야에서 다양한 사업을 추진해야 한다. 디지털 공공관리는 스마트 기기 등을 활용하여 행정 효율성과 행정 서비스를 제고하기 위해 업무 과정에서의 혁신을 달성하는 분야이다. 디지털 서비스 분야는 민원, 환경과 재산, 시민의 문화, 건강, 복지 증진을 다양한 ICT를 활용한 서비스를 제공하는 것이다. 디지털 인프라는 디지털 공공관리, 디지털 서비스, 디지털 시민 참여가 활성화되도록 법과 제도뿐만 아니라 하드웨어적 인프라와 소프트웨어적인 인적 자원의 수준을 높이는 것이다.

## 제 6 절 결론

인도네시아 전자정부는 국가의 강한 개입을 바탕으로 정부 주도의 정보화전략을 실행하고 있는 후발 정보화 발전 국가의 전형적인 모습을 보이고 있다. 인도네시아는 한 국가가 국가전략을 설정하고 정책을 집행하는 데 보유하고 있는 자원과 환경적 특성이 어떻게 반영되고 있는가를 보여주는 좋은 예시가 될 수 있다(방민석, 2009).

최근 인도네시아의 정보화는 수년 전과 비교해 급격한 성장세에 있다고 할 수 있다. 이동전화 가입자 수, 인터넷 보급률, 지방에서의 컴퓨터 보유 대수의 확대 등 인도네시아 정보통신 분야의 급성장에는 국가 주도의 전자정부와 정보화를 위한 개혁적 노력에 기인한 바가 크다. 인도네시아는 짧은 전자정부의 경험에도 불구하고 강력한 리더십을 통해 여타 아시아권의 개발도상국 중 모범 사례가 될 수 있을 것으로 보인다. 또한 전자정부뿐만 아니라 민간 부문에의 정보통신기술 산업을 확대하는 방향은 무한한 가능성을 가지고 있다는 점에서 긍정적으로 평가할 수 있다.

향후 인도네시아 전자정부의 성공적인 실현을 위해서는 다양한 요인을 고려해야 하지만 특히 중요한 몇 가지 요인을 정리하며 다음과 같은 네 가지 차원에서 설명할 수 있다. 네 가지 차원은 1) 비전과 정치적 의지(vision and political will), 2) 공통적 프레임워크와 협력(common framework and cooperation), 3) 고객지향적(customer focus), 4) 책무(responsibility)로 분류할 수 있다(OECD, 2012: 88-89).

위의 네 가지 요인은 전자정부 사업을 추진하고 계획할 때 정부관료들에 의해 철저하게 체크되어야 하고 논의되어야 할 주요 요인들이라 할 수 있다.

# 제 6 장 인도네시아의 행정통제*

## 제 1 절 서론

입법부와 달리 투표에 의해 선출되지 않는 행정부에 대해서는 다양한 공식적 · 비공식적 통제 수단(formal and informal controling mechanisms)을 통해 합법성, 책임성, 민주성, 능률성과 같은 행정이 본질적으로 추구해야 하는 가치를 확보해야 한다. 행정통제가 의도하는 가장 일차적인 목적은 공직자의 일탈을 사전에 예방하고 사후에 적발하여 처벌함으로써 행정책임을 강화하는 데 있다.

통상적으로 행정통제는 세 가지 형태로 구분된다. 첫째는 행정부 밖의 국가기관이 행정기관의 합법성과 책임성을 확보하는 방식으로 의회와 사법부의 통제가 전형적인 예이다. 외부통제는 의회, 사법부에 의한 행정부의 통제는 삼권분립에 따라서 견제와 균형(checks-and-balances)이라는 민주주의 원칙을 실현하기 위한 것으로서 민주주의 국가의 헌법에 명시되어 있다. 내부통제는 행정기관 스스로 책임성을 확보하는 것을 뜻한다. 이에는 행정기관의 세입과 세출, 회계를 검사하고 행정기관의 사무와 공직자의 비위 등에 관한 감찰 권한을 갖는 국가 감사기관(state audit agency)에 의한 통제와 공무원 행동강령(code of conduct)과 같이 행정기관 내부의 복무규정 등을 통한 통제 방식이 포함된다. 마지막으로 민중통제(popular control)는 국가기관이 아닌 일반 시민에 의한 통제 방식을 의미한다. 가장 직접적인 시민에 의한 정부의 통제는 선거를 통해 이루어지며, 시민단체, 이익집단,

* 이 장은 최진욱 교수가 집필했다.

여론, 주민 참여 등의 통제 방식도 민주주의 국가에서는 중요한 행정통제의 수단으로 작용한다.

인도네시아의 경우 행정부의 효율성과 책임성, 민주성, 투명성이 여전히 낮은 수준에 머물러 있고, 이러한 정부의 문제는 국가 발전에 주요한 저해 요인으로 인식되고 있다. 인도네시아 정부가 안고 있는 여러 문제점 가운데 가장 큰 문제는 공무원에 의한 부패 문제이다. 부패가 공무원 일탈의 한 형태인 점을 감안하면, 결국 부패는 행정통제가 제대로 작동하지 못해 발생하는 것으로 이해할 수 있다. 이러한 상황에서 수하르토(Suharto) 정권 붕괴 후 현재까지 인도네시아의 정치 체제를 일컫는 개혁의 시대(Reformasi Era, 1988년~현재)가 의도하는 것처럼 인도네시아는 국가 전체적인 맥락에서 개혁(reform, reformasi)을 시도하고 있으며, 특히 정부의 개혁에 부패 척결이 주요한 국가 의제로 강조되고 있다. 결국 인도네시아 정부 역시 부패 문제를 성공적으로 통제할 수 있다면 능률성, 투명성, 책임성, 민주성 등과 같은 행정의 가치를 높일 수 있다고 판단하는 것이다.

이 장에서는 인도네시아 행정통제에 관한 다양한 방식에 대해 알아본다. 앞서 언급한 바와같이 행정통제는 내외부적으로 여러 수단과 방법에 의해 이루어지는데, 이 장에서는 인도네시아 의회와 사법부에 의한 외부통제, 감사원과 옴부즈만에 의한 내부통제, 그리고 시민사회와 언론에 의한 민중통제를 소개한다.

## 제 2 절 인도네시아의 부패 현황

인도네시아의 부패 수준은 여러 자료를 통해 확인할 수 있다. 우선 세계은행(World Bank)에서 매년 여섯 가지 세부지표를 통해 측정하는 거버넌스 지수(governance indicator) 가운데 '부패통제(control of corruption)' 지표의 추세는 다음과 같다.[2] 지난 15년 간 부패통제 지표에서 가장 눈에 띄는 변화는 수하르토 정권이 무너진 1998년과 메가와티(Megawati Sukarnoputri)가 집권했던 2002년에 가장 문제가 심각했다는 점이다. 이후 인도네시아의 부

2) 세계은행(World Bank)의 거버넌스 지수는 민주주의의 수준을 측정하는 "Voice and Accountability," 정치적 안정을 의미하는 "Political Stability and Absence of Violence," 정부의 효율성을 측정한 "Government Efficiency," 규제정책의 수준을 평가한 "Regulatory Quality," 국가 법치 정도를 측정한 "Rule of Law," 부패통제의 효과성을 평가한 "Control of Corruption"의 여섯 가지 세부지표로 구성되어 있다.

패통제의 효과성은 점차 개선되어 2007~2008년에 정점에 다다르다가 다시 2009년에 다소 하락한 추세를 보이고 있다. 비록 2000년대 중반에 들어 부패통제의 효과성이 개선되고 있기는 하나, 여전히 인도네시아가 조사 대상 국가 중 하위에 속한 점을 볼 때 부패에 대한 국가의 통제가 제기능을 하지 못하고 있다고 볼 수 있다.

세계은행의 부패통제 지표와는 약간 다른 추세를 보여주고 있는 국제투명성기구(Transparency International)의 부패 인식 지수(Corruption Perception Index: CPI)를 살펴보면, 처음 측정을 시작한 1995년부터 2000년대 초까지 인도네시아는 측정 대상 국가에서 맨 하위에 속해 있었다. 그 후 인도네시아의 CPI 점수는 점진적으로 개선되는 양상을 보이고 있다. 세계은행의 부패통제 지표와 마찬가지로 CPI의 개선에도 불구하고 인도네시아의 2011년 CPI 점수는 3.0점으로 여전히 중하위권에 머무르고 있는 상황이다.

**표 6-1 인도네시아 부패 수준**

| 연도 | 세계은행 부패통제 | 국제투명성기구 | | |
|---|---|---|---|---|
| | | 부패 인식 지수(CPI) | 순위 | 조사국가 수 |
| 1995 | N/A | 1.94 | 41 | 41 |
| 1996 | 30.7 | 2.65 | 45 | 54 |
| 1997 | N/A | 2.72 | 46 | 52 |
| 1998 | 9.8 | 2.0 | 80 | 85 |
| 1999 | N/A | 1.7 | 96 | 99 |
| 2000 | 20.0 | 1.7 | 85 | 90 |
| 2001 | N/A | 1.9 | 88 | 91 |
| 2002 | 8.3 | 1.9 | 96 | 102 |
| 2003 | 14.6 | 1.9 | 122 | 133 |
| 2004 | 17.6 | 2.0 | 133 | 146 |
| 2005 | 20.5 | 2.2 | 137 | 159 |
| 2006 | 22.9 | 2.4 | 130 | 163 |
| 2007 | 33.5 | 2.3 | 143 | 179 |
| 2008 | 33.5 | 2.6 | 126 | 180 |
| 2009 | 21.5 | 2.8 | 111 | 180 |
| 2010 | 27.3 | 2.8 | 110 | 178 |
| 2011 | N/A | 3.0 | 100 | 183 |

출처: www.worldbank.org, www.transparency.org

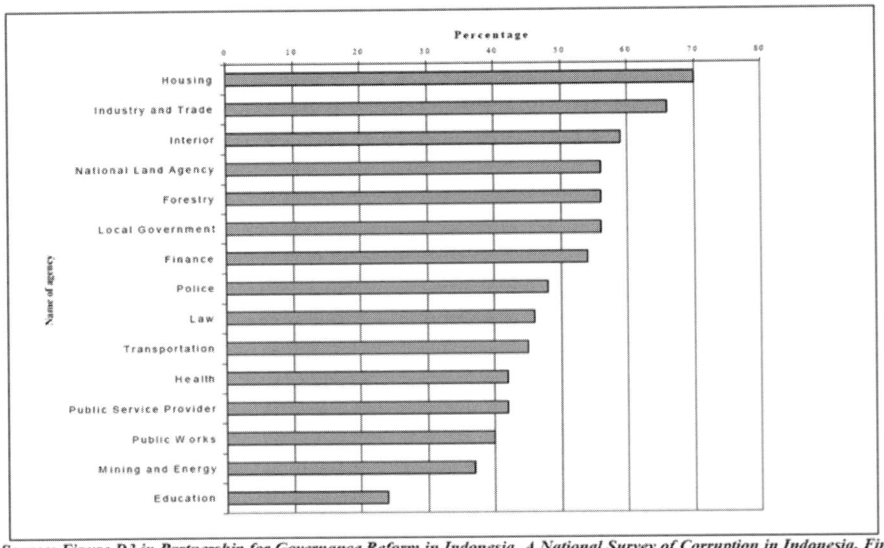


*Source: Figure D3 in Partnership for Governance Reform in Indonesia, A National Survey of Corruption in Indonesia, Final Report, December 2001*

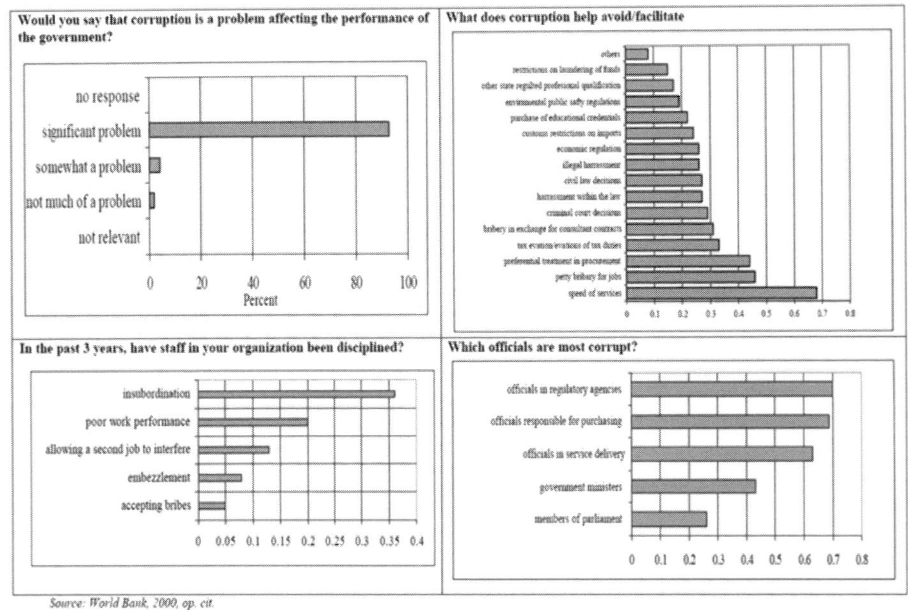


*Source: World Bank, 2000, op. cit.*

**그림 6-1** 인도네시아 정부 영역별 부패 발생 인식 조사 결과

인도네시아 부패의 심각성에 관한 국제기관의 조사 결과는 일반 국민들의 인식과 크게 다름이 없을 뿐만 아니라 오히려 최근의 여론 조사는 부패가 더욱 만연하다는 인식을 보이고 있다. 2001년 The Partnership for Governance Reform in Indonesia가 2,300명의 시민, 공무원, 기업인을 대상으로 실시한 여론조사에 따르면 응답자의 75%가량이 공공 부문에서 부패가 일상적이라고 대답했다(World Bank, 2003). 부패에 대한 인도네시아 국민들의 시각은 최근 들어 더욱 악화되고 있는데, 2011년 갤럽(Gallup) 조사에 따르면 91%의 응답자가 정부 곳곳에 부패가 만연해 있다고 인식하고 있는 것으로 나타났다.[3] 부패의 수준을 객관적으로 측정하는 것이 불가능하다는 점에서 최근 몇 년 사이 더욱 심화된 부패에 대한 부정적 인식이 실제 부패의 심각성을 더하고 있다고 단언하기는 쉽지 않다.[4] 그럼에도 불구하고 대다수의 인도네시아 국민은 정부의 반부패 개혁 노력에도 불구하고 그로 인한 실질적인 변화를 체감하지 못한다는 점에서 현 정부의 개혁은 한계를 가지고 있다고 볼 수 있다.

## 제 3 절 외부통제

### 1 의회의 통제

인도네시아는 독특한 의회 구조를 가지고 있다. 인도네시아 헌법에 따르면 의회는 최상의 기구인 People's Consultative Assembly(Majelis Permusyawaratan Rakyat: MPR)와 함께 House of Representatives(Dewan Perwakilan Rakyat: DPR)와 2004년 헌법 개정으로 설립된 House of Regional Representatives(Dewan Perwakilan Daerah: DPD)의 양원(two chambers)으로 구성되어 있다. 다른 국가와 마찬가지로 인도네시아 의회도 행정부를 견제할 수 있는

---

3) http://www.ti.or.id/en/index.php/news/2011/10/28/9-out-of-10-say-indonesian-government-corruption-rampant

4) 사회적으로 인지되는 부패를 흔히 '빙산의 일각(tip of the iceberg)'으로 표현한다. 이는 부패를 아무리 효과적으로 적발한다 해도 실제 발생하는 모든 부패를 찾아내지 못하고, 결국 수면 위로 떠오른 부패만으로 판단할 수밖에 없음을 의미한다. 따라서 국가의 반부패 시스템이 잘 작동하는가의 문제는 수면 위의 부패가 어느 정도 크기인가로 판단할 수 있고, 법 집행의 실효성이 있는 국가일수록 수면 아래의 부패의 크기는 작아진다. 최근 인도네시아의 민주주의 상황이 개선됨에 따라 부패에 대한 사회적 감시가 강화되고, KPK와 같은 법 집행 기관에 의한 부패 수사가 빈번해짐에 따라 과거에 비해 부패 사건에 대한 사회적 노출이 높아지고 있다. 이 같은 변화는 동일한 수준의 부패에 대해 더욱 부정적인 인식을 심어줄 수 있는 개연성이 있다.

권한을 가지고 있지만, 세 개의 기구로 구성된 만큼 행정부에 대한 통제 권한이 서로 다르다.

세 개 의회 기구의 행정통제 권한 중 가장 두드러진 권한은 대통령에 대한 탄핵권으로 이는 MPR이 보유하고 있다. DPR은 법률 제정 권한과 함께 정부 예산 권한을 가지고 있으며 동시에 중앙부처에 대한 감독 권한을 가지고 있다. 반면 DPD는 지방과 관련된 의제를 통제하고 지방정부에 대한 감독 권한을 가지고 있는 반면, 의회의 가장 본질적인 권한인 법률제정권을 갖지 못한다. 따라서 DPR과 DPD 양원의 권한을 두고 볼 때 인도네시아 의회 구조를 엄밀한 의미의 양원제로 볼 수 없다(Sherlock, 2007).

인도네시아에서 대통령에 대한 의회의 탄핵은 헌법이 아니라 1978년에 제정된 의회령(MPR Drecree III/1978)에 근거하고 있다. 1978년 의회령에 따르면 대통령을 탄핵하여 임기를 강제로 종료할 수 있는 권한을 MPR에 부여하고 있지만, 실제 대통령이 탄핵되기 위해서는 의회의 실질적인 권한을 보유하고 있는 DPR의 권한이 절대적이라고 볼 수 있다. DPR은 대통령이 국가정책(state policy)을 위반했다고 판단할 경우 대통령을 소환하여 질의할 수 있는 권한(right of interpellation, hak interpelasi)을 행사한다. 대통령에 대한 탄핵이 충분한 근거가 있다고 판단할 경우 DPR은 대통령에서 1차 불심임장(memorandum of censure)을 보내고, 대통령은 3개월 이내에 이에 대해 소명을 해야 한다. 대통령의 소명이 충분하지 않다고 판단할 경우 DPR은 2차 불심임장을 대통령에게 보내고, 대통령은 1개월 이내에 재소명을 해야 한다. 이 같은 절차가 완료되어야만 DPR은 MPR에 탄핵을 위한 특별회기(Special Session) 개최를 통해 대통령의 책무에 관한 발언(accountability speech)을 요청한다. 대개 특별회기는 최소 2개월이 소요되며, 특별회기에서 MPR이 대통령의 발언을 거부할 경우 대통령에게 서면답변권이 주어지고, MPR이 대통령의 서면 답변을 거부할 경우 대통령은 그 직을 유지할 수 없다(National Democratic Institute for International Affairs, 2001).

행정부 수반인 대통령에 대한 의회의 탄핵은 행정통제 수단으로 매우 강력한 반면 자칫 국가적 혼란을 야기할 가능성이 큰 만큼 사안이 대단히 중대한 경우가 아니면 적용하기 쉽지 않다. 따라서 행정부에 대한 의회의 통제는 예산편성 과정과 행정부 업무에 대해 이루어지는 것이 보편적이고 일반적이다.

인도네시아의 국가 회계는 매년 1월 1일부터 12월 31일까지로 정해져 있다. 차년도 예산 과정은 재무부 회계정책과(Fiscal Policy Office, Badan Kebijakan Fiskal: BKF)에서 경제 성장, 환율, 인플레이션, 석유 생산량 등의 거시경제 전망이 이루어지는 2월에 시작된다. 이에 기반하여 재무부 예산국(Directorate-general for Budget)은 국가재정을 고려하여 주요 분야와 프로그램별로 잠정적인 재원의 상한선을 정한다. 3월 초에 예산 상한선이 정해지면 국가개발계획청(BAPPENAS)은 재무부와 협의하에 국가중기발전계획의 우선순위에 따라 예산을 배분하게 되고, 이런 국가업무계획(RPK)은 부처의 업무계획(Renja – KL)과 예산편성계획(RKA – KL)의 지침이 된다. 예산편성지침에 따라 각 부처는 6월 중순까지 국가개발계획청과 재무부와의 협의를 통해 예산을 편성하게 되고, 이렇게 편성된 예산안은 의회로 넘겨진다. 의회에서 정부 예산 검토는 예산위원회(Budget Committee)와 제4위원회(Komisi XI)가 담당하게 되며, 이 과정에서 두 위원회는 재무부와 국가개발계획청과 협의를 지속적으로 협의한다. 아울러 각 부처(line ministries)도 의회의 해당 분과위원회와 업무계획과 예산 지출에 대한 협의를 진행한다. 의회 위원회와 정부 부처 간 예산안에 대한 합의가 이루어지면, 각 부처는 부처예산계획(RKA – KL)을 확정하고 이를 국가개발계획청에 보내 최종적으로 검토를 받는다. 정부 예산은 재무부가 최종 확정하며, 이 안을 의회에 제출하고 대통령은 8월 16일에 예산 연설을 하도록 되어 있다. 대통령 예산 연설이 완료되면, 의회는 의원총회를 통해 재무부 장관과 예산에 관한 의견을 교환한다. 이러한 과정을 거친 후 예산안은 다시 의회 예산위원회로 넘겨져 최종 검토를 하게 되는데, 통상적으로 이러한 검토는 2개월 정도 지속되며 이 과정에서 부처의 장관과 각 부의 국장을 대상으로 청문회를 거치게 되며 필요에 따라 의회 분과위원회의 의견을 구한다. 이 같은 전체 과정을 마치게 되면 최종 예산안에 대하여 10월 31일 이전에 다수결 투표가 아닌 합의의 절차에 따라 예산안이 최종 확정된다(Blondal et al., 2009).

정부 예산 승인과 별도로 의회는 분과위원회별로 정기적으로 각 부처의 업무와 성과에 대한 통제를 가한다. 인도네시아 의회는 17개의 위원회로 구성되어 있으며, 이 중 국방과 외교를 전담하는 Komisi I, 내무와 지방자치를 책임지고 있는 Komisi II, 법, 인권, 치안을 맡고 있는 Komisi III, 재정과 국가 발전 계획을 담당하는 Komisi IV가 가장 영향력이 크다(Datta et al., 2011).

## 2 사법부의 통제

인도네시아의 사법 체계는 상당히 복잡한 구조를 띠고 있다. 그 이유는 법적 체계가 로마-네덜란드법(Roman-Dutch law), 관습법(custom law), 그리고 이슬람법(Islamic law) 체계를 혼용하고 있고, 다른 국가에서 볼 수 없는 여러 형태의 특별법원이 인도네시아에 있기 때문이다. 인도네시아의 사법 체계는 대법원(Supreme Court, Mahkamah Agung)을 정점으로 고등법원과 지방법원으로 구성된 일반법원(general courts)과 함께 종교법원(religious courts), 군사법원(military courts), 행정법원(administrative courts)의 체계를 갖추고 있다. 각 법원은 그 하부에 특별법원을 두고 있는데, 예컨대 아동법원(Children's Court)과 인권법원(Human Rights Court), 상업법원(Commercial Court)은 일반법원에 속해 있고, 세금법원(Tax Court)은 행정법원에 속해 있다.

행정통제의 측면에서 볼 때 인도네시아의 사법 체계에서 영향을 미치는 법원은 헌법재판소(Constitutional Court)와 국가행정법원(State Administrative Court)으로 볼 수 있다.

인도네시아의 헌법재판소는 2001년 개정된 헌법에 의해 법적 근거를 두고 있고, 2003년에 제정된 Law No.24 of 2003 on the Constitutional Court에 의해 헌법재판소의 기능과 역할, 의무 등이 명확해졌다. 헌법재판소가 도입되기 이전 법률의 위헌 여부는 대법원이 담당했으나, 설치 이후에는 주요한 법률 위헌 결정은 헌법재판소가 담당하고 있다. 헌법재판소의 가장 중요한 기능이 국민대표의회(DPR)에서 제정된 법률의 위헌 여부를 판단하는 것임을 감안할 때 행정부보다는 입법부에 대한 견제 기능을 수행한다고 볼 수 있다. 그러나 인도네시아의 경우에도 법률안의 상당 수가 행정부에 의해 마련된다는 점을 고려하면 헌법재판소의 법률 위헌 결정은 국민대표의회뿐만 아니라 행정부에 대한 견제와 통제의 수단이 될 수 있다. 법률 위헌 심사 기능과 더불어 헌법재판소는 국가기관 간에 발생하는 분쟁에 대한 해결의 책임을 통해 행정부를 통제할 수 있다. 아울러 DPR의 청원에 의해 헌법재판소는 대통령과 부통령의 반역, 부패를 포함한 중범죄에 조사와 판결을 할 수 있는 권한과 더불어 헌법에 명시된 대통령과 부통령의 직무 적격을 판단할 수 있는 권한이 있다.

국가행정법원은 1986년 제정된 Law No.5에 의해 설치되었고, 이후 2004년에 Law No.9에 의해 개정되었다. 국가행정법원은 국가공무원의 행정 결정에 대해 시민(민원인)이 이견이 있을 때 상대적으로 불리한 위치에 있는 민원인들의 권리를 구제하기 위해 설치되었다. 국가행정법원의 결정은 최종 판결이 나기 이전까지는 공무원의 행정 결정을 유보하지는 못하지만, 일단 판결이 확정되면 그 결과는 해당 민원인뿐만 아니라 유사한 민원인들에게도 적용되는 효력을 갖는다. 행정 결정에 대한 이의 제기는 두 가지 방식에 의해 이루어지는데, 첫 번째는 공무원의 행정 결정에 대한 불복(objection, Keberatan)이며 이 경우는 행정법원에서 판결이 이루어진다, 두 번째는 행정적 항소(administrative appeal, Banding Administrasi)로 이에 대한 판결은 고등법원에서 다룬다. 하급심에 대한 항소는 행정법원→고등법원→대법원의 순으로 진행된다. [그림 6-2]는 행정민원에 대한 처리 과정을 보여준다.

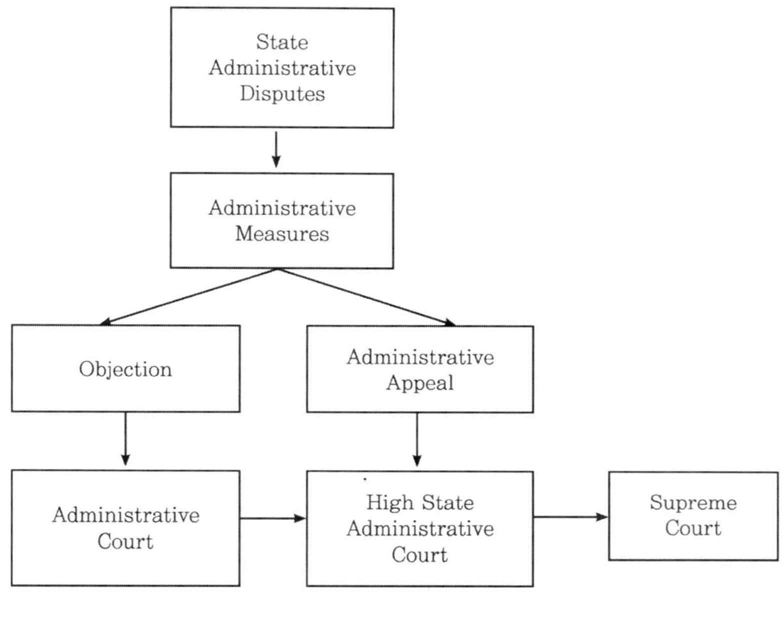


**그림 6-2** 인도네시아 행정결정 이의 신청 처리 과정

# 제 4 절 내부통제

## 1 감사원의 통제

인도네시아의 국가 최고 감사기구는 BPK(Badan Pemeriksa Keuangan, The Audit Board)로서 1945년 헌법에 의해 설립된 기관이다.[5] BPK의 주요한 권한은 국가재정의 관리와 책임성에 대한 감사권, 국가재정의 관리와 책임성에 관한 제안, 예산 오남용에 대한 적발 · 예방 권한이며,[6] 이 같은 권한을 두고 볼 때 BPK는 정부재정과 회계 감사권을 통한 행정통제에 주력하고 있다.

---

5) 저자에 따라 BPK를 Supreme Audit Institution으로 표기하기도 하지만, BPK 영문 홈페이지에서 기관은 공식 영문 명칭을 The Audit Board로 사용한다.
6) http://www.bpk.go.id/en/.

1997년 외환위기를 맞은 인도네시아는 그 위기의 중요한 원인 가운데 하나로 정부 국가재정의 관리와 운영에 대한 체계성 · 투명성 · 신뢰성이 낮다는 판단에 따라 국가재정과 회계에 관한 제도 개선과 더불어 BPK의 감사 권한을 확대했다. 국가 감사 기능을 통한 행정통제와 국가 거버넌스 향상 노력은 2004년 헌법 개정, 2003년 국가재정에 관한 법률(Law 17/2003 on State Finance), 국가재정 관리와 책임성 감사에 관한 법률(Law No.15/2004 on Auditing Management and Accountability of State Finance)의 제정으로 연결되었다(Rai, 2008).

BPK는 회계감사(financial audit) 권한 이외에 성과감사(performance audit)와 특별감사(special audit)를 통해 행정통제 권한을 행사하고 있다. BPK의 회계감사 대상은 모든 공공기관이 포함되는데, 여기에는 중앙 및 지방정부뿐만 아니라 국영기업(state-owned enterprises, BUMN)도 해당된다. BPK는 성과감사에 관한 권한을 보유하고 있으나 기관 내 성과감사 역량과 경험의 부족으로 인해 성과감사가 정착했다고 보기는 어렵다. 특별감사는 국민대표의회의 요청이 있을 경우 BPK가 조사와 감사를 실시한다.

감사와 관련하여 인도네시아의 특이한 점은 헌법상의 감사기관인 BPK 이외에도 1983년 대통령령(Presidential Decree Number 31)에 의해 설립된 BPKP(Badan Pengawasan Keuangan Dan Pembangunan, Financial and Development Supervisory Board)가 공존한다는 것이다. BPK가 외부감사(external auditing) 기능을 전담하는 반면, BPKP는 내부감사(internal auditing)의 책임을 지고 있다. 또한 책임의 소재에서도 BPK가 국민대표의회에 책임을 지는 반면, BPKP는 대통령에 대해 책임을 지고 있어 BPKP는 대통령의 오른팔 역할을 담당하고 있는 것으로 평가된다(Dwiputrianti, 2011). 그러나 정부 회계감사에서 내외감사라는 구분을 통해 BPK와 BPKP의 기능을 구분하고 있지만 실제로 양 기관 간 기능이 상당히 중첩되어 있어 효율성에 비판을 받고 있다(Dwiputrianti, 2011).[7)]

기관의 법적 지위라는 측면에서 보면 독립된 헌법기관인 BPK를 상급기관으로 이해할 수 있으나 <표 6-2>에서 볼 수 있는 것과 같이 실제 운영의 측면에서는 BPKP가 BPK에 비해 많은 혜택을 누리고 있다. 더불어 감사의 전문성의 관점에서도 BPKP가 BPK보다 높은 것으로 평가되고 있는데, 이 이유는 새 질서 체제(New Order Regime)에서 기관의 역량 계발을 위해 외국 차관을 가장 많이 사용했기 때문이다.

---

7) 회계감사 이외에 BPKP는 재무부를 통해 대통령에게 제출된 중앙정부기관의 회계보고서를 검토하는 권한과 현재 인도네시아 범정부 차원에서 추진 중인 정부개혁(bureaucracy reform) 질의 관리 책임도 맡고 있다(http://www.bpkp.go.id/konten/440/Duty-and-Function.bpkp).

**표 6-2** BPK와 BPKP 자원의 비교(2004년)

| No | Resources | BPK | BPKP |
|---|---|---|---|
| 1 | Personnel<br>• Staff adminstration<br>• Auditors | 2,850<br>418<br>2,382 | 7,200<br>2,200<br>5,000 |
| 2 | Level of education<br>• Senior high school and diploma<br>• S1 (Bachelor Degree)<br>• S2 and S3 (Master and Doctorate Degrees | 776<br>1,754<br>320 | 1478<br>5,110<br>612 |
| 3 | Representative offices | 9 | 25 |
| 4 | Computers | 1,202 | 2,400 |
| 5 | Four-Wheel vehicles | 136 | 210 |
| 6 | Budget | Rp. 273 billion | Rp. 421 billion |

자료: Dwiputrianti(2011).

## 옴부즈만

인도네시아 옴부즈만(National Ombudsman Commission: NOC)은 공무원의 부패 문제에 대응하고, 정부의 책임성을 강화하기 위한 정부개혁의 일환으로 1999년 와히드 대통령에 의해 설립되었다. NOC의 설립 근거는 2000년 공포된 대통령령 44호(Presidential Decree No.44, 2000)이며, 그 설립의 가장 중요한 목적은 국가기관과 공무원의 권한 오남용을 방지하고 국가의 재량권을 통제하기 위해 시민에게 정부를 감시할 수 있는 권한을 부여하는 것이다(Djojosoekarto, 2003). 따라서 옴부즈만제도는 행정통제를 위한 시민들의 감시와 참여를 강화한다는 측면에서 시민사회의 통제라는 성격을 갖지만, 동시에 옴부즈만이라는 비사법적인 공적 기관이 부당한 행정행위와 결정에 대해 조사·처리하는 과정은 행정부의 내부통제적 성격도 갖는다.

인도네시아 NOC의 권한과 기능은 Law No.37, 2008 on the Ombudsman of the Republic of Indonesia에 규정되어 있고, 시민에 의해 제보된 민원을 조사하여 부당하게 권리가 침해되었을 경우 이를 구제하고 해당 기관으로 하여금 문제점에 대한 시정을 요청할 수 있다. 아울러 NOC는 필요한 경우 대통령, 의회, 지자체장에게 법률과 규정의 개정을 요청할 수 있는 권한도 보유하고 있다(AOA, 2010).

# 제 5 절 민중통제

## 시민사회의 통제

일반적으로 시민사회(civil society)가 발달하지 못한 저발전 국가(underdeveloped countries)와는 달리 인도네시아의 시민사회의 역사는 20세기 초 네덜란드 식민 지배 시대까지 거슬러 올라간다. 당시 인도네시아의 시민사회는 노동자, 청년, 학생, 언론인, 예술가 등이 중심이 되어 다양한 지역에 기반한 조직을 결성했고, 대부분 시민단체의 활동은 국가 독립에 초점을 두었다(Ibrahim, 2006).

네덜란드로부터 독립한 뒤 높은 빈곤율과 낮은 문맹률에도 불구하고 인도네시아에서 시민단체의 결성은 매우 활발하게 일어났다. 그러나 1949년 공식적인 독립 이후와 수하르토 대통령의 권위주의 정권 하에서 시민단체는 국가의 권력을 견제하고 정부를 통제할 수 있는 역할을 하지 못했다. 독립 직후인 1950년대와 1960년대 인도네시아의 주요한 시민단체는 정당과 밀접하게 결탁되어 있었으며, 당시 첨예한 정치적 갈등 상황을 사회 전반에 뿌리내리는 역할을 했다(Aspinall, 2004). 1966부터 1998년 기간의 수하르토 정권 기간 동안 인도네시아는 억압적 조합주의(corporatism)적 성격을 띠었다(MacIntyre, 1994). 당시에도 인도네시아에는 시민단체가 적지 않게 있었지만, 국가(state)가 인정한 각 분야별 대표 단체 이외에는 공적인 정책의 장(formal policy sphere)에 참여할 수 없었다. 경우에 따라서 정부는 특정 시민단체의 결성을 금지했을 뿐만 아니라 중요한 시민단체는 정부의 통제 하에 놓여 있었다(Ibrahim, 2006). 따라서 1998년 후반 수하르토 정권이 붕괴하기 이전까지 인도네시아의 시민사회와 시민단체는 공익을 추구했다기보다는 상당 부분 정치적인 색채를 띤 국가의 통치 수단적 성격이 강했고 국가에 대한 통제 기능은 매우 제한적이었다.

이 같은 억압적인 상황에서도 1980년대부터 분야별 비영리단체(NGOs)가 형성되기 시작했는데, 1980년대에는 환경 관련 NGO들이 등장하기 시작했고, 1990년대에는 인권과 민주주의를 옹호하는 NGO들이 생겨나기 시작했다. 이에 더해 1997년 인도네시아가 외환위기를 맞으면서 도시를 중심으로 대규모 학생운동이 발생하게 되었고, 학생운동은 기존의 NGO와 학자들과 연대하여 1998년 수하르토 정권 붕괴에 일조했다(Ibrahim, 2006). 이후 인도네시아에 민주주의 열기가 고조되는 상황에서 시민단체는 매우 급속도로 확대되기 시작했다.

1990년대 후반 들어 본격화된 시민사회에도 불구하고 여전히 인도네시아의 시민단체는 여러 가지 여건상 발전의 초기 단계에 놓여 있다고 볼 수 있다. 그런 만큼 정부를 포함한 국가기관에 대한 합리적 통제의 역할을 온전히 수행하고 있다고 보기 어렵다. 2005년 10월에서 2006년 8월 사이 YAPPIKA(Indonesian Civil Society Alliance for Democracy)가 측정한 인도네시아 시민사회의 수준을 살펴보면, [그림 6-3]과 같이 3점을 만점으로 구조(structure: 시민단체의 주요 행위자와 행위자 간의 관계), 외적 환경(external environment: 시민사회의 발전과 관련된 정치, 제도, 사회, 문화, 경제적 환경 요인), 가치(value: 시민사회가 추구하는 가치와 원칙에 대한 고수 정도), 영향력(impact: 사회와 시민에 대한 시민사회의 전반적인 영향력)이 각각 1.6점, 1.3점, 1.9점, 1.6점으로 평가되고 있다.

행정통제 역할과 관련하여 인도네시아에는 국가기관을 감시하는 NGO들이 다수 활동하고 있다. 부패 문제를 감시하는 Indonesian Corruption Watch, 의회를 감시하는 Parliament-Legislative Watch(DPR-Watch), 정부를 감시하는 Government Watch(GOWA), 경찰을 감시하는 Police Watch, 정부 예산을 감시하는 Budget Transparency Forum(FITRA) 등이 대표적 단체이다(Antlöv et al., 2005). 이러한 정부와 국가기관 감시 기능을 수행하는 NGO들과는

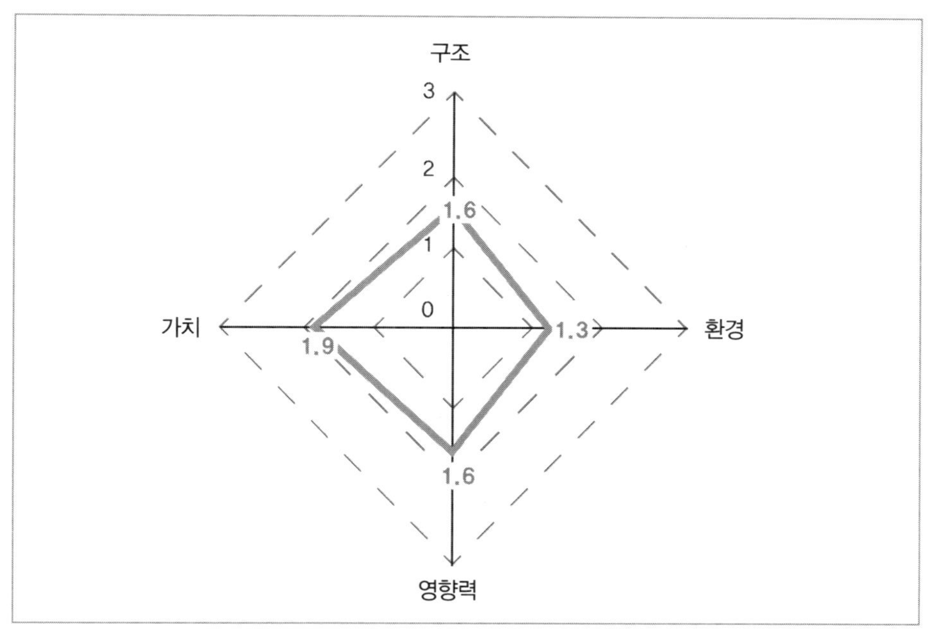


**그림 6-3** 2006년 인도네시아 시민사회 수준

출처: Ibrahim(2006: 6).

별개로 실제 시민사회가 행정통제 기능을 수행하는가의 여부의 핵심은 시민단체와 정부와의 관계에서 정부의 정책 결정과 집행 과정에서 시민단체들이 표방하는 공익을 어느 정도 수용하는가에 따라 판단되어야 한다. 이러한 관점에서 볼 때 행정의 책임성을 높이기 위한 시민단체의 활동에도 불구하고 정부에 대한 영향력은 그리 높지 않다. 인도네시아 시민사회의 영향력이 제한적인 이유는 다양하지만, 특히 문제가 되는 이유는 대다수 NGO의 규모가 작고 활동 범위가 지역적이고, NGO의 인적·물적 자원이 적으며, NGO의 운영이 투명하지 못하거나 심지어 스스로 부패에 연루되는 경우가 있어 사회적 신뢰를 충분히 받고 있지 못한 데 있다(Ibrahim, 2006).

그럼에도 불구하고 인도네시아의 경우 전반적으로 시민단체에 대한 가입과 활동이 비교적 활발하며, 최근 민주주의에 대한 사회의 관심이 높아감에 따라 NGO와 여타 시민단체의 정책 참여 기능이 강화되고 있는 상황은 향후 행정통제의 역할에 대한 기대를 높이는 요인이라고 평가할 수 있다.

## 2 언론의 통제

수하르토 정권 붕괴 이후 수백 개의 언론매체가 생겨남과 동시에 인도네시아 언론의 자유는 급속하게 신장되었다. 대중언론 매체 수의 증가와 함께 1999년 제정된 언론법(Law No.40, 1999 on the Press)에서 언론에 대한 정부의 통제를 금지함으로써 인도네시아의 언론은 비교적 자유스럽게 정부에 대한 감시와 비판의 목소리를 내고 있다. 이러한 언론의 감시와 비판 기능으로 인해 정부 또한 정책결정 과정에서 언론의 입장과 지적을 수용하기도 한다(Datta et al., 2011).

그러나 언론의 자유에 대한 최근의 변화에도 불구하고 인도네시아에서 언론을 통한 정부의 견제와 감시는 여전히 많은 한계를 안고 있다. 세계 각국 언론의 자유를 측정한 프리덤하우스(Freedom House)의 인도네시아 언론의 상황을 살펴보면 2011년의 경우 인도네시아의 언론은 '부분적인 자유(partly free)' 수준으로 평가되고 있으며, 언론의 자유를 위한 법적 환경이 18점, 정치적 환경이 20점, 경제적 환경이 15점에 불과했다.[8] 특히 언론의 자유가 법적으로 보장된 시점이 불과 10년 남짓에 불과한 인도네시아에서 언론의 자유가 의미하는 내용과 범위에 대해 법적·사회적 합의를 이루지 못한 상태이다. 1999년 언론법을 해석하

8) http://www.freedomhouse.org/report/freedom-press/2011/indonesia.

는 시각조차 인도네시아 사법부에서 서로 다른 견해를 보이고 있는데, 1999년 법을 일반법으로 이해하고 있는 판사가 있는가 하면 동일법을 특별법으로 해석하여 형법과 같은 일반법에 우선해야 한다고 해석하는 판사들도 있다. 아울러 언론의 비판적 시각에 대해 해당 언론기관과 언론인을 대상으로 국가기관과 비국가기관이 암암리에 협박과 신체 위협을 지속적으로 가하고 있는 상황이다.[9] 예컨대 인도네시아 독립언론인연합(Alliance of Independent Journalists)에 따르면 1996년에서 2010년 사이 8명의 언론인이 살해되었다(*Jakarta Post*, May 15, 2012).

비록 인도네시아의 언론의 자유가 제한적으로 실현되고 있기는 하나 과거 수하르토 정권이 가했던 언론에 대한 통제와 비교할 경우 최근의 상황은 매우 큰 진전을 보였다고 할 수 있다. 수하르토 정권에서는 언론이 국가통치의 수단으로 활용되었고, 따라서 정권에 호의적이지 않은 언론사는 인가가 취소되었다. 특히 언론에 대한 통제는 정보부(Department of Information)에서 주도했으며, 정부에 의한 설립된 인도네시아기자협회(Association of Indonesian Reporter; Persatuan Wartawan Indonesia: PWI)가 도구적 수단으로 활용되었다(Prasojo et. al., 2007).

이후 언론통제의 주역인 정보부는 1999년 와히드(Abdurrahman Wahid) 대통령에 의해 폐지되었으며, 1999년 언론법에 의해 언론의 자유가 법적으로 보장되기 시작했다. 언론에 대한 정부의 통제가 금지되자 프린트 매체의 수가 289개에서 1,600개 정도로 급증했으며, 민간 상업방송국의 수도 두 배가량 증가했다. 인도네시아 지역 언론 매체까지 감안하면 그 수는 가히 폭발적으로 늘어났다고 볼 수 있다. 인도네시아에는 전국을 대상으로 한 11개의 공중파 방송이 있으며, 그 중 1개는 국영방송이고 10개의 민간 상업방송이 있다. 인도네시아 전체에 배포되는 신문은 14개가 있고, 그 중 11개는 인도네시아어로 발간되며 3개는 영자신문이다.

## 제 2 절 결론

인도네시아는 수하르토의 권위주의 정부가 붕괴한 1998년 이후 급속한 변화를 겪어왔다. 특히 민주주의의 진전은 국가와 사회의 관계를 과거 국가 중심에서 국가기관 간, 국가와 사

9) http://www.freedomhouse.org/report/freedom-press/2011/indonesia.

회 간 상호 견제 관계로 변모시키고 있다. 이러한 변화는 정부에 대한 통제에서도 찾아볼 수 있다. 과거 권위주의 체제의 인도네시아는 대통령을 기점으로 국가기관 행정부와 중앙 정부가 막강한 권한과 권력을 행사했었고, 이러한 견제되지 않은 행정 권력은 KKN(korupsi, colusi, nepotisme; corruption, collusion, nepotism)으로 불리는 문제점을 야기했으며, 이러한 현상은 오늘날에도 지속되어 행정의 투명성, 책임성, 효율성을 약화시키고 있다.

행정의 책임성을 높이고 공무원의 부패 문제에 대응하기 위해 인도네시아 정부도 다양한 제도와 정책을 도입하고 있으나, 눈에 띄는 성과를 이루지 못하고 있다. 공식적인 제도의 차원에서 볼 때 인도네시아 역시 행정통제를 위한 다양한 기제가 마련되어 있다. 의회의 경우 대통령 탄핵소추권을 비롯하여 법률 제정, 예산 승인, 각료 임명 등의 권한을 통해 정부를 통제할 수 있고, 사법부 또한 행정기관의 권한 남용과 위법한 행정행위를 시정할 수 있는 제도가 구비되어 있다. 행정부 내부통제의 경우 감사기관인 BPK(Badan Pemeriksa Keuangan, The Audit Board)와 BPKP(Badan Pengawasan Keuangan Dan Pembangunan, Financial and Development Supervisory Board)가 정부기관의 회계감사를 하도록 되어 있고, 옴부즈만(National Ombudsman Commission: NOC)은 부당한 행정행위를 조사하는 권한을 가지고 있다. 민중통제의 경우 1990년대 후반 이후 진행된 사회의 민주화와 더불어 시민사회와 언론에 의한 행정통제도 점차 강화되고 있다.

이 같은 행정통제에 관한 인도네시아의 제도적·사회적 변화에도 불구하고 그 실효성에 대해서는 여전히 의문이 남는다. 무엇보다도 행정통제의 책임을 안고 있는 기관들 스스로가 부패의 문제에서 자유롭지 못하기 때문이다. 인도네시아의 의회와 사법기관의 부패는 여전히 심각할 뿐만 아니라 이들 기관에 대한 사회적 신뢰가 높지 않아 행정부에 대한 감시와 견제가 원활하지 못하다는 시각이 지배적이다. 이에 더해 시민단체와 언론 또한 부패에 연루된 경우가 있어 정부에 대한 감시와 간접적 통제도 용이하지 못한 측면이 있다. 아울러 정부기관에 대한 감사 권한이 있는 기관은 효과적인 감사를 수행하기에 자체 역량이 부족한 한계를 보이고 있다.

# 제 4 편 인도네시아의 공공정책

# 제1장 공공정책 과정*

1)

## 제1절 서론

1998년 새질서 시대(New Order Era)로 불리는 수하르토(Suharto) 정권이 붕괴된 이후 인도네시아의 정책결정은 과거에 비해 더 복잡한 과정을 통해 이루어지고 있다. 그 이유는 수하르토 대통령 중심의 강력한 권위주의 체제 하에서 국가의 정책은 전문관료(technocrats)를 주축으로 한 하향식(top-down) 의사결정으로 이루어졌고, 모든 권력의 중심에는 대통령이 있었다(Crouch, 2005; Prasojo et al., 2007). 따라서 서구식 합리적 정책결정은 매우 부분적인 형태로만 구현되었고, 중요한 국가 정책은 경직적인 명령과 통제에 의해 결정되었다. 군부가 장악한 의회는 정책결정 과정에서 별다른 역할을 하지 못한 거수기(rubber stamp)에 불과했으며, 이를 사후적으로 바로잡을 사법부는 권력의 의지를 충실하게 집행하는 기관에 다름없었다(Martinez-Diaz, 2006). 이 같은 상황에서 국가의 역기능에 대해 감시와 견제를 할 수 있는 시민사회와 언론의 역할도 제한적일 수밖에 없었다.

그러나 권위주의 정권이 몰락한 후 급속하게 찾아온 민주주의는 인도네시아의 정책결정 과정을 더욱 복잡한 양상으로 이끌었다. 분권화가 진행됨에 따라 대통령과 중앙정부의 권한이 축소되었고, 현 유도요노(Yudhoyono) 정부에서 계속된 연정(coalition government)으로 인해 부처에 대한 대통령의 영향력도 줄어들었다. 반면 1999년 1차 헌법 개정으로 인한 민주주의 회복과 더불어 언론의 자유가 보장되면서 언론과 시민사회의 정부에 대한 감시와

* 이 장은 최진욱 교수가 집필했다.

비판은 계속 증가하고 있으며, 더불어 이들의 정책결정 참여에 대한 요구도 높아지고 있다(Prasojo et al., 2007). 여전히 문제가 없진 않으나 법적·제도적 측면에서 볼 때 인도네시아의 정책결정 절차와 과정은 민주주의적이고 합리적으로 작동하도록 되어 있다. 그러나 정치적·행정적·사회적 발전이 성숙되지 않은 인도네시아의 상황에서 공적인 법적 규정과는 달리 실질적인 정책은 상당 부분 비공식적 맥락에 의해 결정되고 있다(Datta et al., 2011).

과거 수하르토 정부 시절에도 그러했지만 새 질서 정부 붕괴 이후 개혁의 시대(Refomasi Era)에도 장·차관과 같은 정부 임명직은 능력보다는 대통령과 집권당의 관계에 의해 결정된다. 한편 인종적·지역적 다양성이 큰 인도네시아의 경우 국가 통합이 중요한 국가적 과제인 만큼 정부의 주요 직위를 임명할 때 이러한 점도 고려된다. 고위직 임명과 관련되어 인도네시아의 이러한 한계를 극복하기 위한 방법으로 부처 정책결정의 실무를 담당하는 공무원을 외국에서 학위를 취득한 전문관료로 채우려 하고 있으나, 전반적으로 공무원의 역량 수준이 높지 않다. 이와 같은 전반적인 상황을 감안할 때 인도네시아 정책은 질적인 측면에서 많은 문제점을 안고 있는 것으로 평가된다(Datta et al., 2011; Prasojo et al., 2007).

## 제 2 절 공공정책의 기조 및 방향

인도네시아의 장기 국가 발전 목표는 8대 국가 발전 미션(8 National Development Missions)에 명시되어 있다. 구체적으로 첫 번째 미션은 "도덕과 윤리, 그리고 국가의 가치와 시민사회에 기반한 사회의 건설"로, 교육을 통한 종교적 믿음을 강화하고, 법을 준수하며, 지역·인종 간 화합을 도모하는 것을 목적으로 하고 한다. 두 번째 미션은 "국가경쟁력 강화"로, 국가 인적 자원의 질을 강화, 연구와 혁신을 통한 과학 기술 발전, 국가 기반 확충, 법과 국가 기제의 개혁, 지역 간 비교 우위를 통한 내수 시장 확충 등을 목적으로 삼고 있다. 세 번째 미션은 "법치에 기반한 민주사회 건설"로, 이를 위해 민주적 국가 제도의 질 개선, 분권화와 지방 자율성 심화, 언론의 자유 신장, 사회의 차별 철폐 등을 추구한다. 네 번째 미션은 "안전하고, 평화롭고, 통합의 인도네시아 실현"으로, 군대와 경찰, 검찰과 같은 국가 안보와 법 집행을 책임지고 있는 기관의 역량 강화를 꾀하고 있다. 다섯 번째 미션은 "평등하고 정의로운 발전 추구"로, 지역의 균등한 발전, 사회 격차 완화, 빈곤과 실업의 해소, 공공 서비스에 대한 차별 없는 접근, 양성 평등의 내용을 담고 있다. 여섯 번째 미션은

"지속적이고 균형 잡힌 발전"으로, 국가 천연자원의 효율적 이용과 환경의 보호, 생물다양성 보존 등을 추구하고 있다. 일곱 번째 미션은 "자립적이고, 진보적이며, 강한 해양 국가 건설"로, 인도네시아의 해양 지리적 이점을 극대화하여 국가 발전에 기여한다는 것이다. 마지막 여덟 번째 미션은 "국제 사회에서 중요한 역할을 할 수 있는 인도네시아 건설"로, 외교 역량의 강화와 국제적·지역적 통합을 강화하는 것을 골자로 하고 있다(Ministry National Development Planning and National Development Planning Agency, 2010).

국가가 추구하는 장기 국가 발전 목표와 미션을 달성하기 위해 인도네시아 정부는 5년 단위의 중기발전계획(RPJMN)을 2025년까지 수립해 놓고 있다. 1단계 중기발전계획(2005~2009)은 안전하고, 평화롭고, 정의롭고, 민주적인 인도네시아를 위한 개혁을 목표하고 있다. 2단계 중기발전계획(2010~2014)은 인적 자원 강화, 과학 기술의 발전, 경제 경쟁력 강화를 통해 1단계 발전계획을 심화시키는 것을 핵심으로 삼고 있다. 3단계 중기발전계획(2015~2019)은 2단계 발전계획의 강화를 목적으로 삼고 있다. 4단계 중기발전계획(2020~2025)은 위 8대 국가 발전 미션 중 일곱 번째 미션 달성을 최종 목표로 설정하고 있다.

현재 인도네시아의 정치적·경제적·사회적 발전 수준과 속도를 고려할 때 인도네시아

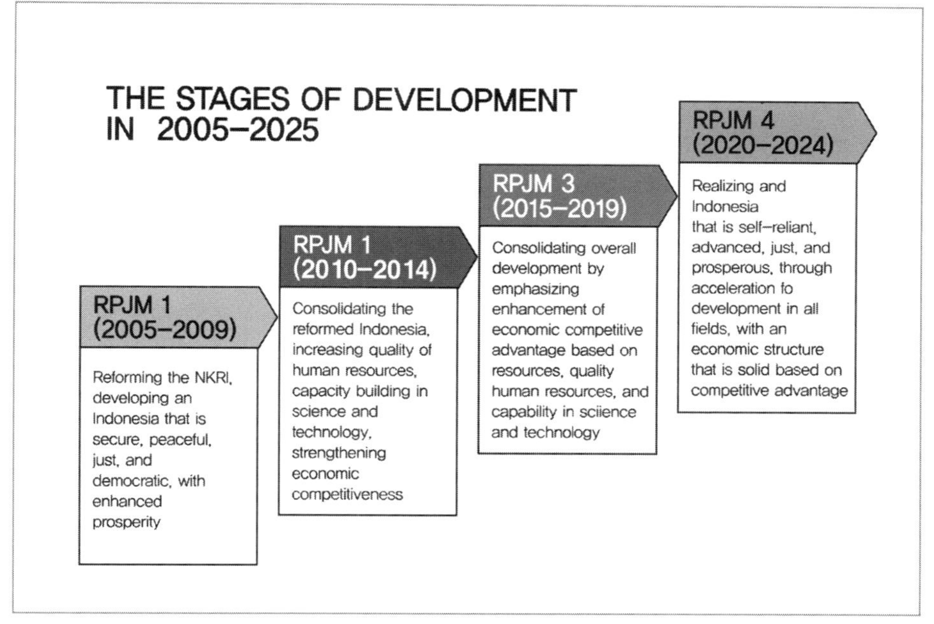


**그림 1-1** 단계별 인도네시아 국가 중기발전계획 목표

출처: Ministry National Development Planning and National Development Planning Agency(2010).

정부의 중장기 국가 발전 목표가 계획과 같이 달성될 수 있을지는 매우 불확실하다. 그러나 2025년까지의 국가 발전 목표를 좀 더 충실히 이루기 위해서는 무엇보다 국가 발전 목표를 연도별·영역별·부분별·지역별로 구체적으로 계획하고, 집행하며, 평가할 수 있는 정부의 능력이 우선되어야 한다. 특히 정책결정과 관련되어 인도네시아 정부는 관료제의 질(quality of bureaucracy) 향상을 통한 정부 개혁을 그 어느 때보다 강조하고 있다. 안정적이고 지속적이며 지역적으로 균형된 경제 성장 도모라는 국가 발전 목표를 성공적으로 이루기 위해서는 이를 견인해야 할 정부의 역량을 높이는 것이 선결 과제라는 점을 인도네시아 정부도 인식하고 있다.

최근 비교적 견실한 성장을 이루고 있는 경제 상황에도 불구하고 인도네시아에서 국가경쟁력은 최근 몇 년 사이 답보 상태에 머무르고 있다. 예컨대 세계경제포럼(World Economic Forum, 2011)이 세계 142개국을 대상으로 측정한 국가경쟁력(competitiveness of a nation) 순위에서 2011~2012년 인도네시아는 46위(4.4점/7점)로 평가되었고, 이는 2010~2011년 139개 국가 중 44위(4.4점/7점), 20009~2010년 133개 국가 중 54위(4.3점/7점)에서 크게 차이를 보이고 있지 못하다. 인도네시아의 국가경쟁력을 약화시키는 주된 원인 가운데 하나는 정부의 비효율성에 있다. [그림 1-2]에서 볼 수 있는 바와 정부의 효율성을 저해하는 여러 요인 중 고질적인 병폐로 지적되는 KKN(korupsi, colusi, nepotisme; corruption, collusion,

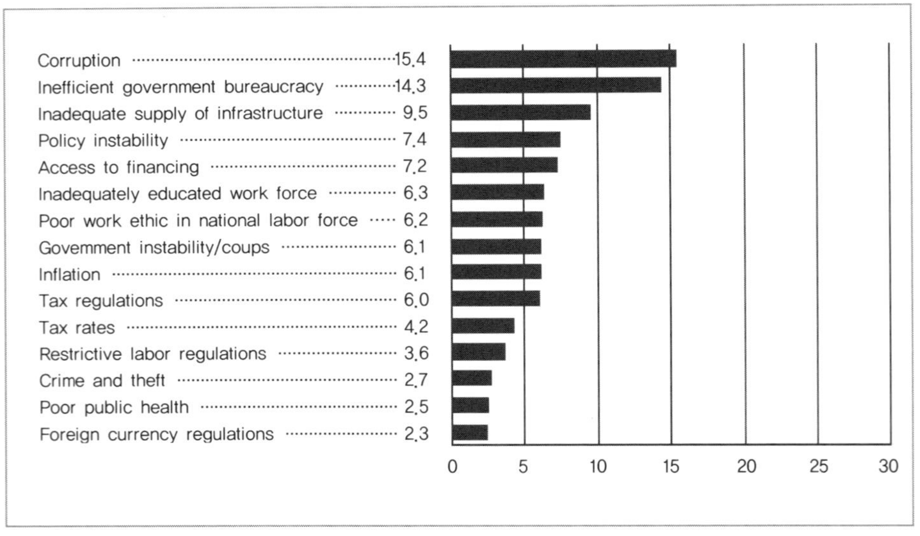


**그림 1-2** 인도네시아 경제활동의 주요 제약 요인과 차지하는 비중(%)

출처: World Economic Forum(2011).

| | INDICATOR | VALUE | RANK/142 |
|---|---|---|---|
| | **1st pillar: Institutions** | | |
| 1.01 | Property rights | 4.0 | 94 |
| 1.02 | Intellectual property protection | 3.6 | 62 |
| 1.03 | Diversion of public funds | 3.3 | 66 |
| 1.04 | Public trust of politicians | 3.1 | 56 |
| 1.05 | Irregular payments and bribes | 3.3 | 103 |
| 1.06 | Judicial independence | 3.6 | 76 |
| 1.07 | Favoritism in decisions of government officials | 3.9 | **36** |
| 1.08 | Wastefulness of government spending | 3.9 | **34** |
| 1.09 | Burden of government regulation | 3.6 | **44** |
| 1.10 | Efficiency of legal framework in settling disputes | 3.7 | 69 |
| 1.11 | Efficiency of legal framework in challenging regs. | 3.8 | 61 |
| 1.12 | Transparency of government policymaking | 4.1 | 87 |
| 1.13 | Business costs of terrorism | 4.7 | 114 |
| 1.14 | Business costs of crime and violence | 4.3 | 96 |
| 1.15 | Organized crime | 4.2 | 109 |
| 1.16 | Reliability of police services | 3.7 | 88 |
| 1.17 | Ethical behavior of firms | 3.4 | 107 |
| 1.18 | Strength of auditing and reporting standards | 4.3 | 94 |
| 1.19 | Efficacy of corporate boards | 4.5 | 73 |
| 1.20 | Protection of minority shareholders' interests | 4.3 | 66 |
| 1.21 | Strength of investor protection, 0–10 (best)* | 6.0 | **36** |
| | **2nd pillar: Infrastructure** | | |
| 2.01 | Quality of overall infrastructure | 3.9 | 82 |
| 2.02 | Quality of roads | 3.5 | 83 |
| 2.03 | Quality of railroad infrastructure | 3.1 | 52 |
| 2.04 | Quality of port infrastructure | 3.6 | 103 |
| 2.05 | Quality of air transport infrastructure | 4.4 | 80 |
| 2.06 | Available airline seat kms/week, millions* | 1,682.4 | **20** |
| 2.07 | Quality of electricity supply | 3.7 | 98 |
| 2.08 | Fixed telephone lines/100 pop.* | 15.8 | 79 |
| 2.09 | Mobile telephone subscriptions/100 pop.* | 91.7 | 82 |
| | **3rd pillar: Macroeconomic environment** | | |
| 3.01 | Government budget balance, % GDP* | -0.6 | **30** |
| 3.02 | Gross national savings, % GDP* | 33.4 | **21** |
| 3.03 | Inflation, annual % change* | 5.1 | 96 |
| 3.04 | Interest rate spread, %* | 6.2 | 84 |
| 3.05 | General government debt, % GDP* | 26.9 | **37** |
| 3.06 | Country credit rating, 0–100 (best)* | 55.6 | 59 |
| | **4th pillar: Health and primary education** | | |
| 4.01 | Business impact of malaria | 4.3 | 112 |
| 4.02 | Malaria cases/100,000 pop.* | 1,100.2 | 110 |
| 4.03 | Business impact of tuberculosis | 4.3 | 116 |
| 4.04 | Tuberculosis incidence/100,000 pop.* | 189.0 | 108 |
| 4.05 | Business impact of HIV/AIDS | 4.2 | 112 |
| 4.06 | HIV prevalence, % adult pop.* | 0.2 | 55 |
| 4.07 | Infant mortality, deaths/1,000 live births* | 29.8 | 100 |
| 4.08 | Life expectancy, years* | 71.2 | 91 |
| 4.09 | Quality of primary education | 4.1 | 54 |
| 4.10 | Primary education enrollment, net %* | 95.3 | **45** |
| | **5th pillar: Higher education and training** | | |
| 5.01 | Secondary education enrollment, gross %* | 79.5 | 91 |
| 5.02 | Tertiary education enrollment, gross %* | 23.5 | 87 |
| 5.03 | Quality of the educational system | 4.2 | **44** |
| 5.04 | Quality of math and science education | 4.3 | 53 |
| 5.05 | Quality of management schools | 4.2 | 68 |
| 5.06 | Internet access in schools | 4.7 | 49 |
| 5.07 | Availability of research and training services | 4.2 | 61 |
| 5.08 | Extent of staff training | 4.1 | 52 |

| | INDICATOR | VALUE | RANK/142 |
|---|---|---|---|
| | **6th pillar: Goods market efficiency** | | |
| 6.01 | Intensity of local competition | 4.6 | 89 |
| 6.02 | Extent of market dominance | 3.9 | 53 |
| 6.03 | Effectiveness of anti-monopoly policy | 4.3 | 53 |
| 6.04 | Extent and effect of taxation | 4.2 | **23** |
| 6.05 | Total tax rate, % profits* | 37.3 | 61 |
| 6.06 | No. procedures to start a business* | 9 | 94 |
| 6.07 | No. days to start a business* | 47 | 121 |
| 6.08 | Agricultural policy costs | 4.2 | **41** |
| 6.09 | Prevalence of trade barriers | 4.3 | 78 |
| 6.10 | Trade tariffs, % duty* | 4.8 | 63 |
| 6.11 | Prevalence of foreign ownership | 4.6 | 74 |
| 6.12 | Business impact of rules on FDI | 4.6 | 78 |
| 6.13 | Burden of customs procedures | 3.9 | 85 |
| 6.14 | Imports as a percentage of GDP* | 23.2 | 130 |
| 6.15 | Degree of customer orientation | 4.5 | 74 |
| 6.16 | Buyer sophistication | 3.7 | 51 |
| | **7th pillar: Labor market efficiency** | | |
| 7.01 | Cooperation in labor-employer relations | 4.3 | 68 |
| 7.02 | Flexibility of wage determination | 4.3 | 113 |
| 7.03 | Rigidity of employment index, 0–100 (worst)* | 40.0 | 104 |
| 7.04 | Hiring and firing practices | 4.2 | 51 |
| 7.05 | Redundancy costs, weeks of salary* | 108 | 131 |
| 7.06 | Pay and productivity | 4.5 | **28** |
| 7.07 | Reliance on professional management | 4.3 | 70 |
| 7.08 | Brain drain | 4.2 | **37** |
| 7.09 | Women in labor force, ratio to men* | 0.61 | 108 |
| | **8th pillar: Financial market development** | | |
| 8.01 | Availability of financial services | 4.8 | 57 |
| 8.02 | Affordability of financial services | 4.4 | 54 |
| 8.03 | Financing through local equity market | 4.4 | **25** |
| 8.04 | Ease of access to loans | 3.9 | **16** |
| 8.05 | Venture capital availability | 3.7 | **17** |
| 8.06 | Soundness of banks | 4.5 | 112 |
| 8.07 | Regulation of securities exchanges | 4.4 | 56 |
| 8.08 | Legal rights index, 0–10 (best)* | 3.0 | 105 |
| | **9th pillar: Technological readiness** | | |
| 9.01 | Availability of latest technologies | 4.9 | 74 |
| 9.02 | Firm-level technology absorption | 5.0 | 54 |
| 9.03 | FDI and technology transfer | 4.7 | 64 |
| 9.04 | Internet users/100 pop.* | 9.1 | 117 |
| 9.05 | Broadband Internet subscriptions/100 pop.* | 0.8 | 103 |
| 9.06 | Internet bandwidth, kb/s/capita* | 0.3 | 108 |
| | **10th pillar: Market size** | | |
| 10.01 | Domestic market size index, 1–7 (best)* | 5.1 | **16** |
| 10.02 | Foreign market size index, 1–7 (best)* | 5.5 | **23** |
| | **11th pillar: Business sophistication** | | |
| 11.01 | Local supplier quantity | 4.9 | 57 |
| 11.02 | Local supplier quality | 4.5 | 68 |
| 11.03 | State of cluster development | 4.2 | **33** |
| 11.04 | Nature of competitive advantage | 3.9 | **41** |
| 11.05 | Value chain breadth | 4.4 | **29** |
| 11.06 | Control of international distribution | 4.3 | **43** |
| 11.07 | Production process sophistication | 3.9 | 56 |
| 11.08 | Extent of marketing | 4.2 | 61 |
| 11.09 | Willingness to delegate authority | 3.8 | 56 |
| | **12th pillar: Innovation** | | |
| 12.01 | Capacity for innovation | 3.8 | **30** |
| 12.02 | Quality of scientific research institutions | 3.9 | 55 |
| 12.03 | Company spending on R&D | 3.7 | **31** |
| 12.04 | University-industry collaboration in R&D | 4.1 | **41** |
| 12.05 | Gov't procurement of advanced tech products | 4.1 | **34** |
| 12.06 | Availability of scientists and engineers | 4.4 | **45** |
| 12.07 | Utility patents granted/million pop.* | 0.0 | 86 |

**그림 1-3** 인도네시아 국가경쟁력 세부 평가지표 결과

출처: World Economic Forum(2011).

nepotism) 이외에 불안정한 정책도 중요한 원인으로 손꼽히고 있다. 구체적인 정책 분야로 살펴보면 정부의 인플레이션정책, 세금정책, 노동정책, 외환정책 등이 원활한 경제활동에 걸림돌로 나타나고 있다.

인도네시아의 국가경쟁력 세부 지표에 관한 2011~2012년 세계경제포럼(World Economic Forum, 2011)의 보고서에 따르면 [그림 1-3]과 같이 "공무원의 의사결정에서의 특혜(favoritism in decision of government officials)" 지표가 28위, "규제정책의 부담(burden of government regulation)" 지표가 36위, "정책결정의 투명성(transparency of government policymaking)" 지표가 91위, "정책 서비스의 신뢰성(reliability of policy services)" 지표가 80위 등으로 평가되고 있다.

인도네시아 국가경쟁력에 대한 세계경제포럼의 평가는 세계은행이 매년 전 세계 국가를 대상으로 측정하는 거버넌스(governance) 평가와 맥을 같이하고 있다. [그림 1-4]에서 볼 수 있는 것과 같이 2000년에서 2010년 기간 동안 인도네시아의 여섯 가지 거버넌스 지표 가운데 민주주의 발전을 나타내는 "언론의 자유와 책임성(Voice and Accountability)"과 "정치적 안정(Political Stability)"은 비교적 개선되는 것으로 평가되고 있으나, 정부와 직접적으로 관련된 나머지 지표는 10년의 기간 동안 크게 변화되지 않고 있다. 특히 "정부의 효율성

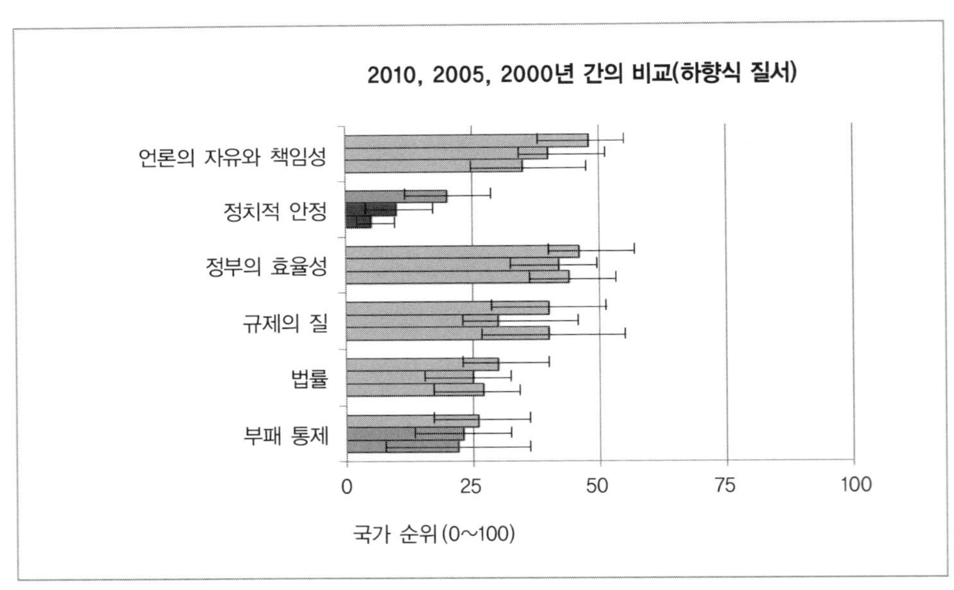


그림 1-4 인도네시아 거버넌스 추이

출처: http://www.worldbank.org

(Government Effectiveness)" 지표 역시 눈에 띄는 개선이 이루어지지 않고 있는 점을 감안할 때 인도네시아 정부의 정책 형성과 집행의 질, 행정 서비스의 질도 과거와 큰 차이를 보이지 않는 것으로 해석된다.

국가경쟁력과 거버넌스 측정 결과와 관련된 공무원과 정책의 효율성을 측면에서 보면 인도네시아 정부가 인식하고 있는 바와 같이 이 부분에 대한 개혁과 혁신이 국가 발전에 중요한 의미를 갖고 있다고 할 수 있다. 집권 2기(2009~2014년)에 있는 현 유도요노 대통령도 정부 개혁을 중요한 국가 의제로 삼고 있고, 효율적인 관료제 재정비를 통한 국가정책 결정 및 관리 역량의 배양, 그리고 효율적인 정부를 바탕으로 국가 발전의 초석을 다진다는 목표는 중기국가발전계획(RPJMN 2010~2014)과 장기국가발전계획(Masteplan for Accelerating and Expansion of Indonesia Economic Development 2011~2025)에도 잘 드러나 있다.

인도네시아는 단기적으로 2014년까지 6~7%대의 경제성장률을 유지하면서 각 부분의 발전을 도모하고, 1인당 국민소득을 3,000달러 후반대로 높임과 동시에 실업률과 빈곤율도 점차 낮추는 것을 국가 발전 목표로 삼고 있다. 이러한 국가 발전 목표 달성을 위해 인도네시아 정부는 관료제 및 거버넌스 개혁, 교육 강화, 국민보건 향상, 빈곤 감소, 식량 안보 구축, 기간산업 확충, 기업 부문 투자 활성화, 에너지 안보 달성, 환경 보호와 재난 대비 시스템 구축, 사회 취약계층 보호 및 갈등 지역 관리, 문화·창조·기술혁신 강화를 국가 발전을 위한 11대 우선정책으로 정하고 있다(Ministry National Development Planning and National Development Planning Agency, 2010).

## 제 3 절 공공정책 과정과 행위자

### 1 공공정책 과정

다른 국가에서와 같이 인도네시아의 정책은 법률에 근거를 두어야 한다. 그러나 의회에서 제정된 법률은 법률의 목적을 달성할 수 있는 구체적인 정책 내용과 수단을 포함하지 못하기 때문에 정책은 정부 규정(government regulations)에 의해 구체화된다.[2] 인도네시아

2) 인도네시아의 행정규정에 관해 한 가지 혼동하지 말아야 할 것은 'regulation'이라는 용어에 대한 이해이다. 인도네시아 정부에서 'regulation'은 흔히 알고 있는 정책의 한 형태로서 규제정책

의 정책결정 과정을 알아보기 전에 우선 정책의 근간이 되는 법과 규정에 대한 체계를 먼저 살펴보면 [그림 1-5]와 같다. 인도네시아의 최상위 법은 1945년 제정된 헌법(Undang-Undang Dasar 1945: UUD 1945)이다. 헌법 아래에는 법률이 있으며, 법률은 의회와 인도네시아 정부의 합의하에 제정된다. 법률과 동일한 효력을 갖는 또 다른 규정은 perpu로 불리는 "법률 대체 정부 규정(government regulations as substitute laws)"이며, 이는 국가 위기 상황에서 대통령이 공포한다. 법률 아래에는 정부규정(peraturan pemerintah: PP; government regulations)으로 법률을 집행하기 위한 가이드라인의 성격을 갖는다. 정부 규정은 부처의 장관이 제안한 후 대통령이 승인하게 되어 있다. 정부 규정 밑에는 대통령령(peraturan presiden, perpes; presidential regulation)이 있고, 다음으로 지방의회와 지자체

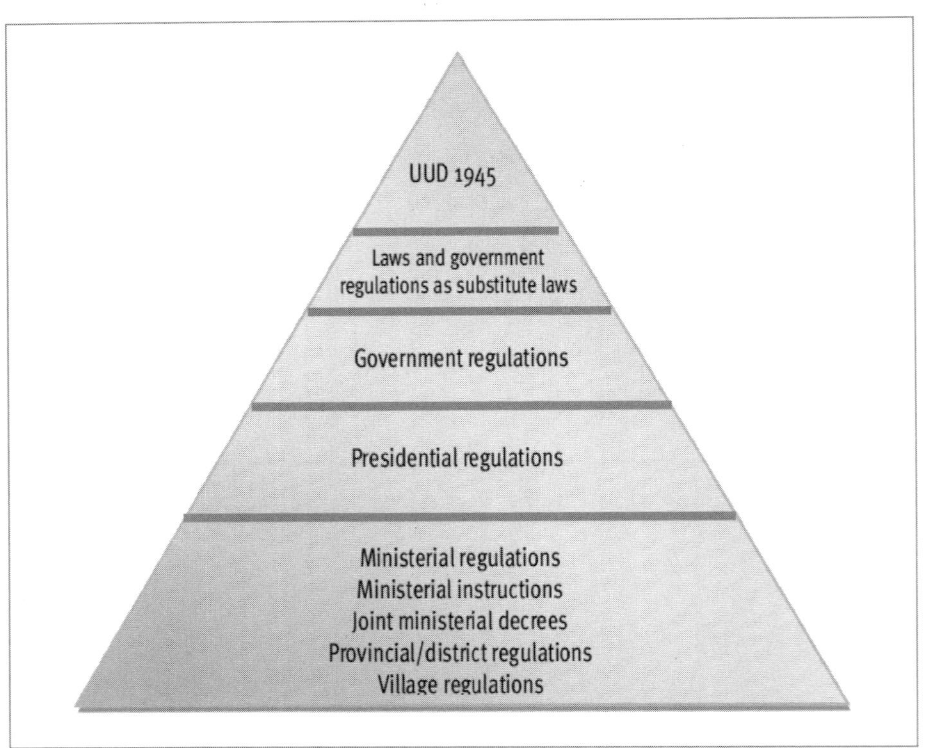


**그림 1-5** 인도네시아 법 체계

출처: Mahendra(2008); Datta et al.(2011: 11)에서 재인용.

(regulatory policy)이 아니라, 법에 위임된 내용을 정부부처가 구체적 정책으로 전환할 수 있도록 만든 정책 가이드라인(policy guideline)을 의미한다.

장의 합의에 의해 제정되는 지방정부 규정(peratiran daerah, perda; provincial/district regulations)이 있다. 마지막으로 가장 하위의 효력을 갖는 규정에는 대통령 지시presidential instructions), 대통령령(presidential decrees), 장관령(ministerial decrees) 등이 있다(Datta et al., 2011).

인도네시아에서 법과 정책이 만들어지는 과정은 크게 입법 과정과 법률 집행을 위한 정부 규정 제정 과정으로 나누어 살펴볼 수 있다. 우선 입법 절차는 행정부에 의한 법률 발의와 의회에 의한 법률 발의로 구분된다. 행정부에 의한 법률 발의는 해당 부처가 법률안을 만들게 되는데, 이 과정에서 공무원과 대학이나 시민단체와 같은 외부 전문가로 구성된 태스크포스(task force)가 법률 내용과 관련된 자문과 법률 내용에 포함된 조문들의 주요 사항을 정리한 연구 문건(academic document)을 법률안과 함께 의회 의장단에게 제출한다. 의회 제출 이전에 행정부의 법률안은 법제인권부(Ministry of Law and Human Rights: KUMHAM)에 의해 최종적으로 다듬어지게 된다. 제출된 법률안은 의회의 운영위원회(Steering Committee)로 넘어가며, 운영위원회는 법률을 검토할 상임위원회를 결정한다. 상임위원회는 해당 법률안을 제출한 부처 협의와 공청회의 과정을 거쳐 부처와의 이견을 조율하게 되는데, 이 과정에서 법률 내용에 대한 각 정당의 입장이 조율된다. 부처와의 협의에서 가장 중요한 내용은 DIM(daftar inventarisasi masalah)으로 불리는 문제 조항 리스트(problem inventory list)의 작성이다. DIM은 법률 내용 중 각 정당의 입장과 차이를 보여 추후에 문제가 될 수 있는 조항들을 나열한 목록으로 이를 논의하기 위해 해당 상임위원회에서 소위원회 격인 실무위원회(working committee)를 구성하여 부처와 협의를 하게 된다. DIM의 내용에 대해 의회와 부처가 합의하게 되면, 최종 법률안은 다시 해당 상임위원회로 넘어가며, 최종적으로 형식적인 전체 의회의 표결을 거쳐 법률안이 확정된 후 대통령이 서명을 한다(Fabrian, 2010; Datta et al., 2011에서 재인용).

의회에 의한 법률안은 상임위원회나 법제위원회(Legislation Committee)에 소속된 최소 10명 이상의 의원에 의해 발의된다. 행정부 법률안 발의와 동일하게 의회에서 발의된 법률안도 전문가로 구성된 태스크포스의 자문을 받게 되며, 이 과정을 거친 법률안은 의회 의장단을 거쳐 운영위원회로 넘겨진다. 운영위원회로 제출된 법률안은 의원 총회에서 의회안(DPR initiative)으로 확정된다. 의회 의장단은 의회안을 대통령에게 보내는데, 이때 의회안에 대해 논의할 부처의 장관을 정할 것을 함께 요청한다. 이후부터는 행정부 발의 법률안과 동일한 과정과 절차에 따라 진행된다(Fabrian, 2010; Datta et al., 2011에서 재인용).

정책의 원칙이 주를 이루는 법률이 제정되면 이를 집행하기 위한 구체화 과정이 진행되는데, 이 단계가 정부 규정 제정 과정이다. 만일 정부 규정이 다부처와 관련된 경우라면 우선적으로 이 과정을 총괄하게 되는 부처(sponsoring ministry)를 정하도록 되어 있고, 총괄부처는 관련 부처와 협의의 조율을 맡게 된다. 다음 단계는 장관이나 이에 상응하는 관료에 의해 정뷰 규정의 초안을 만들고, 이와 관련된 연구보고서(academic concept)를 작성할 태스크포스를 구성한다. 이 과정이 마무리되면 총괄 부처의 장관은 정부 규정 초안과 연구보고서를 관련 부처와 기관에 보내 만들어진 초안을 함께 논의할 팀(inter-ministerial team) 구성원을 추천받게 되며, 이렇게 구성된 팀이 정부 규정의 최종안을 작성한다. 최종안은 총괄 장관에 의해 관련 부처와 기관에 보내져 이들 기관으로부터 승인을 받는다. 승인 절차가 완료된 정부 규정은 정부의 모든 규정을 총괄적으로 관리하는 국가사무처(State Secretariat)로 송부되고, 국가사무처의 검토를 거쳐 내각회의에 송부되며, 최종적으로 대통령이 서명함으로써 효력을 갖게 된다(Fabrian, 2010; Datta et al., 2011에서 재인용).

## 2 공공정책 결정 행위자

### 1) 대통령과 부통령

대통령제 정치 체제에서 국가 정책에 가장 큰 영향을 미치는 행위자는 대통령 자신이다. 이는 인도네시아도 예외는 아니다. 다만 헌법에 기반한 대통령의 법적·공식적 권한과 실질적 권한 두 측면에서 볼 때 현행 인도네시아 대통령의 권한은 과거 권위주의적 새 질서 시대에 비해 상당 부분 축소되었다. 대통령의 권한 축소에 결정적으로 영향을 미친 원인은 1999년에 이루어진 헌법 개정에 기인한다. 이는 과거 수하르토 대통령 시절 무소불위의 대통령 권한으로 국가가 결국 위기 상황으로 치달은 데에 대해 인도네시아가 역사적 교훈을 얻었다고 볼 수 있다(Prasojo et al., 2007). 아울러 수하르토 실권 후 민주주의가 제대로 착근되지 않은 현 상황에서 20개 이상의 정당이 난립하게 되었고, 다수 1당이 존재하지 못함으로 인해 대통령 선거에 승리하기 위해 연립정부를 구축해야 하는 상황에 놓여 있다.[3] 여

3) 민주당(Democratic Party)에 소속된 유도요노 대통령이 처음 대통령 선거에 출마했을 때는 골카르당(Partai Golkar) 소속의 칼라(Mohcmmad Jusuf Kalla)를 부통령으로 지목했고, 첫 정부 출범 때 민주당 이외에 7개 정당 출신으로 구성된 내각이 구성되었다. 두 번째 대통령 선거 때는 인도네시아 중앙은행(Bank of Indonesia) 총재인 부디오노(Budiono)를 부통령 후보로 선택했다. 이후 두 번째 임기를 맞은 현 정부는 유도요노의 민주당과 National Mandate Party(PAN), United Development Party (PPP), National Awakening Party(PKB), Prosperous Justice Party(PKS) 다섯 개

러 정당 출신으로 구성된 내각은 기본적으로 대통령의 명령에 따르지만, 여러 경우 소속 정당과 대통령의 의견이 대립하는 경우 소속 정당의 이해에 따라 움직이기도 하는 것으로 알려져 있다.

그러나 이 같은 법적·정치적 제약에도 불구하고 인도네시아의 정책결정 과정에서 대통령의 영향력은 그 어느 행위자보다 높다. 예컨대 중기국가발전계획에 포함된 주요한 국가의제는 대통령의 관심이 반영된 산물이다(Datta et al., 2011). 법적인 측면에서 법률과 예산은 의회에 의해 최종적으로 결정되지만 대통령은 선제 법률거부권(preemptive veto)을 행사할 수 있어 자신의 정책 방향에 반하는 법률을 방어할 수 있다. 아울러 의회의 법률은 상당히 추상적인 수준에서 제정되기 때문에 법률이 목적하는 바를 달성하기 위한 정책은 각 부처에 의해 구체화된다. 행정부의 수반으로서 대통령은 이 과정에서 적지 않은 영향력을 행사할 수 있다. 마지막으로 대통령은 대통령령(presidential regulation)을 통해 정부 부처의 정책결정에 관여할 수 있다(Datta et al., 2011).

부통령은 대통령에 비해 국가 정책에 영향력을 행사할 수 있는 여지는 제한적이나, 부통령 지시(vice-presidential instructions)를 통해 부분적으로 부처를 통제할 권한을 보유하고 있다. 법적인 권한과는 별개로 대통령과 다른 정당 소속인 부통령은 간혹 특정한 정책과 이슈에 대해 대통령과 갈등을 빚기도 하며, 둘의 갈등 상황에서 부통령의 의지가 관철되는 경우도 발생한다(Datta et al., 2011). 그러나 대통령 의지에 대한 부통령의 도전은 공식적인 권한에 의한 것이 아니라 연정 상황에서 부통령과 부통령 소속 정당의 지지를 지속하여 국정을 원활하게 이끌려는 정치적 협상의 결과로 해석된다.

### 2) 부처장관과 관료

앞서 언급한 바와 같이 연정이라는 정치적 특수성과 지역적·문화적·인종적 다양성으로 인해 내각의 각료는 능력과 더불어 정파, 지역, 인종 등과 같이 다양한 요인을 고려하여 임명된다. 다만 대통령이 임명하는 31명의 장관 가운데 재무, 교역, 금융 통화와 같이 국가재정과 경제를 담당하는 부처장들의 경우 비교적 능력 중심의 임명이 이루어진다. 반면 농업이나 사회복지와 같이 정책의 결과가 상대적으로 분명하지 않은 부처의 장들에 대한 임명에는 정치적인 고려가 우선시된다(Datta et al., 2011).

---

정당의 연합으로 구성되어 있다.

### 3) 정당과 의회

1999년 이후 인도네시아 사회에서 민주화가 강조되면서 나타난 변화 중 한 가지는 정당의 수가 급증했다는 점이다. 현재 인도네시아 의회는 9개 정당에서 의석을 차지하고 있으나,[4] 원내 의석을 가진 정당 이외에도 10여개 이상의 정당이 활동 중이다. 정당 체제가 다당제로 변화하고, 아울러 민주주의 제도와 운영이 확대되면서 과거에 비해 정당과 의회의 역할이 중요해지고 있으나, 인도네시아의 정당정치와 의회정치의 수준은 여전히 높지 않다는 것이 공통된 시각이다. 따라서 정책결정에서 정당과 의회의 영향력은 높아지고 있긴 하지만, 정책을 만들어 내는 능력이 여전히 미흡할 뿐만 아니라 정당 간 경쟁에서도 정책보다는 정치적 경쟁에 더 몰입되어 있는 상황이다.

인도네시아에서 정당의 정책의제 형성 능력이 높지 않은 이유는 정당 운영과 관련된 현실적 여건과 밀접하게 관련되어 있다. 다른 국가와 마찬가지로 인도네시아에서도 대통령, 의원, 지자체 선거를 치르기 위해 정당은 막대한 선거자금을 동원해야 한다. 그러나 당원 당비나 정치자금 모금이 여의치 않은 정치적 상황에서 정당이 선거에 뛰어들기 위해서는 소수 재력가의 지원이 필수적이고, 정당 정치가 소수의 재력가에 의한 민주주의 체제 내의 금권정당(plutodemocracy)적 형태를 띠게 된다(Datta et al., 2011). 지난 유도요노 대통령 1기 정부에서 부통령을 지낸 칼라(Mohammad Jusuf Kalla)가 그 대표적인 사례인데, 그 자신이 인도네시아 굴지의 NV Hadji Kalla 그룹 총수이면서 골카르(Golkar) 당대표를 역임했었다. 이 같은 정당정치 상황에서 정당은 국민과 국가를 위한 정책 개발과 정책 대결보다는 대규모 정부 프로젝트나 보조금과 같은 정책에서 영향력을 행사하여 경제적 이득을 보려는 경향을 보이고 있다.

### 4) 언론과 시민사회

수하르토 정권이 무너지기 이전 인도네시아는 헌법의 언론 · 출판의 자유가 보장되지 못했다. 특히 신문 · 방송의 대중 매체는 정권의 이익에 반하는 경우 상당한 제재 조치가 가해

---

4) 의회에서 의석을 차지하고 있는 정당은 Golkar(Partai Golongan Karya; Party of Functional Groups), Indonesian Democratic Party-Struggle(Partai Demokrasi Indonesia Perjuangan), National Awakening Party(Partai Kebangkitan Bangsa), United Development Party(Partai Persatuan Pembangunan), Democratic Party(Partai Demokrat), Prosperous Justice Party(Partai Keadilan Sejahtera), National Mandate Party(Partai Amanat Nasional), People's Conscience Party(Partai Hati Nurani Rakyat, Partai Hanura), Great Indonesia Movement Party(Partai Gerakan Indonesia Raya, Gerindra)이다.

졌으며, 경우에 따라 언론사의 인가가 취소되기도 했다. 이러한 언론에 대한 탄압은 1982년 제정된 언론법(Press Law Number 21)의 언론의 의무 조항에 근거하고 있었고, 언론이 국가의 통합과 결속, 그리고 국가적 책임과 의무를 다하지 못한 경우 여러 행태의 제재 조치를 부과할 수 있도록 되어 있었다(Frederick & Worden, 1993). 언론에 대한 통제는 정보부(Department of Information)가 주축이 되었으며, 정부에 의해 설립된 인도네시아기자협회(Association of Indonesian Reporter; Persatuan Wartawan Indonesia: PWI)가 언론통제의 도구적 역할을 수행했다(Prasojo et al., 2007).

수하르토 정권 동안의 언론에 대한 통제는 정권이 교체된 1998년 이후 많은 변화를 겪게 되는데, 그 중 1999년 언론의 자유를 보장한 언론법(Law No.40, 1999 on the Press)이 큰 기여를 했다. 1999년 언론법 제정으로 인해 짧은 기간 동안 많은 매체가 신설되었고, 이렇게 증가한 언론 매체는 정부 정책에 대한 비판적 견제라는 순기능을 수행했다. 언론의 자유가 법적으로 보장된 이후 오늘날에 이르기까지 인도네시아 언론 매체가 정책 감시 기능을 온전하게 수행하고 있다고 보기는 어렵지만 많은 전문가는 정부의 정책결정 과정에 언론의 정책 투입(policy input)이 상당한 영향력을 행사하고 있다고 평가한다(Datta et al., 2011).

수하르토 대통령 시절 동안 시민사회에 대한 국가기관의 통제는 언론에 대한 통제와 별반 다름이 없었다. 당시 권위주의적이고 조합주의적 인도네시아 체제는 정부가 인정한 부분별 대표 단체 이외에는 정당성을 부여받지 못했고, 이렇게 정권과 결탁된 대표 단체는 정부의 정책을 옹호하는 수단에 불과했다. 그러나 1998년 이후 인도네시아 사회의 민주주의 확산과 더불어 시민단체는 외형적으로 확대되었고, 더불어 정부의 정책결정 과정에도 일정 수준에서 영향력을 행사하기 시작했다. 그럼에도 불구하고 대다수의 인도네시아 시민단체는 전국적인 네트워크를 형성하지 못하고 있고, 자체 역량이 충분하지 못하며, 경우에 따라 시민단체의 투명성에도 의문이 제기되고 있어 정부의 정책결정에 주요한 행위자로서의 지위는 얻지 못한 상황이다.

## 제 4 절 공공정책 관련 주요 이슈[5)]

인도네시아의 2010년~2014년 중기국가발전계획(RPJMN 2010~2014)에 따르면 인도네시

5) 이 절은 별도로 언급이 되지 않은 경우를 제외하고는 Ministry National Development Planning

아 정부는 공공정책과 관련하여 11개의 국가 우선순위를 정했다. 여기에는 관료제 및 거버넌스 개혁, 교육 강화, 국민보건 향상, 빈곤 감소, 식량 안보 구축, 기간산업 확충, 기업 부문 투자 활성화, 에너지 안보 달성, 환경 보호와 재난 대비 시스템 구축, 사회 취약계층 보호 및 갈등지역 관리, 문화 · 창조 · 기술혁신 강화가 포함되어 있다. 이 밖에도 인도네시아 정부는 정치 · 법 · 안보 영역에서 10개 과제, 경제 영역에서 4개 과제, 복지 영역에서 10개 과제를 선정했다.[6)]

## 1 국가 관료제와 행정의 개혁

인도네시아의 국가 관료제와 행정개혁은 크게 7개 분야로 구분되어 있다.

첫째, 구조(structure)와 관련된 분야로, 정부 행정개혁을 총괄하는 행정개혁부(Ministry for Utilization of the State Apparatus: MENPAN)와 인사제도와 정책을 총괄하는 인사청(State Personnel Agency: BKN), 그리고 공무원 교육과 주요 정책연구를 담당하는 국가행정연구원(State Administration Institution: LAN)의 역량을 강화하고, 이 기관들의 기능과 구조의 연계를 강화하는 것을 목적으로 한다. 아울러 인도네시아 국가 경제에 중요한 중소기업, 에너지 관리, 해양자원 관리, 공기업, 국토관리를 담당하는 부처의 기능을 2014년까지 재구조화하는 내용을 담고 있다(Ministry National Development Planning and National Development Planning Agency, 2010).

둘째, 지방 자율성(regional autonomy)과 관련된 분야로, 지방정부의 부채에 대한 지불 유예, 효과적인 지역균형기금(regional balancing fund)의 사용, 지자체장 선거 방식 개선 등이 포함되어 있다.

셋째, 인적 자원(human resources)과 관련된 분야로, 공무원 채용, 교육, 배치, 승진, 전보 등 모든 인사관리제도를 현재의 부처가 중심이 된 분권적 방식에서 중앙집권적 방식으로

---

and National Development Planning Agency(2010: 49-58)의 내용을 재정리했다.

6) 정치 · 법 · 안보 영역의 과제에는 테러리즘 국가관리 메커니즘의 조정, 해외 인도네시아 근로자 보호, 인권 보장 강화 등이 포함되어 있고, 경제 영역의 과제에는 국내 산업 육성, 무역 관련 외교 역량 강화 등이 포함되어 있으며, 복지 영역에서는 향후 5년 이내에 내외국 관광객 수 20% 증가 등의 목표를 정하고 있다(Ministry National Development Planning and National Development Planning Agency, 2010). 그러나 이와 같은 몇 가지 과제에서 알 수 있듯이 인도네시아 중기국가 발전계획은 발전 목표와 계획의 체계성, 명확성, 구체성, 일관성이 높지 않고 상당 부분의 계획이 선언적이고 추상적인 수준에 머무르고 있어 국가 목표를 실현할 가능성이 높지 않은 것으로 보인다.

전환하는 내용이 담겨 있다.

넷째, 규제(regulations)와 관련된 분야로, 중앙정부의 법과 규제 정책을 정비하는 것뿐만 아니라 12,000개에 달하는 지방정부의 규제를 정비하여 중앙과 지방 간 정책의 일관성을 유지하는 것으로 목적으로 하고 있다.

다섯째, 중앙정부와 지방정부 간 시너지 확대(synergy between the central and regional governments)로, 지방정부가 중심이 되어 제공하는 행정 서비스의 품질을 측정할 수 있는 지표를 개발하고 평가하는 시스템 구축을 골자로 하고 있다.

여섯째, 법 집행(law enforcement) 분야로, 모든 정부기관의 청렴을 강화하고 법 집행기관의 엄격성을 강하하는 것이다.

일곱째, 인구 통계(population data)와 관련된 분야로, 전 국민에게 등록번호(NIK)을 부여하고, 인구정보와 관련 행정 체계를 완비하는 것을 목적으로 한다.

## 2 교육

교육 부문에 대해 인도네시아 정부는 교육의 기회와 질을 강화하여 개인의 고용 기회를 확대하고, 기업가 정신을 고취하며, 인적 자원에 대한 시장의 기대에 부응하는 것을 목적으로 하고 있다. 장기적으로는 교육정책의 개선을 통해 국민들의 복지 증진뿐만 아니라 건전한 국가관과 시민 의식 고취를 추구하고 있다. 교육정책과 관련하여 인도네시아 정부가 달성하고자 하는 세부 목표는 다음과 같다.

첫째, 초중등학교 등록률을 초등학교의 경우 2009년 95%에서 2014년 96%, 중학교의 경우 2009년 73%에서 76%, 고등학교의 경우 2009년 69%에서 2014년 85%까지 높이는 것을 목표로 하고 있다. 또한 BOS(Bantuan Operasional Sekolah; School Operation Assistance) 정책을 통해 2012년까지 학교 교재 가격을 30~50%까지 낮추고, 인터넷을 통한 교육자료 제공을 고등학교를 우선적으로 초등학교까지 확대하려는 목표를 세우고 있다.

둘째, 대학의 총 등록률(gross enrolment rate)을 2014년까지 2009년의 18%에서 25%까지 확대한다.

셋째, 2011년까지 국가시험제도의 개선과 2014년까지 초중등 교육의 교과과정의 개정을 통해 현재의 시험 통과 중심의 교육에서 사회성, 인성, 윤리 의식, 국가관 등을 아우를 수 있는 교육으로 전환한다.

넷째, 학교의 자율권을 확대하기 위해 학교장의 역할을 강화하여 교육의 질을 높이고, 학교 교육과정에 이해관계자의 참여를 강조하기 위해 학교위원회(School Committee)를 활성화하고, 지방교육위원회(Education Council)의 역할을 높여 나간다.

다섯째, 지역과 국가에서 기대하는 창의적 인재를 양성하기 위해 학교 교과과정을 지역과 국가 교과과정으로 분류한다. 교과과정 개혁을 통해 기업가적 교육(entrepreneurial education)을 고취하여 지역과 국가 경제 성장에 이바지한다.

여섯째, 교사와 학교관리, 교육 서비스의 질을 개선한다. 이를 위해 교사 역량 강화 프로그램을 시행하고, 교사에 대한 성과평가를 실시하며, ISO9001 : 2008을 국공립대학과 직업교등학교는 100%, 사립대학은 50%를 2014년 이전까지 인증받도록 하고, 국공립대학과 해외 대학 기관 간의 교류 협력을 확대한다. 2014년까지 THES 세계 500대 대학평가에 11개 대학을 진입시키고, 교사와 학생 비율을 초등학교의 경우 1 : 31, 중학교의 경우 1 : 40까지 맞추며, 2013년까지 종교교육을 위한 국가 표준 교육 체계를 세운다.

## 3 국민보건

국민보건정책의 핵심은 국민들을 질병으로부터 예방하는 것이다. 이를 위해 인도네시아 정부는 지역 및 환경보건의 증진과 더불어 깨끗한 식수 보급과 빈민지역 감소정책을 통해 2009년 70.7세의 기대수명을 2014년까지 72세로 높이는 것을 목표로 삼아 UN의 MDGs (Millenium Development Goals)를 2015년까지 달성하고자 한다. 이를 위한 구체적인 정책은 다음과 같다.

첫째, 통합예방 보건 프로그램(Integrated Preventive Health Program)의 실행을 통해 2014년까지 유아의 90%까지 기본 예방접종을 실시하고, 2014년까지 국민의 75%까지 깨끗한 식수를 공급하며, 2008년 100,00명당 307명의 유아 출산사망률을 2014년까지 118명으로 감소시키고, 유아사망률을 2008년 인구 1,000명당 34명에서 2014년 24명으로 줄인다.

둘째, 정부의 가족계획정책의 질과 서비스 범위를 2010년에서 2014년 기간 동안 전국 23,500개의 국립 및 사립 의료원까지 확대한다.

셋째, 국제적으로 인증받는 병원을 2012년 3개 시(cities)에서 2014년 5개 시까지 확대한다.

넷째, 의약품 구매와 복제약 가격의 조정을 위해 국가필수의약품목록(National List of

Essential Medicines)을 완성하여 적용한다,

다섯째, 국가의료보험을 2011년까지 전국의 저소득지역에 적용하고, 2012년에서 2014년 기간 동안 이를 전 가구에 적용한다.

## 4 빈곤

빈곤 퇴치와 관련하여 인도네시아 정부는 절대빈곤율(absolute poverty)을 2009년 14.1%에서 2014년 8~10%로 낮추는 것을 목표로 삼고 있다. 이 목표를 위해 저소득계층의 취업 확대를 확대하고, 다양한 사회보장정책을 통해 소득의 재분배를 꾀하고 있으며, 구체적인 정책은 다음과 같다.

첫째, 저소득에 대한 직접 현금 지원(Direct Cash Transfers), 식료품 지원, 건강보험, 저소득 가구 학비 지원, 유아 교육, 가정희망 프로그램(Family Hope Program) 등이 포함된 국가 통합사회 지원(Integrated Social Assistance) 프로그램을 실행한다.

둘째, 지역역량 강화 프로그램(Mandiri National Community Empowerment Program)의 실시를 통해 저소득 지역에 대한 정부의 지원금 규모를 확대한다.

셋째, 소자작농 신용 지원(Small Holders Business Credit) 프로그램을 확대한다.

넷째, 부통령 직속의 국가빈곤감소위원회(National Committee for Reducing Poverty)를 활성화하여, 빈곤 감소 프로그램 실행을 위한 정책결정과 예산 배정, 프로그램 이행 모니터링 관리 및 목표 도달에 관한 데이터베이스를 구축한다.

## 5 식량 안보

식량 안보와 관련되어 인도네시아 정부는 농업생산력을 증가하여 식량 자주와 농식품의 경쟁력 확보, 농가 소득 증가, 환경과 자연자원의 보존을 최종 목표로 삼고 있다. 이를 위해 2014년까지 국내총생산에서 농업 부문의 성장률을 3.7%까지 확대하고, 생산 비용 대비 소득의 수준을 높이는 것을 단기 목표로 삼고 있다. 식량안보정책과 관련된 인도네시아 정부의 구체적 정책은 다음과 같다.

첫째, 농지에 관한 권리 규정을 정비하고, 2백만 헥타르 규모의 농지를 추가로 조성하며,

버려진 토지를 농업용으로 활용한다.

둘째, 농로, 관개, 전기 설비의 구축과 관리를 강화하고, 통신 기술을 적극적으로 활용하여 농산물의 양과 질적 개선을 도모하며 이를 통해 시장 경쟁력을 높인다.

셋째, 종자 개량과 농산품의 생산성 향상을 위해 연구개발을 강화한다.

넷째, 식량, 농업, 농촌 산업에 대한 투자를 장려하고, 해당 부문에 대한 금융 지원을 강화하며, 우수 종자, 비료, 적정 농업 기술에 대한 지원금을 확대한다.

다섯째, 농산품의 영양을 높이고, 농산품을 다양화한다.

여섯째, 식량과 농업 시스템을 기후 변화에 적절하게 대응할 수 있도록 한다.

## 6 기간산업

인도네시아 정부는 경제 성장과 사회가 발전하려면 국가기간시설의 확충이 중요하다는 점을 인식하고, 이를 위해 다음과 같은 정책적 방향을 제시하고 있다.

첫째, 통합 공간계획(integrated spatial planning)을 수립하여 토지의 관리와 활용에 관한 정책을 강화한다.

둘째, 트랜스 수마트라(Trans Sumatra), 자바(Java), 칼리만탄(Kalimantan), 술라웨시(Sulawesi), 웨스트 누사 텡가라(West Nusa Tenggara), 이스트 누사 텡가라(East Nusa Tenggara), 파푸아(Papua) 지역에 총 19,370km의 도로를 2014년까지 건설한다.

셋째, 국가교통 시스템의 Multimode Transportation Blueprint에 기초하여 여러 운송 수단과 주요 섬을 서로 연결하는 통합 교통 인프라 네트워크를 구축하고, 교통사고율을 2014년까지 50% 줄인다.

넷째, 2012년까지 685,000채의 정부 보조 주택을 건설하고, 836,000채의 저소득 가구를 위한 아파트를 공급한다.

다섯째, 2012년 이전까지 Jakarta East Flood Canal과 2013년 이전까지 River Basin Area of the Bengawan Solo 홍수 통제시설 구축을 완료한다.

여섯째, 인도네시아 동부지역에 2013년까지 광섬유 네트워크를 구축하고, 전체 국민의 정보통신 접근을 극대화한다.

일곱째, 도시교통 계획에 근거해 4개 대도시(Jakarta, Bandung, Surabaya, Medan)의 교통 시스템 및 네트워크를 확충하고, 2014년까지 MTR과 모노레일 같은 전철 건설을 완료한다.

## 7 기업 부문 투자

기업 부문 투자와 기업환경 개선을 위해 인도네시아 정부는 관련 법규의 정비, 절차 간소화, 관련 정보 시스템 개선, 특별경제구역(Special Economic Zones)을 개발하는 것을 목표로 하고 있으며, 구체적인 내용은 다음과 같다.

첫째, 기업 투자와 기업 활동과 관련된 법과 규제의 모호성과 비일관성을 제거하기 위한 제도 개선을 추진한다.

둘째, 바탐(Batam)을 시발점으로 여러 도시를 대상으로 One Roof Integrated Service Center(PTSP)에서 SPSIE(electronic information and licensing investment services)를 적용하고, 문제가 되고 있는 지방정부의 규제를 폐지하며, TDP(Company Registration Proof)와 SIUP(Trade Permit Document)와 같은 기업 설립의 비용을 감소시킨다.

셋째, 재화의 신속하고 원활한 이동과 고비용 경제 구조와 거래 비용 감소를 위해 국가 물류 시스템을 정비한다.

넷째, 수출입 통관과 관련하여 National Single Window(NSW)를 구축하고, Customs Advanced Trade System(CATS)을 통해 치카랑(Cikarang) 항의 경우 해상에서 수입관세 절차를 완료한다.

다섯째, 2012년 이전까지 민관투자 협력(Public Private Partnership)을 통해 5개의 경제자유지구를 건설한다.

여섯째, 고용 기회 확대를 위해 인력과 기업환경 관련 정책의 조화를 추구한다.

## 8 에너지

에너지 안보와 관련된 인도네시아 정책 방향은 관련 제도의 재정비와 적극적인 대체 에너지 활용을 정책 목표로 삼고 있으며, 그 구체적인 내용은 다음과 같다.

첫째, National Energy Master Plan에 따라 통합적인 에너지 관리를 위해 에너지정책 권한을 대통령실에 이관한다.

둘째, PLN(State Electricity Company)과 Petamina(State Oil Company)와 같은 국영기업(State-Owned Enterprises; BUMNs)을 2010년까지 개혁하고, 다른 에너지 국영기업에 대한

개혁을 추진한다.

셋째, 전기 발전 용량을 2010년부터 3,000MW씩 매년 증강하며, 세대 전기율(electrification ratio)을 2010년의 62%에서 2014년까지 80%로 확충하며, 2014년부터 1일 원유 생산량을 101만 배럴 이상으로 높인다.

넷째, 지열 발전(geothermal)과 같은 대체 에너지, 재생 에너지의 생산을 2012년까지 2,000MW로 높이고, 2014년까지 5,000MW로 확충한다. 또한 2011년부터 석탄층 메탄가스(coal bed methane)에 의한 전기 생산을 시작하며, 단계적으로 태양열, 마을용 수력발전(micro-hydro), 원자력을 활용한다.

다섯째, 원유와 가스의 부산물을 가공하는 산업을 활성화하고, 이를 섬유·비료와 같은 하부산업(downstream industries)에 접목시킨다.

여섯째, 원유를 가스로 대체하는 프로그램을 확대하고, 팔렘방(Palembang), 수라바야(Surabaya), 덴파사르(Denpasar) 지역의 대중교통에 가스연료를 사용한다.

## 9 환경과 재난

인도네시아 정부는 환경의 보존과 효율적 활용을 통해 경제 발전의 지속가능성을 높이고, 복지를 증진시키며, 기후 변화에 대응하기 위해 재난 통제와 관리 역량을 증진하려는 목표를 가지고 있다. 이와 관련한 구체적인 내용은 다음과 같다.

첫째, 매년 500,000 헥타르의 자연 훼손 지역을 복구하고, 삼림 파괴 속도를 늦추며, 관련 부처의 상호 협조와 IHPH(Forest Utilization Right Fee), PSDH(Forest Resources Fee), Reforestation Fund와 같은 기금을 활용하여 기후 변화에 대응한다.

둘째, 하수와 오폐수의 철저한 관리를 통해 환경오염을 줄이고, 산불 발생을 2014년까지 매년 20% 감소시키며, 전체 오염 정도를 50%까지 감축한다. 또한 자연재난에 취약한 11개 강유역(River Basin) 지역의 환경 파괴를 방지한다.

셋째, 2010년 도입된 쓰나미 조기 경보 시스템(Tsunami Early Warning System)과 날씨 조기 경보 시스템(Weather Early Warning System)의 효율적 운영과 기후 조기 경보 시스템(Climate Early Warning System)을 2013년까지 도입하여 운영한다.

넷째, 산불과 같은 재난 대응에 관한 정부 관련 부처와 지역의 역량을 함양하고, 필요한 장비와 교통 수단의 공급을 통해 자연재난에 신속하게 대응할 수 있는 행동팀(action team)

을 자카르타(Jakarta)와 말랑(Malang)을 중심으로 구성하여 자연재난에 대한 대비를 강화한다.

## 10 사회 취약계층 및 갈등지역 관리

사회 취약계층과 갈등지역에 대한 정책적 지원을 통해 계층 간, 지역 간 균형된 발전을 도모하고자 하는 사회 취약계층에 관한 정책은 다음과 같은 구체적 프로그램을 담고 있다.

첫째, 사회 취약계층과 지역에 대한 인프라 지원과 지역민 복지 증진을 위한 특별 정책을 늦어도 2011년부터 입안한다.

둘째, 인접 국가와 안정적인 안보 관계를 유지하고 해양자원 주권을 확보하기 위해 관련 국가들과 협력을 강화한다.

셋째, 인도네시아와 말레이시아, 파푸아뉴기니, 동티모르, 필리핀 간의 국경을 확정한다.

넷째, 2014년까지 50개 이상의 낙후지역의 개발을 도모한다.

## 11 문화, 창조, 기술혁신

인도네시아 정부는 문화다양성을 개발·보존하고 혁신과 과학 기술 발전을 위해 예술과 과학을 장려하는 국가 목표를 가지고 있다. 이와 관련된 구체적인 내용은 다음과 같다.

첫째, 문화적 보호 대상과 국가 전역의 박물관과 도서관을 통합하여 관리할 수 있는 체계를 2011년까지 마련한다.

둘째, 2012년까지 대도시를 중심으로 문화예술 전시시설을 공급한다.

셋째, 국가 연구 역량과 창의력, 혁신성을 배양하고, 이러한 시설에 대한 국민적 접근을 높인다.

넷째, 지역에서 제안한 문화·예술 프로그램에 대한 정부의 관심과 참여를 증진하여, 문화다양성에 기여한다.

다섯째, 국가의 비교 경쟁 우위를 확보하고, 에너지와 식량안보, 그리고 기후 변화 대응을 위한 해양자원의 관리 강화를 위한 기술혁신을 유도하고, 특히 청소년의 기술력과 창의력을 강화한다.

## 제 5 절 결론

세계화, 통합화, 정보화와 같은 세계적 흐름 속에서 볼 때 모든 국가의 공공정책 결정 과정은 과거 국내외 여건과 환경에서 매우 차이를 보이고 있다. 이러한 여건 변화는 국가의 발전에 정부의 역할을 제한하고 있다. 그러나 인도네시아와 같이 중소득국으로 진입하는 개발도상국의 경우 시장과 시민사회가 성숙되지 못한 만큼 정부의 역할과 기능은 여전히 중요한 의미를 갖는다. 그러나 많은 개발도상국이 기대한 만큼의 발전을 이루지 못하는 까닭은 좋은 정책결정과 집행을 위한 제도의 구축(institution-building)이 온전하지 못할 뿐만 아니라 구축된 제도가 제 기능을 다하지 못하는 제도화(institutionalization)의 문제도 안고 있다. 인도네시아도 이러한 점에서 예외로 볼 수 없다.

개혁의 시대(Refomasi Era)의 인도네시아의 공공정책 과정은 수하르토 정부의 새 질서 시대(New Order Era)와 큰 차이를 보이고 있다. 인도네시아에서 민주주의가 강조되면서 정책결정 과정에 대한 사회의 관심과 참여가 높아지고 있고, 정책결정을 둘러싼 다양한 정부기관과 이해관계자 간의 견제와 균형이 자리 잡아 가고 있다. 과거 정부에서 대통령을 비롯한 소수 정책결정자에 의해 좌우되던 정책결정은 민주주의적 선거를 통해 국민과 사회의 관심을 반영하는 정도가 높아지고 있다.

이러한 긍정적인 변화에도 불구하고 인도네시아의 정책결정 과정의 합리성과 효율성, 책임성과 민주성의 수준은 여전히 높다고 평가되지 못한다. 무엇보다 정책을 형성하는 가장 중요한 책무를 지고 있는 중앙부처와 지방정부, 그리고 공무원들의 정책결정 및 집행 역량이 높지 않기 때문이다. 아울러 민주주의가 진전되고 있긴 하나 KKN(korupsi, colusi, nepotisme; corruption, collusion, nepotism)으로 칭해지고 있는 과거의 관행이 여전히 남아 있는 점도 정책결정의 효율성을 저해하는 주된 요소로 지목되고 있다.

최근 비교적 견실한 경제 성장을 바탕으로 현 유도요노 정부는 국가중장기발전계획을 수립하여, 부문별·영역별·지역별 발전에 관한 정책적 방향과 과제를 제시하고 있다. 그러나 국가계획을 수립과 집행, 그리고 이를 모니터링하고 평가할 수 있는 제도적 기반과 역량이 부족한 현재의 상황을 고려하면 인도네시아 정부가 국가 개발 목표를 견실히 달성할 수 있을지에 대해서는 많은 의문이 남는다.

# 제 2 장 인도네시아의 외교 · 안보정책*

## 제 1 절 서론

국제 사회에서 인도네시아는 반둥회의 개최국 및 비동맹운동의 주도국, 동남아국가연합(ASEAN)의 결성 주도국으로 평가되고 있다. 인도네시아의 비동맹노선은 반제국주의 독립국이라는 인도네시아의 역사적 경험을 바탕으로 냉전 체제 하에서 미 · 소 양 진영 어디에도 속하지 않는다는 원칙이 낳은 산물이다. 국제 사회에서 일정한 고립을 자초했던 수카르노(Achmed Sukarno) 대통령 집권기의 외교안보정책은 수하르토(Suharto) 대통령의 집권기에 수정되었고, ASEAN의 결성과 더불어 아시아 지역에 좀 더 역점을 두는 정책, 그리고 반식민주의가 아니라 실리주의를 따르는 정책으로 전개되었다. 하지만 냉전 종식과 더불어 더욱 확산된 세계화라는 국제 사회의 환경 변화와 1998년 수하르토 대통령의 하야로 단초가 마련된 민주화라는 국내의 환경 변화에 영향을 받아 인도네시아는 2005년 유도요노(Susilo Bambang Yodhoyono) 대통령의 집권 이후 신국제주의를 표방하며 더욱 적극적인 외교 · 안보정책을 펼치고 있다.

한편에서 인도네시아는 건국 후 수카르노 집권기에 요구되었던 경제 발전을 위해서나, 수하르토 집권기에 시행되었던 발전주의 정책을 위해서나, 민주화 이후 아시아 금융위기를 극복하고 경제를 재건하기 위해서나 서방국가, 특히 미국의 경제적 지원이 필수적이었다. 다른 한편에서 인도네시아는 강대국이 인도네시아 내부의 분리 · 독립운동이나 더 나아가

* 이 장은 원준호 교수가 집필했다.

아시아 문제에 영향력을 발휘하는 것을 허용하지 않았다. 인도네시아의 안보정책은 분리주의에 반대하고 영토 주권을 보호하는 내적 안보와 밀접히 연계되어 있다.

냉전 체제의 종식, 세계화, 그리고 국내 민주화는 인도네시아로 하여금 다양한 국제적 이슈를 놓고 타국, 특히 서방 강대국, 그리고 지역적 및 국제적 기구와 더 많은 협력을 하도록 하고 있다. 이에 대한 인도네시아의 대응은 개방적이고 적극적이다. 특히 민주화 이후 인도네시아는 민주주의를 달성한 성과를 바탕으로 아세안공동체 건설을 지향하는 외교정책을 활발하게 전개하고 있다.

동티모르 독립과 아체 분쟁을 겪으면서 인도네시아의 국제적 위신은 낮아지기도 했지만, 발리 테러 발생 후 서방 강대국과 대테러전을 위한 공조 체계를 갖추게 되었다. 이는 대통령과 함께 안보정책의 주요 행위자인, 민주화 이후 개혁을 단행했던 인도네시아군의 권한과 위상을 다시 강화시키는 결과를 낳기도 했다.

이 장의 목적은 인도네시아 외교·안보정책에 대한 기초적인 이해를 제공하는 데 있다. 이를 위해 먼저 외교·안보정책의 기조를 1998년 민주화 이전과 이후로 나눠 고찰할 것이다. 이어서 대통령과 인도네시아군 등 외교·안보정책의 주요 행위자를 중심으로 결정 체계, 그리고 결정 과정에서의 주요 요인을 살펴볼 것이다. 다음으로 민주화 이후 전개된, 그리고 전개되고 있는 외교·안보정책의 노선의 대강을 알아볼 것이다. 끝으로 인도네시아와 한국과의 대외 관계 현황을 조망할 것이다.

## 제 2 절 외교·안보정책의 기조

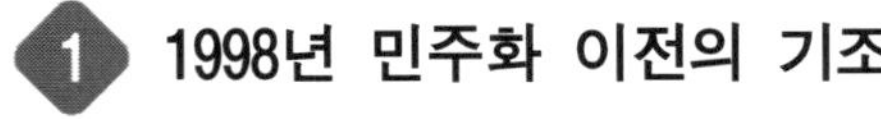

### 1 1998년 민주화 이전의 기조

#### 1) 비동맹주의

네덜란드의 오랜 식민 통치로부터 독립한 인도네시아의 초창기 외교정책은 판차실라(Pancasila)를 구현하는 것이었다. 판차실라는 인도네시아의 건국 이념이자 국정 운영 철학이고 건국헌법인 '1945년 헌법'에서부터 현재까지 헌법 전문에 제시되어 있다. 판차실라는 5개로 구성되어 있는데, 그 중에서 '인도네시아의 통일'이 외교정책의 직접적인 근거이다.

이 인도네시아의 통일에는 두 가지 차원이 함축되어 있다. 즉, 한편에서는 대외적인 독립의 보존이고 다른 한편에서 대내적인 국가 통일의 유지이다.

인도네시아의 외교정책 원칙은 '독립적' 외교와 '적극적' 외교로 표방되었다(전제성, 2009: 180). 독립과 건국을 이끌었던 초대 대통령 수카르노의 외교정책은 식민주의 및 신(新)식민주의에 반대하고 주권의 독립성을 보존하는 데 초점이 맞춰졌다. 그리고 이러한 반식민주의 외교정책 기조는 인도네시아 내부의 분리 · 독립운동에 대해 국가 통일을 유지하는 내적 안보정책과 밀접히 연계되어 있는 것이다. 그리고 미 · 소 양극 체제로 구성되는 냉전질서 하에서 인도네시아는 처음에 양 진영 어디에도 속하지 않는 중립적 노선을 채택했지만, 이른바 '비동맹회의' 결성 및 반(反)제국주의 동맹정책을 통해 적극적인 외교정책을 펼쳤다.

인도네시아가 일관되게 독립적 외교만을 고수하는 것은 불가능했다. 주권 독립의 강조는 주로 과거 식민주의 유산을 청산하거나, 인도네시아의 주권을 위협한다고 판단되는 안보 문제에서 나타났다. 이와 달리 경제적 측면에서 인도네시아는 처음부터 독립적 외교를 시행할 수 없었다. 무엇보다 식민지로부터 해방된, 낙후된 경제를 부흥시키기 위해 외국의 원조를 필요로 했기 때문에 인도네시아는 초기, 특히 1949년부터 1953년까지 '친서방적' 정책을 시행했던 것이다. 하지만 서방 국가의 경제 원조는 인도네시아에 정치적 영향력을 행사하는 수단이 된다는 판단에 따라 1953년 이후 동서양 진영 사이에서 '균형을 이루는' 관계를 구축하는 정책으로 바뀌게 된다(Manullang, 1982: 194). 반둥에서 개최된 아시아 · 아프리카 회의는 그러한 방향 전환의 연장선상에서 이해되어야 한다. 한편, 인도네시아가 건국한 후에도 네덜란드는 느슨한 연방제 형태로 이리안 자야(Irian Jaya) 등 일부 지역에 대한 과거 식민지 지배권을 보존하려고 했는데, 이를 계기로 인도네시아의 반식민주의적 외교정책은 강화되었다(Manullang, 1982: 195). 수카르노가 1963년 이리안 자야에 군대를 주둔시킴으로써 영토로 편입시킨 것과 말레이시아연방이 결성된 것에 대해 "영국 식민주의의 발명품"이라고 비난하면서 말레이시아에 대한 대결 정책을 시행(스미스, 2005: 125)한 것 역시 그의 반식민주의 외교정책의 산물인 것이다.

잘 알려져 있는 바와 같이, 인도네시아는 1955년 반둥회의 개최를 필두로 비동맹회의를 조직화하는 데 주도적인 역할을 했다. 비동맹회의는 아시아, 아프리카, 라틴아메리카 신생국들이 주축이 되었지만 사회주의 국가들도 참여했다. 비동맹회의는 국가 독립의 보존, 사회 정의, 영구적인 평화 등을 표방하며 미소 양극 체제 사이에서 독자적인 세력으로 성장했다. 수카르노는 이러한 비동맹 노선을 서방 국가의 동남아시아 간섭에 대항하고 인도네시아의 국가 통일을 발전시키는 데 발판으로 삼았다(Reinhardt, 1971: 122).

한편, 수카르노는 비동맹회의 연대 외에도, 사안별로 간헐적이기는 했지만, 강대국과의 협력 관계를 형성하기도 했다. 예를 들어 말레이시아 대결 정책을 둘러싸고 중국, 미국, 소련의 지지 내지 지원을 이끌어 내며 우호적인 관계를 구축할 수 있었다. 한편, 수카르노는 1965년 이른바 '자카르타-프놈펜-하노이-베이징(北京)-평양 축'을 제창하며 반제국주의 노선을 강화하기도 했다. 이 과정에서 인도네시아는 UN에서 탈퇴했다. 하지만 그 제안은 국내에서 쿠데타가 발생했고 이를 진압한 수하르토 장군이 대통령이 되면서 실행될 수는 없었다. 또 다른 한편, 수카르노는 냉전 체제와 중소 분쟁이 빚어내는 국제 정세를 활용하여 경제적 이익을 챙기는 데에도 소홀히 하지 않았다. 예를 들어 중국 경제 봉쇄에서 미국과 협상을 하여 중국에 자원을 수출하지 않음으로써 발생한 손실을 미국으로부터 보상받았는가 하면 그 후 중국에 자원을 팔기도 했다(전제성, 2009: 182-183).

### 2) 실리주의와 아시아 지역 중심의 외교정책

수하르토 장군은 1965년 공산당이 주도했다고 알려진 쿠데타를 군을 동원해 진압하면서 50만 명 이상의 공산주의자들을 제거했다. 다음해 공식적으로 대통령에 취임한 수하르토는 반공과 발전이라는 양축을 가지고 국정을 운영했다. 이는 한편에서 과거 과도한 민족주의, 반식민주의 정책이 낳은 경제정책의 실패에 대한 구별을 함축하고 다른 한편에서 안정과 발전을 위해 민주주의는 양보되어도 된다는 견지가 함축되어 있다. 다시 말해 수하르토는 한편에서 '발전의 아버지'가 되어 발전주의 경제정책을 내세웠고, 다른 한편에서 정치활동을 제한하는 탈정치화를 단행하고 지속적이고 안정적인 재집권을 위한 장치들을 제도화했던 것이다. 이것이 바로 수카르노의 '구질서'와 대비되는 수하르토의 '신질서'이다(스미스, 2005: 126).

수하르토 대통령은 국제 사회에서 고립화를 초래했던 그 전의 외교정책 기조를 수정하여 관계 복원에 나섰으며, 실리를 우선적으로 고려하는 외교정책을 펼쳤다. 말레이시아와의 대결정책을 중지하고 UN에 복귀함으로써 수카르노 대통령의 '공격적인 외교정책이 종결'되었음을 알렸다. 이를 통해 수하르토는 서방 국가, 특히 미국으로부터 막대한 원조금을 받을 수 있었다. 또한 수카르노가 비동맹회의를 통해 주로 제3세계 신생국들의 연대를 구축하는 데 전념한 데 비해 수하르토 대통령은 외교정책 영향권을 주로 동남아 지역에 집중했다. "수카르노가 반둥회를 개최해 비동맹운동의 창설에 기여했다면, 수하르토는 대결정책을 중단함으로써 아세안 창설에 이바지"했던 것이다(전제성, 2009: 184).

수하르토의 아시아 지역에 역점을 둔 외교정책은 1980년대를 거치면서 인도네시아가 지역의 맹주가 되도록 했고 이른바 '아세안 리더십'을 성취할 수 있게 했다. 수하르토는 지역에서 발생한 크고 작은 외교적 대립과 분쟁에서 중재자 역할을 수행했다. 이는 한편에서 인도네시아의 시장 규모와 경제 성장에 힘입었고, 다른 한편에서 반식민주의 민족혁명을 달성한 인도네시아의 위상을 배경으로 했다(전제성, 2009: 187).

한편, 수하르토 집권기에도 분리 · 독립운동에 반대하여, 무력을 동원하더라도 국가 통일을 보존하는 것은 중요한 의제였다. 대표적인 예로 수하르토는 1975년에 동티모르를 침략하여 영토로 편입시켰는데, 이 와중에 약 20만 명이 사망한 것으로 추정된다(스미스, 2005: 126).

##  1998년 민주화 이후의 기조: 신국제주의

민주화 이후 인도네시아의 외교정책 기조는 2004년 국민 직선으로 당선된 유도요노 대통령의 이른바 '신국제주의'에서 확인할 수 있다. 유도요노는 2005년 취임 후 미국 방문에서 "인도네시아는 이제 외향적인 나라이며 지역 질서와 국제 질서를 조성하는 데 매우 적극적이고 우리의 목소리를 내고자 하는 나라"라고 말하며 "새로운 국제주의를 적극적으로 기획"하고 있음을 알렸다. 이는 그가 이미 대통령 취임사에서 인도네시아 전통의 "자유롭고 적극적인 외교정책"의 원칙을 지속할 것을 밝힌 것과 연장선상에 있는 것이다(전제성, 2009: 190에서 재인용). 요컨대, 인도네시아의 새로운 외교정책의 기조는 과거의 독립적이고 적극적인 외교정책을 지속적으로 따르되 아시아는 물론이고 세계 무대에서 더욱 개방적인 외교정책을 펼침으로써 주도적인 행위자가 되겠다는 것으로 정리할 수 있다.

신국제주의로 표방된 유도요노 대통령의 외교정책의 특징은 한편에서 미국 등 서방 강대국과 우호적인 협력 관계를 유지하면서도 다른 한편에서 미국의 세계 정책에 일방적으로 편승하지는 않는다는 점에서 찾을 수 있다. 예를 들어 인도네시아는 이스라엘 및 미국 등이 팔레스타인에 대한 원조를 금지시킬 때 팔레스타인에 대한 재정적 지원을 발표했고, 한반도 문제와 관련, 북한의 6자회담 복귀를 독려하기 위해 남북한 동시 방문을 계획했다. 또한 이란 핵문제를 중재하기 위한 노력도 기울였다(전제성, 2009: 191). 인도네시아의 외교 역량이 그러한 중대사를 조정할 수 있는지에 대한 판단은 논외로 하더라도, 그것들은 그가 표방한 적극적인 외교 목소리가 어떻게 실행에 옮겨졌는지를 알 수 있게 하는 사례들이다.

유도요노 대통령이 신국제주의적 외교정책을 주창하고 실행할 수 있었던 것은 무엇보다 인도네시아의 민주화, 더욱이 세계에서 가장 큰 이슬람사회의 민주화에서 '외교자원'을 확보했기 때문이다(전제성, 2009: 194). 여기서 신국제주의의 또 다른 차원을 엿볼 수 있다. 즉, 인도네시아는 민주주의의 성취를 기반으로 해서 아세안 국가들에 대해 민주주의적 가치의 중요성을 좀 더 적극적으로 주장할 수 있었다. 아울러 이슬람 사회의 대표적인 민주주의 사례는 미국 등 서방 국가의 입장에서 볼 때 환영받을 모델이었던 것이다. 이러한 관점에서 민주화 이후 유도요노 대통령의 신국제주의는 수카르노 정권의 반제국주의·민족주의 외교정책 및 수하르토의 정권의 반공·발전주의 외교정책와 구별되는 평화·민주주의 외교정책으로 이해할 수 있다(전제성, 2009: 196).

## 제 3 절 외교·안보정책의 결정 체계 및 결정 과정

### 1 행위자 중심으로 본 결정 체계

#### 1) 대통령, 의회, 부처

인도네시아 외교정책에서 결정적인 영향력을 발휘하는 행위자는 역시 대통령이다. 이는 단순히 인도네시아가 대통령제 정부 형태를 운영하고 있다는 점에서 도출되는 판단만은 아니다. 인도네시아가 '1950년 헌법'에 따라 의회제를 채택했던 시기에도 대통령의 외교정책 결정력은 컸다. 건국 후 1965년까지 수카르노 대통령과 1966년 이후 1998년까지 수하르토 대통령은 외교정책에서 '지배적인 목소리'를 냈다는 데에 공통점이 있다. 또한 외무부 장관직이 대통령과의 후견인 관계에 의해 결정되었다는 점도 양 대통령에게서 나타난 공통점이다. 다만, 수하르토 대통령의 집권 시기에는 민간인 출신의 외무 장관직이 등용되는 등 전문성도 고려되었다. 아울러 수하르토 대통령의 경우 군부의 최후 동의가 외교정책 수립에서 결정적이었다는 점도 수카르노 대통령의 경우와 다른 점에 속한다(King, 1990: 79).

수하르토 대통령은 군부와 관료 등을 포함한, 이른바 골카르(Golkar)라는 직능단체를 결성하여 정부 여당의 역할을 하게 했고, 골카르가 국민자문의회(MPR) 및 국민대표의회

(DPR)의 다수 의석을 점할 수 있게 했을 뿐만 아니라 사회의 5대 그룹 대표들을 임명직 의원으로 의석을 할당함으로써 재집권이 가능하도록 했다.[1] 이러한 통치 레짐 하에서 정당활동이 허용된, 여당에 동조하는 2개의 야당은 물론이고 골카르 역시 외교정책 결정에 미치는 영향력은 적을 수밖에 없었다. 아울러 MPR이나 DPR 역시 외교정책 결정에서 '매우 작은' 영향력만을 미쳤는데, 대통령이 신정부를 시작할 때 MPR에서 발표하는 5년간 시행할 '국가정책 가이드라인'을 형식적으로 승인하는 것이 대부분이었다(King, 1990: 79).

1998년 이후 민주화 개혁, 특히 4차례에 걸친 헌법 개정을 통해 인도네시아는 입법부의 권한을 키우고 대통령(행정부)의 권한을 줄였으며 또 2004년 선거부터 대통령을 직선으로 선출하게 되었다. 골카르는 해체되었고 임명직 의원 할당제도 없어졌다. 자유롭고 민주적인 정당정치와 의회정치가 가능해졌고, 그 결과 국회는 대통령의 대외정책에 대해 동의권을 행사하는 등 외교정책 결정에 실질적으로 영향력을 미칠 수 있는 토대를 갖추게 되었다. 하지만 대통령의 외교정책 결정력은 여전히 유효하다. 2004년 및 2009년 대선에서 당선된 현 유도요노 대통령의 경우 젊은 학자 출신의 외교 전문가를 외무부 장관으로 등용하는 등 전문성을 중시하는 경향을 보이고 있다. 한편, 국회 의석 과반수를 점하는 거대 정당의 출현이 어려운 정당 구도 하에서 대통령이 정당 또는 계파 간 연합을 이끌어 내는 것이 선거 승리와 성공적인 국정 운영을 위해 필수적이다. 즉, 대통령의 권력 기반은 특정 정당이 아니라 유력 인물을 중심으로 결성되는 정당 또는 계파 간 연합이고, 이러한 권력구조가 외교정책의 제안 및 결정에도 영향을 미친다고 판단할 수 있는 것이다.

### 2) 인도네시아군(TNI)

인도네시아에서, 특히 수하르토 집권기에 군은 국가 속의 국가의 역할을 했고, 외교 · 안보정책에 결정적인 영향을 미쳤다. 전(全) 역사에 걸쳐 군의 역할을 빼놓고 정치 및 정책 과정을 설명하는 것은 불가능하다. 인도네시아에서 군이 강력한 정치 세력으로 자리를 잡아왔던 것은 반(反)식민주의 전쟁이 남긴 결과라 할 수 있다. 예를 들어, 18세기 네덜란드의 영토 확장에 대한 무장 저항의 역사를 비롯해, 특히 1945년 인도네시아의 독립 선언 이후 1949년까지 네덜란드가 지배력을 복구하려고 시도했던 시기에 인도네시아 군부는 정치지도자들이 부재한 상태 하에서도 '국가 수호자로서의 기능'을 수행했던 데(스미스, 2005: 124)에서 그 기원을 찾을 수 있다.

---

1) 이에 대한 자세한 내용은 이 책의 제2편 제3장 '정치 체제 및 거버넌스'를 참조하시오.

특히, 수하르토 집권기에 군은 이른바 '이중 기능'을 수행하는 권한을 향유했다. 즉, 군은 국방이라는 군의 고유한 기능만이 아니라 정치·사회적 기능을 수행하도록 위임받았던 것이다. 이러한 이중 기능을 수행하기 위해 군 조직 역시 군을 비롯하여 경찰과 정보국을 망라하는 '인도네시아 통합군(ABRI)'으로 구성되어 있었다. 군이 이렇게 특별 권한을 누릴 수 있었던 것은 위에서 언급한 역사적 배경 외에도 사실 실질적 및 잠재적 적이 부재한 상태에서 군이 내부 질서(치안) 유지에도 손길을 미치게 되었다는 점에서 또 다른 이유를 찾을 수 있다(Schuck, 2003: 168).

1998년 민주화 와중에 군은 스스로 개혁을 단행했다. 물론, 자발적 개혁의 동인은 민주화운동이었고, 엄밀히 보자면 기존에 군이 누렸던 권력에 대한 국민의 반대와 불신에 직면하여 군이 일정 부분 자신의 권력을 양보하면서 보존하는 차원에서 개혁이 이루어졌다. 개혁안은 두 가지로 나뉘었다. 하나는 당시 총사령관 위란토(Wiranto)의 안으로 군의 역할을 "의미심장하게 재정의"하는 것이었고, 다른 하나는 당시 사회·정치 업무 참모장이었고, 현 대통령인 유도요노의 안으로 군이 정치에 직접적으로 개입하여 지도하는 대신 "간접적인 수단을 통해 영향을 미치는" 역할을 하는 것이었다. 1998년 인도네시아 통합군 세미나에서 결국 유도요노의 안이 채택되었다(Elson, 2008: 303). 구체적으로 여기서 군의 새로운 패러다임이 결정되었는데, 그 핵심은 "군이 정치의 중심으로부터 떠나고, 군의 역할을 정치 과정을 통제하는 것으로부터 영향을 미치는 것으로 바꾸고, 군의 정치적 관여를 직접적 역할 수행에서 간접적 역할 수행으로 바꾸고, 민간과 권력을 공유"하는 것이다(Honna, 2003: 166).

이러한 군의 개혁은 전체적으로 군의 '탈정치화' 과정임에 틀림이 없다(Schuck, 2003: 164). 군은 국방의 기능에만 전념하게 되었고, 정치·사회적 기능은 민간에 환원되었다. 구체적으로 군이 골카르나 국민협의회에서 제도적으로 보장받았던 역할은 포기되었고 치안은 경찰의 고유한 업무로 이양되었다. 그 결과 인도네시아 통합군은 경찰 및 정보국과 분리된 인도네시아군(TNI)으로 재편되었다. 그러나 이러한 개혁에도 불구하고 간과하지 말아야 할 것은 군이 민간 권력 아래로 편제되어 민간 권력의 통제를 받게 된 것이 아니라 민간과 권력을 공유하게 된 점이다.

민주화 이후 대통령과 군의 관계는 그전만큼 밀착된 지휘 통솔 체계를 보여주지 않는다. 우선, 결과적으로 바람직한 일이었지만, 민주화운동 과정에서 군이 민주화 시위 진압을 거부하고 수하르토의 사임을 종용한 것은 상징적으로 큰 의미가 있다. 동티모르 독립 여부를 주민투표로 결정하기로 한 하비비(Bacharuddin Jusuf Habibie) 대통령의 결정에 군은 반대하는 입장을 표출했다. 1999년 국민협의회에서 간선으로 선출된 와히드(Abdurrahaman Wahid)

대통령은 민간인을 국방부 장관에 임명하는 등 군을 견제하는 국정 운영을 했다. 와히드 대통령이 비리 문제 및 불안정한 국정 운영으로 탄핵된 후 국민협의회 간선으로 선출된 메가와티(Megawati Sukarnoputri) 대통령은 다시 군의 권한과 입장을 옹호하는 국정 운영을 했다. 그리고 2004년 최초의 국민 직선으로 대통령이 된 유도요노(Susilio Bambang Yudhoyono)는 군 출신으로, 인도네시아의 현실에 맞는, 군의 권한을 보존하는 군의 개혁을 이끌었고 군을 이해하고 지배할 수 있는 적임자이기도 하다. 특히, 그는 두 번째 발리 테러 이후 대테러전에 관한 한 군이 경찰을 지휘 · 통솔할 수 있는 체계를 구축함으로써 군의 권한을 강화시키기도 했다.

##  결정 과정에서의 주요 요인

인도네시아 외교 · 안보정책을 결정짓는 주요 요인은 경제적 이익을 추구하는 요인과 안보적 이익을 추구하는 요인으로 구분되며, 사안에 따라 양자가 일하는 경우가 있는가 하면 양자가 경합하여 양자 중 하나를 위해 다른 하나가 포기되는 경우도 있다. 다만, 인도네시아 안보 이익이, 실질적 및 잠재적 외적과 대치하지 않고 있기 때문에, 외적 안보보다 내적 안보, 즉 분리 · 독립에 반대하고 영토 주권을 보존하는 데에 치중되어 있다는 점이 특징이다. 또한 이데올로기도 외교정책에서 중요한 요인으로 작용하는데, 여기서는 판차실라에 바탕을 둔 인도네시아 스타일의 민족주의 노선이 지배적이었던 과거에 비해 민주화 이후에는 이른바 '정치적 이슬람주의'가 미치는 요인이 무시될 수 없다는 점이 주시되어야 한다.

외교정책에서 경제적 요인과 안보적 요인의 경합은 이미 건국 후 초창기 외교정책에서도 나타났던 현상이다. 하지만 민주화 이후 그것은 좀 더 역동적인 모습을 보이고 있다. 그 이유는 인도네시아 외교정책이 과거와 달리 반(反)식민주의 원칙으로부터 벗어나게 되었다는 점과 세계적 차원에서 외교정책을 시행해야만 하는 환경 변화에서 찾을 수 있다. 무엇보다 민주화로의 동인이기도 했던 아시아 금융 위기를 극복하고 경제를 발전시키기 위해 인도네시아는 유럽, 특히 미국의 경제적 지원에 의존해야만 했다. 이미 앞에서 논한 바와 같이, 인도네시아가, 일정 부분 정책결정자의 예측 능력의 한계도 있었지만, 동티모르 독립을 주민투표로 결정하기로 한 것은 경제적 지원을 받기 위해 안보 이익을 양보한 결과를 낳았다. 아체의 분리 · 독립 문제는 동티모르의 학습 효과로, 안보 이익이 고수되는 차원에서 취급되었다.

민주화가 진척되면서 인도네시아의 외교정책이 더 이상 행정부의 결정, 엄밀히 말해서 대통령의 판단에 좌우되는 구조가 지양되고 정당 및 국회의 견제를 받게 된 것은 주지의 사실이다. 변화는 시민사회의 외교정책 수립에 미치는 영향력에서도 감지할 수 있다. 민주화는 정당의 결성 및 활동의 활성화뿐만 아니라 시민단체의 결성 및 활동도 활성화시켰다. 외교정책과 관련 주목되는 것은 바로 이슬람 단체의 영향력이다. 인도네시아에는 정치적 입장을 표방하는 다양한 이슬람단체가 있었는데, 민주화 이후 그러한 단체들은 재편되거나 새로운 단체로 결성되었고 정당으로 발전한 단체도 있었다. 여기에는 이슬람 국가 건설을 지향하는 단체가 있는가 하면 더 온건한 단체도 있다. 중요한 것은 민주화 이후 정부의 외교정책이 이슬람단체가 표방하는 입장을 무시하지 못한다는 점이다. 물론 여기에는 정책결정자 개인의 종교도 일정 부분 영향을 미치는 요인으로 작용한다. 이슬람단체의 외교정책 영향력은 대테러전을 위한 미국과의 안보 협력에서 특히 문제시되었다. 즉, 인도네시아 정부로서는 테러에 대처하기 위해 국제적 공조가 불가피했는데, 그 주요 협력국인 미국은 이슬람 국가를 대테러전의 주요 적으로 삼고 있기 때문이다. 인도네시아의 이슬람단체는 이에 대해 범세계적 이슬람주의를 주장하며 미국이 이슬람 국가를 제압하려는 정책에 반대했고 인도네시아 정부가 그것에 동조하는 것을 비난했던 것이다. 이러한 이슬람단체의 영향력은 인도네시아 정부가 외교정책을 수립하는 데 '거대한 정책 딜레마'를 일으키는 요인이 되고 있다(Perwita, 2007: 386-387).

## 제 4 절 외교 · 안보정책의 노선 및 대외 관계

### 1 분리 · 독립에 대한 국가 통일의 강조

단일국가(Unitary State of the Republic of Indonesia)의 통일을 유지하는 것은 네덜란드의 식민 지배로부터 독립하고 건국을 성취한 이래 언제나 인도네시아의 지상 과제였다고 할 수 있다. 그런데 이것이 민주화 이후 1999년 동티모르 분리 · 독립을 둘러싸고 문제화되었다. 당시 잠정정부의 하비비 대통령은 동티모르의 주민투표를 통해 독립 여부를 결정하라는 UN의 제안을 받아들였다. 이는 경제 위기를 맞은 인도네시아에 대해 동티모르의 독립을 허용하라는 국제 사회의 압박이 강화되는 가운데 국제 사회의 경제 원조를 얻기 위해 내려진 선택이었다. 한편, 인도네시아 정부는 주민투표가 독립이 아닌 자치로 결정될 것으로 예상했다. 주민투표를 둘러싸고 독립파와 자치파로 분열되어 대립하는 와중에 두 차례나 투표가 연기되는 등 난항을 겪은 후 8월에 치러진 투표에서 98.5%의 투표율과 78.5%의 찬성률을 기록하며 동티모르의 독립이 결정되었다(양승윤, 2009: 171-172). 독립이 결정된 후 인도네시아군은 동티모르에서 철수하고 독립에 반대했던 자치파는 민병대를 조직하여 치안 공백 속에서 독립에 찬성한 동티모르 주민을 학살하고 자원을 파괴하는 등 만행을 저질렀다. 이에 대해 UN은 평화유지군과 인권 감시 인력 등을 파견하는 등 수습에 나섰지만 민병대를 제압하기에는 인력 및 예산 면에서 역부족이었다. 민병대는 인도네시아군, 특히 중앙군 조직 중의 하나인 정예군의 암묵적인 사주로 이루어졌다는 견해가 지배적이었고, 이에 대한 국제 사회의 지탄이 이어졌다. 아울러 치안 공백을 허용하고 즉각적인 대응을 하지 못했던 UN 및 국제 사회의 책임도 문제시되었다(Schlicher & Flor, 2000).

결국 동티모르는 엄청난 희생을 치르고 25년에 걸친 인도네시아의 압제로부터 독립했다. 한편, 이는 인도네시아에 다음과 같은 영향을 남겼다. 첫째, 인도네시아 국가와 군은 인권 침해에 대해 국제 사회의 비판을 받아야만 했다. 더욱이 동티모르에서의 인권 침해 등 폭력에 대한 책임 규명이 지연 · 유보됨으로써 인도네시아의 법치와 정의의 무력함이 제기되었고, 이에 대한 국제 사회의 지탄이 이어졌다. 둘째, 결과적으로 영토 상실을 초래한 정부와 군의 무능력이 제기되었다. 특히, 군의 입장에서 주민투표로 독립을 결정한 것은 영토를 보존하지 못하는 정치인의 무능력으로 간주되었다(Wandelt, 2007: 280).

2000년 이후 인도네시아군은 이른바 '기동군의 즉각 대응' 체제를 재가동함으로써 군 내부의 명령 체계를 재정비하기 시작했다. 이는 무장 분리 · 독립운동과 지역적 소요에 대항하기 위해 세워진 작전권을 개편하는 작업의 일환이었다. 새롭게 개편된 작전권은 중앙 전략군의 지휘 하에 중앙 정예군, 해군, 공군, 그리고 경찰 병력이 동원되는 합동작전에서 전략군이 작전권을 지역군으로 넘겨주기 전 10일 동안 초기 작전권을 행사하는 것이다.[2] 또한 1999년부터 2001년까지 정예군은 축소되었고, 반테러 부대를 포함하여 태스크포스 중심의 5개 부대로 재조직화되어 전략군의 명령을 받는 구조로 개편되었다(Wandelt, 2007: 282).

동티모르의 독립 후 아체(Aceh)의 분리 · 독립운동은 인도네시아의 국가 통일을 위협하는 또 하나의 도전으로 간주되었다. 아체 역시 주민투표를 통해 독립 여부를 결정할 것을

2) 인도네시아의 군조직은 중앙군과 지역군(Kodam 및 그 산하 4계층 군조직)으로 이원화되어 있는데, 중앙군에는 다시 전략군(Kostrad)과 정예군(Kopassus)이 있다(Schuck, 2003: 168).

주장했다. 동티모르와 같은 경우가 반복되기를 원하지 않았던 인도네시아 정부는 단호하게 반대했다. 이에 대해 아체의 무장 독립군 등 분리주의 세력은 1999년 총선을 거부하고 주민 투표로 독립을 결정할 것을 천명했다. 이에 군은 아체의 치안 유지를 위해 소요진압 경찰을 그 독립군의 활동지역에 투입했다. 분리 · 독립을 둘러싼 양측의 대립과 갈등이 심화되는 가운데 인도네시아 정부는 와히드 대통령과 메가와티 대통령을 거치는 동안 자치권의 확대를 제공하는 등 유화책을 쓰는 한편 평화적인 해결을 위한 협상 노력도 이어졌다. 하지만 평화 협상은 끝내 결렬되었고 인도네시아군은 2004년 5월 아체의 무장 독립군에 대한 대규모 소탕작전을 통해 아체의 분리 · 독립운동을 제압했다(양승윤, 2009: 179-183).

동티모르 독립과 아체의 분리 · 독립운동은 물론 당사자의 입장에서 볼 때 정당한 근거를 가지고 있는 것이다. 하지만 단일국가의 통일을 유지하려는 인도네시아 국가의 입장에서 보면 그러한 분리 · 독립은 허용할 수 없는 사안이기도 하다. 동티모르 독립을 겪으면서 인도네시아 정부, 특히 군은 내적 안보에서 반(反)분리주의 정책 기조를 더욱 강화시켜 왔다. 이는 아체의 분리 · 독립운동을 무력으로 제압한 점에서 재차 확인할 수 있다. 아울러 인도네시아가 처한 이러한 조건은 민주화 이후 군의 대대적인 개혁에도 불구하고 내적 안보 유지라는 과업을 매개로 정치 · 사회적으로도 여전히 중요한 역할을 수행하도록 한다는 점이 간과되어서는 안 된다. 즉, 동티모르 독립 문제를 계기로 군이 다시 정치의 중심에 더 가까이 근접할 수 있게 되었던 것이다(Honna, 2003: 174).

## 2 대(對)테러전 공조 등 안보 협력

2002년 10월 수백 명의 사상자와 부상자를 낳은 발리에서의 테러는 인도네시아 안보정책에서 변화를 낳은 또 다른 하나의 요인이었다. '9 · 11테러' 이후 세계적으로 대테러전에 대한 공조가 구축되는 가운데, 발리 테러를 계기로 인도네시아도 테러에 대한 대비 체제를 갖추기 시작했다. 당시 메가와티 대통령은 테러리즘에 대항하기 위해서는 경찰과 정보국(BIN)이 협력해야만 한다는 서방 국가, 특히 미국의 주장을 받아들여 반테러 법률을 통해 정보국으로 하여금 반테러 작전을 조정하도록 했다. 그리고 대테러 대비 체제를 갖추는 인도네시아는 호주, 특히 미국의 지원을 받았다. 이와같이 인도네시아는 대테러전을 매개로 안보 분야에서도 서방 국가 등 국제 사회와 공조 체제를 갖추게 되었던 것이다(Wandelt, 2007: 286-287).

또한 2005년 10월에 발생한 2차 발리 테러사건도 인도네시아 안보정책에 변화를 초래했다. 재차 테러가 발생함으로써 경찰과 정보국의 대테러에 대한 무능력이 지적되었던 것이다. 이에 당시 유도요노 대통령은 군에게 대테러전에 참여할 것을 명령했다. 이는 군이 대테러 등 내적 안보 문제에서 경찰에 대한 명령권을 행사할 수 있게 되었다는 점에서 중시되어야 한다(Wandelt, 2007: 282, 292).

요컨대, 두 차례에 걸쳐 발생한 발리 테러는 인도네시아의 내적 안전을 위협하는 중대한 요인으로 간주되었다. 이에 대한 대비 체제를 갖추는 과정에서 인도네시아는 한편으로 과거 안보 영역에서 나타났던 국제 사회로부터의 고립에서 벗어나 안보 협력을 하는 계기를 갖게 되었고, 다른 한편으로 인도네시아군은 대테러전에서의 지휘군을 통해 권한과 위상을 강화하게 되었던 것이다.

## 3 아세안 공동체 건설 지향

한편, 인도네시아는 아세안 기반 외교정책에서 새로운 노선을 채택했다. 이는 앞에서 언급한 바 있는 민주화 이후 인도네시아가 표방한 신국제주의 외교정책과 연관이 있다. 즉, 유도요노 대통령은 2005년 아세안 창립 38주년 기념 연설에서 '민주적 아세안 공동체' 건설을 주창했다. 구체적으로 그는 아세안이 '정권연합'이 아니라 '국민연합'으로 전환되어야 한다고 주장했는데, 이는 아세안이 기존의 정부 간 기구 수준을 넘어 하나의 공동체, 더욱이 민주적인 공동체를 지향해 가야 한다는 의미를 함축하고 있는 것이다. 그의 이러한 주장은 인도네시아의 민주주의 개혁의 성과를 바탕으로 한 것이고, 아세안 외교에서 선도적 역할을 수행하고자 하는 전략에서 나온 것으로 이해할 수 있다. 아무튼 이 제안은 기존 아세안 국가들의 외교 방식이었던 내정불간섭주의를 약화시키고 역내 국가들의 민주주의 문제를 아세안에서 공식적으로 거론하자는 제안으로서 그 의의가 있다(전제성, 2009: 197-199).

또한 인도네시아는 이른바 '아세안 안보 공동체'를 건설하는 데도 주도적인 역할을 하고 있다. 이 안보 공동체에서 인도네시아가 강조하는 것은 체제 안보가 아니라 포괄적인 차원의 인간 안보이다. 즉, 민주주의 발전, 인권의 향상, 특히 아동, 여성, 이주 노동자 권리를 보호하고 증진하는 안보 공동체를 지향하는 것이다(전제성, 2009: 200).

# 제 5 절 한국과의 관계

한국과 인도네시아는 1973년 대사급 외교 관계를 수립한 이래 각 분야에서 교류·협력을 증진해 오고 있다. 특히 2000년대 이후 양자적 및 다자적 차원에서 각종 각료급 및 고위급 협의회가 가동되고 있고 정상 방문 등 정상 간 협의도 활발하다. 양국 간의 관계는 경제외교, 안보외교, 개발협력외교로 나눠서 고찰할 수 있다. 그리고 이것들은 다시 양자적(bilateral) 관계와, 양국 외 다른 국가와 연계되거나 또는 국제기구를 매개로 하는 다자적(multilateral) 관계로 분류하여 취급되어야 한다. 다만, 여기에서 경제외교와 개발협력외교에 관해서는 양자적 관계를, 그리고 안보외교에 관해서는 '아세안지역포럼(ARF)'을 바탕으로 하는 다자적 관계를 중심으로 살펴보고자 한다.

## 1 경제외교

우리나라와 인도네시아는 이미 수교 전인 1971년 경제 및 기술 협력과 통상 증진에 관한 협정을 필두로 임업협정, 항공협정, 이중과세방지협정, 투자보장협정, 원자력협정 등 경제협정이 체결·발효되어 있다.

인도네시아는 2011년 기준 우리나라의 제8위 교역 파트너로서 수출과 수입별로 보면 각각 7위 상대국이다. 총 교역액은 30,779백만 달러에 달한다. 이 중 수출액은 13,563백만 달러로 전년 대비 52.4% 증가했고, 수입액은 17,216백만 달러로 23.1% 증가했다(한국무역협회 자료). 또한 투자의 경우, 인도네시아는 2011년 현지법인 신고 금액을 기준으로 대(對)한국 제38위 투자 주체이고 한국의 제7위 투자 대상국이다. 2011년 한국의 대(對)인도네시아 투자는 1,369,103천 달러였고, 1968년 이후 누계는 9,867,923천 달러에 달한다. 그리고 동년 인도네시아의 대(對)한국 투자는 6,240천 달러를 기록했고, 1990년 이후 누계는 888,824천 달러이다(지식경제부·한국수출입은행 자료).

한－인니 경제외교는 무엇보다 한－아세안 FTA를 중심으로 전개되고 있다. 한－아세안 FTA는 한국이 거대경제권과 맺은 최초의 FTA로 아세안 10개 회원국의 총 5억에 달하는 거대시장과 교역 등을 확대할 수 있게 되었다는 점이다(외교통상부·대외경제정책연구원,

2007: 13-14). 한국과 인도네시아를 포함한 아세안 10개 회원국 간의 FTA는 상품무역협정, 서비스무역협정, 투자협정으로 구성되어 있고, 각각 2007년 6월, 2009년 5월, 2009년 9월에 발효되었다. 이는 아세안 10개국의 경제 발전 단계가 상이하여 단일 협정 방식이 아닌 순차적인 협정 방식을 채택했기 때문이다. 상품협정을 예로 들면, 2011년 한-아세안 교역액은 1,250억 달러로 늘어 협정 발효 이전인 2006년의 618억 달러 대비 102%가 늘어났다(외교통상부 2012 백서: 137-138).

한국-아세안 FTA를 바탕으로 하는 다자적 한-인니 경제외교에 추가적으로 양자적 한-인니 경제외교에서 주목을 끄는 것은 양국 간 '포괄적 경제동반자협정(Comprehensive Economic Partnership Agreement: CEPA)이다. 한-인니는 2011년 2월 CEPA을 위한 공동 연구를 추진할 것에 합의한 후 세 차례에 걸쳐 공동연구 회의를 개최했다. 2012년 3월 서울 핵안보정상회의에 참석한 유도요노 대통령과의 양국 정상회담에서는 협상을 개시할 것을 선언했고, 7월 자카르타에서 제1차 협상이 개최되었다. CEPA는 FTA와 성격, 체결 절차, 효력 등에서 동일한 국가 간 경제협정으로 우리나라는 2010년 1월 한-인도 CEPA를 발효시킨 후 이번에 인니와 또 하나의 협정 체결을 추진하고 있는 것이다. 한-인니 CEPA는 "이미 체결된 한-아세안 FTA의 낮은 자유화 수준과 우리나라의 주요 수출 경쟁국과 인도네시아 간 양자 협정의 설정으로 인해 자동차 · 철강 등 우리 주요 수출 품목의 경쟁력이 약화됨"에 따라 그 필요성이 제기되었다(외교통상부 2012 백서: 136). 따라서 한-인니 CEPA는 기존의 한-아세안 FTA를 심화시킴은 물론 양국 간 경제 · 통상 관계를 강화하고 자원협력 및 투자를 확대하는 데에 크게 기여할 것으로 기대된다(외교통상부 보도자료, 2012.7.11.).

## 2 안보외교

우리나라의 아시아 외교는 이른바 '신아시아 외교'정책 기조에 바탕을 두고 있다. 이는 "아시아 국가들과 정치 · 경제 · 안보 · 사회 분야에서 포괄적인 협력 관계를 발전시켜, 국제 금융위기 · 기후 변화 등 범세계 이슈 해결을 주도하는 정책 기조"이다(국방부, 2010 국방백서: 76). 이 신아시아 외교정책은 냉전 해체 후 실리주의 외교정책의 산물이고 세계화로 인해 발생하는 새로운 국제적 이슈를 해결하기 위해 아시아 지역에서의 공조와 협력을 강화하는 데에 한국이 주도적인 역할을 하자는 취지라고 이해할 수 있다. 안보외교 측면에서 우리나라와 아시아 국가들과의 관계는 APEC, ASEAN+3, G20 등을 매개로 하는 다자적 관계에서 주로 전개되는 양상을 보이고 있다. 여기서 특별히 주목되는 것은 '아세안지역포럼(ARF)'을 배경으로 하는 안보외교이다.

아세안지역포럼은 아세안 국가들이 주축이 되어 결성되었지만 아세안을 넘어 한국, 캐나다, 호주 등 역외 국가들과 EU도 참여하는 다자간 안보 협력체이다. 아세안 국가들은 이 아세안지역포럼을 통해 지역 분쟁을 평화적으로 해결하기 위한 토대를 마련하는가 하면 동시에 아세안 공동의 안보 이익 및 이 배면에 있는 경제 이익을 위해 미국, 중국, 일본, 러시아 등 강대국과 안보 협력 관계를 구축하되 아세안 지역에서 특정 국가의 영향력이 일방적으로 강화되는 것은 경계한다(김석수, 2002). 우리나라는 아세안지역포럼을 통해 한・미 군사동맹을 주축으로 하는 한반도 및 동북아 안보 협력 외에 역외 지역 안보 협력에도 적극적인 역할을 하고 있다.

한편, 양자적 관계에서는 한-인니 안보 협력의 방산・군수 협력에서 그 단면을 볼 수 있다. 즉, 우리나라는 1995년 인도네시아와 국방 군수・방산 협력에 과한 양해각서를 체결한 이후 지속적으로 협력을 해오고 있는 것이다(국방부 보도자료, 2010.6.15).

## 3 개발협력외교

우리나라의 인도네시아에 대한 개발 협력은 여러 민・관 기관에서 다양하게 수행되고 있다. 여기서는 한국수출입은행과 한국국제협력단의 실적만을 언급하기로 한다. 한국수출입은행을 통한 우리나라의 인도네시아 개발 지원을 볼 때, 1987년 이후 지속적으로 다양한 사업에 대한 지원이 수행되어 왔는데, 2006년 이후 그 규모가 현저히 증가되었다.

또한 한국국제협력단의 2011년도 아시아 지역 국가 ODA 실적을 볼 때(KOICA, 2011년 연보), 보건, 교육, 공공행정, 농림수산, 산업 에너지, 긴급구호 등 분야에서 총 205,591백만 원이 지출되었는데, 이는 KOICA의 당해 연도 총 지출액 중 45.5%를 차지한다. 전체 수원국 중 인도네시아는 산업 에너지 분야에서 상위 5대 수원국(몽골, 아제르바이잔에 이어 3위)에 속한다. 이 분야 사업에서 2011년 3,789백만 원이 지출되었는데, 이는 KOICA의 전 실적 대비 0.8%, 산업 에너지 분야 전 실적 대비 6.9%에 해당한다.

**표 2-1 한국의 인도네시아 개발 지원 내역**

| 연도 | 사업명 | 집행액/승인액(백만 원) |
|---|---|---|
| 1987 | 파당 시 우회도로 건설 | 9,774 |
| 1991 | 이동식 직업교육훈련 | 16,994 |
| 1992 | 생견사 제조 해외 투자 | 978 |
| 1994 | 실업교육 개선 | 7,098 |
| 1995 | 마나도 우회도로 건설 | 13,203 |
| 1997 | 칼리만탄병원 개선 | 27,367 |
| 1999 | 병원 폐수 처리시설 확충 | 44,913 |
| 2000 | 동자바 지방병원 개선 | 32,902 |
| 2004 | 국가범죄정보센터 개발 | 19,312 |
| 2005 | 종합병원 개선 | 17,939 |
| 2006 | 바탐 전자정부 구축 | 14,124 |
| | 국가정보통신교육원 건립 | 19,103 |
| | 마나도 우회도로 건설 2차(KOICA 연계) | 4,079 |
| 2008 | 칸도우병원 개선 | 33,664 승인 |
| | 아담말릭병원 개선 | 34,945 승인 |
| 2009 | 파당시 우회도로 확장 | 67,560 승인 |
| 2010 | 경찰청 무선통신망 구축 | 46,593 승인 |
| | 카리안댐 건설(KOICA 연계) | 116,483 승인 |

출처: 한국수출입은행 2011년 통계보고서 근거하여 재작성.

## 제 6 절 결론

1998년 민주화 이후 인도네시아 외교 · 안보정책은 더 이상 그 전처럼 대통령의 결정이 지배적이지만은 않다. 적지 않은 외교정책적 사안에서 국회는 동의권을 행사하는 등 대통령의 일방적인 결정을 견제할 수 있다. 다만, 대통령은 정부 형태상 여전히 행정수반이자 국가원수로서 외교정책의 주요 행위자임에는 틀림이 없다. 더욱이 인도네시아 정당정치의 특수성으로 인해 유력 인물을 중심으로 하는 정당(계파) 간 연합이 선거 승리와 국정 운영에서 중요한 기능을 수행하는 만큼, 대통령은 이러한 인물 연합을 정책 네트워크로 활용하는 것으로 보인다. 민주화 이후 또 다른 하나의 변화는 시민사회단체, 특히 이슬람단체가 외교·안보정책에서도 영향력을 행사하게 된 점이다. 인도네시아군은 전통적으로 안보정책에서 중요한 영향력을 행사해 왔는바, 민주화 이후 자체적인 개혁을 시행했지만, 그 개혁은 민간 권력의 지배를 받기보다는 민간과 권력을 공유하는 방식으로 이루어졌다. 군의 권한과 위상은 발리 테러 후 대테러전 체계를 갖추는 과정에서 다시 강화되었다.

2004년 후 인도네시아 외교·안보정책의 특징은 다음과 같이 몇 가지로 요약할 수 있다.

첫째, 신국제주의 외교정책 기조에 따른 글로벌 외교이다. 이를 위해 인도네시아는 지역에 국한하지 않고, 이데올로기에 구애받지 않으며, 또 미국 등 서방 강대국으로부터 경제적 지원을 받으면서도 독자적이고 적극적인 목소리를 내고 있다. 이는 인도네시아의 광대한 시장 규모, 그리고 이슬람 사회로서 민주주의를 성취한 성과를 바탕으로 한다.

둘째, 아세안공동체 건설을 위한 노력이다. 이 역시 민주주의 성과를 자원으로 삼아 전개되고 있는데, 인도네시아는 아세안을 민주주의 가치를 실현하는 국민연합으로 발전시키기를 제안하고 있는 것이다. 이는 아세안을 안보 협력체 및 경제 협력체로 규정해 온 기존의 관점을 넘어 민주주의를 지향하는 가치공동체로 재정의하고 있다는 점에서 의의가 있다.

셋째, 다양한 국제적 이슈를 놓고 전개되는 국제적 협력이다. 이 글에서는 특별히 대테러전을 위한 안보 협력을 강조했지만, 인도네시아의 국제 문제 해결을 위한 협력은 비단 이러한 유형에만 국한된 것은 아니다.

넷째, 국가 통일이라는 내적 안보의 고수이다. 동티모르 독립 후 아체 분리·독립 문제에서 여실히 재현되었듯이 분리주의에 반대하고 영토 주권, 국가 통일을 보존하는 것은 여전히 인도네시아 안보정책에서 주축이 되고 있다.

다음으로 우리나라와 인도네시아의 관계를 볼 때, 다양한 분야에서 활발한 협력적 외교관계가 이루어지고 있다. 경제외교에서 한국은 무역적자를 나타내고 있는 현실이기는 하지만, 향후 에너지, 자원 외교 등에서 경제적 관계가 증진될 것으로 기대된다. 안보외교에서 양자 간의 협력뿐만 아니라 아세안지역포럼을 바탕으로 하는 다자적 협력도 활발하다. 개발협력 외교에서 인도네시아는 한국의 수원국 중 하나이고, 이 분야에서의 관계 증진 역시 향후 양국 간의 우호적 관계를 유지·발전시키는 데 기여할 것이다.

# 제 3 장 인도네시아의 경제 · 산업 · 과학기술정책*

## 제 1 절 서론

인도네시아는 아세안(ASEAN) 최대 경제국으로 2억 5천만 명에 육박하는 인구가 끌어가는 내수 시장이 국내총생산(GDP)의 70%를 차지하는 경제이다. 팜오일, 구리, 원유, 석탄 등 천연자원이 풍부하며 커피, 산림 등 농림업도 발달되어 있다. 자연히 대부분의 수출 상품은 천연자원 아니면 농산물이다. 이와같이 거대한 내수시장과 천연자원의 기반 위에 정치적 안정이 결합되어 인도네시아는 최근 연평균 6%를 상회하는 경제성장률을 보였다. 2008년의 금융위기, 최근 EU의 재정위기 등으로 세계 경제가 침제 국면을 지나고 있는 상황에서도 인도네시아 경제는 2012년 상반기 중에 6%대의 성장률을 유지하여 G20 국가 중 중국(7.6%)에 이어 두 번째로 높은 성장률을 보였다. 대규모 내수시장과 이를 겨냥한 해외 투자의 증가에 힘입어 견조한 성장세를 유지하고 있는 것이다.

인도네시아는 2025년 1인당 GDP를 15,000 USD로 끌어올리는 계획을 가지고 있다. 2010년의 3,000 달러 수준에서 15년 만에 5배로 늘리려는 야심찬 계획이다. 이 장에서는 이를 달성하기 위한 인도네시아의 경제 · 산업 정책, 그리고 그와 관련된 과학기술정책의 내용을 살펴보고 정책결정 과정에 대해 알아보기로 한다. 경제 · 산업 분야의 정책은 구체적인 정책 분야마다 매우 다양하게 나타나고 있다. 이 장에서는 경제의 가장 대표적인 정책 분야인 산업정책, 금융통화정책, 과학기술정책, 대외경제정책을 중심으로 각 분야마다 정책의 내

* 이 장은 박진 교수가 집필했다.

용, 의사결정 과정 등을 알아보기로 하자.

## 제 2 절 산업정책의 내용 및 결정 과정

### 1 내용과 평가

인도네시아는 1970년대 중 국가 주도의 수입 대체 전략을 채택했다. 정부는 외국인 투자를 제한하고 낮은 금리의 융자 프로그램을 통해 소수의 기업을 지원했다. 시장 개방을 제한했으며, 나아가 국내의 경쟁도 제한하여 소수의 기업이 수입 대체 전략의 과실을 향유하게 했다. 아울러 대규모 공공사업을 펼쳐 정부가 적극적으로 수요도 창출했다. 이러한 전략이 가능했던 것은 1970년대에 민족주의적인 정서가 국민은 물론 정책 당국자들 사이에 광범위하게 퍼져 있었기 때문이다. 아울러 유가 상승으로 산유국인 인도네시아 정부가 적극적으로 산업 지원을 할 수 있는 재정 여건을 확보할 수 있었던 것도 한 요인이었다.

한국은 1970년대 초까지 노동집약적 산업을 중심으로 한 적극적인 수출 중심 전략을 펴다가 1970년 중반 들어 중화학공업으로 주도 산업을 교체했다. 이에 따라 경공업의 비중은 급격히 낮아진다. 한편 1970년대는 중국의 개방이 본격화되기 이전의 시기이다. 이렇게 보면 1970년대 인도네시아는 의류, 신발 등 노동집약적 경공업 분야에서 좀 더 적극적인 수출 주도 전략을 취했어야 한다고 생각된다. 그러나 인도네시아는 그 시기에 수입대체 전략을 고수함으로써 그 기회를 살리지 못했다. 오히려 이 시기에 정부 지원을 많이 받은 분야는 철강, 비료, 시멘트와 같은 내수용 중화학공업 분야였다. 한국은 국내 시장이 협소하여 중화학공업 정책을 펴면서도 수출에 주력하지 않을 수 없었다. 수출을 늘리기 위한 노력은 자연스럽게 한국 기업들의 경쟁력을 강화시켰다. 이와같이 한국의 산업정책은 국내에서는 과점 체제를 통해 제한적이나마 경쟁을 유도했으며 국제적으로는 수출을 통해 치열한 경쟁을 극복하도록 했다. 그러나 인도네시아는 상대적으로 충분한 내수시장에 안주할 수 있었다. 국내외 경쟁에서 철저하게 보호받은 기업들이 경쟁력을 갖추기는 어려웠다. 산업정책이 장기적으로 성공하기 위해서는 기업의 경쟁력 강화에 초점이 맞추어져야 한다는 교훈을 준다.

1980년 들어 유가 및 원자재 가격 하락으로 인해 재정이 악화된 인도네시아 정부는 보조금 등 적극적인 산업정책을 펴기가 어려워졌다. 이 시기에 정부는 다양한 자유화 조치를 취했다. 과거 225%까지 달하던 관세를 5~35% 수준으로 낮추는 등 무역을 자유화하고 이자율 상한제를 폐지하는 등 다양한 규제 완화가 시도되었다. 외화가 필요하게 된 인도네시아 정부는 수출 확대를 위해 1983년 루피(rupiah) 화(貨)를 45% 평가 절하한다. 이는 인도네시아 정부가 수입 대체로부터 수출 주도형 성장전략으로 산업정책을 전환한다는 점을 의미했다. 수출을 위한 수입에는 무관세 혜택을 부여하고 수입 허가 없이도 수입이 가능하도록 했다. 인도네시아 현지 자본과 합작만 허용하던 규제도 철폐했으며 최소 투자 금액도 낮추어 활발히 직접 투자를 유치하고자 했다. 그러나 이러한 개혁 조치들은 지속되지 못했다. 성과에서도 전반적으로 큰 성공을 거두었다고 보기는 어렵다. 그러다 외환위기를 맞은 직후인 1998년 중 자유화의 두 번째 물결이 닥쳤다. 이 시기에 평균 관세율은 1994년의 20%에서 1998년에는 9.5%로, 2002년에는 7.5%로 낮아졌다. 아울러 정부는 수입 규제를 대폭 완화했다.

2000년대 들어 인도네시아 정부는 거시경제 안정을 위한 재정 긴축의 여파에 WTO,[1] AFTA[2]와 같은 국제무역 규범의 영향으로 과거와 같은 강력한 산업정책을 펴기가 힘들어졌다. 이에 따라 지원 대상을 축소하는 전략으로 수정했다. 현재 인도네시아 산업부는 6개 분야별로 주력 산업을 몇 개씩 선정하고, 선정된 산업의 경쟁력 강화를 위해 많은 지원을 하고 있다.

그러나 지나치게 많은 산업이 핵심 산업으로 선정되어 있다는 점이 문제이다. <표 3-1>과 <표 3-2>에서 보는 것처럼 2011년에는 23개 분야가 선정되었으나 2012년에는 32개로 늘어나고 있다. 전략산업으로 분류하기 위해서는 선택과 집중이 더 필요할 것으로 생각된다. 이는 전략 분야의 선정 과정에 지나치게 정치적 이해 관계가 개입되어 있기 때문이다. 인도네시아는 그 중에서도 2025년 미래의 선도 산업으로 농업 관련 산업, 정보통신산업, 운수장비산업을 꼽고 있다. 인도네시아의 부존 자원, 내수 등을 고려할 때 적절한 선택이라고 생각된다.

또한 특정 산업을 보호하기 위해 국가 전체의 효율성을 희생시키는 일도 발생하고 있다. 예컨대 인도네시아 정부는 국내산 등나무를 외국에 수출하지 못하게 막기도 했다. 핵심 산

1) 인도네시아는 1995년 1월 1일 WTO에 가입했다.
2) 아세안자유무역협정(ASEAN Free Trade Agreement)으로서 인도네시아를 비롯, 싱가포르, 태국, 말레이시아, 필리핀, 브루나이 등 6개국이 1992년에 합의했으며 그 후 베트남, 라오스, 미얀마, 캄보디아가 참여하여 2003년 본격 발효되었다. 이에 따라 후발 4개국을 제외한 6개국은 이미 2010년부터 역내 관세를 5% 이내로 낮추었으며 후발 4개국도 2015년까지는 이를 따르도록 되어 있다.

**표 3-1** 2011년 인도네시아의 주력 산업

| 분야 | 주력 산업 |
|---|---|
| 노동집약적 산업 | 섬유, 신발, 가구 |
| 자본집약적 산업 | 자본재, 조선 |
| 천연자원 산업 | 식량/음료, 팜오일(Crude Palm Oil), 고무, 코코아, 비철금속, 해조류 |
| 고속성장 산업 | 자동차, 전자, 정보통신산업 |
| 중소기업 산업 | 패션산업, 공예산업, 보석, 요업, 향유산업 |
| 특별우선 산업 | 설탕, 비료, 석유화학산업 |

출처: Ministry of Industry, Investment Potentials in Metal, Machineries and Electronics Industry, Indonesia Investment Seminar in Seoul, September 28, 2011.

**표 3-2** 2012년 인도네시아의 주력 산업

| 분야 | 주력 산업 |
|---|---|
| 기초 제조업 | 기초 소재산업(철강, 시멘트, 화학, 요업), 기계류, 노동집약적 산업(섬유, 신발, 의약) |
| 정보통신 산업 | 전자, 통신방송장비, 컴퓨터 |
| 농업 | 팜오일(CPO), 고무, 코코아, 코코넛, 목재, 어류, 펄프, 우유 |
| 창조적 산업 | 소프트웨어, 정보통신, 공예와 예술, 패션 |
| 중소기업 산업 | 보석, 요업, 향유산업, 소금, 스낵 |
| 교통 | 자동차, 선박, 항공, 철도 |

출처: 인도네시아 산업부 내부자료, 2012.

**표 3-3** 산업 성장률 목표

| | 2012 | 2013 | 2014 | 2015 | 2020 | 2025 |
|---|---|---|---|---|---|---|
| 경제성장률 | 6.80 | 7.15 | 7.50 | 7.67 | 8.50 | 8.50 |
| 전체 산업 성장률 | 6.74 | 7.66 | 8.59 | 8.76 | 9.66 | 9.75 |
| 석유와 가스를 제외한 산업성장률 | 7.5 | 8.2 | 9.00 | 9.17 | 10.00 | 10.00 |
| 제조업 고용 비중 | 13.6 | 14.2 | 14.7 | 15.4 | 19.7 | 25.0 |

출처: 인도네시아 산업부.

업 중 하나인 가구산업이 낮은 가격으로 원료인 등나무를 공급받도록 하기 위해서이다. 이와 같은 효과성이 낮은 산업정책의 결과 목재, 가구, 신발, 섬유, 의류 등 주요 수출 품목이 주요 수출 대상국 시장에서 인도네시아산이 차지하는 비중은 2001년과 비교하여 2007년에는 모두 20~40%씩 하락했다.[3)]

인도네시아는 <표 3-3>에서 보는 것과 같은 야심찬 산업 성장 목표를 세워놓고 있다. 그러나 그 성공을 위해서는 인도네시아 정부가 지원 대상 산업을 경제적 기준에 따라 더욱 엄선하고 기업을 경쟁에 노출시켜야 할 것이다.

## 2 산업구조

인도네시아의 산업은 <표 3-4>에서 보는 것처럼 여전히 1차 산업이 26.5% 정도를 차지하고 있으며, 그 비중은 2005년 대비 2010년 오히려 늘어나고 있다. 반면 제조업의 비중도 전반적으로 낮아지고 있다. 1차 산업의 비중이 늘어나고 있는 점은 식품 관련 제조업이 활발히 성장하고 있는 탓도 있다. 그러나 결과적으로 인도네시아의 산업화 전략이 큰 성과를 보이지는 않고 있다는 증거이기도 하다. 한편 제조업 내에서 보면 석유 및 가스제조업이

**표 3-4 인도네시아의 산업별 GDP 비중 변화** (단위: %)

| 구분 | 2005년 | 2010년 | 변동폭(2005→2010) |
|---|---|---|---|
| 농업, 축산, 임업, 수산업 | 13.1 | 15.3 | 2.2 |
| 광업 및 채석 | 11.1 | 11.2 | 0.0 |
| 제조업 | 27.4 | 24.8 | −2.6 |
| 석유 및 가스제조업 | 5.0 | 3.3 | −1.7 |
| 비(非)석유 및 가스제조업 | 22.4 | 21.5 | −0.9 |
| 전기, 가스 및 수도 | 1.0 | 0.8 | −0.2 |
| 건설업 | 7.0 | 10.3 | 3.2 |
| 무역, 호텔 및 레스토랑 | 15.6 | 13.7 | −1.8 |
| 교통, 통신 | 6.5 | 6.6 | 0.1 |
| 금융, 부동산, 서비스 | 8.3 | 7.2 | −1.1 |
| 서비스 | 10.0 | 10.2 | 0.2 |

출처: 인도네시아의 주요 산업, KIEP-KOTRA 유망 국가 산업연구 11-06.

3) 유일한 예외는 미국 시장에서 인도네시아 의류의 비중이 증가한 것이다.

표 3-5 제조업 내 분야별 GDP 비중(석유, 가스 제외) (단위: %)

| 제조업내 산업 분야 | 2005 | 2006 | 2007 | 2008 | 2009 | 2010 | 2011 |
|---|---|---|---|---|---|---|---|
| 식품, 음료, 담배 | 28.58 | 28.46 | 29.8 | 30.4 | 33.16 | 33.6 | 35.2 |
| 섬유, 가죽제품, 신발 | 12.4 | 12.06 | 10.56 | 9.21 | 9.19 | 8.97 | 9.23 |
| 목재 | 5.67 | 5.97 | 6.19 | 6.43 | 6.33 | 5.82 | 5.44 |
| 종이, 인쇄 | 5.45 | 5.3 | 5.12 | 4.56 | 4.82 | 4.75 | 4.47 |
| 비료, 화학제품, 고무 | 12.25 | 12.59 | 12.5 | 13.53 | 12.85 | 12.73 | 12.21 |
| 시멘트, 비금속 | 3.95 | 3.88 | 3.7 | 3.53 | 3.43 | 3.29 | 3.27 |
| 철강 | 2.96 | 2.77 | 2.58 | 2.57 | 2.11 | 1.94 | 2.0 |
| 교통운수장비 | 27.81 | 28.02 | 28.69 | 28.97 | 27.33 | 28.14 | 27.47 |
| 기타 | 0.93 | 0.95 | 0.85 | 0.8 | 0.77 | 0.76 | 0.73 |

출처: 인도네시아 산업부.

차지하는 비중이 더욱 크게 감소하고 기타 분야가 상대적으로 증가하는 것은 긍정적인 신호이다.

<표 3-5>에서 보는 것처럼 GDP 비중에서 분명한 증가세를 보이고 있는 분야는 소비재인 식품·음료·담배 분야이다. 그 외 인도네시아가 2020년의 선도산업으로 선정한 수송장비기계설비 분야의 비중은 거의 늘어나지 않고 있다. 포커스 전략의 효과가 나타나고 있지는 않은 것이다.

표 3-6 산업별 GDP 성장률(2000년 불변가격) (단위: %)

| 제조업 내 산업 분야 | 2005 | 2006 | 2007 | 2008 | 2009 | 2010 | 2011 |
|---|---|---|---|---|---|---|---|
| 식품, 음료, 담배 | 2.75 | 7.21 | 5.05 | 2.34 | 11.22 | 2.78 | 9.19 |
| 섬유, 가죽제품, 신발 | 1.31 | 1.23 | −3.68 | −3.64 | 0.6 | 1.77 | 7.52 |
| 목재 | −0.92 | −0.66 | −1.74 | 3.45 | −1.38 | −3.47 | 0.35 |
| 종이, 인쇄 | 2.39 | 2.09 | 5.79 | −1.48 | 6.34 | 1.67 | 1.5 |
| 비료, 화학제품, 고무 | 8.77 | 4.48 | 5.69 | 4.46 | 1.64 | 4.7 | 3.95 |
| 시멘트, 비금속 | 3.81 | 0.53 | 3.4 | −1.49 | −0.51 | 2.18 | 7.19 |
| 철강 | −3.7 | 4.73 | 1.69 | −2.05 | −4.26 | 2.38 | 13.06 |
| 교통운수장비 | 12.38 | 7.55 | 9.73 | 9.79 | −2.87 | 10.38 | 7.0 |
| 기타 | 2.61 | 3.62 | −2.82 | −0.96 | 3.19 | 3.0 | 1.82 |
| 석유, 가스를 제외한 산업 생산 | 5.86 | 5.27 | 5.15 | 4.05 | 2.56 | 5.12 | 6.83 |

출처: 인도네시아 산업부.

산업별 GDP 성장률을 보면 2008~2009년 중에는 세계 금융위기의 여파를 반영하여 대체로 부진한 성장률을 보이고 있다(<표 3-6> 참고). 그러나 2010년 이후 식품 · 음료 · 담배, 교통운수장비, 철강 분야의 성장이 두드러지고 있어 향후의 발전 가능성에는 기대를 걸어보게 한다.

### 1) 정책결정 과정

수출 주도형 성장전략으로 전환한 이후 인도네시아는 연평균 7.5%의 비교적 높은 경제성장을 이루었다. 그럼에도 불구하고 인도네시아 정책 담당자들은 대체로 보호주의 색채를 띠고 있었다. 이와같이 인도네시아는 개방과 자율화를 자발적으로 추진하기보다는 늘 수동적으로 추진해 왔다. 한국이 1990년대 초 세계화라는 이름으로 주도적인 개혁을 추진한 것과는 상반된다. 인도네시아에서 세계화는 기회라기보다는 도전으로 인식되었다. 인도네시아의 보호주의적인 색채는 최근 더욱 강화되는 추세에 있다.

인도네시아 정부의 보호주의 기조는 인도네시아 기업들이 바라는 것이었다. 기업들은 개별적으로 혹은 사업자협회와 상공회의소 등을 통해 정부에 영향력을 행사했다. 인도네시아의 산업정책은 다른 모든 나라와 같이 국내 기업의 이해 관계를 보호하는 방향으로 결정된다. 그런데 국내 기업 간 이해 관계가 다를 경우 아무래도 대기업이나 중요성이 높은 산업의 이해 관계가 우선되는 것이 보통이다. 인도네시아의 경우도 마찬가지이다.

정부가 기업들의 이해 관계에 영향을 받는 것과 같이 정부 역시 사업자협회나 단체를 통제하고 활용했다. 오히려 인도네시아에서는 사업자협회가 자발적으로 결성되기보다는 정부의 지도하에 조직되는 경우가 많았다. 이에 따라 정부는 정책을 기업들에게 전파하는 데에 이러한 협회를 활용하고 있다. 특히 인도네시아는 정부가 이끌고 기업은 따른다는 인식이 정책 담당자들 사이에 아직도 팽배해 있다.

인도네시아에서 산업정책은 산업부, 무역부, 중소기업부(Ministry for Cooperatives and Small and Medium Enterprises)로 분리되어 있다. 물론 어떤 경우도 경제정책에서 재무부의 역할을 빼놓을 수는 없다. 산업부와 무역부는 과거 한 부처였으나 2005년 두 부처로 분리된다. 이들 기관 간 역할 분담은 명확하지는 않다. 부처 간 어느 정도의 업무 영역 다툼이 있는 것은 어느 나라나 마찬가지이다. 그러나 한국에서 중소기업청은 지식경제부 소속 청으로서 지식경제부의 통제 하에 있으며, 지식경제부에서 산업정책과 무역정책을 모두 총괄하고 있다. 인도네시아의 경우 부처가 세분화되어 있고 부처 간 조정 기능이 약해 이러한 혼란이 더욱 심하게 나타나고 있다.

패션산업의 진흥에 대한 사례를 보면 부처 간 역할의 중첩성을 알 수 있다. 한국에서도 패션산업에 대해서는 지식경제부와 문화체육관광부가 모두 관심을 가지고 나름의 역할을 하고 있다.[4] 최근 인도네시아 정부도 패션산업을 크게 육성한다는 계획을 발표했다. 산업부, 무역부, 중소기업부, 관광창조경제부(Ministry for Tourism and Creative Economy) 등 4개 정부부처가 공동으로 계획을 만들어 간다는 내용이다. 각 부처별 역할에 대한 보도 내용을 보면 아래와 같다.

"구체적으로 산업부는 트레이닝, 디자인 개발, 장비 지원, 제품 표준화에 주력하고 지역 브랜드의 시범 사업을 촉진하는 역할을 담당하게 된다. 그리고 중소기업부는 현대 기업 관리 방식을 창조하고 중소 패션산업의 비즈니스 네트워크를 확장하는 업무를 전담하게 된다. 한편, 무역부는 프랜차이즈 사업, 주요 소매 유통 업체와 협력, 수출 개발 기관을 수립하는 데 주력하게 된다. 관광창조경제부는 콘텐츠의 로컬 트렌드 창조, 디자인 개발 및 글로벌 시장에서 로컬 브랜드를 포지셔닝하는 역할을 담당한다."[5] 이를 해석하면, 산업부는 인력 개발, 표준화 등 산업 인프라를 중심으로 하고, 중소기업부는 중소기업에 대한 직접 지원이 중심이며, 무역부는 국내외 유통을 지원하고, 관광창조경제부는 콘텐츠와 브랜드에 포커스를 두고 있는 것으로 보인다. 그러나 디자인 분야에서 산업부와 관광창조경제부가 중첩되며 산업부와 중소기업부가 중소기업의 인력 개발에서 중복된다. 또한 패션산업에서 중요한 해외 전시회는 산업부와 무역부의 업무가 충돌한다.

이와같이 부처 간 업무 영역의 다툼 소지가 큰 상태이나 인도네시아는 부처 간 조정이 쉽지 않다. 인도네시아는 정무조정장관(Coordinating Minister for Legal, Political and Security Affairs), 경제조정장관(Coordinating Minister for the Economy), 사회조정장관(Coordinating Minister for People's Welfare)을 두고 있으나 실제로 이들 장관의 권한이 크지 않다. 부처 간 영역 다툼이 있을 경우 대체로 일이 진척되지 않고 지연되는 경우가 많다. 간혹 부처 간에 타협이 이루어져 업무 영역을 나누는 경우가 있는데 이때에도 각 부처의 권한이 모두 존중되는 경우가 많다. 기업의 입장에서는 결과적으로 여러 부처의 통제 하에 놓이게 되는 것이다.

이러한 업무 중복은 특히 산업부와 무역부 사이에 자주 발생한다. 2005년 산업무역부가

---

4) 지식경제부는 제조 측면, 문화체육관광부는 문화 콘텐츠 측면에 방점을 두고 있으며, 미래생활섬유과를 두고 있는 지식경제부가 주도하며 문화부가 협력하는 구도라고 볼 수 있다.

5) *Fox Money*, 2012.02.27일자 보도(http://www.foxmoney.co.kr/news/articleView.html?idxno=1126).

두 부처로 나뉘면서 각 실국의 권한을 유지하도록 하다 보니 개별 기업에게는 두 부처의 눈치를 모두 보게 되는 상황이 펼쳐지고 있다. 그 대표적인 예는 수입 권한에 대한 통제권이다. 인도네시아 무역부는 당초 2009년 제조업체는 유사한 완제품을 수입할 수 없도록 금지했다. 제조업의 생산활동을 독려하기 위한 조치였으나 제조업체의 반발에 부딪혀 2010년 이를 허용하게 된다. 그 후 제조업체들이 생산 활동보다는 수입 판매에 열을 올리게 되었고 결국 헌법재판소는 2010년의 조치가 위헌이라고 판정하게 된다. 이에 따라 무역부는 2012년 새로운 법안을 제정하여 제조업체가 수입을 할 수 있는 경우는 생산 품목의 보완재인 경우와 시제품인 경우로 한정하게 된다. 그런데 이 경우 산업부의 추천을 필요로 한다는 조항도 포함된다. 결국 제조업체가 보완재나 시제품을 수입하기 위해서는 먼저 무역부로부터 제조업 수입자 인증(API-P)을 받아야 하며, 이에 근거해 특정 제품을 수입할 때에는 제품별로 산업부의 추천(사실상 허가)을 받아야 한다.

## 제 3 절 경제 및 과학기술정책

### 1 경제정책: 화폐금융 분야

경제정책 중 한 국가의 경제정책 지배구조를 가장 잘 나타내는 것이 화폐금융 분야이다. 화폐금융정책은 중앙은행인 인도네시아은행(Bank of Indonesia)에서 수행하고 있다.[6] 최종 결정은 한국의 금융통화위원회에 해당하는 이사회(Board of Governor's Meeting)에서 이루어진다. 이사회는 매달 첫 주에 열리며 멤버 중 과반이 참석해야 개최된다. 그러나 위급 상황이 발생하여 정족수 미달로 이사회가 개최되기 어려울 때에는 총재 단독 혹은 2인 이상의 이사회 멤버가 이사회를 열어 결정을 내릴 수도 있다. 인도네시아은행 총재와 이사회 멤버는 대통령이 지명하고 의회의 승인을 얻도록 되어 있다.

인도네시아은행은 정부와 독립적으로 정책을 수립하지만 상호 긴밀히 협조하고 있다. 물가상승률 목표치 설정, 금융시장 안정화 정책, 국고채 발행 등과 같은 고유의 업무와 관련하여 정부와 협의하고 있다. 반면 정부는 중장기개발계획 수립이나 국가예산 편성 시 인도

6) 인도네시아 중앙은행은 본부에 네 명의 부총재보를 두고 있는데 각각 통화정책, 은행 감독, 금융결제, 기획관리를 맡고 있다. 아울러 41개의 지역사무소를 두고 있다.

네시아은행의 전문성에 도움을 받고 있다. 중앙은행은 이러한 전문성을 바탕으로 재무부로부터 나름의 독립성을 확보하고 있다. 2003년을 기준으로 중앙은행의 독립성을 지표로 나타낸 IMF 자료(2007)에 의하면 프랑스(0.94), 스위스(0.94), 네덜란드(0.88) 등 유럽계 중앙은행의 독립성이 높았고, 미국(0.75), 영국(0.69), 캐나다(0.63) 등 영미계가 그 뒤를 이었는데 놀랍게도 인도네시아(0.69)는 한국(0.56), 일본(0.44), 싱가포르(0.38)보다 높은 것으로 나타났다.[7]

중앙은행에 대한 견제는 감사원(BPK)과 의회가 담당하고 있다. 특히 의회는 중앙은행에 대한 감독권을 행사하기 위해 5명으로 구성되는 중앙은행 감독위원회(Bank Indonesia Supervisory Body)를 구성할 수 있다. 감독위원회 위원은 의회가 추천하나 임명은 대통령이 하도록 되어 있다. 위원은 3년 임기이며 중임할 수 있다. 위원회는 중앙은행의 재무보고서, 예산 지출, 행정행위의 절차적 정당성, 자산관리 등을 감독하여 분기마다 혹은 의회의 요구가 있을 때 의회에 보고서를 제출한다. 그러나 위원회는 중앙은행의 통화금융정책과 관련된 사항에 대해서는 권한을 행사하지 못한다.

금융정책이 결정되는 과정은 다음과 같다. 먼저 중앙은행의 경제금융정책국(Directorate of Economic Research and Monetary Policy)은 최근 경제 상황에 대한 진단과 전망을 담은 보고서를 부총재보가 주관하는 금융평가위원회(Monetary Evaluation Committee)에 올린다. 여기까지는 중앙은행 내부의 절차라고 볼 수 있다. 그 결과는 금융통화위원회가 열리기 전에 사전 협의회에서 보고되는데 이 자리에서는 각 금통위원과 국장들이 모여 의견을 교환한다. 그러나 공식 결정은 물론 금융통화위원회에서 합의에 의해 결정되는데 총재는 그 결정을 거부(veto)할 권한을 가지고 있다.

한편 인도네시아 중앙은행도 금융시장 안정 역할을 확대해 가고 있다. 이에 대한 논의는 2003년 중앙은행에 의해 시작되어 IMF와의 협의를 거쳐 금융통화위원회에서 결정되었다. 이에 따라 금융안정국이 설치되었다. 그 이후 인도네시아 중앙은행은 금융시장 안정화에 더욱 적극적으로 개입하기 시작했다. 규정 강화,[8] 조사 및 감독 역량 강화,[9] 관련 기관 간 협조 체제 강화,[10] 금융안전망 강화[11]를 4대 전략으로 설정하고 있다.

---

7) 그러나 한국은행은 그 후 2003년 9월의 한은법 개정을 통해 독립성 확보에 상당한 진전을 이루었다.

8) 인도네시아 정부가 강조하는 금융 부문의 12개 주요 준칙은 아래와 같다: 금융정책의 투명성, 예산의 투명성, 정보 공개, 금융기관 지배구조, 금융결제 시스템, 금융정보 공유, 파산, 국제회계 기준, 국제감사 기준, 금융 감독, 증권 규제, 보험 규제.

9) 금융시장의 안정성을 평가하는 방법을 개발하고 안정성을 저해하는 문제를 발굴하는 활동을 말한다. 미시 건전성과 거시 건전성으로 나누어 주요 지표의 추이를 예의 관찰하고 있다.

## 2 과학기술정책

인도네시아의 과학기술정책은 연구기술부(Ministry of Research and Technology)에 의해 수행되고 있다. 연구기술부는 과학과 기술의 창달을 통해 경제 발전에 이바지하는 것을 기본 미션으로 하며, 이를 위해 2005년에서 2009년 동안 식량과 농업, 에너지, 교통, 정보통신, 의료 및 의약, 국방을 6대 핵심 분야로 선정한 바 있다.[12)]

인구 2억 5천에 육박하는 국가에서는 모든 분야에서 최첨단 기술 수준 보유는 어려워도 몇 개 분야에 대한 예산의[13)] 선택과 집중을 통해 선진국 수준의 기술을 보유할 수 있다. 인도가 핵을 보유하고 있는 것이 그 예이다. 그러나 인도네시아의 6대 핵심 분야 중 선진국 수준의 기술에 도달한 분야는 없다고 보아야 할 것이다. 인도네시아에서 상대적으로 발달된 기술은 건설, 항공, 통신장비 분야이다. 특히 인도네시아는 미국에서 발사한 것이기는 하지만 이미 1970년대에 산하 공기업을 통해 통신용 인공위성을 보유하고 있었다. 통신 기술은 연구기술부가 선정한 6대 핵심 분야 중 하나이기도 하며 통신산업은 현재 인도네시아에서 빠르게 성장하는 분야이다.

인도네시아의 과학 기술은 하비비(B. J. Habibie) 박사를 빼고는 논할 수 없다. 그는 독일에서 공부하고 1978년 이후 20년간 연구기술부 장관을 역임하면서 항공 등 군수 분야에 대한 민족주의적인 신념을 가지고 투자를 주도한 바 있다. 수하르토의 최측근이었던 그는 항공 · 조선, 군수 등 과학 기술 관련 구매 및 기술 도입의 최종 결정권자로 사실상 1990년대 수하로트 치하의 인도네시아에서 권력 2인자였다.[14)] 하비비 박사는 1976년에 설립된 공기업 Indonesian Aerospace의 CEO이기도 했다. 그러나 그는 경쟁력을 갖추기 어려운 항공 분야에 과잉 투자를 했다는 비난으로부터 자유로울 수 없다.

---

10) 중앙은행은 재무부, 예금보험공사와 함께 금융시스템안정포럼(Financial System Stability Forum)을 구성하여 정보 교류를 통한 위기관리 체계를 갖추고 있다.

11) 중앙은행은 위기를 예방하고 발생한 위기를 해결하기 위한 금융안전망은 독립적이고 효과적인 금융 감독, 최후의 대부자로서의 역할, 예금보험제도, 효과적인 위기관리 체제로 구성되어 있다.

12) 이러한 6개 분야 중 농업, 에너지, 교통, 정보통신 분야는 인도네시아의 산업부에서 꼽는 미래의 핵심 산업이나 의료 및 의약, 국방 분야는 이에 해당되지 않는다. 이는 의료의약, 국방 분야가 다른 4개 분야와는 달리 산업부에서 관장하는 산업의 범주에 포함되지 않기 때문이라고 생각된다.

13) 인도네시아는 2010년 기준으로 전체 예산의 1%가 조금 안 되는 2억 달러 남짓을 과학기술 R&D 분야에 지출했다.

14) 그는 1998년 5월 민주화의 과도기 중 수하르토에 의해 부통령으로 임명되나 곧 수하르토가 사임하면서 대통령직을 물려받는다. 그 후 1999년의 대통령선거에서 집권당의 대선 후보로 지명되나 동티모르 사태로 정치적 타격을 입고 1999년 17개월의 대통령직과 대선 후보를 사임한다.

한국에서도 1970년에 중화학 공업 분야에 대한 과잉 투자가 있었다. 그러나 그 투자는 조선, 전자, 화학, 자동차, 철강 등 현재 한국의 주력 산업 분야를 일으키는 밑거름이 되었다. 산업정책을 추진하다 보면 과잉 투자는 흔히 있게 마련인데 성패에 가장 중요한 것은 선택된 분야이며, 그 다음으로 중요한 것은 선택된 분야에 대한 지원 방법이다. 한국에서 중화학공업 중에서도 핵심 산업 분야를 선택할 때에는 관료가 중심이 되어 기업과 연구계의 의견을 참고하여 의사결정을 했다. 이때 앞서 가던 일본의 경험이 결정적이었음은 부인할 수 없다. 중요한 점은 의사결정 권한을 가진 관료들이 산업의 이해 관계로부터 자유로웠다는 점이다. 물론 관료의 결정은 정치권, 특히 대통령의 판단에 크게 좌우되었을 것이나 국회의원이나 대통령도 산업 선정에 대한 직접적인 이해 관계를 가지고 있지는 않았다. 다시 말해 정치 권력과 경제 권력이 분리되어 있었다. 그러나 인도네시아는 20년간 국가 R&D를 좌지우지하던 수하르토의 최측근인 하비비 박사가 항공 관련 공기업 CEO를 맡았다는 점에서 알 수 있듯이 정치 권력과 경제 권력이 하나로 통합되어 있었다. 국가적 주요 결정이 국익보다는 개인의 이익에 의해 좌우될 토양이 조성되어 있었던 것이다. 항공산업에 대한 과잉 투자는 그 결과였다.

인도네시아에서 실제 연구 업무는 인도네시아과학원(Indonesian Institute of Sciences, LIPI)에서 수행하고 있다. 1967년에 국가연구원(National Research Institute, LEMRENAS)과 과학심의회(Indonesian Council of Science, MIPI)가 통합되어 설립되었다. LIPI는 정부 내 조직으로서 구성원은 공무원이나 내각을 구성하는 부처는 아니며 위에서 언급한 연구기술부의 법적 통제를 받으나 LIPI의 위원장(chairman)은 장관급으로서 대통령이 임명한다.[15] LIPI는 과학 기술의 창달을 통해 국가의 경쟁력과 지역 개발, 국가적 단일성을 추구하는 것을 기본 미션으로 하고 있다. 구체적으로는 연구기술부의 과학기술정책 수립을 지원하고 과학기술 관련 연구와 교육을 수행하는 동시에 정부 전체의 과학 기술 활동을 지원하는 역할을 한다. 아울러 정부 내 연구자들에 대한 교육을 담당하고, 나아가 그들의 전문성을 인증하는 기능도 수행한다. 특이한 점은 연구 분야가 자연과학이나 공학 중심이기는 하나 인문과학이나 사회과학도 다룬다는 점이다. 내부의 실장급(deputy)은 각각 지구과학, 생물학, 공학, 인문사회과학, 과학 서비스[16] 분야를 책임지고 있으며 각각 5~10개의 연구센터를 두고 있다.

---

15) 이러한 조직을 Non-ministerial Government Institutes(Lembaga Pemerintah Non Departemen-LPND)라고 하는데 연구기술부에는 LPNK가 다섯 개 있다.

16) 기기장치, 계측 등 과학을 지원하기 위한 기술 분야를 다룬다.

## 제 4 절 대외경제정책

### 통상투자정책

인도네시아의 산업무역부(Ministry of Industry and Trade)는 2005년 산업부와 무역부로 분리되었다. 무역부는 대외무역 관련 법령을 주관하며 수출입 관련된 각종 규제를 총괄한다.[17] 무역정책은 무역부가 주관하도록 되어 있으나 두 부처의 업무 영역이 서로 중첩되는 것이 많다. 무역부의 내부 부서로는 국내통상국, 대외무역국, 국제통상협력국, 수출개발국, 표준과 소비자보호국이 있다. 국내통상국은 국내 산업 중 기계, 전자, 운수장비 등을 업무 영역으로 하고 있다. 국제통상협력국은 중소기업을 관장하며 수출개발국은 기업의 등록과 시장 개발을 담당한다. 이와같이 무역부의 업무 소관은 산업부와 명확히 구분되지 않고 있다.

정부는 국내 기업의 보호를 위해 재무부와의 협의를 거쳐 국내 제조업 보호를 위한 다양한 통상정책을 펴고 있다. 통상정책이라고 해도 조세, 정부 지출과 관련된 사안이 많아 재무부의 협조 없이 무역부나 산업부가 독자적으로 수행할 수는 없다. 대체로 무역부와 산업부가 필요성을 제기하면 재무부가 이를 검토하여 허용 여부를 결정하는 구조이다.

무역정책은 수출 억제, 수입 지원, 수입 억제, 수출 촉진 정책으로 구분된다. 이 중 수출 억제 정책은 두 가지 목적으로 쓰인다. 하나는 국내산 원자재가 무분별하게 가공 과정 없이 바로 수출되어 자원의 고갈과 함께 가공산업의 발달 가능성을 열기 위한 목적을 가지고 있다. [18] 인도네시아 정부는 과거 외화 획득을 위해 무분별한 원자재 수출을 용인해 왔으나 앞으로 점차 이를 억제할 계획을 가지고 있다. 다른 하나는 원자재의 수출을 억제하여 최종

17) 무역부의 인터넷 홈페이지는 인도네시아어 외에도 영어, 일본어, 중국어, 한국어로 서비스되고 있다. 아직 내용은 충분하지 않으나 인도네시아 정부부처의 홈페이지 중 가장 많은 언어로 서비스되고 있다. 아직도 정부부처의 홈페이지는 바하사 인도네시아어로만 제공되는 경우가 많다.

18) 예컨대 아프리카 국가들에서는 가축을 살아 있는 채로 수출하는 경우도 많다. 가축을 도살하여 부위별로 나누어 수출하면 더욱 많은 부가가치를 누릴 수 있으며, 나아가 가공육, 가죽 등의 연관 산업의 활성화도 기대할 수 있다. 그러나 해외 수입 업자가 영세한 국내 업체보다 약간 높은 가격을 제시하므로 목축업자는 가축을 국내에 공급하지 않고 그대로 수출하는 경우가 많다. 이런 나라에서는 국내 업체가 어느 정도 경쟁력을 갖출 때까지 수출 금지 조치를 하는 것이 유효성을 가질 수 있다.

재 생산업체의 비용을 절감시키기 위한 목적이다. 인도네시아에서 현재 시행되고 있는 수출 억제 정책은 주로 후자의 경우에 해당한다. 이 경우에는 수출 억제와 수입 지원이 하나의 패키지가 되는 경우가 많다. 예컨대 국내산 가죽이 수출될 경우 30%의 수출세를 부과하나 수입될 경우 무관세 혜택을 준다. 이는 주력 산업의 하나로 선정된 신발산업이 값싼 원료를 공급받도록 하기 위한 것이다. 그러나 이는 신발산업의 발전으로 국내 가죽업계가 같이 발전하는 후방 연관 효과(backward linkage effect)를 차단하는 잘못된 정책이다. 또한 수출이 어려워져 국내 신발 생산업자에게만 가죽을 공급하다 보면 아무래도 신발업체의 협상력이 높아져 가죽의 가격이 낮아지게 된다. 이는 결국 가죽의 공급량을 하락시킬뿐더러 공급되는 가죽의 질적 저하를 가져오게 된다. 이는 장기적으로 국내 신발업체에도 도움이 되지 않는다.

수입 지원 정책의 한 예로 자동차업계는 자동차 부품으로 쓰이는 유리, 플라스틱 제품의 수입관세 철폐를 요구하고 있으나 정부는 이를 거부하고 있다. 위 물품을 생산하는 국내의 자동차 부품업계에서 반대하고 있기 때문이다. 결국 국내의 원부자재 공급업계와 최종재 생산업계의 상대적 영향력 차이에 의거하여 경우에 따라 다른 결론이 도출된 것이다. 신발업계의 원료 공급업계는 가죽업계 등 소수에 불과하나 자동차 부품업계는 훨씬 다양한 부품업계가 관련되어 있다는 점을 감안하면 이러한 인도네시아 정부의 정책 방향을 이해할 수 있다.

수입 억제 정책은 자동차 등 최종재 수입에 대해 높은 수입관세나 사치세를 부과하여 국내 생산자를 보호하고자 하는 목적으로 채택된다. 이는 산업부 등의 요청에 따라 재무부가 결정권을 가지고 있다. 나아가 국내산업 보호를 위해 아예 수입을 불허하기도 한다. 이는 무역부의 영역이며 주로 할당 관리나 허가증 관리가 그 정책 수단이 된다. 그 예가 중고물품, 특히 중고 자본재에 대한 수입 금지이다. 이에 따라 중고 자동차, 중고 자전거 등의 수입도 불허되고 있다. 이러한 정책은 국내 생산업자를 보호하기 위해 단기적으로 이해가 되는 조치이다. 그러나 인도네시아는 엄청나게 넓은 해안선의 길이와 관세행정의 부정부패가 결합하여 이와 같은 수입 금지 정책이 실효성을 갖지는 못하고 있다. 수입 억제 정책을 시행할 때 무엇보다 중요한 것은 국내 산업이 정부의 국내 시장 보호 속에서 경쟁력을 높여가고 있는지 여부이다. 1960~80년대 중 한국의 자동차 산업은 정부의 보호 속에서 국내 시장에서 독과점적 지위를 획득했으나 이를 발판으로 지금 세계 5위의 경쟁력을 갖추었다. 그러나 현재 인도네시아의 자동차 산업을 장악하고 있는 것은 일본, 독일 등 외국계 법인들로서 정부의 자동차 산업 보호가 과연 누구를 위한 것인지 물어야 한다.

인도네시아에는 금융 지원, 보조금, 원부자재 수입에 대한 무관세 지원 등 다양한 수출 촉진 정책이 있다. 특이한 정책으로 수출 촉진을 넘어 수출 강제 정책도 있다. 예컨대 무역부는 2009년 커피 수출업자는 매년 200톤 이상의 커피를 수출해야 한다는 규정을 도입했다. 커피 수출업자의 규모를 키워 국제 경쟁력을 갖도록 하자는 취지이다.

한편 투자정책과 관련하여 인도네시아 역시 다른 동남아 국가들과 마찬가지로 많은 유인을 제공하고 있다. 먼저 재정 지원으로서 특정 분야와 지역에 대한 투자에는 소득세를 감면해 주고 있다. 5%씩 6년간 소득세액 공제제도가 있다. 다른 경쟁국과 마찬가지로 투자 초기 얼마간 법인세를 면제해 주는 제도(tax holiday)를 시행하고 있다. 핵심 산업 분야에서의 신규 · 추가 투자 혹은 인도네시아 동부 등 미개발 지역에 대한 투자가 대상이라고 되어 있다. 대상으로는 기초금속, 정유, 기계류, 재생자원, 통신부품 등 인도네시아에 필요하나 현재 기술 수준이 부족한 분야가 선정되어 있다. 그런데 이에는 예외가 많아 신발산업은 대상이 아니나 의약품은 혜택을 받고 있다. 기계류나 원부자재에 대한 수입관세 면제도 시행되고 있는데 신규 · 추가 투자 사업이면서 수입 대상 품목이 인도네시아에서 생산되지 않거나 생산되더라도 질과 공급량에서 산업계의 수요를 충족시키지 못하는 경우로 한정하고 있다.

비재정적 지원도 적지 않다. 2007년 이후 정부는 의류, 설탕, 신발산업에서 기계류를 교체하는 데 소요되는 비용에 우대 금리로 융자를 해주고 있다. 또한 투자와 관련된 각종 인허가 과정을 단축하는 원스톱(one-stop) 서비스제도를 운영하고 있다. 이를 위해 전자 시스템(Electronic Investment Licensing and Information System)을 도입하여 필요한 자료의 제출, 정보 제공, 의사결정을 신속하게 추진하도록 하고 있다. 국가표준제도를 운영하여 제품의 질을 제고하고 공정한 경쟁을 보장하고자 노력하는 것도 결국 투자 활성화에 도움이 될 것으로 생각된다.

## 2 ODA 정책

인도네시아에도 ODA는 크게 무상 원조(grant)와 유상 원조(international loan)로 구성된다. 2006년에 ODA관리를 위한 법률이 제정되어 시행되고 있다. 이에 의하면 무상 원조는 상환 요구가 없는 외화자금으로서 국고 수입에 포함된다고 규정하고 있다. ODA 관리를 위한 원칙도 제시하고 있다: 인도네시아 국민을 위해 사용되어야 하며, 무상 원조에 부적합한 조건이 붙어서는 안 되고,[19] 국가 수입에 부정적 영향이 있어서도 안 되며, 투명하고 책임성 있게 관리되어야 하며, 공여자와의 사전 합의에 의해 무상 원조가 활용되어야 한다는 것이다.

인도네시아에서 ODA가 중앙정부 예산에서 차지하는 비중은 1980년대 후반 20~28%에 달했으나 1999년 이후 급격한 하락세를 보여 지금은 4%대에 머물고 있다. 그러나 ODA는 여전히 인도네시아의 투자에서는 물론 사회 전반의 역량 강화에 매우 중요한 비중을 차지한다. 예컨대 2010~2014년 중 총 투자계획의 17%를 외부 원조 및 차관에 의존할 계획을 가지고 있다. 인도네시아 정부는 ODA의 중요성을 인식하고 이와 관련해서는 부가가치세, 수입관세 면제 등 다양한 세제 혜택을 제공하고 있다.

ODA의 효과성을 극대화하고자 인도네시아 정부는 2009년 원조와 개발에 관한 자카르타 선언(Jakarata Commitment)을 공여국과 함께 발표했다. 이는 법적으로 구속력 있는 문건은 아니나 개발 협력에 임하는 인도네시아 정부의 의지를 보여주는 대내외적 약속이라고 할 수 있다. 그 구체적 내용은 개발에 대한 국가적 책임 인식, 더 효과적이고 포괄적인 협력, 개발 성과의 창출로 요약된다. 이에 따라 2009년 원조효과성위원회(Aid for Development Effectiveness: A4DES)도 설치했다. 위원회에 참여하는 부처는 외무부, 내무부, 경제조정부(Coordinating Ministry of Economic Affairs), 조달청, 대통령 소속 국가사무국(SETNEG, the State Secretariat)이다. 위원회의 사무국은 국가개발계획부의 개발자금실장(Deputy Minister for Development Financing)이 이끌고 있으며 실무 총괄은 양자외자국장(Director of Bilateral Foreign Funding)이 맡고 있다. 위원회에는 6개의 실무위원회가 설치되어 조달, 제도, 재정관리, 평가, 역량 강화, 금융 분야를 각각 맡고 있다.

한 부처가 기능을 독점하지 않는 것이 인도네시아 정부의 특징 중 하나라고 한다면 이는 ODA정책도 마찬가지이다. 대부분의 ODA 투자사업, 특히 융자사업과 관련된 업무는 국가개발계획청이 심사, 조정, 확정하는 역할을 하는 반면 국가사무국은 기술협력사업에 대한 조정 업무를 맡고 있다.

## 3 한국과의 경제 관계

한국과 인도네시아는 1973년 수교한 이래 경제 관계가 계속 심화되어 왔다. 특히 1997년 말 아시아 외환위기 이후 양국은 협력의 필요성을 더욱 강하게 인식하게 된다. 인도네시아

19) 예컨대 공공의 안녕과 질서를 훼손하거나 종교적·인종적 차별에 활용되는 조건 등을 말한다.

는 2억 4천만 명으로 구성된 시장인 동시에 ASEAN의 중심 국가이며 풍부한 자원을[20] 가진 나라이다.

현재 삼성, LG, POSCO, 한국타이어 등 약 1,500개의 한국 기업이 인도네시아에 진출해 있으며 80만 명의 고용을 창출하고 있다. 인도네시아 역시 한국과의 경제 관계를 매우 중시하고 있다. 양국 간의 무역은 2001년에서 2010년 동안 3배가 증가하여 2010년 203억 달러를 기록했으며 2011년에는 그 증가세가 더욱 빨라져 310억 달러로 급증했다. 인도네시아에서 2011년의 주요 수출 대상국[21]은 중국(13.3%), 일본(11.1%), 미국(9.7%), 인도(8.2%), 싱가포르(6.8%), 말레이시아(5.7%), 한국(4.7%)이며, 이러한 순위는 2012년에도 그대로 유지될 것으로 보인다. 2011년 수입 대상국 순위도 위와 유사하나 중국(18.7%), 일본(14.1%)에 대한 의존도가 더 높게 나타나고 있으며, 그 뒤를 미국(7.8%), 싱가포르(7.7%), 태국(7.5%), 한국(5.4%), 말레이시아(4.2%)가 따르고 있다. 반면 한국의 입장에서 인도네시아는 10번째 수출 시장이다.

인도네시아가 한국에 수출하는 것은 가스, 원유, 석탄, 동광, 펄프, 목재 등이다. 한국에서 수입하는 것은 주로 기계류, 금속, 철강, 전자전기제품, 섬유이다. 양국의 관계는 투자 부문에서 더욱 중요하다. 한국은 인도네시아 내 4위 투자국이며 한국의 입장에서 인도네시아는 6번째 투자 대상국이다. 인도네시아가 한국에서 기대하는 투자 분야는 전자, 기계류, 금속, 선박 분야이다.[22]

한국과 ASEAN 간의 자유무역협정(FTA)은 2006년에 체결되었으며, 2007년에는 서비스 분야로 확대되고 2009년에는 투자 분야의 협정으로 마무리된다.[23] 국별로 다소 차이는 있으나 2016년까지는 대부분의 관세가 철폐되는 계획이 수립되어 있다. 이와 함께 양국 간의 경제 관계 심화를 위한 협정도 진행 중이다. 2012년 8월 현재 인도네시아와 한국 간에는 포괄적 경제동반자협정(Comprehensive Economic Partnership Agreement: CEPA)과 역내포괄적 경제동반자협정(Regional Comprehensive Economic Partnership: RCEP) 관련 논의가 진행 중에 있다.

투자에서도 2011년에 한국은 인도네시아의 6번째 큰 투자국으로 투자액이 130억 달러에

---

20) 인도네시아는 최근 OPEC에서 탈퇴하기는 했으나 동남아시아 최대의 산유국이며 생산량에서 석탄은 세계 4위, 주석과 구리는 3위이며 광대한 산림자원을 보유하고 있다.

21) 석유와 가스를 제외한 수출 품목만으로 집계.

22) Ministry of Industry, Investment Potentials in Metal, Machineries and Electronics Industry, Indonesia Investment Seminar in Seoul, September 28, 2011.

23) 2006년과 2007년 체결 당시에는 태국을 제외한 9개국이 참여했으나 태국도 2009년에 두 분야에 모두 합류했다.

달할 정도로 추산되는 등 비즈니스 교류가 활발해지고 있다. 또한 포괄적 경제동반자협정(CEPA) 협상 추진을 준비하고 있으며, 최근엔 정상회의를 통해 오는 2020년까지 교역액을 1,000억 달러까지 늘리기로 합의했다. 유도요노 대통령은 인도네시아의 경제개발계획에 주(主)파트너로 한국의 참여를 요청한 바 있으며, 2011년 11월에는 더 높은 수준의 협력을 위한 한국－인도네시아 CEPA 체결을 위해 양국 간 공동 연구보고서를 채택했고, 2012년 상반기에는 한국의 아세안 대표부의 자카르타 설치가 이루어지는 등 양국 간 경제 협력의 속도가 더욱 빨라질 것으로 전망된다.

개발 원조에서 인도네시아는 한국의 주요한 파트너이다. 한국의 인도네시아에 대한 무상원조는 2010년 기준 대상국 중 6위이며, 유상 원조(EDCF)에서도 승인 기준 2위, 집행 기준 4위를 기록하고 있다. 분야별로 지역 개발, 인적 자원, 과학 기술 분야에서도 많은 협력이 이루어지고 있는데, 지역개발 분야에서는 정보통신과 교통 분야가, 인적 자원 분야에서는 교육과 보건이, 과학 기술 분야에서는 에너지 분야의 비중이 높은 편이다.[24)]

## 제 5 절 결론

인도네시아 정부는 경제성장률이 2012년에 6.7%, 연간 인플레이션은 2012년에 4.7%가 될 것으로 전망했다. 동아시아에서 두 번째로 빠른 성장세를 보이고 있다.[25)] 인도네시아의 1인당 국민소득은 2009년 2,268달러였으나 2012년 1인당 국민소득은 3,500달러를 초과할 것으로 기대되고 있다. 넓은 내수 기반과 풍부한 천연자원을 기반으로 활발한 경제활동을 보이고 있는 인도네시아에는 밝은 미래만 기다리고 있는가?

인도네시아에서 빈곤율은 2002년 16.7%에서 2011년 12.0%로 하락했다. 그러나 불평등도를 나타내는 지니계수는 2010년 0.36에서 2012년에는 0.41로 증가해 경제 불평등은 높아지고 있다. 물론 이 수치는 중국(0.47), 말레이시아(0.46), 필리핀(0.45), 태국(0.42)에 비하면 낮은 수치이나 급격히 악화되어 간다는 점에서 우려를 자아낸다. 더욱이 인도네시아 경제

24) 이 문단은 강대창(2011a: 43-59)을 요약한 것임.

25) 코트라는 인도네시아가 자원 의존 경제에서 제조업, 서비스업 등 고부가가치 경제로 전환하고 2025년까지 1인당 GDP 1만 5,000달러 달성, 세계 10위 경제대국 진입을 위해 중장기 경제개발 마스터 플랜(MP3EI, 2011～2025년)을 수립하고, 계획 실현을 위한 각종 프로젝트가 올해도 활발하게 추진될 것으로 보았다.

는 위 비교 대상 국가에 비해 지하경제의 비중이 높은 것으로 알려져 있다. 이러한 지하경제의 소득까지 포함하면 실제 소득 불평등은 더욱 심할 것으로 생각된다.

인도네시아는 독립 요구가 끊이지 않는 지방자치단체를 끌어안고 단일국가를 유지하는 비용이 크게 소요되고 있다. 지방에 대한 보조금은 중앙정부 재정에 직격탄이 되고 있으며, 중앙정부의 선도적 역할은 지방에까지 잘 흘러 들어가지 않고 있다. 중앙정부가 지방에 영향력을 행사하기 어려운 구조이기 때문이다. 그러나 이는 인도네시아가 가지고 있는 태생적 한계라고 생각된다. 경제 성장이 중앙정부의 힘을 키워 주면 향후 나아질 사안이기도 하다.

해결할 수 있으나 해결되지 않는 문제, 그것은 전력, 교통, 항만 같은 인프라가 부족하고 정부, 기업에 부패가 만연하고 있는 점이다. 이 중 인프라 부족은 현재 나아지고 있어 시간이 어느 정도 해결해 줄 것이다. 그러나 부정부패의 만연은 시간이 해결해 주지 못하고 있다. 나아진다는 증거도 없다. 인도네시아가 향후에도 지속적인 성장을 하기 위해서는 담합구조와 부정부패를 다스리는 것이 가장 중요한 과제가 될 것이다.

# 제 4 장 인도네시아의 보건 · 복지 · 환경정책*

## 제 1 절 서론

인도네시아를 포함하는 태평양 연안 국가는 다른 지역보다 대체로 복지국가 이데올로기가 뒤늦게 상륙한 지역이다. 문화적 가치와 전통이 복지정책의 기조를 형성하는 데 영향을 미친다는 관점에서 보면 인도네시아는 무슬림의 전통이 복지정책의 밑그림을 그리는 데 역할을 해왔지만(Suharto, 2009), 경제 개발이라는 일종의 국가 이데올로기 관점에서 보건복지정책을 이해할 수밖에 없는 실정이다.

인도네시아는 풍부한 자연자원과 생물학적 다양성을 가진 나라이다. 숲은 자원이며, 숲의 활용이 경제 개발의 근간이 되기 때문에 숲은 과거 수십 년간 인도네시아의 경제 성장에 기여해 왔다. 그러나 자연자원의 지속 가능한 관리가 이루어지지 않아 심각한 환경 파괴를 초래했으며, 환경 파괴가 역으로 지역 주민의 생계에 영향을 미쳐 빈곤으로 내몰고, 질병을 유발하며, 국가경제의 성장 동력을 저하시키는 원인이 되고 있다.

인도네시아의 환경정책은 지속가능성 제고보다는 경제 개발과 활용에 치중하고 있으며, 빈곤 문제를 해결하는 중요한 수단으로 인식하고 있다. 따라서 열대우림으로 대표되는 자연환경은 경제 기반이 되고, 경제는 곧 국민의 복지 수준을 제고하는 수단이라는 인식이 보건 · 복지정책과 환경정책의 저변에 깔려 있다.

---

* 이 장은 허만형 교수가 집필했다.

## 제 2 절 보건·복지·환경정책 기조

###  보건·복지정책 기조

인도네시아의 복지정책의 기조를 형성한 틀을 세 가지로 설명할 수 있다. 문화적 가치와 전통, 국가 주도적 경제 개발, 그리고 가족 지향적 전통과 유대감이 그것이다(Croissant, 2004). 이 세 가지 중에서 가장 중심에 놓여 있는 것은 경제 개발이다. 경제 개발이 과거 한국의 개발독재 시절처럼 국가 이데올로기 역할을 수행하고 있기 때문이다.

첫째, 인도네시아는 국가 주도적 경제 개발 전략을 수행하는 대표적 아시아 국가 중 하나이다. 복지제도는 제도로서 독자적 영역을 갖추고 있다기보다는 국가 주도적 경제 개발 전략의 일환으로 활용될 뿐이며, 경제 발전의 지원자 역할을 수행할 수 있을 정도의 복지를 추구할 뿐이다. 따라서 복지정책은 생산적 복지자본주의(productivist welfare capitalism) 혹은 개발적 복지 체제(developmental welfare system)로 지칭(Holliday, 2000; White, 1998)될 수 있을 정도로 그 수준은 높지 않다. 복지 지출은 최소한의 수준이며, 서구 사회에서처럼 재분배 수단으로서 복지정책에 대해서는 비판적이다.

생산적 복지자본주의는 복지를 경제 개발의 연장선상에서 이해하고 있다. 복지는 경제 개발의 하위 체제일 뿐이며 그 수준은 최소 수준이다. 따라서 복지 수준을 확대하더라도 생산적 활동에 장애가 되지 않는 수준까지로 제한되어 있는 것이 특징이다. 개발적 복지 체제도 이와 유사하다. 국가의 경제적 성과가 국민의 삶의 질을 제고한다는 관점에서 출발한다. 건실한 경제 체제를 다지는 작업이 복지보다 우선적으로 고려되어야 한다는 입장이다. 복지에 관한 이 두 접근 방식은 주로 복지에 관한 아시아적 가치로 인식되고 있으나 서구에서는 아일랜드와 같은 국가에서 활용하고 있다(National Economic and Social Council, 2005).

둘째, 문화적 가치와 전통이 복지정책의 기조를 형성하는 데 영향을 미친다는 관점에서 보면 인도네시아는 무슬림의 전통이 복지정책의 밑그림을 그리는 데 역할을 했다고 말할 수 있다. 중동지역의 회교 국가와는 차이가 있겠지만 무슬림의 전통에서 보듯이 가부장적 인식과 강한 유대감을 강조하는 복지제도를 지향한다.

끝으로 인도네시아는 복지정책에서 국가의 역할과 시장의 역할을 경시하는 것은 아니지만 또 다른 복지의 축으로서 가족의 역할을 중시한다. 가족을 복지의 축으로 삼는 전통은 거의 모든 아시아 국가에서 공통된 현상 중 하나(Gough, 2000)로, 국가와 사회가 빈곤 문제 해결에 책임을 져야 하겠지만 가족도 동참하여 이 문제를 해결할 의무가 있다는 입장이다. 이 관점에서 보면 인도네시아의 복지제도는 가족주의적 복지제도(familialistic welfare system)라고 말할 수 있다.

가족주의적 복지제도는 사회를 하나의 정책 단위로 보고 정책을 결정해 집행하는 것이 아니라, 가족정책을 기반으로 빈곤 문제를 해결하며 복지 수준을 제고하고자 하는 접근법이다(Misra & Moller, 2003). 복지 단위를 개인보다는 가족으로 보고 있으며, 미성년자가 있는 가정을 특히 주요 대상으로 삼고 있다.

세 가지 정책 기조 중에서 인도네시아에서는 경제개발정책이 일종의 국가 이데올로기 역할을 하고 있기 때문에 빈곤율을 낮추는 프로그램, 사회안전망을 확충하는 정책 프로그램, 그리고 사회적 약자를 지원하는 프로그램 모두 경제개발정책의 틀 속에서 나오고 있고(Suharto, 2009), 무슬림의 전통과 가족주의적 복지는 개인보다는 가족이라는 복지 단위를 설정하는 데 기여하는 정도의 복지관과 연결되어 있다.

## 2 환경정책 기조

보건·복지정책과는 달리 인도네시아의 환경정책 기조는 한마디로 설명할 수 있다. 경제개발이라는 국가 이데올로기의 관점에서 환경정책을 바라보아야 하기 때문에 풍부한 자연자원과 빈곤한 국민 사이의 갭을 줄이는 정책(Wingqvist & Dahlberg, 2008)이 환경정책의 기조이다. 따라서 환경정책의 기조는 선진국처럼 환경 보존에 있지는 않다. 보존보다는 개발이며, 개발이 중요한 가치이면서도 지속가능성을 추구한다. 환경의 개발과 보존은 지속가능한 경제 성장과 국민의 복지 증진을 지원할 수 있어야 한다는 입장이다. 보건복지정책과 마찬가지로 환경정책 역시 경제 개발에 종속되어 있는 정책 영역이다. 지속 가능한 환경정책보다는 경제 개발을 지원할 수 있는 환경정책으로 그 정책 기조가 형성되어 있음을 의미한다.

자연자원에 대한 인도네시아의 관점은 경제 개발의 기반이자 빈곤 문제 해결의 수단이다. 국토 면적에서 차지하는 숲의 비율이 그만큼 높고 숲과 바다를 의지하여 살아가는 농어촌 지역 거주자가 높은 비율을 차지하고 있기 때문이다. 인도네시아의 숲의 비율은 전 국토 면적의 52.1%인데 이것은 동아시아 지역의 평균 29.6%보다 훨씬 높다. 또한 이웃 국가인 말레이시아의 도시 인구 비율은 72.2%인데 비해 인도네시아는 53.7%로 낮다(World Bank, 2013). 인도네시아에서는 숲이 경제 개발의 기회이자 빈곤 해결의 수준이기 때문에 환경정책의 기조가 보존일 수만은 없는 이유이다.

## 제 3 절 보건 · 복지 · 환경정책의 결정 체계 및 결정 과정

### 1 정책결정의 계층제적 구조

인도네시아는 최빈국에 속하지는 않지만 비교적 가난한 나라에 해당된다. <표 4-1>에서와 같이 1인당 국민소득은 3,494달러에 불과하다. 1990년 620달러에서 20년간 괄목할 만한 경제 성장을 했지만 아직 5,000달러에 미치지 못하는 실정이다. 인도네시아의 1인당 국민소득은 자연환경과 종교적 배경이 비슷한 인접 국가 말레이시아의 9,656달러에 비해

**표 4-1** 1인당 국민소득: 인도네시아와 말레이시아 (단위: 달러)

| 연도 | 인도네시아 | 말레이시아 |
|---|---|---|
| 1990 | 620 | 2,147 |
| 1995 | 1,013 | 4,281 |
| 2000 | 773 | 4,005 |
| 2001 | 742 | 3,871 |
| 2002 | 893 | 4,113 |
| 2003 | 1,058 | 4,397 |
| 2004 | 1,143 | 4,874 |
| 2005 | 1,257 | 5,285 |
| 2006 | 1,585 | 5,880 |
| 2007 | 1,859 | 6,094 |
| 2008 | 2,171 | 8,099 |
| 2009 | 2,272 | 6,902 |
| 2010 | 2,951 | 8,372 |
| 2011 | 3,494 | 9,656 |

출처: World Bank(2012a).

서도 월등히 낮다(World Bank, 2013). 인도네시아의 관점에서 양국을 비교할 때 1990년의 말레이시아 1인당 국민소득은 인도네시아의 3배가 넘는 수준이었지만, 2011년을 기준으로 보면 3배가 밑도는 수준이었다.

인도네시아는 이처럼 낮은 경제 수준이라는 현실을 감안하여 적극적인 경제 성장정책을 추진하고 있기 때문에 보건·복지정책이나 환경정책뿐만 아니라 거의 모든 국가정책의 중심에는 경제 개발이 자리 잡고 있을 뿐만 아니라 경제 개발의 관점에서 보건·복지정책과 환경정책을 이해하고 있다.

인도네시아의 정책결정 체계는 [그림 4-1]에서 제시되어 있는 바와 같이 장기-중기-단기로 이어지는 정책 구조이기 때문에 계층제적 관점에서 이해해야 한다. 보건·복지정책과 환경정책 모두 여기에 해당된다(Datta et al., 2011). 계층제적 구조를 구체적으로 설명하면 20년 장기계획의 관점에서 5년 중기전략계획이 수립되고, 이 중기전략계획의 관점에서 연간사업계획 및 예산편성이 이루어진다. 국가의 정책뿐만 아니라 부처 수준에서도 20년 장기계획과 5년 중기전략계획과 일관되게 사업계획이 수립되어야 한다.

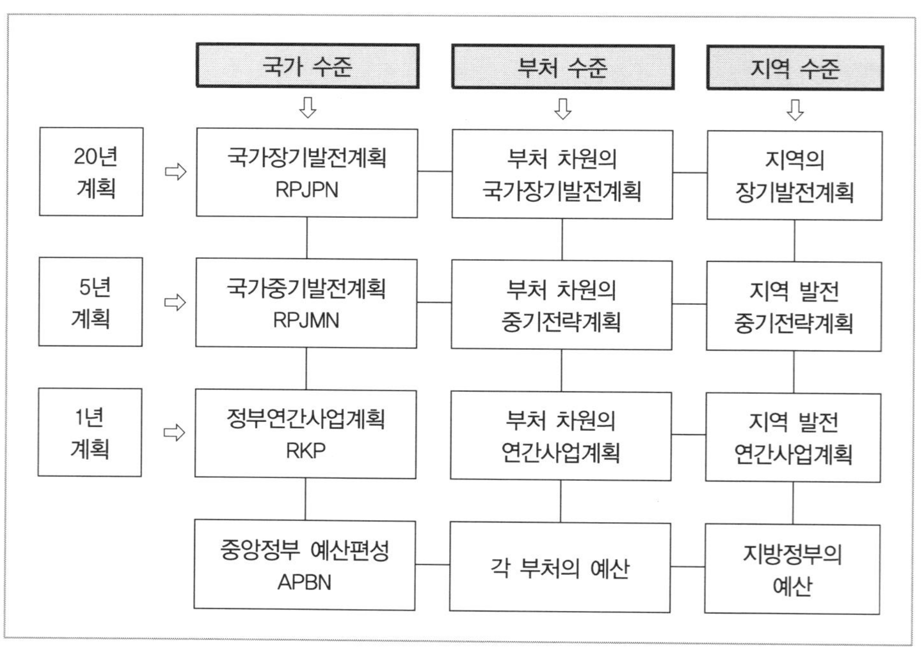


그림 4-1 인도네시아 정책결정의 계층제적 구조

출처: Datta et al.(2011).

인도네시아의 2010~2014년간 중기발전계획의 비전은 '정의, 번영, 그리고 민주적 인도네시아'이다. 이 비전은 3개의 목표와 5개 국가 어젠다로 구체화되었다. 3개 목표는 1) 번영하는 인도네시아를 건설하기 위한 지속적 개발, 2) 민주주의의 기둥 강화, 그리고 3) 사회 모든 분야에서의 정의 실천으로 요약되며, 5개 국가 어젠다는 1) 경제 개발과 국민복지 증진, 2) 거버넌스 고도화, 3) 민주주의 기둥 강화, 4) 부패 척결과 법 실천 강화, 5) 종합적이며 공정한 개발로 요약된다.

중기발전계획의 3대 목표와 5대 어젠다를 바탕으로 11개의 정책 우선선위를 설정했다. 1) 관료사회 및 행정개혁, 2) 교육, 3) 보건, 4) 빈곤 퇴치, 5) 식량 안전성 확보, 6) 사회 하부구조 건설, 7) 산업 분야 투자, 8) 에너지, 9) 환경 및 자연재해, 10) 저개발·변경·오지 개발, 11) 문화 및 기술혁신이 11개 우선순위에 포함되는 정책 내용이다.

보건복지 분야는 우선순위에서 보건, 빈곤 퇴치, 식량 안전성 확보처럼 우선순위의 상위에 자리잡고 있으나, 환경 및 자연재해는 정책 우선순위에 크게 밀리는 분야로 인식되고 있었다(Datta et al., 2011).

## 2 보건·복지 결정 체계 및 결정 과정

인도네시아의 내각은 독특한 구조를 가지고 있다. 세 개의 통합조정장관(coordinating minister)이 있고, 또한 각 부처장관이 있다. 안보, 법률, 정치 통합조정장관, 경제, 재정, 개발 통합조정장관, 그리고 국민복지 통합조정장관이 그것이다. 이 통합조정장관은 대통령과 각 부처장관을 연결하는 중심점(node) 역할을 수행한다(Datta et al., 2011).

보건·복지정책은 [그림 4-1]에서 제시한 정책결정의 계층제적 구조를 따라야 한다. 보건복지 정책결정의 조직구조를 보면 [그림 4-2]에서와 같이 4개 부처에 분산되어 있다. 보건부, 사회복지부, 여성역량개발부, 그리고 인력부가 그것이다. 보건부에서는 보건 분야의 정책을 담당하고, 사회서비스부는 복지정책을 담당하고, 여성개발부는 여성정책을 담당하며, 인력부는 장애인 취업 관련 프로그램을 담당한다. 이 네 개 부처는 정책결정 시에 통합조정장관을 거쳐야 정책을 결정할 수 있다.

부처 수준에서 정책결정을 하지만 인도네시아의 빈곤율이 어떤 인근 국가보다도 높은 수준이기 때문에 빈곤 퇴치를 위한 특별대책반(National Team for Accelerating Poverty Reduction)과 조류독감 문제가 심각하다는 인식하에 조류독감위원회(Avian Influenza Com-

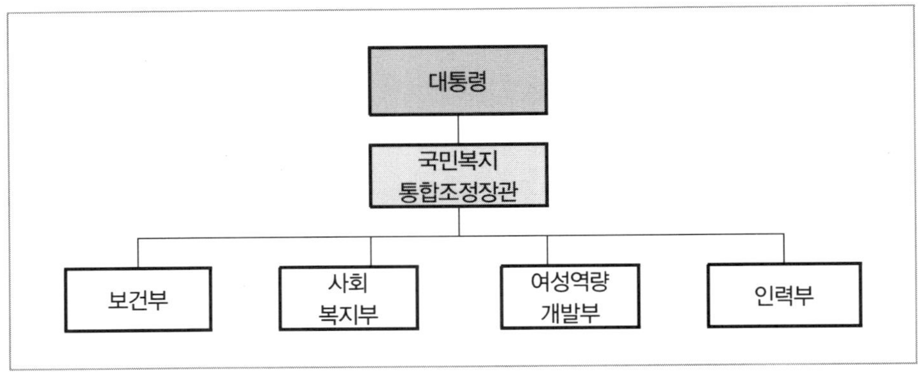


그림 4-2 보건 · 복지정책의 의사결정 구조

출처: Portal National Indonesia.http://www.indonesia.go.id/.

mission)가 설치되어 운영됨으로써 빈곤정책과 조류독감에 관한 한 대통령이 직접 정책결정에 나서고 있다.

## 3 환경정책 결정 체계 및 결정 과정

환경정책은 [그림 4-1]에서 제시한 정책결정의 계층제적 구조를 따라야 한다. 환경정책 결정의 조직구조를 보면 [그림 4-3]에서와 같이 환경부, 산림부, 농무부, 해양수산부, 광산자원부와 5개 부처에 분산되어 있지만 환경부가 환경정책의 주무부처 역할을 한다. 인도네시아의 국가 이데올로기가 경제 개발로 요약될 수 있을 만큼 비중이 크기 때문에 환경정책 관련 통합조정자 역할은 경제통합조정장관에게 부여되어 있다. 따라서 환경정책도 경제 개발의 일환으로 이해할 수밖에 없는 구조이다.

환경부와 산림부의 역할을 다르다. 환경부는 환경 보존을 위해 환경규제를 관리하지만 산림부는 산림 보존과 개발의 양축을 관리하는 부처이다. 산림 개발은 인도네시아에서 중요한 경제적 자산으로서 역할을 하기 때문에 산림부는 보존의 역할만 하는 것이 아니라 개발 허가와 같은 경제부처로서의 역할이 강하다.

농무부는 산림부 및 환경부와 대립 관계에 있다. 농지 조성과 지역 주민의 삶의 질과 빈곤 문제 해결을 위해 산림을 파괴하지 않을 수 없는 구조이기 때문에 산림부와 밀접한 관계가 있고, 산림을 개발하여 농지를 조성하면 환경 문제를 야기하기 때문에 환경부와 밀접한

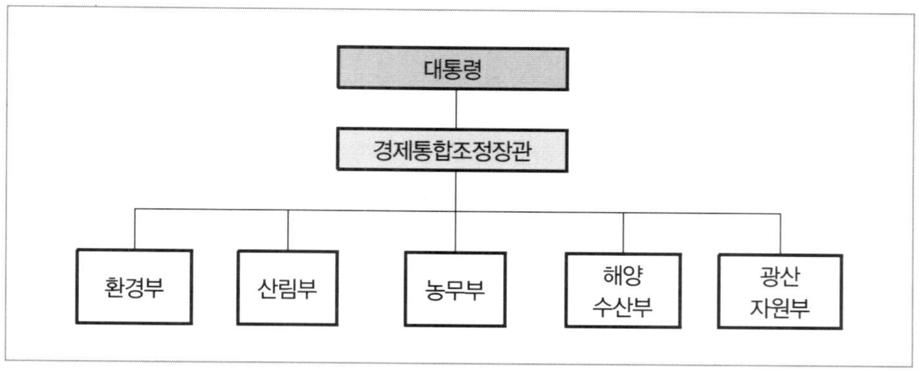


그림 4-3 환경정책의 의사결정 구조

출처: Portal National Indonesia.http://www.indonesia.go.id/.

관계를 가진다. 광산자원부도 농무부와 비슷한 입장에 놓여 있다. 광산 개발은 경제행위이자 산림 파괴를 불러오기 때문에 산림부와 긴밀한 관계가 필요하며, 환경부와도 밀접한 관계가 있다. 해양수산부 역시 유사한 입장에 놓여 있다.

따라서 환경정책 결정에서 이상 5개 부처 간의 거버넌스 구축과 활용이 매우 중요한 기능을 할 수 있다. 그렇지만 인도네시아에서는 환경정책 결정을 위해 부처 간 협력을 바탕으로 업무를 처리할 수 있는 거버넌스가 매우 취약한 것으로 지적된다(Wingqvist & Dahlberg, 2008).

## 제 4 절 보건 · 복지 · 환경정책의 주요 내용 및 평가

### 1 보건 · 복지정책의 주요 내용 및 평가

#### 1) 보건 · 복지정책 예산

인도네시아의 정부 예산에서 차지하는 사회정책 비중은 매우 낮다. 국가정책이 경제 개발에 편중되어 있기 때문에 나타나는 당연한 결과이기도 하지만 같은 종교적 전통을 가지고 있는 말레이시아에 비해서도 매우 낮을 뿐만 아니라, 한국에 비해서도 낮은 수준이다. 사회

**표 4-2 정부 예산에서 차지하는 사회정책 비중: 인도네시아, 말레이시아, 한국**

(단위: %)

| 국가 | 지출 항목 | 1972~1979 | 1980~1989 | 1990~2000 |
|---|---|---|---|---|
| 인도네시아 | 보건 | 1.28 | 2.18 | 3.29 |
| | 사회보장·복지 | n.a. | n.a. | n.a. |
| | 주택 | 1.40 | 1.48 | 1.25 |
| | 교육 | 8.77 | 9.15 | 8.77 |
| | 합계 | 12.45 | 12.81 | 13.59 |
| 말레이시아 | 보건 | 6.71 | 4.82 | 5.87 |
| | 사회보장·복지 | 3.11 | 3.99 | 4.50 |
| | 주택 | 0.69 | 5.97 | 3.55 |
| | 교육 | 22.45 | 19.20 | 19.00 |
| | 합계 | 32.96 | 33.98 | 32.92 |
| 한국 | 보건 | 1.26 | 1.65 | 1.11 |
| | 사회보장·복지 | 5.18 | 6.68 | 9.60 |
| | 주택 | 0.90 | 0.98 | 2.10 |
| | 교육 | 15.86 | 18.65 | 19.20 |
| | 합계 | 23.20 | 27.96 | 32.01 |

출처: Croissant(2004).

정책 총비용을 보면 <표 4-2>에서와 같이 인도네시아와 말레이시아는 1972년부터 2000년 현재까지 30년 동안 그 추세가 크게 변하지 않았다. 인도네시아의 경우 국가 예산에서 차지하는 사회정책예산은 12~13% 수준이고 말레이시아는 33~34% 수준이었다. 한국은 1970년대에는 23%에 불과했으나, 2000년에 이르러 30%선을 넘긴 수준이다.

사회정책의 프로그램 내용을 설명할 수 있는 지출 내용을 보아도 인도네시아의 수준은 매우 낮았다. 지난 30년간 보건정책의 경우 지출 수준은 1.28%에서 3.29%로 증가했으나 주택정책 지출은 늘지 않았고, 사회보장·복지 분야의 지출은 통계에 잡히지 않을 정도로 미미한 수준이었다. 여기에 비해 인근 무슬림 국가인 말레이시아의 경우 보건 분야 지출은 6.71%에서 5.87로 줄어든 반면 사회보장·복지 분야의 지출은 3.11%에서 4.57%로 늘어났다. 그 기간 동안에 한국 역시 보건 분야 지출 비중은 소폭 줄어들었지만 사회보장·복지 분야의 지출은 늘었다.

## 2) 보건 · 복지정책 내용

사회복지의 영역은 공공부조, 사회복지 서비스, 그리고 사회보험으로 대별된다. 공공부조가 빈곤층을 위해 제공되는 생계비 지원 및 자립 지원으로 귀결된다면, 사회복지 서비스는 차별 대우를 받을 가능성이 있는 사회적 소수인을 대상으로 제공되는 서비스이다. 아동, 노인, 장애인복지 등이 여기에 속한다. 사회보험은 현재 위기에 노출되어 있지 않은 일반 사회구성원이라고 하더라도 노령, 질병, 실업, 그리고 산업재해에 노출됨으로써 소득 중단 사태가 발생될 수 있기 때문에 집합적으로 제공되는 서비스이다. 내용과 수준에서 차이는 있지만 인도네시아에서도 공공부조, 사회복지 서비스, 그리고 사회보험과 같은 서비스가 제공되고 있다.

### (1) 사회보험

인도네시아는 노령연금, 건강보험, 산재보험, 그리고 실업보험과 같은 4대 사회보험 중에서 실업보험을 제외한 3대 보험을 도입하여 운영하고 있다. 인근 국가인 말레이시아도 3대 사회보험을 도입하여 운영하고 있다. 한국이 실업보험을 도입하여 운영하고 있는 것과 비교가 된다.

노령연금은 정년 후 노후 안정적인 삶을 보장하기 위한 사회보장 장치이고, 건강보험은 질병으로 인한 과다한 의료비 지출을 예방함으로써 빈곤층으로 전락할 위기에서 보호해 주는 장치이며, 산재보험은 산업재해로 인해 발생 가능한 위기에서 보호해 주는 사회보험 장치이다. 인도네시아는 이 세 가지 장치를 가지고 있으나 실직으로부터의 위기에서 보호해 주는 사회보험 장치는 미비된 상태이다.

인도네시아의 사회보험 도입 연도는 산재보험의 경우 1939년이었고, 건강보험은 1957년이었으며, 노령연금은 1977년이었다. 말레이시아보다는 약간 늦은 편이지만 한국보다는 20~30년 빨리 도입했다. 산재보험과 건강보험은 모두 사회보험 방식으로 운영되고 있지만 노령연금보험의 유형은 사회보험 방식과 준비기금(provident fund) 방식을 혼용하고 있다.

준비기금 방식은 일종의 개인연금(individual savings account)이다. 개인이 각자의 준비기금 방식의 계좌를 갖게 되고 정기적으로 일정분을 적립한 후에 퇴직연령이 되면 연금 방식으로 급여를 받는 제도이다(Kritzer, 2005). 사회보험은 강제보험이고 소득재분배 기능을 갖춘 제도적 틀이지만, 준비기금은 강제보험이 아니라 임의보험 방식으로 운영될 수 있고 소득재분배 기능을 가지고 있기 않다. 대체로 영국의 식민지 경험이 있는 동남아 국가에서 준

**표 4-3 사회보험제도: 인도네시아, 말레이시아, 한국**

| 국가 | 내용 | 산재보험 | 건강보험 | 노령연금 | 실업보험 |
|---|---|---|---|---|---|
| 인도네시아 | 도입 연도 | 1939 | 1957 | 1977 | No |
| | 유형 | 사회보험 | 사회보험 | 사회보험/준비기금 | |
| 말레이시아 | 도입 연도 | 1929 | 1951 | 1951 | |
| | 유형 | 사회보험 | 준비기금 | 준비기금 | |
| 한국 | 도입 연도 | 1953 | 1990 | 1989 | 1993 |
| | 유형 | 사회보험 | 사회보험 | 사회보험 | 사회보험 |

출처: Croissant(2004).

비기금 방식의 연금을 활용하고 있다. 말레이시아, 싱가포르, 홍콩과 같은 나라가 여기에 해당된다(Hur, 2010). 한국은 4대 사회보험 모두 사회보험 방식으로 운영되지만 말레이시아의 경우 산재보험만 사회보험 방식으로 운영되고, 건강보험과 노령연금보험은 준비기금 방식으로 운영되고 있다.

인도네시아의 사회보험 요율은 낮은 수준이다. 노령연금 요율은 6.0%이고, 산재보험과 건강보험을 합쳐서 9.0%였다. 그러나 개인 부담과 사용자의 부담 비율을 보면 인도네시아의 경우 근로자에 비해 사용자의 부담이 훨씬 높다. 한국에서는 원칙적으로 사용자와 근로자가 반반씩 부담하는 것과 차이가 있다. 노령연금의 경우 근로자는 2%, 사용자는 근로자의 배에 이르는 4%로서 합계 6%이며, 기타 사회보험의 경우 근로자의 비율은 2% 대 7%였다. 사회보험 전체를 보아도 근로자의 부담은 4%에 불과하고 사용자는 11%였다.

**표 4-4 근로자 및 사용자 부담 사회보험 요율: 인도네시아, 말레이시아, 한국** (단위: %)

| | | 인도네시아 | 말레이시아 | 한국 |
|---|---|---|---|---|
| 노령연금 | 근로자 | 2.0 | 11.5 | 4.5 |
| | 사용자 | 4.0 | 12.5 | 4.5 |
| | 합계 | 6.0 | 24.0 | 9.0 |
| 기타 사회보험 | 근로자 | 2.0 | 11.5 | 6.81 |
| | 사용자 | 7.0 | 13.75 | 8.7 |
| | 합계 | 9.0 | 25.25 | 15.51 |
| 근로자 · 사용자 비율 | 근로자 | 4 | 23 | 11.31 |
| | 사용자 | 11 | 26.25 | 12.2 |
| | 합계 | 15 | 49.2 | 23.51 |

인도네시아와는 달리 말레이시아는 노령연금의 경우 사용자의 부담 비율이 근로자의 비율에 비해 약간 높다. 또한 말레이시아는 사회보험 부담률이 인도네시아나 한국에 비해 높은 것이 특징이다. 앞서 언급했지만 한국은 사용자의 부담과 근로자의 부담이 원칙적으로 같다. 그러나 기타 사회보험의 경우 말레이시아와 한국 모두 사용자의 부담 비중이 근로자의 비용 부담의 비율에 비해 약간 높다.

### (2) 공공부조

인도네시아의 빈곤률은 매우 심각한 수준이었다. 1970년대에는 빈곤율이 40%에 이르는 수준이었으나 1998년 아시아 경제위기 이전에는 17.7%선으로 줄어들었다(Indonesia's Ministry of National Development Planning/ National Development Planning Agency, 2006). 2000년대 들어와서도 빈곤율은 지속적으로 줄어들어 <표 4-4>에 제시되어 있는 바와 같이 2002년에 18.2%였다가 2005년에는 16.0%로 줄어들었다. 2009년에는 15.0% 이하인 14.2%, 그리고, 2010년에는 13.3%로 줄어들었다. 그러나 여전히 인근 국가인 말레이시아에 비해 매우 높은 빈곤율을 유지하고 있어 빈곤 문제에 관한 한 각별한 관심이 요구되는 국가로 분류되고 있다.

**표 4-5 빈곤율 추이: 인도네시아와 말레이시아**

(단위: %)

| 연도 | 빈곤율 | |
|---|---|---|
| | 인도네시아* | 말레이시아** |
| 2010 | 13.3 | n.a. |
| 2009 | 14.2 | 3.8 |
| 2008 | 15.4 | n.a. |
| 2007 | 16.6 | 3.6 |
| 2006 | 17.8 | n.a. |
| 2005 | 16.0 | n.a. |
| 2004 | 16.7 | 5.7 |
| 2003 | 17.4 | n.a. |
| 2002 | 18.2 | n.a. |

(http://data.un.org/Data.aspx?q=poverty&d=MDG&f=seriesRowID%3a581)
* 인도네시아 자료(http://dds.bps.go.id/eng)
** World Bank 자료.
출처: UN 데이터베이스.

빈곤 퇴치를 위해 인도네시아 정부는 자산조사를 근간으로 빈곤 퇴치를 위한 다양한 프로그램을 제공하고 있지만 세 가지로 대별된다. 가족희망 프로그램(Family Hope Program, 혹은 Program Keluarga Harapan: PKH), 식량 지원 프로그램(Rice for the Poor, 혹은 Beras Miskin/Raskin), 그리고 지역사회 역량 강화 프로그램(National Program for Community Empowerment, 혹은 Program National Pemberdayaan Masyarakat: PNPM)이 그 세 가지이다(Suharto, 2009).

가족희망 프로그램은 사회복지부와 국가개발계획청(National Development Planning Agency) 등 여러 부처가 공동으로 운영하는 빈곤 퇴치 프로그램이다. 이 프로그램은 과거의 현금 지원 프로그램(Direct Cash Assistance, 혹은 BLT)을 2005년에 대체한 극빈층을 위한 프로그램으로서 이들에게 빈곤층에게 현금지원 서비스를 제공한다. 현재 15세 미만의 취학 아동이 있거나 의료 지원을 받는 가정을 대상으로 하며 한 가정에 연간 20만 Rp(미화로 약 22.2달러)를 지원하며, 자녀가 있는 가정은 추가로 지원을 받을 수 있다(*The Jakarta Post*, 2007).

식량 지원 프로그램은 인도네시아의 보편적 사회안전망(Social Safety Net: SSN) 중 하나로 역할을 하는 프로그램으로서 1998년부터 시작되었다. 빈곤 가정이 저렴한 가격으로 기본 식료품을 구입할 수 있도록 지원하는 프로그램이다. 수급 대상 가정은 가족계획청(National Family Planning Agency)의 기준에 의해 선정된다(Pangaribowo, 2012).

지역사회 역량 강화 프로그램은 지역사회가 중심에 되어 그 지역의 빈곤 문제를 해결하도록 하는 프로그램이다. 지역사회는 그 지역주민회의를 통해 빈곤 문제를 해결하기 위한 구상을 설계하고(social mapping), 구상을 추진할 운영 주체로서 지역사회조직을 만들어(community organizing), 구상을 실천할 수 있는 단계로 구체화시켜(planning) 집행함으로써 지역 주민에게 이익이 돌아가도록 하는 프로그램이다.

이 프로그램을 위해 세계은행(World Bank)은 대규모 경제적 지원 프로그램을 가동하고 있고, 인도네시아 정부에서는 지역사회 단위에 필요한 자금을 제공한다. 이 자금은 여성들이 장사를 할 수 있도록 자금을 지원하거나, 가족 단위의 사업을 할 수 있도록 지원할 수 있다. 지역센터를 건축하는 데 사용할 수도 있고, 상수도 시설 및 보건위생 시설을 건설하는 데 사용할 수도 있다. 이 같은 과정이 전개됨으로써 지역사회 단위에서 사업이 활성화되고 일자리가 창출될 수 있기를 기대한다. 실제로 이 프로그램을 운영한 결과 매우 성공적인 사례로 평가받고 있다(Suharto, 2009).

공공부조 프로그램인 이상 세 가지 사업 이외에도 사회안전망 프로그램의 일환으로 취업

알선(employment creation, 혹은 Padat Karya), 학자금 지원, 그리고 의료 지원 서비스가 제공되고 있다. 의료 지원 서비스는 공중보건 및 공공진료의 관점에서 설명하고자 한다.

### (3) 아동복지

인도네시아의 18세 미만의 아동은 전 인구의 30% 정도를 차지하지만 위험에 노출되어 있다. 정부는 2002년 아동보호법(Child Protection Act)을 제정하여 아동보호정책을 시행하고 있다. 아동복지의 목적은 세 가지로 귀결된다. 1) 아동의 성장의 질과 생존율을 제고하고, 2) 학대, 폭력, 착취, 인신 매매, 그리고 차별 대우로부터 보호하며, 3) 아동의 권리를 보호하기 위해 지역사회, 기관, 그리고 사회적 네트워크가 공동으로 노력한다는 내용이다(Ministry of Women Empowerment and Child Protection, 2011b).

아동복지의 내용은 아동보호, 가정폭력으로부터의 보호, 그리고 인신 매매로부터의 보호와 같은 특별 보호 프로그램과 희생이 된 아동에 대한 재활 서비스 제공으로 구성되어 있다. 특별보호 대상으로서 아동은 범죄의 피해자가 된 아동, 경제적으로나 성적으로 착취당한 아동, 납치와 인신 매매와 희생이 된 아동, 그리고 유기된 아동이다. 재활 서비스는 특별보호에도 불구하고 희생양이 된 아동에게 제공하는 서비스이며, 가정, 복지기관, 그리고 사회가 공동으로 그 책임을 분담하는 방식으로 진행된다. 이 서비스는 사회심리 테스트, 사회심리 상담, 사회 지원 서비스 등으로 구성되어 있다(Ministry of Women Empowerment and Child Protection, 2011a).

### (4) 노인복지

인도네시아의 노인복지는 2004년에 제정된 국가사회보장체제법(National Social Security System Act)에 근거한다. 이 법에 따라 노령연금이 제공되고, 노령저축(old age savings) 제도가 도입되었으며, 국민건강보험제도가 도입되었고, 산재보험제도도 도입되었다(Arifianto, 2006). 앞에서 설명한 사회보험에 근거하여 노인복지를 포함한 사회보장제도가 구축되어 있음을 알 수 있다. 15년 이상 노령연금보험료를 납부하면 55세 정년을 맞아 연금을 지급받을 수 있는 구조로 되어 있다.

인도네시아는 또한 고령사회에 대비하여 노인을 위한 발리(Bali) 지역에서 홈케어 서비스를 시범 실시하고 있다. 가정방문 간호와 같은 접근법을 사용하고 있는 이 서비스는 현재 65세 이상 고령인구가 전 인구의 5.4%를 차지하고 있다는 사실을 감안한 정책이다. 인도네시아는 2025년이면 전 인구의 25%가 60세 이상 노인 인구가 될 것으로 예측된다(Abikusno, 2007).

### (5) 장애인복지

인도네시아 장애인의 유형을 보면 지체장애인이 37.0%로 가장 높은 비중을 차지하고 있고, 시각장애인 13.2%, 지적장애인 12.7%, 복합장애인 10.7%, 청각장애인 10.1% 등으로 구성되어 있다(Statistics Indonesia(www.bps.go.id)). 장애인에게는 예방, 치료, 그리고 재활로 연결되는 건강 지원 서비스가 제공되고 있다. 장애인이 활용할 수 있는 특수교육시설이 설립되어 있으며, 직업재활 프로그램이 운영되고 있다. 특히 직업재활을 위해서는 인력부(Ministry of Manpower)가 지원하고 있다(International Labor Organzation, 2012).

### (6) 공중보건 및 공공진료

인도네시아는 무료, 혹은 상징적 수준의 비용만 지불하면 진료 및 치료를 받을 수 있는 국가 건강지원 네트워크(national health care network)를 가지고 있다. 이 네트워크는 3개층의 의료시설로 구성되어 있다. 보건 서비스 제공의 가장 중심적 역할을 하는 기관은 지역메디컬센터(district medical center)이다. 이 센터는 종합병원과 모자건강 지원 서비스를 함께 제공하는 시설이다. 가족계획, 학교건강, 영양, 전염병 통제, 건강 통계, 환경건강, 건강교육, 치아건강, 그리고 공중보건 간호와 같은 서비스를 제공하는 역할을 한다.

지역메디컬센터 아래에는 푸스케스마스(puskesmas)라고 불리는 주로 농어촌 지역의 지역사회와 마을 단위에서 보건 및 의료 서비스를 제공하는 시설이 있다. 이 시설은 지역메디컬센터의 관리감독을 받는다. 최하위 단계의 시설은 포시안두(posyandu)로 지칭되는 공중메디컬 시설이다. 응급환자를 위한 시설이면서 2차 진료기관인 푸스케스마스보다 널리 분포되어 있기 때문에 여성과 아동을 대상으로 예방접종, 영양상담, 그리고 가족계획에 관한 다양한 서비스를 제공하고 있다.

### (7) 민간병원에서의 특별진료

민간병원에서 제공되는 특별보건 서비스가 있지만 비용 문제로 저소득층은 물론이고 중산층도 활용하기가 용이하지 않다. 특별보건 서비스가 필요한 사람을 위해 건강보험제도를 도입하기는 했지만 영세 사업장에서 일하는 사람들을 지원할 정도의 보편적 서비스를 제공하는 제도로 발전하지는 못했다. 또한 민간기업에서 직원복지의 일환으로 이 보험제도를 도입하고 있지만 임의보험일 뿐이고 강제보험은 아니다. 그래서 제도 확산이 느린 편이다.

### (8) 질병 유형

주요 통제 대상이 되는 전염병은 말라리아와 결핵이다. 이 두 전염병은 최근에는 더 이상 크게 확산되고 있지는 않다. 그러나 뎅기열과 콜레라가 자주 발생되고 있다. 1970년대의 경제 성장과 더불어 심장병과 뇌졸중도 흔한 질병으로 꼽히고 있으며, 암도 확산되고 있다. 마약 중독이 주로 도시 지역을 젊은이들 사이에서 눈에 띄게 증가되고 있으며, 후천성 면역결핍증(AIDS)도 증가하고 있다.

### (9) 보건·복지정책의 평가

인도네시아의 사회복지에서 가장 큰 문제는 사회보험과 사회복지 서비스 분야의 제도 미비를 둘 수 있다. 사회보험 중에서 실업보험이 미비된 상태이고, 사회복지 서비스 분야에서는 노인복지, 장애인복지, 아동복지의 명목으로 사업은 추진되고 있지만 그 내용을 보면 사회보험과 공공부조에 연결된 프로그램이 대부분이었다. 특히 노인복지는 노령연금과 연결되는 프로그램으로 구성되어 있어 노령연금에서 제공되는 서비스와 큰 차이를 발견할 수 없었다.

보건복지 영역에서 가장 큰 문제는 의료 인력, 약사 인력, 간호사 인력, 그리고 조산사의 인력이 크게 부족하다는 점이다. 의과대학 졸업자들은 의무적으로 1년간 지역에서 일을 하도록 강제하고 있지만 의무 기간을 근무한 후에 농어촌 지역에 남는 의료 인력은 거의 없다. 도시지역 외에는 아직 두쿤(dukun)이라 부르는 전통적 민간요법을 활용하고 있으며, 파라지(paraji) 혹은 두쿤 베라나크(dukun beranak)라 지칭되는 전통적 조산사가 산모들의 분만 서비스를 제공하고 있는 실정이다. 전통적 조산사로 하여금 현대적 조산보조 훈련을 시켜 더 나은 서비스를 제공할 수 있도록 함으로써 영아 사망률을 떨어뜨리는 데 기여하고 있다.

공중보건의 또 다른 중요한 이슈는 가족계획, 혹은 켈루아르가 베란카나(keluarga berancana: KB)이다. 이 가족계획은 인구 억제에 중요한 역할을 하는데 전통적 관습에 반한다는 이유로 저항이 있는 것도 사실이지만 크게 성공을 거두고 있다.

##  환경정책의 주요 내용 및 평가

### 1) 환경정책의 주요 과제

인도네시아 환경은 열대우림과 산림자원으로 설명할 수 있을 만큼 이 두 영역이 큰 비중을 차지한다. 따라서 환경정책의 주요 과제도 산림 남벌, 수자원 오염, 대기 오염, 생물학적 다양성과 생태계 파괴, 자연재해 등 다섯 가지로 요약된다(Wingqvist & Dahlberg, 2008).

#### (1) 산림 남벌

인도네시아는 세계에서 세 번째로 큰 열대우림 면적을 가지고 있다. 이 면적은 인도네시아 국토 면적의 3분의 2 정도 수준이다. 이 열대우림은 인도네시아란 국가 차원에서도 중요하지만 생물학적 다양성 보존이라는 차원에서 보면 지구적으로도 중요한 의미가 있다. 지난 50년간 40%가 훼손되었으며, 매년 1.8% 정도가 훼손되고 있다. 특히 지난 2000년에서 2005년 사이에 훼손이 심각했는데 이 기간 중에 1분당 축구경기장 8개 크기 정도의 숲이 파괴되었다는 통계 자료도 있다(Wingqvist & Dahlberg, 2008).

#### (2) 수자원 오염

인도네시아에서 수자원은 아태지역 담수량의 20%를 차지할 정도로 양적인 차원에서 보면 풍부하다. 그렇지만 비가 우기에 집중되고 건기에는 자바, 발리, 누사 텡가라 지역에서 물 부족 현상이 나타나고 있다. 수질도 나쁜 편이다. 특히 하류지역에서는 마실 물로 사용할 수 있는 것은 10% 정도에 불과하다. 산업 폐수와 생활하수가 수질오염의 가장 큰 요인이 되고 있다.

#### (3) 대기 오염

대기 오염은 대도시 지역에서 심각한 수준이다. 자동차 배기가스가 대기 오염의 주범이고, 다음은 공장에서 배출되는 매연이다. 산림 화재 및 가정에서 배출하는 대기오염원도 또한 문제가 되고 있다. 대기 오염으로 인해 건강 문제, 곡물 수확량 감소, 지표수 오염, 산림 복원 능력 저하 등 2차 피해가 발생되고 있다.

### (4) 생물학적 다양성과 생태계 파괴

인도네시아는 세계 10대 주요 생물학적 다양성 지역이다. 열대우림과 해안지역은 희귀 동식물의 보고 역할을 하고 있다. 5만$m^2$에 이르는 세계 최대 산호초 지대의 70%가 훼손되었으며, 육생, 담수 및 해양생태계에 서식하는 700여종의 동식물이 멸종 위기에 직면해 있다. 모두 열대우림의 훼손과 자연자원의 난개발이 초래한 현상이라고 설명할 수 있다.

### (5) 자연재해

인도네시아는 자연재해에 많이 노출되어 있다. 대표적 자연재해는 홍수, 가뭄, 지진, 쓰나미, 그리고 화산 폭발이다. 지난 10년간 680만 명이 자연재해의 피해를 입었다. 자연재해 문제 해결을 위해 정부의 통합 조정 역할의 강화 및 지역사회의 자체 대응 능력 강화에 중점을 두어야 한다는 원칙에 따라 자연재해로 인한 피해를 최소화하는 정책을 실시하고 있다. 2010년에는 쓰나미 조기경보 시스템과 기상 조기경보 시스템을 개발하여 운영하고 있다. 2013년에는 기후 조기경보 시스템을 개발하여 운영할 계획이다(Ministry of National Development Planning/National Development Planning Agency, 2010). 인도네시아 정부는 이 같은 경보 시스템뿐만 아니라 자연재해가 발생하면 최대한 신속하게 투입할 수 있는 긴급지원반을 구성하여 운영하도록 하고 있다. 이 긴급지원반은 현재 자카르타와 말랑에서 운영하고 있는데 효과가 있으면 인도네시아 전역으로 전파할 계획이다.

## 2) 환경정책의 주요 내용

인도네시아 환경정책의 주요 프로그램은 1) 불법 벌목 근절, 2) 임업산업 활성화, 3) 자연림의 재생 및 보존, 4) 산림 인근 지역 주민의 경제적 역량 강화, 그리고 5) 산림 지역 설정과 같은 다섯 가지로 나누어 설명할 수 있다(World Bank, 2006).

### (1) 불법 벌목 근절

불법 벌목 근절 프로그램의의 목적을 달성하기 위해 불법 벌목이 자주 일어나는 지역을 파악하여 체계적으로 관리, 불법 벌목 근절에 지역 주민을 동참, 숲속에서 벌어지는 치안 방해 행위 단속, 그리고 경찰 및 검찰 등 관련 법집행기관과의 공조를 추진하고 있다.

### (2) 임업산업 활성화

임업의 활성화를 위해 임업산업의 성과 제고, 200개 벌목 허가 지역에 대한 관리 및 지속 가능한 수준에서의 산림관리, 목재 외 임산물(non-timber forest product: NTFP)의 생산 장려, 500만ha 산업목재 조림사업 지원, 200만ha 상업용 산림 개발 지원 등을 추진하고 있다.

### (3) 자연림의 재생 및 보존

자연림 재생 및 보존을 위해 500만ha에 자연림 복원사업 추진, 200개의 KSA/KPA(Suaka Alam/Kawasan Pelestarian Alam)에 보존지역의 최적 관리 20개의 모델 국립공원 설정 및 운용, 산림화재 예방, 282개 최우선 분수계지역의 최적관리, 산림 레크리에이션 개발을 통해 지속 가능한 환경관리 추진 등을 지원하고 있다.

### (4) 산림 인근 지역 주민의 경제적 역량 강화

산림 인근 지역 주민의 경제적 역량 강화를 위해 산림 지역 인근 지역 주민의 경제 개발 지원, 산림과 연계할 수 있는 중소자영업 개발 지원, 중소자영업 육성을 위해 임업 부산물 사용허가제 활용 등을 지원한다.

### (5) 산림지역 설정

산림관리지역을 설정하여 운용함으로써 현존하는 숲을 보존할 뿐만 아니라, 숲을 의지해 살아가는 다양한 생물종을 보존하며, 필요한 경우 레크리에이션으로도 활용할 수 있도록 지원한다.

## 3) 환경정책 평가

인도네시아의 환경정책에 대한 평가는 환경정책 외적인 문제에서 시작하지 않을 수 없다. 효율적인 환경 거버넌스 부족이 환경정책에서 최대의 문제로 지적되고 있을 뿐만 아니라, 부패가 숲을 파괴하는 주범으로서 역할을 하고 있기 때문이다(World Bank, 2006). 환경보존을 위해서는 큰 규모의 재정 지원이 필요하지만 세계은행(World Bank)과 같은 국제 금융기관에서 나서고 있지만 재정 지원이 부족한 것도 문제로 지적된다.

인도네시아의 환경정책에서 가장 큰 문제는 환경과 경제가 지나치게 밀착되어 있다는 점이다. 숲을 의지해서 살아가는 사람이 많을 뿐만 아니라, 숲을 개발하지 않으면 경제개발정책의 추진도 어렵다는 모순이 여기에서 나오기 때문이다. 환경부가 비록 환경 보존과 지속가능한 개발을 주장하더라도 산림부에서는 목재산업 분야를 지원하지 않을 수 없는 입장이고 여기에서 양 주무부처의 이견을 조정하기가 어려워진다는 문제가 제기된다. 불법 벌목을 단속하는 문제도 역시 마찬가지이다. 환경부, 산림부, 경찰 및 검찰과 같은 기관이 지속가능할 뿐만 아니라 효율적인 거버넌스를 구축할 수 있어야 하는데 이것이 어렵다는 것이 가장 큰 문제로 지적되고 있다(Wingqvist & Dahlberg, 2008).

불법 벌목을 방치하고 그 대가로 이익을 얻는 일선 사법당국의 부정도 문제가 된다. 지역 주민은 벌목으로 생계를 유지하지 않을 수 없는 입장이고, 일선 관리인의 입장에서는 이것을 방치함으로써 얻는 경제적 이익이 있기 때문에 불법 벌목이 근절되지 않고 있다는 점도 환경정책의 효율성을 떨어뜨리는 문제가 되고 있다.

인도네시아는 경제 개발이 국가 이데올로기로서 역할을 하고 있기 때문에 환경 분야에 투입할 예산이 넉넉하지 않다. 숲이 파괴되면 농촌지역 주민의 삶이 더 어려워지고, 장기적으로 빈곤 문제를 해결할 수 있는 기반의 상실을 의미하지만 개발로 인한 단기적 편익을 배제할 수 없기 때문에 외부 기관의 적극적 재정 지원이 필요하다. 세계은행에서 지원하고 있지만 그 수준은 아직 미미한 수준이다.

## 제 5 절 결론

인도네시아에서는 경제 개발이라는 국가 이데올로기의 그늘에 가려 보건 · 복지정책과 환경정책은 상대적으로 독자 영역을 확보하지 못한 상태이다. 보건 · 복지정책과 환경정책의 관계는 상호보완적이라기보다는 상충되는 요소가 많은 것도 하나의 특징이다. 풍부한 자연자원의 개발이 빈곤 문제 해결을 위한 경제 개발의 밑거름이 된다는 인식을 가지고 있기 때문이다. 경제 개발과 복지의 관계도 상충적인 관계를 설정하고 있었다. 경제 발전을 통해 빈곤 문제를 해결한다는 생산적 복지 체제를 구축하고 있기 때문에 비록 절대 빈곤에 처해 있는 국민이 많을지라도 복지 수준은 최소 복지에 그치고 있다.

제도적 관점에서 보면 보건 · 복지정책에서는 실업보험이 미비되어 있을 뿐만 아니라, 사회복지 서비스 분야 또한 미비되어 있다. 사회보험 중에서 실업보험이 미비된 상태이고, 사회복지 서비스 분야에서는 노인복지, 장애인복지, 아동복지의 명목으로 사업은 추진되고 있지만 그 내용을 보면 사회보험과 공공부조에 연결된 프로그램이 대부분이다. 특히 노인복지는 노령연금과 연결되는 프로그램으로 구성되어 있어 노령연금에서 제공되는 서비스와 큰 차이를 발견할 수 없었다. 보건복지 영역에서 가장 큰 문제는 의료 인력, 약사 인력, 간호사 인력, 그리고 조산사의 인력이 크게 부족하다는 점이다. 의과대학 졸업자들은 의무적으로 1년간 지역에서 일을 하도록 강제하고 있지만 의무 기간을 근무한 후에 농어촌 지역에 남는 의료 인력은 거의 없는 게 현실이다.

환경정책은 지속가능성 관련 정책이 미비된 상태이며, 효율적인 환경 거버넌스 부족이 환경정책에서 최대의 문제로 지적되고 있다. 부패가 숲을 파괴하는 주범으로서 역할을 하고 있지만 단속을 위한 거버넌스의 부족으로 그 효과를 거두지 못하고 있다. 또한 환경 보존을 위해서는 큰 규모의 재정 지원이 필요하기 때문에 세계은행과 같은 국제 금융기관에서 나서고 있지만 재정 지원이 부족한 것도 문제로 지적된다.

# 제 5 장 인도네시아의 교육 · 문화정책*

## 제 1 절 서론

인도네시아는 약 1만 8,000개의 섬, 300여 종족, 500여개 다언어와 다문화 등의 다양성을 가지는 나라로 요약된다. 경제적으로 천연자원 부존 세계 2위, 2008년 기준 인구 규모 세계 4위인 2억 5천만의 인구를 가진 풍부한 노동력, ASEAN 주요 회원국으로서 한국과 밀접한 관계를 유지하는 나라이다. 인도네시아의 풍부한 천연자연과 인구는 인도네시아의 강력한 잠재 성장 동력이다. 그러나 인도네시아는 아직까지 GDP 8,468억 달러, 1인당 GDP 3,494.6 달러에 지나지 않는다(2011년 기준, World Bank). 사회간접자본이 미비하고 빈부 격차가 심하며 3%의 중국계 인구가 인도네시아 경제의 80%를 장악하는 등 국가의 발전 면에서 여러 가지 문제점을 가지고 있다.

인도네시아의 문화는 많은 섬들로 이루어진 광활한 국토와 다인종 · 다민족 형태의 사회구조로 인해 각 민족의 독특한 민족성을 간직한 문화적 다양성을 유지하고 있다(정광희, 2007: 7). 인종 구성을 살펴보면 말레이 인종이 약 95%를 차지하며, 전반적으로 연령별로 피라미드 형태의 인구구조를 가져 향후 발전의 동력이 될 수 있는 풍부한 잠재 인력을 보유하고 있다. 현재 수도인 자카르타에 약 1,050만 명이 거주하며, 그 밖에도 수라바야

* 이 장은 문명재 교수와 이윤경이 집필했다.

(Surabaya), 반둥(Bandung), 메단(Medan), 세마랑(Semarang), 팔렘방(Palembang) 등의 지역에 주로 거주 분포한다(방민석, 2009: 29). 인도네시아의 표준어는 바하사 인도네시아(Bahasa Indonesia)어이며, 영어가 제2외국어로 정부 및 비즈니스에서 널리 사용되고 있다(방민석, 2009: 29). 2011년 기준 15세 이상의 성인 식자율(literacy rate)은 92.8%, 15~24세의 식자율은 98.8%에 이른다(유네스코 데이터센터).

인도네시아의 기본적인 국가 이념은 자카르타 헌장 및 헌법 전문에 수록된 판차실라(Pancasila)로 대표되는데, 이 기본 정신은 인도네시아의 교육과 문화 전반에 막대한 영향을 미친다. 판차실라는 최고신에 대한 신앙의 원칙, 정의롭고 예절 바른 인간성을 위한 인도주의 원칙, 인도네시아의 통일을 위한 민족주의 원칙, 대중 합의와 대의제도를 바탕으로 한 민주주의 원칙, 인도네시아 전체 국민을 위한 사회 정의 원칙 등의 내용을 포함하고 있다. 또한 판차실라 정신을 통해 인도네시아는 다양성 속의 통합(Unity in Diversity)을 강조한다(정광희, 2007: 8-9).

인도네시아를 이해하기 위해서는 이런 독특한 문화와 인종 구성 위에 건설된 인도네시아의 이념을 주의깊게 살펴볼 필요가 있다. 그것은 인도네시아가 가지는 가장 큰 강점이자 잠재력임에 분명하다. 전 세계가 세계화 추세에 따라 점차 다민족화되어 가면서 다양한 문화와 창의력의 수용에 노력하는 가운데 인도네시아는 건국에서부터 이러한 다민족화에 따른 다양성, 창의성 측면을 내재하고 있는 것이다. 인도네시아를 이해하고 향후의 전망을 예측하기 위해서는 인도네시아의 교육·문화적 측면을 주의깊게 살펴볼 필요가 있다.

한국과 인도네시아는 1973년에 외교 관계를 수립했고, 2012년에 양국 간 포괄적 경제 동반자협정으로 경제적 관계가 형성되어 인도네시아에 대한 관심과 중요성이 부각되었다. 이와 같은 양국 간 경제적 우호 관계의 발전에 비해 교육·문화 부문에서의 관계 발전은 상대적으로 소홀했다. 양국 간 비정기적이거나 민간 차원의 교류가 있었고, 인도네시아 거주 교민들의 수요에 따른 제한적인 활동이 있었을 뿐이다. 따라서 향후 인도네시아와 경제 교류뿐만 아니라 한국어, 한국학과, 한국의 가수 및 드라마 인기에 따른 한류 문화와 관련된 교육·문화 부문에서의 교류 또한 요청된다.

이 장의 목적은 인도네시아의 교육정책과 문화정책의 현황을 살피면서 우리에게 유용한 시사점을 찾는 것이다. 먼저 인도네시아의 교육·문화정책의 기조를 살펴본 후, 이어서 교육·문화정책의 체계를 살피면서 조직, 행위자들, 재정 운영 상태 등을 고찰한다. 인도네시아 교육·문화정책의 내용에서는 교육·문화 분야별로 어떤 정책 내용이 시행되었는지를 논의한다. 마지막으로 앞으로의 과제와 전망에 대해 결론을 도출하고자 한다.

# 제 2 절 교육 · 문화정책의 기조

## 1 교육정책의 기조

### 1) 인도네시아 교육의 발전사[1)]

인도네시아는 17세기부터 20세기까지 네덜란드의 식민 하에서 교육정책이 제대로 이루어지지 못했다. 20세기에 들어 네덜란드의 식민 통치의 필요에 따라 인도네시아의 교육이 양적으로 크게 증가하게 되었다. 그러나 사회의 중하층 계층의 노동자를 양성하는 것이 주 목적이었기 때문에 사실상 인도네시아 교육정책의 공백기였으며, 식자율 또한 낮았다. 이후 1940년에 일본 정부가 식민 통치를 시작하면서 일본은 인도네시아 국민을 일본의 전쟁을 위한 필요 인력으로 양성하고자 일본화 정책을 실시했다. 모든 인도네시아인을 대상으로 동등한 교육 기회를 제공했다는 점에서는 긍정적으로 평가되지만, 특수성을 인정하지 않는 학교의 통합화로 인해 학교 수, 학생 수, 교사 수 모두 감소하는 부정적 결과가 나타났다.

인도네시아의 근대 민주교육은 1992년, 민족주의 운동의 일환으로 시작되었다. 최초로 인도네시아인을 위한 '타만 시스와(Taman Siswa) 민족학교'가 설립되어 네덜란드 식민정부 하의 교육제도와 별도 체제로 유치원부터 고등학교까지 운영했다. 이 민족학교는 '민족문화에 기초한 인도네시아인을 위한' 교육을 원칙으로 했고, 이 원칙은 인도네시아가 독립하는데 하나의 원동력이 되었다. 독립 이후 헌법 제31조에 전 국민에게 교육권을 보장하고, 단일국민교육제도의 수립을 통해 국민 통합을 달성하고자 하는 내용을 천명했다. 이에 1950년에 학교교육기본법이 제정되었고 인도네시아 국립대학(Universitas Indonesia)이 설립되었다. 1960년대에 대부분의 주에 일반대학의 설립이 추진되었고 1961년에 법령 N0. 15/1961에 의해 고등사립학교 설립이 허가되었으나 교육제도의 체계적인 정비는 1975년에 10년 장기개발계획에서부터 시작되었다.

1989년에 1950년에 제정된 학교교육기본법을 국민교육제도법으로 개정하여 본격적으로

---

1) 이 부분은 정광희(2007: 12-15)에서 발췌 및 정리했다.

교육개혁을 시작했다. 이를 통해 국민 통합과 국가 개발에 교육제도의 역할을 강화하고자 한 것이다. 이에 1984년에 초등교육이, 1994년에 전기 중등교육이 각각 기초의무교육이 되었다. 또한 1990년에는 구체적인 정책을 포함한 취학 전 교육령, 기초교육령, 중등교육령, 고등교육령이 추가로 제정되었다.

1997년 경제공황이 발생함에 따라 인도네시아 전반에 개혁의 필요성이 제기되면서 교육 역시 고객 중심의 교육행정으로 변모하게 되었다. 이에 교육정책의 고객인 시민과 학생이 그들의 필요와 기호에 따라 선호학교(favorite school)를 선택하여 진학할 수 있는 제도가 마련되었다. 또한 학교 커리큘럼과 교육 연수의 개선을 통해 서비스 만족을 추구하게 되었다.

### 2) 인도네시아 교육정책의 목표

2003년의 국가교육 시스템 시행령 20호 제3조는 인도네시아 국가교육제도의 비전을 국민의 역량을 고취하고 그 특성을 발전시켜 지적 능력을 고양시키고 국가의 문명화를 지향하기 위한 것으로 설정하고 있으며, 2025년까지 창의력과 경쟁력을 갖춘 인도네시아인(Insan Indonesia Cerdas dan Kompetitif) 양성을 목적으로 하고 있다.

특히 인도네시아 교육정책은 인도네시아 문화에서 비롯된 판차실라 정신에 따라 다양성을 존중하는 가운데에 통합을 추구하고 있으며, 국민 대다수가 믿는 이슬람 종교의 영향력도 강하게 나타난다(정광희, 2007: 7-8).

## 2 문화정책의 기조

인도네시아의 문화정책 역시 판차실라 정신인 '다양성 속의 통합'으로 대변된다. 수백 종의 인종, 수백 종류의 언어, 수만 개의 군도로 이루어진 인도네시아는 이와 같은 다양성을 통합하고자 하는 정책을 적극적으로 시도하고 있다(김장겸, 2006: 30).

### 1) 인종적 · 언어적 다양성

인도네시아는 세계적인 다민족 국가 중 하나로서, 자바(Java)족과 순다(Sunda)족, 마두라

**표 5-1** 인도네시아의 지방 인구(1971~2010년)

(단위: 명)

| 지방 | 인구 | | | | | |
|---|---|---|---|---|---|---|
| | 1971 | 1980 | 1990 | 1995 | 2000 | 2010 |
| Nanggroe Aceh Darussalam | 2,008,595 | 2,611,271 | 3,416,156 | 3,847,583 | 3,930,905 | 4,494,410 |
| Sumatera Utara | 6,621,831 | 8,360,894 | 10,256,027 | 11,114,667 | 11,649,655 | 12,982,204 |
| Sumatera Barat | 2,793,196 | 3,406,816 | 4,000,207 | 4,323,170 | 4,248,931 | 4,846,909 |
| Riau | 1,641,545 | 2,168,535 | 3,303,976 | 3,900,534 | 4,957,627 | 5,538,367 |
| Jambi | 1,006,084 | 1,445,994 | 2,020,568 | 2,369,959 | 2,413,846 | 3,092,265 |
| Sumatera Selatan | 3,440,573 | 4,629,801 | 6,313,074 | 7,207,545 | 6,899,675 | 7,450,394 |
| Bengkulu | 519,316 | 768,064 | 1,179,122 | 1,409,117 | 1,567,432 | 1,715,518 |
| Lampung | 2,777,008 | 4,624,785 | 6,017,573 | 6,657,759 | 6,741,439 | 7,608,405 |
| Kep.Bangka Belitung | – | – | – | – | 900,197 | 1,223,296 |
| Kepulauan Riau | – | – | – | – | – | 1,679,163 |
| DKI Jakarta | 4,579,303 | 6,503,449 | 8,259,266 | 9,112,652 | 8,389,443 | 9,607,787 |
| Jawa Barat | 21,623,529 | 27453525 | 35,384,352 | 39,206,787 | 35,729,537 | 43,053,732 |
| Jawa Tengah | 21,877,136 | 25372889 | 28,520,643 | 29,653,266 | 31,228,940 | 32,382,657 |
| DI Yogyakarta | 2,489,360 | 2,750,813 | 2,913,054 | 2,916,779 | 3,122,268 | 3,457,491 |
| Jawa Timur | 25,516,999 | 29188852 | 32,503,991 | 33,844,002 | 34,783,640 | 37,476,757 |
| Banten | – | – | – | – | 8,098,780 | 10,632,166 |
| Bali | 2,120,322 | 2,469,930 | 2,777,811 | 2,895,649 | 3,151,162 | 3,890,757 |
| Nusa Tenggara Barat | 2,203,465 | 2,724,664 | 3,369,649 | 3,645,713 | 4,009,261 | 4,500,212 |
| Nusa Tenggara Timur | 2,295,287 | 2,737,166 | 3,268,644 | 3,577,472 | 3,952,279 | 4,683,827 |
| Kalimantan Barat | 2,019,936 | 2,486,068 | 3,229,153 | 3,635,730 | 4,034,198 | 4,395,983 |
| Kalimantan Tengah | 701,936 | 954,353 | 1,396,486 | 1,627,453 | 1,857,000 | 2,212,089 |
| Kalimantan Selatan | 1,699,105 | 2,064,649 | 2,597,572 | 2,893,477 | 2,985,240 | 3,626,616 |
| Kalimantan Timur | 733,797 | 1,218,016 | 1,876,663 | 2,314,183 | 2,455,120 | 3,553,143 |
| Sulawesi Utara | 1,718,543 | 2,115,384 | 2,478,119 | 2,649,093 | 2,012,098 | 2,270,596 |
| Sulawesi Tengah | 913,662 | 1,289,635 | 1,711,327 | 1,938,071 | 2,218,435 | 2,635,009 |
| Sulawesi Selatan | 5,180,576 | 6,062,212 | 6,981,646 | 7,558,368 | 8,059,627 | 8,034,776 |
| Sulawesi Tenggara | 714120 | 942,302 | 1,349,619 | 1,586,917 | 1,821,284 | 2,232,586 |
| Gorontalo | – | – | – | – | 835,044 | 1,040,164 |
| Sulawesi Barat | – | – | – | – | – | 1,158,651 |
| Maluku | 1,089,565 | 1,411,006 | 1,857,790 | 2,086,516 | 1,205,539 | 1,533,506 |
| Maluku Utara | – | – | – | – | 785,059 | 1,038,087 |
| Papua Barat | – | – | – | – | – | 760,422 |
| Papua | 923440 | 1,173,875 | 1,648,708 | 1,942,627 | 2,220,934 | 2,833,381 |
| INDONESIA | 119,208,229 | 147,490,298 | 179,378,946 | 194,754,808 | 206,264,595 | 237,641,326 |

출처: 인도네시아 통계국 홈페이지.

(Madura)족, 바탁(Batak)족, 아체(Aceh)족, 믈라유(Melayu)족, 미낭카바우(Minangkabau)족, 다약(Dayak)족, 토라쟈(Toraja)족, 부기스(Bugis)족, 마카사르(Makassar)족, 발리(Bali)족 등 300여 종족이 각자 다른 언어, 문화, 관습을 가지고 있다. 특히 이들이 사용하는 종족언어는 583종에 달하며 그 중에서 자바어. 순다어, 미낭카바우어는 사용 인구가 수천만 명에 달한다. 이에 인도네시아는 바하사 인도네시아(Bahasa Indonesia)어를 국어로 삼아 일상용어로 사용하도록 했으며, 일부 지역에서는 바하사 인도네시아어와 종족어를 병행하여 사용하기도 한다(양승윤 외, 1997).

### 2) 지역별 특성

인도네시아의 영토는 넓고 종족이 다양하기 때문에 각 대륙별・민족별 특성이 있다고 알려져 있다. 인도네시아 인구의 절반 이상을 차지하는 자바(Java, Sunda)인은 대통령을 비롯하여 사회지도층이 가장 많으며 보수적이다. 수마트라인 특히 북부지역 사람들(Batak)은 법조계, 군부, 종교계, 학계에 많은 인사가 진출해 있으며, 활동적인 사람들은 대부분 기독교를 종교로 가지고 있다. 인구가 적은 술라웨시와 칼리만탄인은 정계와 군부에 소수의 인사가 참여하고 있으며 지역 안배, 종교지도자에 대한 예우 등 정책적 배려로 등용되고 있다.[2)]

한편 인도네시아의 도시지역은 국가 중심의 정체성이 강한 반면, 지방 지역은 종족의 정체성이 강하게 나타난다. 점차 이농향도 현상이 나타나면서 지방 농촌지역의 인구는 감소했으며, 이에 따라 지방 고유의 전통문화가 상실되는 문제가 제기되기도 했으나(김장겸, 2006: 70-71), 여전히 일부 지역과 인종에서 큰 문화적・교육적 격차가 나타나고 있다. 흑인이 많은 파푸아(이리안 자야) 티모르 등지 출신은 교육 정도가 낮고 문맹률이 높으며, 경제적 기반을 갖고 있는 수는 매우 적은 편이나 강인한 체력을 인정받아 체육선수로 육성되는 경우가 많다.[3)]

### 3) 종교

인도네시아의 기본 이념인 동시에 문화정책의 기본이 되는 판차실라의 제1조항은 절대 최고신에 대한 신앙과 믿음으로서 종교를 매우 강조하여 헌법 상 무신론자를 인정하지 않

---

2) KOTRA-자카르타 무역관 홈페이지>현지시장정보>국가정보>정치사회 동향.
3) KOTRA-자카르타 무역관 홈페이지>현지시장정보>국가정보>정치사회 동향.

**표 5-2 판차실라의 원칙과 가치 기준**

| 원칙 | 가치 기준 |
|---|---|
| 1. 절대 유일신에 대한 믿음 | 자신의 종교와 신앙에 따라 유일신에 대한 믿음 |
| | 다른 종교와 믿음에 대한 상호 존중과 협조, 조화로운 삶 |
| | 종교와 믿음행위의 자유에 대한 존중 |
| | 자신의 종교나 믿음을 다른 사람에게 강요하지 않는 것 |
| 2. 정의롭고 문명화된 인간 | 모든 인간의 동등성과 권리와 책임의 동등성에 대한 믿음 |
| | 동포에 대한 사랑 |
| | 관용의 개발 |
| | 다른 사람에 대한 중상모략의 금지 |
| | 인간적인 가치에 대한 우위 |
| | 인도적인 행위의 고양 |
| | 진실과 정의의 수호 |
| | 인도네시아인으로서 스스로를 인류의 한 부분으로 보는 관점 |
| 3. 인도네시아 통합 | 국민과 국가의 통일, 통합, 안전이 개인과 그룹의 이해보다 우선 |
| | 국가와 국민에 대한 희생과 봉사 |
| | 조국과 국가에 대한 사랑 |
| | 유일한 조국으로서의 인도네시아 |
| | 국가의 통합을 유지하기 위한 관계 개선 |
| 4. 대표자의 내부 합의로 도출되는 민주주의 | 국가나 국민의 관심에 대한 우선권 |
| | 강제적인 의사의 강요 금지 |
| | 공공의 문제에 대한 합의의 우선권 |
| | 자유로운 분위기에서 합의를 도출하기 위한 협의 |
| | 합의제 결정(musyawarah)의 수용과 이행 |
| | 상식과 양심으로 이행되는 합의제 결정 |
| | 도덕적으로 수용되고 인간의 존엄과 진실, 정의에 입각한 결정 |
| 5. 인도네시아 전체 국민의 사회적 정의 | 우호적이고 협조적인 분위기의 조성 |
| | 공정한 태도 유지 |
| | 권리와 책임의 조화 |
| | 다른 사람의 권리에 대한 존중 |
| | 상부상조 |
| | 과도한 행위의 금지 |
| | 낭비 자제 |
| | 사치스러운 삶의 자제 |
| | 공공의 문제에 대한 부정적인 태도 금지 |
| | 근면 |
| | 다른 사람의 작업에 대한 평가 |
| | 평등과 사회 정의를 이루기 위한 공동 노력 |

출처: 알위스 무라드(1997) 재구성.

는다(<표 5-2> 참조). 따라서 인도네시아의 정치, 경제, 문화 등 다양한 분야는 모두 종교와 밀접한 관계를 가지고 있다. 중앙부처에 종교만을 관장하는 부처인 종교부(Ministry of Religious Affairs)가 있으며, 인도네시아인의 신분증에 반드시 본인의 종교를 기입하게 되어 있을 정도로 종교생활을 강조하고 있다.[4] 인도네시아는 신도가 86%에 이르는 이슬람교를 국교로 정하지는 않고 있으며, 국가 헌법에 종교의 자유를 명시하여 기타 종교활동도 함께 보장하고 있다. 이슬람교를 비롯하여 기독교, 가톨릭, 힌두교, 불교, 유교 등 여섯 가지 종교를 공식 인정하고 있다.[5]

이슬람교는 13세기경 인도를 통해 인도네시아에 전파된 것으로 알려져 있으며, 인구가 밀집된 자바섬과 수마트라섬을 중심으로 폭넓게 분포되어 있다. 인도네시아는 여타 이슬람 국가와 마찬가지로 돼지고기, 음주를 금기시하고 있으며, 하루 다섯 차례의 기도와 금요예배, 단식월(라마단)을 지키고 있다. 기독교는 네덜란드 선교사에 의해 16세기 초 처음으로 소개되었으며 20세기 전후로 빠르게 성장하여 현재 슬라웨시 지역과 파푸아 지역에 기독교 인구가 많이 분포되어 있다. 가톨릭의 경우, 16세기 말루쿠(Maluku) 섬에 도착한 포르투갈 선교사 프란시스 사비에르(Francis Xavier)를 통해 전파되기 시작했으며, 현재 주로 파푸아와 플로레스 지방에 넓게 퍼져 있다(양승윤, 2010).

### 4) 경제 분야에서 화교의 역할

인도네시아 내 화교는 대략 1,000만 명이 넘는 것으로 추정되며 단일 국가로는 가장 많은 화교 인구를 보유하고 있다. 화교들은 주로 자카르타, 수라바야, 메단, 반둥, 요기야카르타, 보고르, 팔렘방, 반자르마신, 폰티아낙 등 도시에 거주하고 있다(왕왕버, 2012: 58). 화교들은 특유의 상술로 인도네시아 상권을 장악하여, 인도네시아 경제계의 대부분은 화교 자본에 의해 움직이며, 경제적인 부를 축적한 화교들은 정·관계 주요 인사들과 돈독한 관계를 유지하면서 이들의 후원을 바탕으로 기업을 운영하고 있다.[6]

인도네시아 정부가 화교에 대해 초기에 강력한 정치적 차별 정책을 펼쳤음에도 불구하고 화교가 현지 토착민들보다 경제적으로 성공할 수 있었던 요인은 화교가 토착민보다 돈을 사용하는 방식과 상술에 익숙했기 때문인데, 특히 화교 공동체 내의 결속과 유대 관계가 화교들의 이주와 상업활동에 큰 영향력을 발휘했을 것으로 판단된다(남경보, 2009: 19).

---

4) KOTRA-자카르타 무역관 홈페이지>정치사회동향>종교.
5) KOTRA-자카르타 무역관 홈페이지>정치사회동향>종교.
6) KOTRA-자카르타 무역관 홈페이지.

1800년부터 1929년까지 화교들은 중간상인, 소도매상인, 농작물 유통업자 등의 경제 중개인의 역할을 하면서 그 세력이 성장했으며, 네덜란드 식민 정부를 대신하여 토착민들을 대상으로 세금을 걷고 수취함에 따라 인도네시아 토착민들의 반(反)화교 감정이 커지게 되었다(남경보, 2009: 22).

이후 1949년에 인도네시아가 실질적 독립을 하게 됨에 따라 토착 엘리트들은 화교들의 경제적 지배를 종식시키기 위해 다양한 차별정책을 시도했고, 수하르토 대통령이 중국과 연계된 인도네시아 공산당의 쿠데타를 진압하고 집권한 후 화교들의 공직 진출을 제한했다. 그러나 화교들은 꾸준히 경제적 부와 상권을 장악해 나갔으며, 군부나 집권 엘리트 집단과 결탁하여 인도네시아 경제 체제의 핵심, 사회구조의 정점, 경제 발전의 주역이 되었다(남경보, 2009: 26).

화교들은 조직적 정치활동이 허용되지 않는 등 정치적 탄압이 이루어지면서 중국어를 상실했고, 화교 출신 정치인 또는 관료의 등용은 제한되었다. 최근에 들어 인도네시아 화교들은 화교에 대한 차별을 반대하면서도 인도네시아 내의 다른 민족과의 관계 개선을 위해 현지 사회와의 융합에 적극적으로 노력하고 있다(왕왕버, 2012).

## 제 3 절 교육 · 문화정책의 체계

### 1 교육정책의 체계

#### 1) 교육제도[7)]

인도네시아 학교교육은 초등교육 6년, 중등교육 3년, 고등교육 3년으로 구성되어 있으며, 그 중 전기 중등교육까지 9년간은 국가 예산으로 지원되는 의무교육이다. 초 · 중등교육은 학기가 7월에 시작하며 3개 학기로 운영되며, 고등교육은 9월에 시작하며 2개 학기로 운영된다. 인도네시아 교육정책의 특징은 교육문화부(Ministry of Education and Culture)가 학교교육 시스템을 관할하고, 종교부(Ministry of Religious Affair)가 별도로 이슬람계 학교인 마

7) 이 부분은 정광희(2007)의 연구를 바탕으로 발췌 서술했다.

두라사를 운영한다는 점이다. 이슬람교가 인도네시아 인구의 거의 90%를 차지하고 있다는 점에서 이슬람교가 국가와 별도로 유치원부터 대학교까지 따로 이슬람 학교를 운영하며 모든 교육과정에 종교 과목을 교과목으로 삼고 있다.

초등교육부터 중등교육까지 EBTA(수료 시험)를 학년 말에 실시하여 진급을 결정하고, 졸업시험으로 EBTANAS(전국시험)를 실시하여 진학 학교를 결정한다. 이들 시험과 관련하여 교육문화부가 총괄적으로 관할하며 이와 병행하여 종교부의 관할 하에 이슬람계 학교가 관여한다.

**표 5-3 국가교육 시스템 내에서의 교육 유형**

| 교육 유형 | 세부 내용 |
|---|---|
| 일반교육 | 학문의 기초에 초점을 둔 기초 및 2차 교육 프로그램 |
| 직업교육 | 특수 직업을 준비하는 지원자를 중심으로 하는 2차 교육 |
| 대학교육 | 특수한 과학적 원리 습득을 위한 대학 및 대학원 수준의 상위 교육 프로그램 |
| 전문가교육 | 특수한 전문가적 기술과 전문성을 갖추기 위해 준비하는 대학 이후의 상위 교육 프로그램 |
| 직업, 기술교육 | 최대한의 응용지식 습득함으로써 직업을 준비하는 상위 교육 프로그램 |
| 종교 관련 교육<br>(종교부/MORA 주도) | 종교적 지식 습득, 역할 수행을 준비하는 사람들을 지원하는 기초, 2차, 상위 교육 프로그램 |
| 기타 특수교육 | 장애자나 천재적 재능을 소유한 학생들을 위해 기초 및 교육을 수행하는 교육 프로그램 |

출처: 정광희(2007: 20) 표 2-2 참조.

**표 5-4 인도네시아의 교육 시스템**

| 학교 | 기간 | 졸업제도 | 학점 | 비고 |
|---|---|---|---|---|
| 초등학교(SD) | 6년 | | | 일반, 종교학교 |
| 중등학교(SMP) | 3년 | | | 일반, 종교학교 |
| 고등학교(SMu) | 3년 | | | 일반, 종교학교, 실업고교<br>(공고, 상고, 농고) |
| 전문대/대학<br>(Institut/Universitas) | 전문대(Diploma) | 학점/<br>졸업시험 | 120 | 1년, 2년 또는 3년 과정 별도 운용 |
| | 대학 학부과정<br>8~10학기(S1) | 논문 | 144~160 | 학사 |
| | 대학 석사과정 4학기(S2) | 논문 | 46 | 석사 |
| | 대학 박사과정(S3) | 논문 | | 박사 |

출처: 인도네시아 교육부(2013).

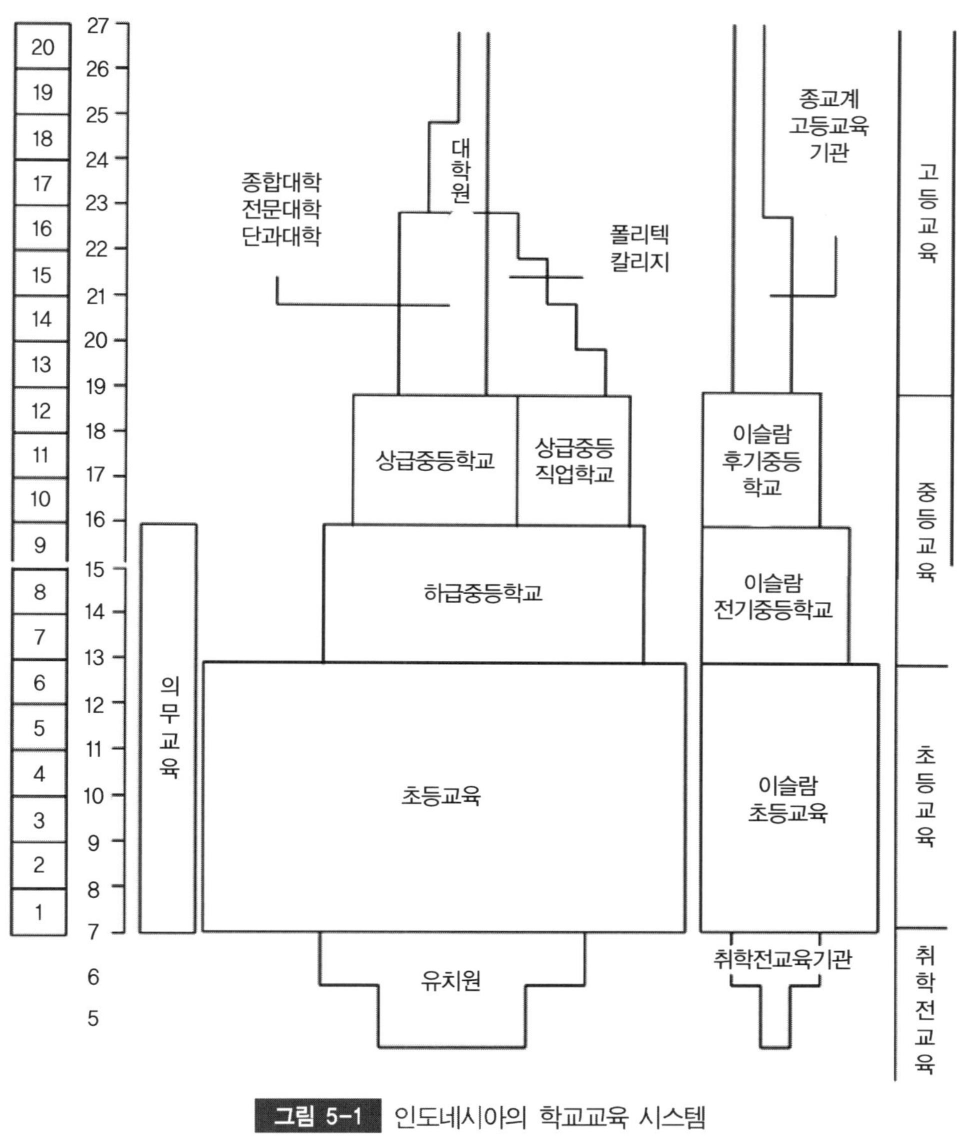


**그림 5-1** 인도네시아의 학교교육 시스템

출처: 한국교육과정평가원(2012a: 5).

## 2) 교육정책 관련 법령

인도네시아 공화국 헌법에 국민이 교육을 받을 권리와 국민교육제도의 정책과 예산, 개발에 대한 내용이 규정되어 있으며, 세부 사항은 2003년 7월 8일에 발표된 국민교육제도법 20호에 규정되어 있다.

**표 5-5 교육과 관련된 법령들**

| |
|---|
| 국민교육제도에 관한 2003년 20호법 |
| 과학기술/연구개발 응용의 국가제도에 관한 2002년 18호법 |
| 교육의 절차와 메커니즘에 관한 정부 규정의 14초안(아동교육제도, 초중등교육제도, 고등교육제도, 비정규 학교교육제도, 특별교육 서비스, 공무원교육, 종교학습교육제도, 원격교육학교, 교직원개발, 직업전문교육 제도, 9년간의 의무교육, 국가교육 기준, 커뮤니티교육, 교육예산관리) |
| 교육심의회 및 교육위원회에 관한 국민교육문화부 법령 044/U/2002호 |
| 대학교육 중 학과에 관한 국민교육문화부 법령 045/U/2002호 |
| 커리큘럼 설계와 대학생 학습 진도평가의 지침에 관한 국민교육문화부 법령 045/U/2002호 |

출처: 정광희(2007: 23) 재구성.

### 3) 교육정책의 행위자

교육정책은 중앙부서인 교육문화부에서 국공립교육기관을 전담하며 주요 교육정책과 관리감독, 예산 지원을 관할하고, 지방정부가 세부 집행을 전담하며, 종교부가 이슬람교의 교리에 맞추어 이슬람계 학교를 관장하고 있다. 고등교육에 대해서는 교육문화부 고등교육총국 외에 국가고등교육위원회가 별도로 계획을 수립하고 있으며, 지방분권이 심화됨에 따라 초등교육과 중등교육이 각 지방 시도교육청의 소관으로 이전되었다(SEAMEO 홈페이지).

### 4) 교육정책의 재정

인도네시아 중앙정부는 국가 예산의 20%를, 지방정부도 지방정부 예산의 20%를 교육정

**표 5-6 국가 예산과 교육 예산** (단위: 백만 루피아)

| 항목 | 2001년 | 2002년 | 2003년 | 2004년 | 2005년 |
|---|---|---|---|---|---|
| 국가 예산 | 341,562,680 | 327,100,000 | 372,887,500 | 368,800,000 | 380,400,000 |
| 교육 관계 예산 | 5,186,710 | 11,600,000 | 11,915,500 | 12,784,000 | 21,721,878 |
| 교육 분야의 해외 차관 | 2,921,500 | – | 2,371,230 | 1,554,900 | 1,032,618 |
| 국가 예산과의 비율(%) | 2.37 | 3.54 | 3.83 | 3.86 | |

자료: The National Budget Fiscal Year 2001, 2002, 2003, 2004, 2005.
Statisttics Yearbook of Indonesia 2005/Central Board of Statistics www.bappenas.go.id.

출처: 정광희(2007: 3) 재인용.

책과 관련된 예산으로 사용하고 있다. 이는 2002년 1월부터 규정된 조항에 따른 것이다. 교육정책 관련 예산의 규모를 살펴보면 <표 5-6>과 같다. 전체 국가 예산도 증가했으며, 더불어 교육 예산도 꾸준히 증가하고 있다. 교육에 대한 관심이 지속적으로 높아지고 있음을 알 수 있다.

### 5) 교육 계획

인도네시아는 교육에 대한 인종별, 지역별 격차가 크다. [그림 5-2]에서 살펴볼 수 있는 바와 같이 파푸아 등 일부 지역에서만 높은 문맹률이 나타나고 있다. 인도네시아는 교육 정책에서 모든 민족과 지역이 최소한의 교육 수준을 갖추도록 하는 교육의 최저 기준을 설정하고 있다. 이를 위해 전기 중등 교육까지 국가에서 무상으로 지원하는 의무 교육화하고 있고, 각 지역의 문맹률을 점검하여 향후 교육계획에서 문맹률의 감소를 추구하고 있다.

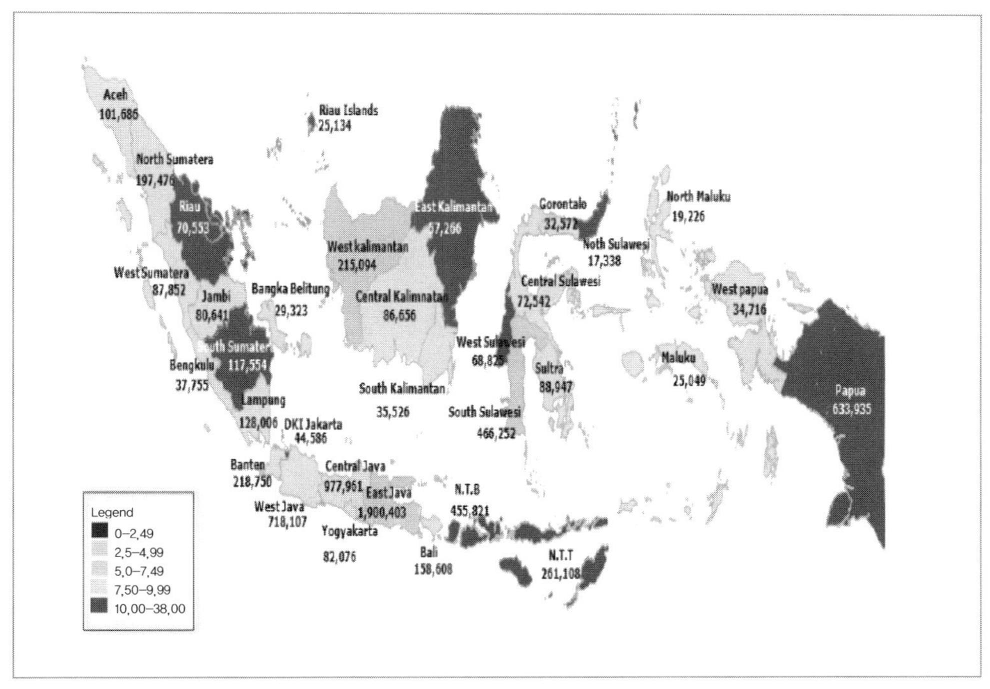


**그림 5-2** 인도네시아의 지역별 문맹률

출처: 인도네시아 교육문화부 액션 플랜(2012)
Ministry of Education and Culture(2013: 3).

의무교육의 성과에 힘입어 15~24세의 청년 문해율은 99.5%에 달하지만, 15세 이상 성인의 문해율은 92.2%이며(UNESCO, 2008), 청년 인구가 더 많고 청년 문맹이 거의 없는 것을 고려하면 성인 문맹률은 실제로 꽤 높은 수치를 보인다.

[그림 5-3]에서 살펴보는 바와 같이 문맹률은 경제적 상황과 연관이 깊으며, 대체로 문맹률이 높은 지역이 빈곤율도 높은 것을 알 수 있다. 수도인 자카르타가 가장 문맹률도 낮고 빈곤율도 낮은 지역으로 나타났고, 파푸아(Papua), 누사 텡가라(Nusa Tenggara), 술라웨시(Sulawesi), 동자바(Java) 지역은 빈곤율과 문맹률이 높은 지역으로 나타났다.

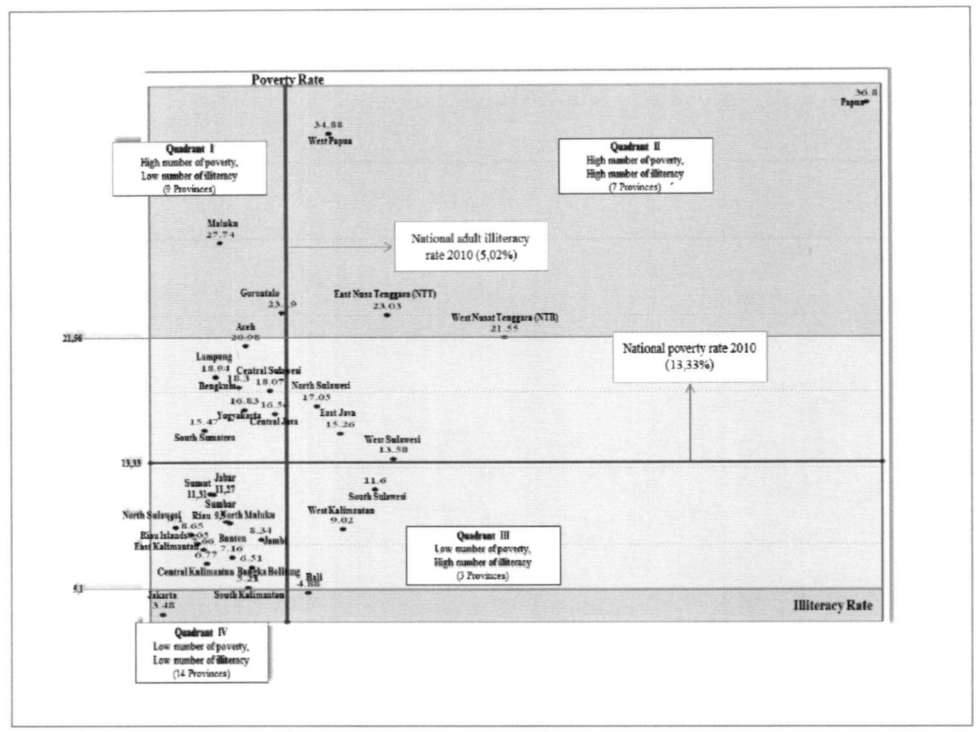


**그림 5-3** 인도네시아 지역의 빈곤율과 문맹률

출처: 인도네시아 교육문화부 액션 플랜,
Ministry of Education and Culture(2013: 7).

문맹률을 줄이기 위해서는 성인 대상의 교육이 이루어져야 한다. 인도네시아 정부는 2015년까지 성인 문맹률을 5%까지 낮추는 것을 목표로 하고 있다(인도네시아 교육문화부, 2009). 대다수 성인은 학습 의욕이 낮기 때문에 동기부여를 하기 위해 다양한 방법을 추진하고 있다. 디지털 시스템을 활용하여 좀 더 쉽게 배울 수 있도록 하고 지역 커뮤니티와 ICT 센터 등 다양한 주체와 더불어 정책 프로그램을 시행할 계획을 세우고 있다(인도네시아 교육문화부, 2009).

## 2 문화정책의 체계 및 과정

### 1) 문화정책 관련 행위자

인도네시아의 문화정책을 관장하는 중앙부서는 교육문화부이다. 교육문화부는 1975년부터 본격적으로 무형 문화유산을 보호하는 사업을 시행하고 있으며, 1년 단위로 민속과 전통 관습, 역사, 전통건축, 미술, 역사, 전통 민요, 민간신앙 등의 문화 부문을 다룬다.

인도네시아의 문화정책은 다양성과 통합의 두 측면을 갖는다. 문화정책 관련 행위자 중에서 소수 종족인 중국인 화교들이 큰 영향력을 발휘하는데, 대다수가 상업에 종사하며 도시지역에 거주하고 기본적으로 대가족 제도의 가정을 형성하며 여성의 지위는 낮으나 최근 개선되고 있다. 화교 조직은 대도시를 중심으로 '상훼이(商會)'라는 조직을 운영해 오며, 소수 화교들이 인도네시아 경제에서 큰 잠재력을 발휘하고 있다(양승윤 외, 1997). 이들은 특히 최근에 들어 그들의 정치 · 경제적 영향력이 강화됨에 따라 인도네시아 내 화교에 우호적인 문화를 형성하고자 노력하고 있다.

또한 인도네시아는 세계 최대의 이슬람 국가이다. 국민의 대다수가 무슬림이며 이슬람 사원을 중심으로 활동한다. 이들의 종교활동은 기도(Sholat), 단식(Puasa), 성지순례(Haji)를 포함한다(양승윤 외, 1997). 인도네시아 이슬람 문화는 정치 지향적이고 투쟁적인 성향을 나타나는 특징이 있는데, 이는 중동의 이슬람과 다소 차이가 있다.

인도네시아 문화의 또 다른 특색은 군도문화(pocket culture)라는 다양성이다. 여러 개의 군도(群島)로 이루어진 인도네시아에서 이 군도문화는 종족문화의 포용성과 함께 인도네시아 정치문화의 조화로운 융화를 위한 주요 정책 요소로 인식된다.

이와같이 인도네시아의 문화정책은 중국인 화교에 대한 유화정책, 인도네시아식 이슬람 부흥운동을 전개하는 무슬림, 그리고 다양하면서 모든 종족에 포용적인 군도문화의 특성을 조화롭게 포함하는 것을 목표로 하고 있다.

### 2) 문화정책 관련 법령

인도네시아는 헌법 23조에 "인도네시아 정부는 인도네시아 국가문화를 장려한다"라는 문구를 명시하며, 국민의 국가 문화유산을 보호 및 보전하고 장려 및 발전시키고자 하고 있다. 그러나 헌법 외의 구체적 법령이 아직 마련되어 있지 않아 인도네시아 문화에 대한 정책을 시행하는 데 다소 미흡한 부분이 있다.

## 제 4 절 교육·문화정책의 주요 내용

### 1 교육정책의 내용

인도네시아의 교육정책은 취학 전 교육, 초등교육(6년), 전기 중등교육(중학교, 3년), 후기 중등교육(고등학교, 3년), 3차 교육(대학교, 4년)으로 구성된다. [그림 5-4]는 교육 단계

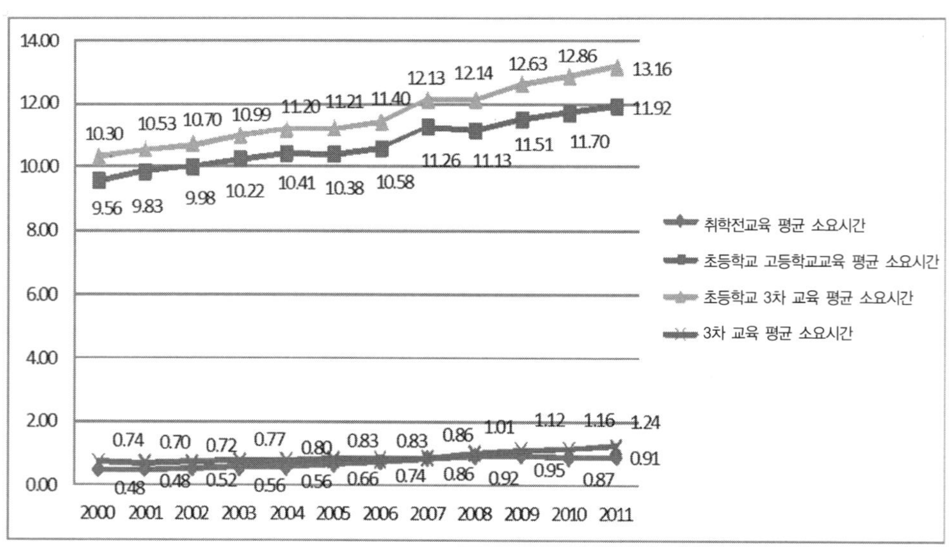


**그림 5-4** 교육 단계별 평균 소요 기간

출처: 유네스코 데이터센터.

별 평균 소요 기간을 정리한 것이다. 2000년대 이후로 학습 기간이 점차 증가하여 학제기간와 근접하고 있지만 3차 교육 기간은 다소 부족한 것으로 나타났다. 또한 각 단계별 교육정책을 개괄하여 살펴보면 다음과 같다.

### 1) 취학 전 교육

초등학교에 입학하기 전 교육 단계로서, 의무교육에 해당되지는 않는다. 보통 2년 과정으로 구성되어 있으며, 법적으로는 정규 교육과정에 속한다. 주로 기본적인 철자교육, 아동심리 발달, 성장 발달, 기본적인 도덕교육이 이루어진다. 2006년/2007년 인도네시아의 총 유치원 수는 82,203개였으며, 이 중에서 종교부 산하에 있는 유치원이 18,759개이고, 교육부 산하에 있는 유치원은 63,444개이다(World Bank, 2010; UNESCO, 2011: 15 재인용). 한편, 유치원 외에도 어린이집(Kelompok Bermain: KB)과 탁아소(Taman Penitipan Anak: TPA) 등의 시설이 유치원 교육의 기능을 대신하기도 한다.

### 2) 초등교육

1973년부터 제2차 국가개발 5개년계획에 따라 '대통령령 초등학교 프로그램'으로 초등학교 건설이 추진되어 최근까지 초등학교 90% 이상을 설립하여 초등교육 학생 수가 급속하게 증가했다. 초등교육은 7세부터 12세까지 6년간 무상의무교육으로 이루어지는데, 이는

**표 5-7 인도네시아 초등학교 학생 수 및 교사 수**

| 초등학교 | 2000 | 2001 | 2002 | 2003 | 2004 | 2005 | 2006 | 2007 | 2008 | 2009 | 2010 | 2011 |
|---|---|---|---|---|---|---|---|---|---|---|---|---|
| 학생 수 | 2,820 | 2,869 | 2,892 | 2,905 | 2,914 | 2,914 | 2,898 | 2,980 | 2,950 | 2,990 | 3,034 | 3,066 |
| 여자 학생 비율 | 48.3 | 48.6 | 48.6 | 48.7 | 48.7 | 48.3 | 48.2 | 48.1 | 48.4 | 48.3 | 49.5 | 49.5 |
| 교사 | 126 | 129 | 138 | 143 | 145 | 143 | 143 | 158 | 169 | 180 | 190 | 192 |
| 교사 1인당 학생 수 | 22.4 | 22.2 | 20.9 | 20.3 | 20.1 | 20.4 | 20.3 | 18.8 | 17.5 | 16.6 | 16.0 | 15.9 |

단위: 만 명, %/교사 1인당 학생 수: 명.
출처: 유네스코 데이터센터 www.unesco.org.

1983년 국민 교육의 날(Hari Pendidikan Nasionan) 선포 이후부터 시행된 기초의무교육 정책에 기인한 것이다. 이는 인도네시아 국민들에게 기초 교육을 이수할 기회를 제공하고 어린이의 노동착취 문제를 완화시키기 위한 목적으로 추진되었다(정광희, 2007: 28). 이와같이 정부의 기초의무교육 정책에 따라 중앙정부가 지방교육청을 통해 모든 교과서를 배포한다. 종교부 관할 하의 이슬람학교(Madrasah Ibtidaiyah)는 주로 지역학교(Pamong)로서 이슬람교와 특수지역사회의 수요를 충족하는 교육을 제공한다.

1학년에서 6학년에 해당하는 초등교육은 의무교육이기 때문에 학교 수와 교사 수가 충분히 확보되어 있는 것으로 나타났다. 2000년대 초반에 이미 교사 1인당 학생 수는 6명 이하를 유지하고 있으며, 학교 수도 충분히 많은 수를 확보하고 있었다(정광희, 2007: 38-39). 초등교육에서 다루는 과목의 교과의 내용은 국가 규제로 정해져 있으며(Regulation of the Minister of National Education, No.22 dated 23 March 2006), 2006년에 개정되어 이전 1996/1997 버전의 규제를 대체했으며, 일부 교과목의 변동이 있었다. 과목명으로 명시되었던 판차실라는 종교교육과 시민교육의 내용으로 포함되었다. 구체적인 과목의 내용은 아래 <표 5-8>에 제시했다. 1~3학년은 각 주제와 관련한 학습이 이루어지며 4~6학년은 정규

**표 5-8 초등교육 주당 시간표**

(단위: 시간)

| 학년 | 1학년 | 2학년 | 3학년 | 4학년 | 5학년 | 6학년 |
|---|---|---|---|---|---|---|
| 종교교육 | | | | 3 | 3 | 3 |
| 시민교육 | | | | 2 | 2 | 2 |
| 인도네시아 공용어(Bahasa Indonesia) | | | | 5 | 5 | 5 |
| 수학 | | | | 5 | 5 | 5 |
| 자연과학 | | | | 4 | 4 | 4 |
| 사회과학 | | | | 3 | 3 | 3 |
| 예술, 문화, 기술 | | | | 4 | 4 | 4 |
| 신체교육, 스포츠, 건강 | | | | 4 | 4 | 4 |
| 지역 특화 과목 | | | | 2 | 2 | 2 |
| 개인 개발 | | | | (2) | (2) | (2) |
| 총 주별 기간 | 26 | 27 | 28 | 32 | 32 | 32 |

출처: Regulation of the Minister of National Education, No.22 dated 23 March 2006. UNESCO(2011: 17) 재인용.

과목 수업을 하며 주당 4시간을 초과할 수 없다(한국교육과정평가원, 2012b: 9). 수업 1단위는 35분간 진행된다.

### 3) 전기 중등교육(중학교)

13세부터 15세까지를 대상으로 하는 전기 중등교육 또한 초등교육과 마찬가지로 무상의무교육의 대상이다. 초등학교의 의무교육 시행보다 이후인 1994년부터 의무교육이 시작되었다. 이에 따라 정부가 교과서를 무상으로 배포하지만 미처 보급하지 못하는 지역도 있다. 중학교 교육까지 의무교육이 확대된 것은 향후 고등교육을 받을 여유가 없는 계층의 학생이 이후 사회 변화에 대응하고 뒤떨어지지 않도록 하기 위한 목적에서였다. 초등교육이 보급됨에 따라 전기 중등교육에 취학하는 비율이 점차 늘고 있는 추세이다.

**표 5-9 인도네시아 중학교 학생 수 및 교사 수**

| 중학교 | 2000 | 2001 | 2002 | 2003 | 2004 | 2005 | 2006 | 2007 | 2008 | 2009 | 2010 | 2011 |
|---|---|---|---|---|---|---|---|---|---|---|---|---|
| 학생 수 | 905 | 947 | 942 | 993 | 1,016 | 968 | 1,029 | 1,150 | 1,096 | 1,143 | 1,180 | 1,193 |
| 여자 학생 비율 | 48.22 | 48.89 | 49.76 | 49.75 | 49.71 | 49.59 | 49.89 | 49.68 | 49.43 | 49.58 | 49.63 | 49.58 |
| 교사 | 53 | 63 | 68 | 66 | 68 | 75 | 80 | 84 | 88 | 88 | 92 | 84 |
| 교사 1인당 학생 수 | 17.2 | 15.1 | 13.9 | 15.0 | 14.9 | 12.9 | 12.9 | 13.7 | 12.5 | 13.0 | 12.9 | 14.3 |

단위: 만 명, %/교사 1인당 학생 수: 명.
출처: 유네스코 데이터센터 www.unesco.org.

중등교육이 의무화됨에 따라 2000년 이후로 학생 수와 교사 수가 점점 증가하고 있다. 2005년 기준으로 교사 1인당 학생 수는 13명까지 줄어들었다(정광희, 2007: 38-39). 9학년은 국가시험을 통과해야 중등교육 수료 증서를 받을 수 있고 고등학교 진학을 할 수 있다(UNESCO, 2011: 8). 규제로 결정되어 있는 전기 중등교육의 교과 내용은 <표 5-10>과 같다. 영어와 기술/ICT교육이 추가되며, 자연과학 및 사회과학은 통합자연과학 및 통합사회과학의 형태이다(한국교육과정평가원, 2012b: 11). 단위당 수업 시간은 40분이다.

**표 5-10 전기 중등교육 주당 시간표** (단위: 시간)

| | 7학년 | 8학년 | 9학년 |
|---|---|---|---|
| 종교교육 | 2 | 2 | 2 |
| 시민교육 | 2 | 2 | 2 |
| 인도네시아 공용어(Bahasa Indonesia) | 4 | 4 | 4 |
| 영어 | 4 | 4 | 4 |
| 수학 | 4 | 4 | 4 |
| 자연과학 | 4 | 4 | 4 |
| 사회과학 | 4 | 4 | 4 |
| 예술, 문화 | 2 | 2 | 2 |
| 신체교육, 스포츠, 건강 | 2 | 2 | 2 |
| 기술/ICT | 2 | 2 | 2 |
| 지역 특화 과목 | 2 | 2 | 2 |
| 개인 개발 | (2) | (2) | (2) |
| 총 주별 기간 | 32 | 32 | 32 |

출처: Regulation of the Minister of National Education, No.22 dated 23 March 2006; UNESCO(2011: 17) 재인용.

### 4) 후기 중등교육(고등학교)

후기 중등교육은 16세부터 19세까지의 학생을 대상으로 하며, 유상으로 이루어진다. 일반 고등학교와 이슬람 고등학교는 지식 보급, 교양 발달, 고등교육 이수자 육성을 목적으로 하고 있다. 일반 고등학교의 경우에는 10학년은 공통이지만 11~12학년은 사회과학이나 자연과학 그리고 언어로 전공을 세분하여 공부한다(UNESCO, 2011: 8). 자연과학은 물리, 생물, 화학 등의 세부 과목으로 분화되며, 사회과학도 역사, 지리, 경제, 사회, 인류학 등 세부 과목으로 분화되었다. 외국어, ICT, 기술 등의 과목도 세분화되어 추가되었다.

다음 학년으로 진급하기 위해서는 매 학기 최소 능력 기준을 통과해야 한다. 후기 중등교육은 유상교육에 해당하지만 공급이 꾸준히 늘고 있어 2000년대 이후로 꾸준히 학생 수 및 교사 수가 증가하고 있다. 교사 1인당 학생 수도 꾸준히 감소했으나. 2011년에 교사 수가 다소 감소하면서 교수 1인당 학생수는 다소 증가했다. 고등학교의 수업 시간은 단위당 45분이다.

**표 5-11** 인도네시아 고등학교 학생 수 및 교사 수

| 초등학교 | 2000 | 2001 | 2002 | 2003 | 2004 | 2005 | 2006 | 2007 | 2008 | 2009 | 2010 | 2011 |
|---|---|---|---|---|---|---|---|---|---|---|---|---|
| 학생 수 | 521 | 536 | 571 | 594 | 619 | 631 | 651 | 721 | 735 | 809 | 818 | 884 |
| 여자 학생 비율 | 47.8 | 48.6 | 47.7 | 47.7 | 48.0 | 48.0 | 48.5 | 48.8 | 48.4 | 48.2 | 48.7 | 48.5 |
| 교사 | 38 | 41 | 43 | 45 | 47 | 53 | 57 | 59 | 65 | 67 | 73 | 57 |
| 교사 1인당 학생 수 | 13.8 | 13.0 | 13.1 | 13.1 | 13.2 | 11.9 | 11.4 | 12.2 | 11.2 | 12.0 | 11.3 | 15.5 |

단위: 만 명, %/교사 1인당 학생 수: 명.
출처: 유네스코 데이터센터 www.unesco.org.

**표 5-12** 후기 중등교육 주당 시간표

(단위: 시간)

| 과목 | | 자연과학 선택 | | 사회과학 선택 | | 외국어 | |
|---|---|---|---|---|---|---|---|
| | 10학년 | 11학년 | 12학년 | 11학년 | 12학년 | 11학년 | 12학년 |
| 종교교육 | 2 | 2 | 2 | 2 | 2 | 2 | 2 |
| 시민교육 | 2 | 2 | 2 | 2 | 2 | 2 | 2 |
| 인도네시아 공용어 (Bahasa Indonesia) | 4 | 4 | 4 | 4 | 4 | 5 | 5 |
| 인도네시아 문학 | 0 | 0 | 0 | 0 | 0 | 4 | 4 |
| 영어 | 4 | 4 | 4 | 4 | 4 | 5 | 5 |
| 수학 | 4 | 4 | 4 | 4 | 4 | 3 | 3 |
| 물리학 | 2 | 4 | 4 | 0 | 0 | 0 | 0 |
| 생물학 | 2 | 4 | 4 | 0 | 0 | 0 | 0 |
| 화학 | 2 | 4 | 4 | 0 | 0 | 0 | 0 |
| 역사 | 1 | 1 | 1 | 3 | 3 | 2 | 2 |
| 지리학 | 1 | 0 | 0 | 3 | 3 | 0 | 0 |
| 경제학 | 2 | 0 | 0 | 4 | 4 | 0 | 0 |
| 사회학 | 2 | 0 | 0 | 3 | 3 | 0 | 0 |
| 인류학 | 0 | 0 | 0 | 0 | 0 | 2 | 2 |
| 예술, 문화 | 2 | 2 | 2 | 2 | 2 | 2 | 2 |
| 신체교육, 스포츠, 건강 | 2 | 2 | 2 | 2 | 2 | 2 | 2 |
| ICTs | 2 | 2 | 2 | 2 | 2 | 2 | 2 |

| 기술 | 2 | 2 | 2 | 2 | 2 | 2 | 2 |
|---|---|---|---|---|---|---|---|
| 외국어 | | | | | | 4 | 4 |
| 지역 특화 과목 | 2 | 2 | 2 | 2 | 2 | 2 | 2 |
| 개인 개발 | (2) | (2) | (2) | (2) | (2) | (2) | (2) |
| 총 주별 기간 | 38 | 39 | 39 | 39 | 39 | 39 | 39 |

출처: Regulation of the Minister of National Education No.22 dated 23 March 2006; UNESCO(2011: 22) 재인용.

**표 5-13 종교학교 후기 중등 주간 시간표**

(단위: 시간)

| 과목 | 종교학교 | |
|---|---|---|
| | 11학년 | 12학년 |
| 종교교육 | 2 | 2 |
| 시민교육 | 2 | 2 |
| 인도네시아 공용어(Bahasa Indonesia) | 4 | 4 |
| 영어 | 4 | 4 |
| 수학 | 4 | 4 |
| Holy Qur'an의 해석 | 3 | 3 |
| 예언자 모하멧과 관련된 지식 | 3 | 3 |
| 이슬람의 이해 | 3 | 3 |
| 신의 지식 | 3 | 3 |
| 예술(음악, 춤, 공연, 그림, 조각) | 2 | 2 |
| 기술 | 2 | 2 |
| 신체교육, 스포츠, 건강 | 2 | 2 |
| ICTs | 2 | 2 |
| 지역특화 과목 | 2 | 2 |
| 개인 개발 | (2) | (2) |
| 총 주별 기간 | 38 | 38 |

출처: Regulation of the Minister of National Education No.22 dated 23 March 2006; UNESCO(2011: 23) 재인용.

종교학교는 일반 학교와 달리 과학과 사회의 세부 과목을 배우지 않으며, 경전 해석, 예언자의 지식, 이슬람의 이해, 종교 지식 등의 과목을 배운다. 세부 내용은 <표 5-13>과 같다. 일반학교와 마찬가지로 단위당 수업 시간은 45분이다.

### 5) 고등교육

고등학교를 졸업하여 고등교육을 받는 학생들은 4년제 대학과 1~4년제의 단기대학, 전문학교로 진학한다. 대학은 총 3,216개이며 이 중에서 2.9%만이 국립대학교이다. 프로그램별로 살펴보면 교육 프로그램이 89.5%, 기술 관련 프로그램과 경제 관련 프로그램이 각각 82.4%이며 교육 및 철학 분야가 1.6%, 심리 관련 분야가 4.5% 그리고 예술 분야 프로그램이 8.4%이다.[8] 대학교에 입학하기 위해서는 고등학교 졸업시험인 EBTANAS 성적과 각 대학의 입학시험의 성적이 필요하다. 국립대학의 경우 통일대학시험을 수험해야 한다.

국가 차원에서의 교원양성 과정도 고등교육 단계에 해당된다. 교원이 되기 위해서는 고등교육 수준의 교육학부에서 교육문화부 장관에 의해 정해진 지침에 근거한 10가지 커리큘럼(학습계획, 학습 및 지도전략, 전공 과목 학습, 영어, 커뮤니케이션 및 IT, 기본 교육방법론, 교육심리학, 교육 소개, 교재개발론, 교육평가 및 연구방법론)을 이수 및 졸업을 해야 한다(정광희, 2007: 68).

**표 5-14 인도네시아 대학교 입학 및 졸업생 수**

| | 2000 | 2001 | 2002 | 2003 | 2004 | 2005 | 2006 | 2007 | 2008 | 2009 | 2010 | 2011 |
|---|---|---|---|---|---|---|---|---|---|---|---|---|
| 대학 입학 전체 학생 수 | 313 | 302 | 318 | 344 | 355 | 366 | 366 | 381 | 442 | 486 | 500 | 536 |
| 대학 졸업 전체 학생 수 | – | 48 | 51 | 55 | 61 | – | 496 | – | – | 80 | 81 | – |
| 입학생 대비 졸업생 비율 | – | 15.8 | 15.9 | 16.1 | 17.3 | – | 13.5 | – | – | 16.4 | 16.2 | – |
| 19-23세 인구 대비 입학생 비율 | 18 | 19 | 19 | 19 | 20 | 21 | 21 | 22 | 22 | 23 | 23 | 23 |

단위: 만 명, %

출처: 유네스코 데이터센터 www.unesco.org.

8) 인도네시아 한인신문 2013년 5월 21일 인도네시아의 대학교 설립 제도(http://haninpost.com/detail.php?number=5244)

이와 같은 고등교육은 국가에서 국제적으로 경쟁력을 확보하기 위해 꼭 필요한 요소이다. 국제 경쟁 환경에서 국가가 우위를 점하기 위해서는 고등교육의 탄탄한 제도 정비가 필요하다. 이에 인도네시아 정부는 첫째, 학생들의 요구 및 사회의 요구에 부응하는 고등교육, 둘째, 지식 기반의 경제로의 연구 및 교육훈련 프로그램, 셋째, 공공책무성 확보를 통한 민주적·다원적 문화사회 개발 시스템, 넷째, 안정적 예산 확보를 통한 대학의 종합재정 구조 강화를 목적으로 하는 고등교육제도를 추진하고 있다(정광희, 2007: 54).

그러나 고등교육기관의 성장은 여타 다른 기관의 성장보다는 떨어지는 양상을 보인다. 많은 고등학교 학생들이 고등교육기관의 비싼 학비를 감당하여 미래를 준비하기보다는 현실적으로 취업을 선택하기 때문이다. 또한 대학 진학 면에서 도시와 지방의 격차가 심한데, 이는 민족에 따라 교육에 대한 인식에 차이가 있는 것으로 볼 수 있다. 자카르타, 메단, 수라바야 등의 대도시에서 대학진학률이 높으며, 특히 화교, 바딱족, 발리족, 자바족이 고등교육을 선호한다. 또한 이들 고위 학력자들이 인도네시아 사회의 중심이 되고 있다(정광희, 2007: 50).

### 6) 직업훈련

인도네시아의 직업훈련 교육으로 상업, 가정 공업, 농업, 관광, 미술, 공예 과정이 개설되어 있다. 1993년 이전까지의 직업훈련은 전기 중등교육 과정과 유사한 수준으로 이루어졌으나, 1994년부터 전기 중등교육 과정이 의무화됨에 따라 전기 중등교육 수준의 직업훈련 과정이 폐지되었고, 후기 중등교육 수준의 3~4년제 직업고등학교와 고등교육 수준의 기술대학과 아카데미가 설립되어 운영되고 있다(정광희, 2007: 23).

## 2 문화정책의 내용

인도네시아는 동남아시아의 대표적인 다민족 국가로서 여러 소수의 전통문화를 보존하기 위한 문화정책을 적극적으로 추진하고 있다. 이러한 정책은 국가적인 통합을 이루는 중요한 역할을 한다. 인도네시아의 국가적 모토인 '다양성 속의 통합'이 시사하는 바와 같이 인도네시아 문화 정책의 목적은 각 종족의 다양한 문화를 인정하면서도 그것이 인도네시아의 큰 문화적 틀에 속하도록 하는 것이다(인도네시아 문화원 홈페이지).

인도네시아의 문화정책을 관장하는 교육문화부는 목록화 · 자료화 · 정보 제공 등의 방법을 사용하여 3천여 개의 단행본과 153종의 자료집을 간행하며 문화를 관리해 왔다. 국가 문화자원들을 세시풍속, 민속, 전통문화 등으로 목록화하고, 도서 발간 및 논문 작성을 추진하고 있다(임장혁, 2008).

### 1) 설화 보존 정책

인도네시아는 설화 보존 정책을 적극적으로 추진하고 있는데, 입을 통해 전승되는 음성민속(verbal folklore)과 몸짓 또는 유형의 물질 등을 통해 전승되는 비음성민속(non-verbal folklore)으로 분류되는 설화가 인도네시아 문화에서 큰 비중을 차지하고 있기 때문이다. <표 5-15>는 인도네시아 교육문화부가 추진하는 설화 관련 정책들을 보여준다.

**표 5-15 설화 관련 정책**

| |
|---|
| 교육, 문화 서비스 관련 지역 혹은 관련 기관이 주도로 설화의 목록 작성함. |
| 전설 글쓰기 경연대회: 전설을 이야기하면 청중이 들었던 전설에 삽화를 더해 이야기를 작성하는 대회임. |
| 설화와 관련된 서적을 편찬함. |
| 설화에 관한 아동용 동화 도해 경연대회: 인도네시아 교육문화부가 주도로 설화 관련 책자를 발간할 때, 삽화를 넣는데, 이와 관련한 경연대회임. 삽화가 아동들의 관심을 높일 수 있고, 이 대회를 통해 책 보급을 할 수 있다고 봄 · 또한 삽화가들의 기술을 설화 관련 책자에 명시하기도 함. |

출처: 임장혁(2008) 재구성.

### 2) 문화에 관한 교육 추진 정책

교육문화부는 인도네시아의 전통문화를 교육과정에 포함함으로써 학생들에게 국가의 문화를 이해시키고 계승하고자 하고 있다. 정규 및 비정규 교육을 추진하여 학생들이 다양한 인도네시아 문화 창조물에 대한 인식을 강화하고자 한 것이다. 구체적으로 인도네시아 공식 교육과정에 예술 관련 과목을 포함하여 학생들로 하여금 전통 공연예술을 학습하고 인도네시아 문화재를 보호하도록 장려하고 있다.

이러한 문화 관련 교육정책은 교육에 관한 법률 31조와 39절에 따라 의무화되어 있다. 초등교육과정에서 전통예술 관련 교육이 이루어지며, 중등교육과정에서는 음악, 무용극, 전래 이야기, 민간설화 등의 전통 공연예술 중에서 하나를 선택하여 이수하도록 규정되어 있다(임장혁, 2008).

한편 학교 외에서도 일부 교육이 이루어진다. 학교 외에서 이루어지는 비공식 교육은 대중교육이라고도 불리며, 주로 전통 문화예술 전문가에 의한 워크숍이나 개인, 단체를 통해 이루어진다.

## 제 5 절 결론

### 1 교육정책의 과제와 전망

인도네시아는 세계 4위의 많은 인구를 가진 국가로서 인적 자원이 풍부하다. 따라서 교육정책을 통해 부가가치를 창출하고 국가경쟁력을 강화할 가능성이 높은 국가이다. 인도네시아는 초등교육부터 고등교육까지 다양한 수준의 교육을 확대했고, 학생 수 및 교사 수의 면에서도 꾸준히 확장해 왔다. 국민의 교육 수준을 높이기 위해 초등교육에서부터 전기 중등교육까지 의무 교육화하여 국민의 교육 수준을 높이도록 하는 지금까지의 교육정책을 통해 인도네시아의 교육은 양적으로 많은 성장을 이루었다.

그러나 경제적 한계와 교육에 대한 인식의 한계로 고등교육으로의 진학이 실질적으로 크게 확대되지는 못해 전문성을 갖춘 고급 인력 양성의 질적 성장 측면에서 다소 한계를 보이고 있다. 국가경제의 규모가 확대되고 국제 사회의 변화에 적응할 수 있는 다양한 경제활동 및 기술 성장을 통한 국가 발전을 위해서는 고위 학력자의 양적 확대가 중요하기 때문에 향후 인도네시아의 교육정책은 전문화된 고급 인력을 양성하는 방향으로 발전되어야 할 필요가 크다.

이를 위해서는 국민의 교육에의 접근이 좀 더 수월하도록 교육환경과 교육 절차를 정비할 필요가 있다. 고등교육 과정으로 진학하도록 유도함으로써 전체 인구의 교육 수준을 향상시키고, 인도네시아 교육의 질적 향상을 도모할 수 있는 교육 서비스 및 교육 발전 프로그램을 개발해야 한다.

또한 선진 국가와 교육정책 교류 및 협력을 통해 인도네시아 교육정책의 질적 성장과 세계화를 도모할 필요가 있다. 선진 국가와의 교환 프로그램을 활성화하여 교육과정과 연구활동의 국제 교류를 확대하고, 선진 교육제도 및 교육 장비를 도입함으로써 인도네시아 교육제도를 전문 고등교육 중심으로 발전시킬 수 있을 것이다. 또한 다양한 교육훈련 프로그램과 연구 프로그램을 개발 및 지원하여 좀 더 다양한 교육 성과를 낼 수 있을 것이다.

## 2 문화정책의 과제와 전망

인도네시아는 다양한 인종과 언어, 종교로 구성된 국가로서 문화적 차이가 매우 크기 때문에 인도네시아 정부의 문화정책은 매우 중요한 역할을 한다. 현저한 문화의 차이는 정치 · 사회적 · 이데올로기적 차이보다도 더욱 큰 혼란을 야기할 수 있다. 따라서 인도네시아의 문화정책은 인도네시아인의 과거의 삶과 현재를 잘 연계하는 방향으로 추진되어야 한다. 이를 위해서는 인도네시아 문화정책의 진화가 필요하다.

구체적으로 각 지역의 고유한 무형 문화유산을 보호 및 발전시키려는 노력을 더욱 강화할 필요가 있으며 헌법 이외의 구체적 법령을 추가적으로 제정하여 인도네시아의 문화의 발전 및 변화를 주도할 수 있는 법 체계를 구축해야 할 것이다. 이와 더불어 기술적 · 행정적 · 재정적 지원 체계를 마련하여 더욱 견고한 제도 구축을 할 필요가 있다.

또한 최근 들어 지방자치가 강화된 상황을 잘 활용하여 각 지방별로 주도적으로 그 지역의 고유한 문화를 보전하고 발전 및 계승할 수 있도록 구체적 프로그램을 개발하고 관련 기관을 설치해야 할 것이다.

# 제 5 편 인도네시아 연구의 시사점

# 인도네시아 연구의 시사점*

지금까지의 논의를 바탕으로 인도네시아 행정 및 공공정책 연구가 우리나라에 주는 정책적 시사점을 요약하면 아래와 같다.

## 1 인도네시아는 정치·경제적으로 우리나라의 중요한 전략적 파트너로 받아들여야 한다

인도네시아는 약 2억 5천만 명에 이르는 인구의 넓은 내수시장과 풍부한 천연자원을 보유하고 있는 국가이다. 게다가 견실한 경제 성장을 지속하고 있어서 세계적으로 경제 협력 파트너로서 매력적인 국가로 부각되고 있다. 우리나라와 인도네시아는 1966년 영사 관계 수립과 1973년 대사급 외교 관계 수립 이후 전략적 동반자 관계를 수립하여 지속적으로 정치·경제 부문의 협력을 확대해 나가고 있는 중이다. 특히 인도네시아는 세계적인 금융위기 속에서도 내수 소비시장과 국내외 투자 증가 등으로 세계 평균인 5%를 상회하는 경제 성장을 보였으며, 재정적자 또한 1% 내외 수준을 유지하는 등 안정적인 국가 발전을 지속하고 있다. 현재의 발전 추세가 이어질 경우 인도네시아는 앞으로도 계속 세계 경제 질서 유지에 중요한 역할을 할 것으로 보인다.

이는 우리나라가 지속적으로 양국 관계를 발전시켜 나가야 한다는 당위성을 제공한다. 이미 인도네시아의 행정환경 분석에서 나타난 바와 같이, 인도네시아는 독특한 정치적·사

* 이 장은 황윤원 교수가 집필했다.

회적 · 문화적 특성을 지니고 있다는 점에서 우리나라로서는 이 점에 유의해서 양국 관계를 유지해 나가야 할 것이다. 따라서 인도네시아의 독특하고 다양한 정치적 · 문화적 · 역사적 배경에 대해 심도 있게 연구한 결과에 바탕을 두고 있어야 한다는 점에서 인도네시아에 대한 연구는 지속되어야 할 것이다. 이는 단순히 인도네시아와의 전략적 중요성뿐만 아니라 여타 동남아 국가들과의 관계를 고려하는 차원에서도 중요하기 때문이다.

## 2 인도네시아의 법률적 환경 개혁 실패 원인을 교훈으로 삼아야 한다

인도네시아의 헌법 및 법률적 환경은 최근 들어와 급변하고 있다. 삼권분립주의, 복수정당제, 행정개혁, 지방자치제 등 현대적 법률 인프라 구축이 강도 높게 진행되고 있다.

우선 통치구조가 복수정당제에 의한 대통령제 민주공화국으로 바뀌어 삼권분립(Trias Politica)을 헌법에 보장했다. 또한 2004년에는 국민자문의회가 진정한 국민의 대표로 탈바꿈하고, 대통령 직선제가 도입되면서 한 걸음 더 민주주의 체제를 강화시켰다. 재선된 현직 대통령 유도요노(Susilo Bambang Yudhoyono)는 민주당을 중심으로 정당 지도자들을 행정부처 장관으로 임용하고 정치적 안정과 강력한 통치권을 행사하고는 있지만, 적어도 형식적으로는 민주주의 체제를 표방하고 있다.

인도네시아 정부는 강력한 행정개혁에도 노력을 보이고 있다. 2012년 행정개혁 관련 주요 3개 법률안을 제출하여 현재 국회에서 논의 중에 있다. 이들은 정부기구 개편, 공무원제도 개선, 윤리강령 등에 관한 내용이다. 인도네시아 행정개혁의 핵심은 무엇보다도 부패 척결이다. 특히 정치부패 방지를 위한 제반 제도를 정비하고 있으며, 정치인의 윤리강령에 관한 법률, 옴부즈만 제도 도입으로 공직자의 업무 태도의 변화 촉구, 비대해진 관료조직의 축소 및 효율화 제고를 위한 노력 등이 그 예이다. 그럼에도 불구하고, 여전히 오랜 역사성을 갖고 있는 과거의 유산이자, 인도네시아 권위주의 체제의 유산이기도 한 부패, 담합, 연고주의(Korupsi, Kolusi, Nespotisme: KKN) 등은 풀기 어려운 숙제로 남아 있다. 말하자면 민주화 이후에는 부패가 테이블 밑이 아닌, 테이블 위에서 협상되고 있어, 이를 일컬어서 'middle man'이라고 하고, 이는 인도네시아에서 막후 세력을 의미하는 바 많은 관료가 이러한 브로커 역할을 하고 있는 점 또한 또 다른 해결 과제로 남아 있다.

그렇다고 해도 인도네시아 정부의 획기적 개혁 노력이 긍정적 결과를 낳고 있는 것도 많다. 예를 들면, 권위주의 시절에는 시민사회가 극심한 통제를 받았으나, 민주화 이후 인도네시아 NGO와 시민사회조직(Civil Society Organization: CSO) 등은 새로운 정치 참여의 기회를 갖게 되면서부터 시민사회 활동의 정치적 역량이 확대되어 왔다.

또한 지방자치제도 도입 이후에는 각 지역에서 시민단체 활동이 증가하고 있다. 예를 들면, 마을 단위 이슈와 관련된 시민단체는 마을발전포럼(The Forum Penembangan Pembahuran Desa: FPPD), 마을공동체 발전회의와 양해각서(MOU)를 체결하는 등 다른 선진국에서와 마찬가지로 관민 협력 하에 파트너십을 이행하는 사례도 늘어나고 있다. 지역정부 수준에서 이와같이 시민단체의 참여가 증가하면서 지역의 부패 방지 등을 위해 NGO들의 참여가 확대되고 지방정부들의 정책 입안, 집행감시 단계뿐만 아니라 자신들이 직접 지방정부의 업무를 집행하는 역할도 수행하고 있다.

이와같이 인도네시아의 법률적 환경은 헌법을 비롯한 하위 법률들의 정비로 개혁 작업이 가속화되고 있다. 정부의 행정 및 공공정책 수립과 집행 현장이 선진화되어 가고 있다는 점에서 이러한 인도네시아 정부에 대한 우리나라의 지원과 협력은 더욱 절실해지고 있다. 이미 우리나라는 인도네시아 정부의 개혁 과정에 선진 행정 기법, 부정부패 경험 등을 수출하고 있다는 점에서 이런 노력을 가속화시킬 방안을 모색할 필요가 있다. 부패 방지를 위한 다양한 제도 정비와 정책 수립에도 불구하고 여전히 어려움을 겪고 있다는 점은 우리나라도 이미 경험한 바이기도 하다. 그런 점에서 우리나라도 인도네시아의 법률 및 제도 개혁의 실패를 통해 어떤 교훈을 얻을 수 있는지 고민해 볼 필요도 있다.

## 3 인도네시아 정치적 환경 개혁의 핵심은 '권력 카르텔' 혁파이다

인도네시아는 1998년 민주화 이후 민주주의적 정치제도와 거버넌스 체제를 갖추고자 지속적 노력을 하고 있으며, 그 성과도 나타나고 있다. 다만, 다양성의 갈등을 조정하여 안정과 통합을 유지하고자 하는 단일국가 형성은 여전히 숙제로 남아 있다. 이는 전통적인 후견인주의가 정치·경제 분야에서 여전히 잔존하기 때문이다. 특히 유력 인물 중심 정당 운영이 선진 정치제도 운영상 가장 큰 문제로 보인다. 그 결과, 정당－정치인－관료－기업인의 '권력 카르텔'이 여전히 정치와 경제의 작동 메커니즘이고 부패의 중심축이 되어 있다는 점이다.

자유롭고 민주적인 정당정치와 선거정치의 활성화를 위한 제도 개혁도 성공적이라고 판단된다. 또한 정당의 결성 및 활동이 자유로워져 다원적 정당정치가 가능해졌고, 그 결과

정당이 정치의 중심이 되었다. 개방형 비례대표제의 도입과 정당만이 후보를 낼 수 있도록 한 것 역시 유권자의 대표성을 강화하고 정당정치를 강화한다는 점에서 긍정적이다. 다만, 이 과정에서 과거의 유력 인물이 정당의 지도자로 재부상하는 현상이 나타났다. 국민 과반 이상의 지지를 받는 안정적인 거대정당이 부재한 가운데 군소정당의 각축이 벌어져 왔고, 이러한 조건 하에서 유력 인물을 중심으로 연합하는 정당정치와 선거정치가 불가피한 실정이다.

정부-기업 간 관계에서 가족 체계에 바탕을 두는 경제 질서를 정당화하는 것은 인도네시아의 특수성을 보여주는 단적인 증거이다. 정당-정치인-정부-관료-기업의 상호 후원과 특혜로 맺어지는 카르텔 구조는 시정해야 할 주요 과제이다. 정부-NGO 관계에서는 과거 통제를 위주로 하면서 권장하는 이중적 관리전략이 사라졌고, NGO의 숫자도 급격히 늘어났다. 인도네시아 NGO는 크게 정부 친화적 개발 NGO와 정부 비판적 운동 NGO로 분류된다.

이와같이 인도네시아 민주주의는 정치 지형의 변화에 있으며, 제도 개혁을 통한 정치 지형의 개혁은 일부 성공했다고 평가되지만, 여전히 개혁 과정에서 운영이 미숙하여 기대한 만큼의 성과를 내지 못하고 있다. 그 중에서 특히 '권력 카르텔'의 혁파는 결정적이라고 할 수 있다. 이 점은 우리나라에서도 보이지 않는 '권력 카르텔'이 정치개혁의 걸림돌로 작용하고 있는지를 돌아보게 하는 시사점이라고 여겨진다. 인도네시아의 권력 카르텔은 워낙 명시적·직접적으로 드러나지만, 우리나라에서도 혹시 암묵적·간접적 연계가 무대 뒤에 숨겨져 있는지를 확인할 필요가 있다.

##  4 인도네시아는 행정개혁부가 개혁을 주도하여 성공하고 있으나, 개혁 피로 현상을 충분히 극복하지 못하고 있다

인도네시아는 1998년 혁명적 정부개혁 조치 이후 적절성, 투명성, 참여성, 효과성, 책임성 등을 제고하기 위해 소위 '좋은 거버넌스'를 지향한 지속적 노력을 전개하고 있다. 현재 유도요노 정부는 제2기에서도 정부개혁을 지속하고 있다. 인도네시아 정부의 조직 및 행정문화 개혁의 중심은 전방위적 공공 부문 개혁과 함께 이루어지고 있다.

수하르토의 장기 집권에 의한 정치·경제적 후퇴는 1990년대 말의 사회적 혼란을 초래했지만, 이러한 혼란이 오히려 인도네시아 정부개혁의 외부 동력으로 작용하게 되었다는 역설도 가능하다. 그 결과 과도한 중앙집권 시스템이 지방분권화로 이어지고, 관료제 부패 근절을 위한 전면적 개혁이 가능할 수 있었다. 이러한 동력에 힘입어 유도요노 대통령은 재선에 성공함과 동시에 더욱 강도 높은 정부개혁을 추진할 수 있었다. 그리하여 유도요노 정권은 내각뿐만 아니라 행정개혁부(KemenPAN & RB)의 창설을 통한 대대적 개혁을 시도하고 있다.

그럼에도 불구하고 인도네시아 정부는 여전히 정치화된 관료제의 무능과 타성을 완전히 극복하지 못하고 있다. 이는 결국 낮은 수준의 거버넌스 시스템을 온존시키는 원인으로 이어지고 있으며, 개혁의 동력을 상실시키는 원인이 된다. 그뿐만 아니라, 정부개혁의 창도기관인 행정개혁부를 중심으로 확산되는 개혁 피로 현상도 또 다른 문제점으로 지적된다. 즉, 행정개혁부가 스스로의 개혁에는 인색하다는 비판이다. 이는 개혁의 전략적 방향을 이끌 수 있는 리더십, 개혁기관 내부 역량, 개혁문화, 성과관리 시스템 등이 여전히 미흡한 수준이기 때문이라는 점이다. 따라서 가까운 장래에 인도네시아 정부는 또 다른 중요한 개혁의 전환기를 맞을 가능성이 크다. 인도네시아는 과거 장기간의 중앙집권적 정부 시대를 거쳐 급속한 민주화와 정치적·관료적 권력의 분권화를 경험하고 있지만, 정부 스스로의 개혁에 대한 흔쾌한 수용이 없는 한 개혁은 요원한 일이 될 것이다. 이는 우리나라에서도 그동안 경험했던 개혁 피로 현상의 극복, 개혁 주도기관의 부재 등 문제를 극복하는 데 참고가 될 것으로 보인다.

## 5 인도네시아 정부는 실적주의와 성과 중심의 인사제도를 더욱 강화해야 한다

인도네시아 정부는 1999년 공무원법을 제정하여 실적주의에 근간을 둔 현대적 공무원 인사제도의 개혁을 시작했다. 그 결과, 인도네시아 공무원은 낮은 급여에도 불구하고 사회적으로 존경받는 직업으로 여겨지고, 그 권위가 인정되는 직업으로 평가된다. 그러나 전반적으로는 여전히 관료제의 자질과 성과가 낮아 국민의 기대에 충분히 부응하지 못하고 있다. 이는 고객 지향적인 공직문화의 결여로 인한 것으로 공직자가 국민의 봉사자이기보다는 지도자라는 인식 때문에 공직사회 변화를 이끄는 데 커다란 걸림돌로 작용하고 있다. 또한 공무원의 임용, 승진 및 성과평가 과정에서 부패, 유착, 연고주의가 여전히 만연되어 있는 상황이다. ADB의 조사보고서는 인도네시아 공무원제도가 성과와 연계되지 않고 있다고 비판하고 있다. 또한 행정개혁의 주도기관인 행정개혁부(MENPAN), 국가공무원청(BKN), 국가행정원(LAN)은 실적보다는 절차에 집착하고 있으며, 여전히 경력을 중시하고 실적은 경시하고 있다. 그 결과, 보수의 현실화도 낮아 여전히 공직부패는 사라지지 않고 있다는 것이다. 따라서 인도네시아 정부는 또 다른 근본적인 공무원 인적자원관리 개혁 작업이 필요하다고 제언한다. 유능한 공무원 선발, 직위와 직무의 과학적 분석, 업무 성과와 능력에 기초한 객관적 보수 결정 체계 확립 등을 전제로 한 성과관리 시스템의 도입이 필요하고, 동시에 공무원 윤리강령을 제정하여 공직자의 기강을 확립할 필요도 있다는 것이다.

## 6 인도네시아는 이원적 예산편성 구조로부터 새로운 대안을 구축할 필요가 있다

인도네시아의 예산 운영의 가장 큰 문제점은 기득권 유지를 위한 칸막이가 많아 예산의 유연성이 낮다는 점이다. 이는 우리나라에서 특별회계 및 기금의 축소를 재정개혁의 중요한 과제로 추진되어 왔으나, 부처의 반발 속에 기대한 성과를 내지 못했던 경험과 유사하다.

인도네시아 의회는 한국에 비해 예산 편성 과정에서 역할이 더 큰 편이다. 그럼에도 불구하고 의회는 예산정책 관련 논의보다 개별 예산사업 논쟁에 대부분의 시간을 보내고 있어서 생산적인 예산 심의가 이루어지지 않고 있다. 이는 우리나라 국회가 과학적 예산 심의보다 정치적 논쟁으로 인해 법정 기한에 밀려 낭떠러지 예산 심의를 졸속으로 처리하는 경우에 대비된다.

인도네시아는 일반예산과 사업예산의 편성 주체가 재무부와 국가개발계획청(BAPPENAS)으로 이원화되어 있다. 이는 재무부가 일상예산과 신규 사업예산 배정 상 나타나는 갈등을 조정하도록 제도화되어 있지만, 결국 경제정책 조정권의 분할을 초래하기도 한다. 여기에 경제조정장관까지 있어서 갈등은 더 심화되고 있다. 이러한 예산편성권 분할 구조는 비효율성이 크고 책임성도 약화시키는 과도기적 형태라고 볼 수 있다. 따라서 우리나라의 경험에 비추어볼 때, 다음과 같은 제안이 가능하다.

첫째, 재무부와 국가개발계획청을 통합하여 과거 한국의 재정경제원과 같은 거대 부처를 만드는 방안이다. 예산권의 일원화는 쉽게 달성되나 이미 비대하고 강력한 두 부처를 통합하는 것은 조직의 비효율성을 심화시킨다는 우려가 있을 수 있다.

둘째, 재무부에게 예산권을 일원화하고 국가개발계획청은 중장기계획 수립에만 초점을 맞추는 대안도 가능하다. 실제로 재무부의 권한은 과거에 비해 더 커지고 있는 추세이다.

이 경우 중장기계획 수립은 예산 편성의 기본 방향으로만 작용할 뿐 실제 단년도 예산편성에 활용되기는 어려울 것이다.

셋째, 국가개발계획청으로 예산권을 일원화하는 대안도 생각할 수 있다. 과거 한국의 기획예산처와 유사한 모델이다. 이 경우 경제정책 수립과 예산편성과의 연계성이 문제가 될 것이다. 한국의 경제기획원은 그 연계성 해결을 위해 기획과 예산에 경제정책 기능까지 통합한 모델이다. 조직 구성에서 정답은 없지만, 일반적으로 경제개발계획의 중요성이 남아 있는 인도네시아와 같은 개발도상국에서는 예산권과 기획(계획) 기능을 통합하는 것이 좋다고 생각된다.

이렇게 보면 인도네시아에 적합한 예산 당국의 모델은 한국의 재정경제원, 경제기획원, 기획예산처 중 하나로 귀착된다. 이 중 어느 모델이 현 시점에서 가장 바람직한지에 대한 심도 있는 연구가 필요할 것으로 본다.

## 7 인도네시아는 획기적 지방행정 개혁을 시도했으나, 오히려 부정적 결과가 더 많이 발생했다

인도네시아는 수하르토 정권이 붕괴된 이후, 행정개혁(Reformasi)을 지속적으로 이어가기 위해 인도네시아 전역에 지방분권 체제를 전격적으로 도입하기도 했고(1999년 법 제22호), 이를 보완하기 위한 중앙–지방정부 간 재정균형법(1999년 법 제25호)도 뒷받침을 하면서 2001년부터 시행해 왔다. 이는 지방분권, 수평적 정부 관계, 재정분권 등의 제도적 개혁을 추진하는 동력이 되었다.

그 결과, 지방행정 서비스 이용자인 대부분의 국민이 정부에 대해 호의적 반응을 나타내게 되었다. 그러나 지방정부의 경제성장률은 오히려 하락했다는 비판도 없지 않았다. 또한 중앙정부와 지방정부 간의 역할, 책임 및 자원 배분에 대한 명확한 틀이 없어서 혼동을 야기하고 있다는 지적도 있다. 게다가 지방정부와 중앙정부 간 정책 결정의 중복 현상으로 경제활동의 불확실성이 해소되지 않고 있으며, 지방정부의 경제활동과 연관된 권한은 오히려 지방 투자 활성화에 장애가 되고 있다는 것이다. 따라서 지방분권 강화, 수평적 정부 관계, 재정분권에 대한 정부의 노력에도 불구하고, 오히려 개혁의 부정적 결과가 많이 나타난다는 문제점이 지적된다. 이는 정부개혁의 시행 과정에서 나타난 제반 장애물 때문으로 보고, 개혁 시행의 과학적 운영이 절실히 요청된다고 할 수 있다.

## 8 인도네시아 정부의 적극적 전자정부 구축 노력에 우리나라의 협력이 절실하다

인도네시아 정부는 전자정부 구축을 위한 다양한 노력을 기울이고 있다. 공공 부문의 과감한 ICT 정책 추진, 민간 부문을 위한 정부 통합 서비스 구축, 통신 접속 환경 개선 등 범국가적 전자정부 구축에 힘쓰고 있다. 그 결과, 이미 가시적 성과도 나타나고 있으며, 특허 정보화 컨설팅, 특허문헌 검색 시스템, 국가재정관리 시스템, 전자특허 출원 시스템의 구축 등이 그 사례이다. 그러나 여전히 전반적 정보화 수준은 미흡하다.

특히 하드웨어와 인프라 부문의 부족은 인도네시아 정보화의 진전과 정부의 통신 부문 발전에 가장 큰 장애 요인이라 할 수 있다. 또한 공무원들의 전자정부 도입에 따른 변화에 대한 저항, 정보통신기술 도입에 의한 정부 서비스 제공에 대해 시민과 기업의 미온적 태도 및 온라인 정부 서비스 제공에 대한 업무 부담감 등도 문제점으로 지적된다. 이와같이 인도네시아를 포함한 개발도상국에서의 전자정부를 발전시키고 성공시키기 위해서는 단순히 기존 관료제만을 변화시키는 것만으로는 부족하며 정부 패러다임 자체가 변화되어야 한다. 즉, 전자정부, 거버넌스, 민주화 등 시민 중심적 정부로의 변화를 맞고 있는 현 시점에서 인도네시아 정부는 전자정부 사업의 비전을 가지고 정부조직의 단순 재설계를 넘어선 정부 모형의 근본적인 변화를 추구해야 한다.

인도네시아 전자정부에 대한 구체적인 문제점으로 인프라 부족, 정치적 결단 및 리더십의 부족, 전자정부에 대한 회의론, 예산 부족과 인도네시아의 낮은 경제 발전 수준 등이 지적될 수 있다. 그 밖에도 정부조직 재설계 노력 부족과 다양한 정부부처의 업무 통합의 부재, 전자정부 프로젝트의 실효성에 대한 의구심, 지적재산권 문제, 낮은 PC 보급률 등도 문제로 지적된다. 이를 해결하기 위해서는 하드웨어 및 소프트웨어에의 투자 확대, 컴퓨터 대여 시스템의 활성화, 정부부처 간 연결망 강화, 데이터베이스의 구축 등이 필요할 것이다. 이와 함께 인도네시아의 특성인 언어와 민족, 종교의 다양성을 극복할 수 있는 인터넷 접근성을 높이고, 국민의 이해도를 증진하며, 관료들의 인식 변화를 유도하는 교육 강화, 사이버 관련 법률의 정비, 각 지방과 중앙 간의 정보 격차를 줄일 수 있는 기반 시설을 갖추어야 할 것이다.

인도네시아는 최근 전자정부 발전에 특별한 노력을 기울이고 있어서 다른 아시아권 국가들과 달리 향후에는 전자정부의 성과가 급속히 나타날 것으로 기대된다. 현재 인도네시아 정부가 추진하는 전자정부 실행계획과 정보통신 관련 지식과 능력을 갖춘 인력의 보완이 가시화되는 3~4년 후에는 그 성과가 높을 것으로 예상된다. 따라서 인도네시아 정부의 적극적인 노력과 인도네시아의 필요성에 호응하여 IT 통신기술 강국인 우리나라가 양국 간의 우호적인 관계 증진 및 경제적 성과를 위해 다양한 건설적인 대안을 제공할 필요가 있다.

## 9 행정통제는 다양한 장치에도 불구하고 의식의 부족으로 시행상 문제점이 노정된다

인도네시아는 통제적 권위주의 정부가 붕괴한 1998년 이후 급속한 변화를 겪어 왔다. 과거 권위주의 체제의 인도네시아는 대통령을 중심으로 중앙정부가 막강한 권한과 권력을 행사했었고, 이러한 견제되지 않은 행정통제 권력은 연고주의(KKN)와 연계되어 극심한 행정 비효율을 초래했다. 이는 행정의 투명성, 책임성, 효율성 등을 약화시키는 원인이 되었다.

인도네시아 정부는 행정의 책임성 제고와 공무원의 부패를 방지하고자 다양한 제도와 정책을 도입하고 있으나, 그 성과는 여전히 미진하다. 대표적인 제도적 장치로는 의회의 대통령 탄핵소추권, 예산승인권, 각료임명권 등의 권한을 통해 정부를 통제할 수 있고, 사법부도 행정기관 권한 남용과 위법한 행정행위 시정 조치가 제도화되어 있다. 행정부 내부통제 장치로는 감사기관인 감사원(BPK)과 재정 및 개발감독위원회(BPKP)가 정부기관의 회계감사를 담당하고, 옴부즈만(NOC)은 부당 행정행위를 조사하는 권한을 가지고 있다. 민중통제는 1990년대 후반 이후 진행된 사회의 민주화와 더불어 시민사회와 언론에 의한 행정통제도 점차 강화되고 있다.

이 같은 행정통제에 관한 인도네시아의 제도적·사회적 변화에도 불구하고 그 실효성에 대해서는 여전히 의문이 남는다. 무엇보다도 행정통제의 책임을 안고 있는 기관들 스스로가 부패의 문제에서 자유롭지 못하기 때문이다. 인도네시아의 의회와 사법기관의 부패는 여전히 심각할 뿐만 아니라 이들 기관에 대한 사회적 신뢰가 높지 않아 행정부에 대한 감시와 견제가 원활하지 못하다는 시각이 지배적이다. 그뿐만 아니라, 시민단체와 언론 또한 부패에 연루된 경우가 있어 정부에 대한 감시와 간접적 통제도 용이하지 못한 측면이 있다. 아울러 정부기관에 대한 감사 권한이 있는 기관은 효과적인 감사를 수행하기에 자체 역량이 부족한 한계를 보이고 있다.

##  인도네시아의 공공정책 과정은 여전히 연고주의가 만연되어 있어서 합리적 정책결정에 대한 노력이 요구된다

인도네시아는 개혁의 시대(Refomasi Era)의 공공정책 과정과 수하르토 정부의 새 질서 시대(New Order Era) 간에 큰 차이가 있다. 인도네시아는 민주주의를 도입하면서부터 모든 분야의 정책결정 과정에 대한 사회의 관심과 참여가 높아지고 있고, 정책결정을 둘러싼 다양한 정부기관과 이해관계자들 간의 견제와 균형이 자리 잡아 가고 있다. 과거 정부에서 대통령을 비롯한 소수 정책결정자들에 의해 좌우되던 권위적 정책결정은 민주주의적 선거를 통해 국민과 사회의 관심을 반영하는 정도가 높아지고 있다.

이러한 긍정적인 변화에도 불구하고 인도네시아의 정책결정 과정의 합리성과 효율성, 책임성과 민주성의 수준은 여전히 높다고 평가되지 못한다. 무엇보다 정책을 형성하는 가장 중요한 책무를 지고 있는 중앙부처, 지방정부 및 공무원들의 정책결정과 집행 역량이 높지 않기 때문이다. 아울러 민주주의가 진전되고 있긴 하나 연고주의(KKN)의 관행이 여전히 남아 있는 점도 합리적·과학적 정책결정을 저해하는 요소로 지목되고 있다.

최근 비교적 견실한 경제 성장을 바탕으로 현 유도요노 정부는 국가중장기발전계획을 수립하여, 부문별·영역별·지역별 발전에 관한 정책적 방향과 과제를 제시하고 있다. 그러나 국가계획을 수립과 집행, 그리고 이를 모니터링하고 평가할 수 있는 제도적 기반과 역량이 부족한 현재의 상황을 고려하면 인도네시아 정부가 국가 개발 목표를 견실히 달성할 수 있을지에 대해서는 여전히 의문이 남는다.

##  인도네시아는 글로벌 외교, ASEAN 공동체 구축, 국가 통일 등 외교·안보정책 기조를 표방하고 있다

1998년 민주화 이후 인도네시아 외교·안보정책은 더 이상 종전처럼 대통령의 결정이 지배적이지 못하다. 인도네시아 정당정치의 특수성으로 인해 유력 인물을 중심으로 하는 정당이나 계파 간 연합이 선거 승리와 국정 운영에서 중요한 기능을 수행하는 만큼, 대통령은 이러한 인물 연합을 정책 네트워크로 활용하는 것으로 보인다. 민주화 이후 또 다른 하나의 변화는 시민사회단체, 특히 이슬람단체가 외교·안보정책에서도 영향력을 행사하게 된 점이다. 인도네시아 군은 전통적으로 안보정책에서 중요한 영향력을 행사해 왔지만, 민주화 이후 자체적인 개혁을 시행했지만, 그 개혁은 민간 권력에 지배를 받기보다는 민간과 권력을 공유하는 방식으로 이뤄졌다. 군의 권한과 위상은 발리 테러 후 대테러전 체계를 갖추는 과정에서 다시 강화되었다.

2004년 후 인도네시아 외교·안보정책의 특징은 다음과 같이 몇 가지로 요약할 수 있다.

첫째, 신국제주의 외교정책 기조에 따른 글로벌 외교이다. 이를 위해 인도네시아는 지역에 국한하지 않고, 이데올로기에 구애받지 않으며, 또 미국 등 서방 강대국으로부터 경제적 지원을 받으면서도 독자적이고 적극적인 목소리를 내고 있다. 이는 인도네시아의 광대한 시장 규모, 그리고 이슬람 사회로서 민주주의를 성취한 성과를 바탕으로 한다.

둘째, ASEAN공동체 건설을 위한 노력이다. 인도네시아는 ASEAN을 민주주의 가치를 실현하는 국민연합으로 발전시키기를 제안하고 있는 것이다. 이는 ASEAN을 안보협력체 및 경제협력체로 규정해 온 기존의 관점을 넘어 민주주의를 지향하는 가치공동체로 재정의하고 있다는 점에서 의의가 있다.

셋째, 다양한 국제적 이슈를 놓고 전개되는 국제적 협력이다. 인도네시아의 국제문제 해결을 위한 협력은 비단 이러한 유형에만 국한된 것은 아니다.

넷째, 국가 통일이라는 내적 안보의 고수이다. 동티모르 독립 후 아체 분리·독립 문제에서 여실히 재현되었듯이 분리주의에 반대하고 영토 주권, 국가 통일을 보존하는 것은 여전히 인도네시아 안보정책에서 주축이 되고 있다.

우리나라와 인도네시아의 외교 관계에서는 다양한 분야에서 활발한 협력적 외교가 이뤄지고 있다. 특히 안보·외교에서는 양자 간의 협력뿐만 아니라 아세안지역포럼을 바탕으로 하는 다자적 협력도 활발하다. 개발 협력 외교에서 인도네시아는 우리나라의 수원국 중 하나이고, 이 분야에서의 관계 증진 역시 향후 양국 간의 우호적 관계를 유지·발전시키는 데 기여할 것이다.

## 12 인도네시아의 경제·산업·과학기술정책에서 가장 중요한 것은 부정부패를 척결할 인프라의 구축이다

인도네시아는 높은 경제성장률과 낮은 인플레이션으로 동아시아에서 두 번째로 빠른 성장세를 보이고 있다. 1인당 국민소득이 2009년 2,268달러였으나, 2012년에는 3,500달러를 초과할 것으로 기대되고 있다. 인도네시아는 넓은 내수 기반과 풍부한 천연자원을 기반으로 활발한 경제활동을 보이고 있다. 그러나 지니계수는 지속적으로 높아지고 있어서 경제 불평등도 높아지고 있다. 특히 인도네시아 경제는 상대적으로 지하경제의 비중이 높은 것으로 알려져 있다. 이러한 지하경제의 소득까지 포함하면 실제 소득 불평등은 더욱 심할 것으로 생각된다.

인도네시아는 독립 요구가 끊이지 않는 지방자치단체를 끌어안고 단일국가를 유지하는 비용이 크게 소요되고 있다. 지방에 대한 보조금은 중앙정부 재정에 직격탄이 되고 있으며, 중앙정부의 선도적 역할은 지방에까지 잘 흘러 들어가지 않고 있다. 중앙정부가 지방에 영향력을 행사하기 어려운 구조이기 때문이다. 그러나 이는 인도네시아가 가지고 있는 태생적 한계라고 생각된다. 경제 성장이 중앙정부의 힘을 키워주면 향후 나아질 사안이기도 하다. 해결할 수 있으나 해결되지 않는 문제, 그것은 전력, 교통, 항만과 같은 인프라가 부족하고, 정부와 기업에 부패가 만연하고 있는 점이다. 이 중 인프라 부족 현상은 점진적으로 개선되고 있어서 긍정적이지만, 부정부패의 만연은 정부가 적극적으로 조속히 해결해야 할 정책 과제이다. 인도네시아가 향후에도 지속적인 성장을 하기 위해서는 담합구조와 부정부패를 다스리는 것이 가장 중요한 과제가 될 것이다. 이와같이 인도네시아의 경제 · 산업 · 과학기술정책은 고무적인 경제 성장에 맞추어 국가 기반 인프라 구축과 정부와 기업의 결탁 척결이 우선적으로 해결되어야 할 것이다.

## 13 인도네시아의 보건 · 복지 · 환경정책은 개발의 그늘에 가려져 소홀히 다루어지고 있다

인도네시아에서는 경제 개발 국가 이데올로기 때문에 보건 · 복지정책과 환경정책은 상대적으로 소홀히 다루어지고 있다. 또한 보건 · 복지정책과 환경정책의 관계는 상호보완적이 아니라 상충적이었다. 풍부한 자연자원의 개발이 빈곤 문제 해결을 위한 경제 개발의 밑거름이 된다는 인식을 가지고 있기 때문이다. 경제 개발과 복지의 관계도 상충 관계를 설정하고 있었다. 경제 발전을 통해 빈곤 문제를 해결한다는 생산적 복지 체제를 구축하고 있기 때문에 비록 절대 빈곤에 처해 있는 국민이 많을 지라도 복지 수준은 최소 복지에 그치고 있다.

보건 · 복지정책에서는 실업보험이나 사회복지 서비스가 동시에 부족한 상태이다. 사회보험 중에서 특히 실업보험은 미비되어 있고, 사회복지 서비스 분야에서는 노인복지, 장애인복지, 아동복지의 명목으로 사업은 추진되고 있지만 그 내용을 보면 사회보험과 공공부조에 연결된 프로그램이 대부분이었다. 또한 노인복지는 노령연금과 연결되는 프로그램으로 구성되어 있어 노령연금에서 제공되는 서비스와 큰 차이를 발견할 수 없었다. 보건복지 영역에서 가장 큰 문제는 의료 인력, 약사 인력, 간호사 인력, 그리고 조산사의 인력이 크게 부족하다는 점이다. 의과대학 졸업자들은 의무적으로 1년간 지역에서 일을 하도록 강제하고 있지만 의무 기간을 근무한 후에 농어촌 지역에 남는 의료 인력은 거의 없는 게 현실이다.

환경정책은 지속가능성 관련 정책이 미비된 상태이며, 효율적인 환경 거버넌스 부족이 환경정책에서 최대의 문제로 지적되고 있다. 부패가 숲을 파괴하는 주범으로서의 역할을 하고 있으나, 단속을 위한 거버넌스의 부족으로 실효를 거두지 못하고 있다. 또한 환경 보존을 위해서는 큰 규모의 재정 지원이 필요하기 때문에 세계은행(World Bank)과 같은 국제금융기관에서 나서고 있지만, 재정 지원이 부족한 것도 문제로 지적된다.

이와같이 인도네시아의 보건·복지·환경정책은 상대적으로 매우 열악한 수준이며, 개발의 그늘에 가려져 보건의료, 복지, 환경 보존 등은 소홀히 다루어지고 있다고 보인다.

##  14 인도네시아는 풍부한 인적 자원에 대한 교육정책을 강화하고, 문화의 다양성을 활용하는 문화정책을 수립해야 한다

인도네시아는 세계 4위의 인구를 가진 인적 자원이 풍부한 국가로서 올바른 교육정책이야말로 가장 중요한 정책 분야라고 할 수 있다. 따라서 적극적 교육정책을 통해 부가가치를 창출하고 국가경쟁력을 제고할 수 있는 가능성이 높은 국가이다. 이런 이유로 인도네시아 정부는 다양한 종류의 학교를 확대하고, 학생과 교사의 수를 늘려 왔다. 전 국민의 교육 수준 향상을 위해 초등교육에서부터 전기 중등교육까지 의무 교육화하는 등 인도네시아의 교육은 양적으로 많은 성장을 이루었다는 점에서 긍정적으로 평가될 수 있다.

그러나 경제적 한계와 교육에 대한 인식 부족으로 고등교육으로의 진학이 실질적으로 크게 확대되지는 못해 전문성을 갖춘 고급 인력 양성의 질적 성장 측면에서 한계를 보였다.

따라서 인도네시아는 교육 시스템 개편을 통한 국민의 교육 접근성을 높이고, 교육환경과 교육 절차를 정비할 필요가 있다. 고등교육을 촉진시켜 전체 인구의 교육 수준 향상과 교육의 질적 향상을 도모할 수 있는 교육 서비스 및 교육 발전 프로그램을 적극적으로 개발해야 한다. 동시에 인도네시아 교육정책의 질적 성장을 도모하기 위해 교육 선진국들과의 교환 프로그램을 활성화하여 교육과정과 연구활동의 국제 교류를 확대하며, 선진 교육 제도 및 교육 장비를 벤치마킹함으로써 인도네시아 교육제도를 선진화시켜야 한다.

인도네시아는 다양한 인종과 언어, 종교로 구성된 국가로서 문화적 차이가 매우 크기 때문에 인도네시아 정부의 문화정책은 매우 중요하다. 현저한 문화의 차이는 정치·사회적·이데올로기적 차이보다도 더욱 큰 혼란을 야기할 수 있다. 따라서 인도네시아의 문화정책은 인도네시아인의 과거의 삶과 현재의 실제를 잘 연계하는 방향으로 추진되어야 한다. 이를 위해서는 인도네시아 문화정책의 획기적 변화가 필요하다.

구체적으로 각 지역의 고유한 무형문화 유산을 보호 및 발전시키려는 노력을 더욱 강화할 필요가 있으며, 헌법 이외의 구체적 법령을 추가적으로 제정하여 인도네시아의 문화의 발전 및 변화를 주도할 수 있는 법 체계를 구축해야 할 것이다. 이와 더불어 기술적·행정적·재정적 지원 체계를 마련하여 좀 더 견고한 제도 구축을 할 필요가 있다. 또한 최근 들어 지방자치가 강화된 상황을 잘 활용하여 각 지방별로 주도적으로 그 지역의 고유한 문화를 보전하고 발전 및 계승할 수 있도록 구체적 프로그램을 개발하고 관련 기관을 설치해야 할 것이다.

# 참고 문헌

## 국내 문헌


강대창 외 (2011a). 한국·인도네시아 중장기 경제협력 방안 연구: 지역개발과 인적 자원을 중심으로, 「경제인문사회연구회 세계지역 종합연구총서」. 11-04-20. 대외경제정책연구원.

——— (2011b). 동남아시아: 이슬람 경제의 이해: 말레이시아와 인도네시아를 중심으로, 「동남아시아 2, 전략지역심층연구논문집 3」. 대외경제정책연구원.

강영순 (2008). 현대 인도네시아 선거정치에서 이슬람 조직의 경쟁과 협력: 나흐다뚤 울라마와 무함마디야를 중심으로. 신윤환 엮음. 「동남의 선거와 정치사회적 변화」. 서울: 서강대학교출판부.

국방부 (2010). 「2010 국방백서」.

권율 외 (2009). OECD/DAC 주요 규범과 ODA 정책 개선 방안. 서울: 대외경제정책연구원.

김석수 (2002). ASEAN의 발전과 국제관계의 변화. 강태훈 외. 「동아시아 지역질서와 국제관계」. 서울: 오름.

김장겸 (2006). 「비즈니스를 위한 인도네시아의 문화 코드」. 다해.

김재원 (2007). 특집: 현대의 민족문제와 다문화주의; 인도네시아: 판차실라의 나라-인도네시아. 「민족연구」, 30: 65-89.

김홍구·윤진표 (2002). 태국과 인도네시아의 시민사회운동 비교. 「한국태국학회논총」, 9: 89-133.

남경보 (2009). 인도네시아 화인과 토착민의 갈등에 관한 연구; 1998년 5월 反 화인폭동 사건을 중심으로. 연세대학교 대학원 석사학위 논문.

문명재 외 (2012). OECD 인도네시아 지역 전자정부 보고서.

방민석 (2009). 인도네시아 정보화와 전자정부 구축에 대한 탐색적 연구. 「한국지역정보화학회지」, 12(3): 25-50.

백승주 (2009). 해외지역정보-인도네시아 국가리포트. 「수은해외경제」, 2008년 4월호: 133-146.

한국수출입은행.
변해철 (2012). 인도네시아 헌법의 기본 이념인 판차실라의 형성 과정과 의미, 「토지공법연구」, 156.
서우택 (2012). 공적개발원조(ODA)가 개발도상국 경제성장에 미친 영향에 관한 실증적 연구 인도네시아, 필리핀, 베트남을 중심으로. 홍익대학교 박사학위 논문.
알위스 무라드 (1997). 인도네시아 문화: 다양성 속의 통일. 「민족과 문화」, 5: 269-291.
앤소니 스미스 (Anthony L. Smith)(2005). 인도네시아 리바이어던의 변신. John Funston (ed.). *Government and Politics in Southeast Asia*. 정연식 외 옮김. 「동남아의 정부와 정치」. 서울: 심산.
양승윤 (2009). 인도네시아 분리주의 운동에 관한 연구. 「동남아연구」, 14(2): 161-193.
——— (2010). 「인도네시아사」. 한국외국어대학교출판부.
양승윤 · 박재봉 · 김긍섭 (1997). 「인도네시아 사회와 문화」. 한국외국어대학교출판부.
왕왕버 (2012). 아세안: 동남아 화교사회 시리즈: 차별을 넘어 부상하는 인도네시아의 화교. *CHINDIA Journal*, 58-60.
외교통상부 (2012). 「2012 외교통상백서」.
외교통상부 · 대외경제정책연구원 (2007). 한 · ASEAN FTA 주요 내용.
윤여필 (2009). 인도네시아 2010년 IT 시장 전망. KOTRA 인도네시아 자카르타 무역관. 2009.12.21.
이와사키 이쿠오 (2002). 「아시아국가와 시민사회」. 최은봉 편역. 서울: 을유문화사.
이재호 외 (2011). 인도네시아의 주요 산업(에너지 · 광물자원, 신생에너지, 인프라 건설). KIEP-KOTRA. 유망국가연구산업. 11-06.
임장혁 (2008). 아시아 각국의 무형문화유산 정책. 「비교민속학」, 37: 461-506.
정광희 (2007). 「인도네시아의 교육 현황 및 발전과제」. 한국교육개발원.
정영규 (2008). 인도네시아 IT 산업과 경제협력 전망. 「한국이슬람학회 논총」, 18(2): 245-267.
전제성 (2009). 인도네시아의 민주화와 '아세안 리더십'. 「동아시아공동체의 동향과 과제 · 협력에서 공동체로」. 서울: 이매진.
정충식 · 엄석진 (2011). 개발도상국 전자정부 지원 전략: 전자정부 ODA 지원 체계를 중심으로. 「한국행정학회 동계학술대회 발표논문집」. 1-22.
조흥국 외 (2011). 동남아시아의 최근 정치 외교에 대한 전략적 평가: 태국, 베트남, 인도네시아, 필리핀을 중심으로. 「대외경제정책연구원」.
최경희 (2008). 민주화 이후 인도네시아의 선거와 정치구조의 변화. 신윤환 엮음. 「동남의 선거와 정치사회적 변화」. 서울: 서강대학교출판부.
——— (2010). 민주주의 심화 과정에서 본 2009년 인도네시아 선거에 관한 연구. 「한국정당학회보」, 9(2): 279-309.
한국교육과정평가원 (2012a). 인도네시아의 국가개관 및 교육제도.
——— (2012b). 인도네시아의 초중고등학교 교육과제 수료.

한국국제협력단(2011). 「인도네시아 CPS 초안」.
———(2012). KOICA 2011년 연보.
한국소프트웨어진흥원(2008). 인도네시아S/W 시장 현황과 시사점. 「SW 산업동향자료」(2008.10.20). 한국소프트웨어진흥원.
한국수출입은행(2008). 인도네시아 국가 현황 및 진출 방안.
홍승연(2005). 인도네시아 통신개혁 현황. 「정보통신정책」, 17(6): 32-38.

## 국외 문헌

Abikusno, Nugroho (2007). *Older Population in Indonesia: Trends, Issues and Policy Responses*. UNFPA Indonesia and Country Technical Services Team for East and South-East Asia, Bangkok.
Antlöv, H., Ibrahim, R., & van Tuijl, P. (2005). "NOG Governance and Accountability in Indonesia: Challenges in a Newly Democratizing Country," mimeo.
Arifianto, Alex (2001). "Corruption in Indonesia: Causes, history, impacts, and possible cures," mimeo, Department of Economics, Brandeis University.
———(2006). The New Indonesian Social Security Law A Blessing or Curse for Indonesians? *ASEAN Economic Bulletin*, 23(1): 57-74.
Aritenang, Adiwan F. (2009). *The Impact of Government Budget Shifts to Regional Disparities in Indonesia: Before and After Decentralisation*. Indonesia.
Armida, Alisjahbana (2012). *Effective Public Spending: The Case of Infrastructure*, Ministry of National Development Planning/National Development Planning Agency Government of Indonesia.
Asian Development Bank(ADB) (2004). *Country Governance Assessment Report: Republic of Indonesia*.
Asian Ombudsman Association (AOA) (2010). "AOA Fact Sheet: Ombudsman Republik Indonesia," AOA.
Aspinall, E. (2004). "Indonesia: Transformation of Civil Society and Democratic Breakthrough," in M. Alagappa (ed.), *Civil Society and Political Change in Asia: Expanding and Contracting Democratic Space*, Stanford: Stanford University Press.
Bank Indonesia (2007), "Financial System Stability: What Why and How?."
———(2012a), Global Economic Development and Policy. 2011 Economic Report on Indonesia: Chapter 1.
———(2012b), Indonesia's Economic Resilience: Amid Global Economic Uncertainty,

2011 Economic Report on Indonesia-ISSN 0522-2572.

Bintoro, T. (1991). "Public administration in Indonesia," Jakarta(mimeo).

Blöndal, Jón R. et al. (2009). *OECD Journal on Budgeting: Budgeting in Indonesia.*

Blöndal, Jòn R., Ian Hawkesworth, & Hyun-Deok Choi (2009). "Budgeting in Indonesia," *OECD Journal on Budgeting*, Volume 2009/2-ISSN 1608-7143.

Chalmers, I. & Vedi, R. Hadiz, editors (1997). *The Politics of Economic Development in Indonesia: Contending Perspectives Edited, Routeledge Studies in the Growth Economies of Asia*, USA and Canada: Routledge.

Choi, J. (2009). "What holds Indonesia Back? Structural roots of corruption reform," Paper presented at the 2009 Korean Association for Public Administration International Conference, October 22-24, 2009, University of Incheon at Songdo Campus, Korea

Commenwealth Advanced Seminar (2003). Decentralization in the Post New Order Era in Indonesia.

Croissant, Aurel (2004). Changing Welfare Regimes in East and Southeast Asia: Crisis, Change, Challenge. *Social Policy and Administration*, 38(5): 504-524.

Crouch, H. (2005). "Parliamentalism and Military Rule in Indonesia," *World Politics* 4(31): 571-587.

Datta, A., Jones, H., Febriany, V., Harris, D., Dwei, R. K., Wild, L. & Young, J. (2011). "The Political Economy of Policy-Making in Indonesia: Opportunities for Improving the Demand for Use of Knowledge," Working Paper 340, Overseas Development Institute.

Dedi, M. Masykur Riyadi (2009). Indonesia's Endeavour for Aid Accountability and Transparency. presented at the High-level Symposium on Accountable and Transparent Development Cooperation: Towards a More Inclusive Framework.

Denny, Indrayana (2008). *Indonesian Constitional Reform 1999~2002: An Evaluation of Constition-Making in Transition*, KOMPAS Book Publishing, Jakarta.

Dewi, U. & Winarsih, A. S. (2012). Career path planning for Indonesian public servant, International Conference on Public Organization. February, 21. 2012.

Djohani, Rianingsih (2008). Panduan Penyelenggaraan Musyawarah Perencanaan Pemangunan DESA.

Djojosoekarto, A. (2003). "The National Ombudsman Commission(NOC) as the Custodian and the Conscience System of Access to Justice for the Underprivileged in Indonesia," UNDP.

Drakeley, Steven (2005). *The History of Indonesia*, USA: Greenwood Press.

Dwiputrianti, S. (2011). "Role of the Indonesian Supreme Audit Institution (BPK) in Financial Transparency and Performance Accountability," Paper presented at the

ASIASIA Conference on the Role of Institutions in an Era of Change, Xiamen City, China, May 31-June 3.

Dwiyanto, A. (2004). "Administrative reforms: What should be done? How?: The case of Indonesia," Paper presented on International Seminar: Indonesia: Challenges in the 21st Century Civil Society. *Administrative Culture and Governance Issues,* Jakarta, September 28, 2004.

Ellyna, Chairnani (2009), "Evaluation of Regional Development Performance in Indonesia," National Development Planning Board(BAOOENAS) of Indonesia.

Elson, R. E. (2008). *The Idea of Indonesia: A History*. Cambridge: Cambridge University Press.

Febrian, S. H. (2010). *Handbook on the Legislative Process*. Jakarta; UNDP.

Frederick, W. H. & Worden, R. L. (eds.) (1993). *Indonesia: A Country Sutdy*. Washington: GPO for the Library of Congress, http://countrystudies.us/indonesia (2012.6.15.).

———(1998). *Indonesia: A Country Study* (Washington, D. C.: GPO for the Library of Congress). Available at http://countrystudies.us/indonesia/.

Furuhol, B., & Wahid, F. (2008). "E-government challenges and the role of political leadership in Indonesia: The case of Sragen." Presented at the 41st Hawaii International Conference on Systems Sciences.

Guy Peters, B. (2000). *Four Main Administarative Traditions*. Worldbank.

———(2002). *Path Dependency and Public Sector Reform.*

Hadiwinata, Bob S. (2003). *The Politics of NGOs in Indonesia-Developing Democracy and Managing a Movement*. London & NY: Routledge.

———(2007). "Civil or Uncivil Society? Islamic Extremism and Democratization in Indonesia." In B. S. Hadiwinata & Ch. Schuck (Eds.), *Democracy in Indonesia - The Challenge of Consolidation*. Baden-Baden: Nomos.

Hermawan, Yulius P. (2007). "Political Parties and Elections in Post-Authoritarian Indonesia." In B. S. Hadiwinata & Ch. Schuck (Eds.), *Democracy in Indonesia-The Challenge of Consolidation*. Baden-Baden: Nomos.

Hill, H. (2000). *The Indonesian Economy* (2nd ed). UK: Cambridge University Press.

Holliday, I. (2000). "Productivist welfare capitalism: Social policy in East Asia." *Political Studies*, 48: 706-723.

Honna, Jun (2003). *Military Politics and Democratization in Indonesia-Rethinking Southeast Asia*. London & NY: Routledge.

Horhoruw, M., Karippacheril, T. G., Sutiyono, Dr. W., & Thomas, T. (2012). *Transforming the Public Sector in Indonesia: Delivering Total Reformasi*. World

Bank.

Hur, Mann Hyung (2010). "A comparative study of the relationship between pension plans and individual savings in Asian countries from an institutional point of view." *International Journal of Social Welfare*, 19: 379-389.

Ibrahim, R. (2006). "Indonesian Civil Society 2006: A Long Journey to a Civil Society," *CIVICUS Civil Society Index Report for the Republic of Indonesia*, YAPPIKA.

IPEA and Bank Dunia, The World Bank (2007), Spending for Development: Making the Most of Indonesia's New Opportunities. *Indonesia Public Expenditure Review 2007*.

Indonesia (2011), *Indonesia's Structural Reform Priorities: Prepared for APEC New Strategy on Structural Reform*, APEC 2011/SOM/WKSP/009.

Indonesian Chamber of Commerce & Industry Committee for Middle East & OIC Countries (2012). Indodnsia's Business & Investment Prospects.

International Labor Organization. (2012). Promoting Rights and Opportunities for People with Disabilities in Employment through Legislation (PROPEL-Indonesia). http://www.ilo.org/jakarta/whatwedo/projects/WCMS_183300/lang--en/.

Investor Korsel Sangat Membantu Pertumbuhan Eknonomi Indonesia (2012, March 28th). *Western Indonesian Time* (WIB).

Iskandar Simorangkir (2011). "Determinant of Bank Runs in Indonesia: Bad Luck of Fundamental?", *Bulletin of Monetary, Economics and Banking*: 51-74.

Kasim, A. (2004). "Perilaku Korupsi di Indonesia," *Jurnal Bisnis dan Birokrasi*, 12(1): 9-17.

Kementerian Negara Perencanaan Pembangunan Nasional/ Badan Perencanaan Pembangunan Nasional of Jakarta. (2009). *Buku Pedoman Penyusunan RPJMN 2010-2014*.

———(2010). Buku Panduan Musyawarah Perencanaan Pembangunan Nasional (MUSRENBANGNAS) Dalam Rangka Penyusunan Rencana Kerja Pemerintah(RKP) tahun 2011.

King, Dwight (1990). "Indonesia's Foreign Policy." In D. Wurfel & B. Burton (Eds.), *The Political Economy of Foreign Policy in Southeast Asia*. London: The MacMillan Press.

KOTRA (2011). 인도네시아 약황(2011년 12월).

Kritzer, Barbara (2005). "Individual Accounts in Other Countries." *Social Security Bulletin*, 66(1): 31-37.

Liddle, R. William (1982). "The Politics of Ekonomi Pancasila: Some Reflections on a Recent Debate," *Bulletin of Indonesian Economic Studies*, 18(1): 96-101

Liddle, R. William & Mujani, Saiful (2008). "Leadership, Party, and Religion- Explaining Voting Behavior in Indonesia." In A. Hicken (Eds.), *Politics of Modern Southeast Asia-Critical Issues in Modern Politics*, Vol. III Regimes and Institutions. London & NY: Routledge.

MacIntyre, A. (1994). "Organizing Interests: Corporatism in Indonesian Politics."

Mahendra, A. (2008). "Agung Oka Implikasi Hukum Tehadap Peraturan Daerah yang Bertentangan dengan Peraturan Perundang-Undangan yang Lebih Tinggi.

Manullang, Achmad Christoph (1982). *Die Staatssoziologie der Pancasila in ihrem Einfluss auf die aussenpolitische Entwicklung Indonesiens*. Dissertation/ Julius-Maximilians-Universitaet zu Wuerzburg.

Martinez-Diaz, L. (2006). "Pathways through Financial Crisis: Indonesia," *Global Governance* 12(4): 395-412.

Ministry National Development Planning and National Development Planning Agency, Republic of Indonesia. (2010). Appendices: Regulation of the President of the Republic of Indonesia Number 5 of 2010 Regarding the National Medium-Term Development Plan (RPJMN) 2010-2014, Book 1 National Priorities (Jakarta: Ministry National Development Planning and National Development Planning Agency).

Ministry of Education and Cultule (2012). *Literary: Empowerwent, Developmeut and Peace*.

Ministry of Finance and Planning Sri Lanka (2011). *Annual Report 2010*.

Mulyaningsih, Tri & Daly, Anne (2011). "Competitive conditions in Banking Industry: An Empirical Analysis of the consolidation, Competition and Concentration in the Indonesia Banking Industry between 2001 and 2009," *Bulletin of Monetary, Economics and Banking*. 141-176.

National Democratic Institute for International Affairs (2001). "Indonesia's Change of President and Prospects for Constitutional Reform," A Report on the July 2001 Special Session of the People's Consultative Assembly and the Presidential Impeachment Process. Murdoch University Asia Research Center Working Paper No. 43.

National Economic and Social Council (2005). *The Developmental Welfare State*. Dublin, Ireland: National Economic and Social Council.

Neill, Wilfred T. (1973). *Twentieth-Century Indonesia*, USA: Columbia University Press.

Nicholas Tandi DAMMEN (2009, May 29th.). Indonesia-Korea Relations for the Better Future.

OECD (2012). *Advancing Indonesian Local E-government: Challenges, Opportunities, and Strategic Roadmap*. OECD KOREA Policy Ceutre.

Pangaribowo, Evita Hanie (2012). Food Security Program in the Time of Economic Crisis: a lesson to learn from Indonesia. Paper presented at the German Association of Agricultural Economists' 52nd Annual Conference, Stuttgart, Germany, September 26-28.

Perwita, Anak Agung Banyu (2007). "Democratization and Foreign Policy in Indonesia: The Impact of Islamic 'Symbolic Politics' on Post-Suharto Foreign Policy." In B. S. Hadiwinata & C. Schuck (eds.), *Democracy in Indonesia - The Challenge of Consolidation*. Baden-Baden: Nomos.

Prasojo, E., Kurniawan, T., & Holidin, D. (2007a). *State Reform in Indonesia,* Jakarta: University of Indonesia.

——— (2007b). "An analysis of the government in Indonesia: Draft of the Final Report," Administrative Sciences Department at University of Indonesia and Korea-Australia Research Center at University of New South Wales.

Prato, Tony & Prato, Tony (2011), *Sustaining Partnership: Media for Information on Public Private Partnership*.

Rai, I. G. A. (2008). "The Role of Indonesia's Supreme Audit Institution (SAI) in Improving Good National Governance and Control," Paper presented at the Accounting at the Top 2008 Conference, Darwin, Australia, June 6.

Reinhardt, Jon M. (1971). *Foreign Policy and National Integration: The Case of Indonesia*. New Haven: Yale University. Southeast Asia Studies.

Republic of Indonesia Ministry of Economy (2011). Master Plan of Acceleration and Expansion of Indonesia Economic Development 2011-2025.

Republic of Indonesia Ministry of National Development Planning (2010). Regulation of the President of the Republic of Indonesia number 5 of 2010, regarding the National Medium-Term Development Plan (RPJMN) 2010-2014.

Rewu, Willem P. (2011). *Investment Potentials in Metal, Machineries and Electronics Industry*, Ministry of Industry of Indonesia.

RI, S. Korea set up joint secretariat for investment (2012). The Jakarta Post.

Ricklefs, M. C. (2001). *A History of Modern Indonesia Since c. 1200* (3rd ed), USA: Palgrave.

Robson, S. & Kurniasih, Y. (2010). *Basic Indonesian: An Introductory Coursebook*, Singapore: Tuttle.

Rohdewohld, Rainer (1995). *Public Administration in Indonesia*. Melbourne: Monash University.

Rose, Norton (2010). *Indonesian Energy Report 2010*.

Ruswadi, S. (2005). "The Development of Government Agency Performance Accountability System in Indonesia," Paper presented at the OECD-ASIAN Countries Performance Management Symposium, Seoul, 8 December, 2005.

Sălamoen, S. (1993). "Changes and trends in public administration in Indonesia: EROPA Assembly and Conference," Teheran. Oct. 31-Nov. 8

Sartono, Kartodirdjo (2001). *Indonesian Historiography*, Indonesia : Kanisius.

Schlicher, Monika & Flor, Alex (2000). "Ost-Timor-Der bittere Sieg." In G. von Armin, V. Deile, F.-J. Hutter, S. Kurtenbach (Eds.), *Jahrbuch Menschenrechte 2001*. Frankfurt am Main: Suhrkamp.

Schuck, Christoph (2003). *Der indonesische Demokratisierungsprozess-Politischer Neubeginn und historische Kontinuitaet*. Baden-Baden: Nomos.

Schwarz, A (2004). *A Nation in Waiting: Indonesia in the 1990s*, Westview Press.

Sherlock, S. (2007). *Parliamentary Indicators*: Indonesia. mimeo.

Sjafruddin. P. (1984). "Pancasila as the Sole Foundation," Indonesia No. 38, Oct. 1984, Southeast Asia Program Publications, Cornell University.

Sjamsiar, Sjamsudin (2012). The Reformation of Local and National Financial Management in Indonesia. *Journal of Basic and Applied Scientific Research*.

S. Korean trade with RI hits $31 billion mark in 2011: Envoy(2012, January 5th). *The Jakarta Post*.

South Korea Exports Submarines to Indonesia (2011). *Defense News*.

Suharto, Edi (2009), "Social Protection Systems in ASEAN: Social Policy in a Comparative Analysis" in *Social Development Issues*, 3(1): 1. 26.

Taylor, Jean Gelman (2003). *Indonesia: People and Histories*, USA: Sheridan Books.

Thoha, M. (2003). *Birokrasi dan Politik di Indonesia*, Jakarta.

Tjiptoherijanto, P. (2006). "Civil Service Reform in Indonesia," *International Public Management Review*, 8(2): 31-44.

Tuwo, Lukita Dinarsyah (2010). *The National Medium Term Development Plan (RPJMN) 2010-2014*, National Development Planning Agency.

UN (2005). Republic of Indonesia Public Administration Country Profile.

Undang-Undang Republik Indonesia Nomor 25 tahun 2004 tentang Sistem Perencanaan Pembangunan Nasional.

Undang-Undang Republik Indonesia Nomor 17 tahun 2007 tentang Rencana Pembangunan Jangka Panjang Nasional tahun 2005 - 2025.

UNESCO (2011). *Indonesia from World Data on Education* (7th ed.), 2010/11. International Breau of Education UNESCO.

University of Sydney (2001). *Public Sector Challenges and Government Reforms in*

*South East Asia.*

USAID (2007). *Good Governance Brief-Local Government Financial Management Reform in Indonesia: Challenges and Opportunities.*

USAID & SENADA (2008). *A Review of Select Policies of The Indonesian Ministry of Industry.*

Vickers, Adrian (2006). *A History of Modern Indonesia,* UK: Cambridge.

Wandelt, Ingo (2007). "Security Sector Reform in Indonesia: Military vs. Civil Supremacy." In B. S. Hadiwinata & C. Schuck (Eds.), *Democracy in Indonesia-The Challenge of Consolidation.* Baden-Baden: Nomos.

Wihatnolo, Randy R., & Riant, Nugroho D. (2008). *Manajemen Pembangunan Indonesia: Sebuah Pengantardan Panduan.*

White, Gordon (1998). "Constructing a democratic developmental state." In M. Robinson & G. White (eds). *The Democratic Developmental State: Politics and Institutional Design.* Oxford: Oxford University Press.

Wingqvist, Gunilla Ölund & Dahlberg, Emelie (2008). "Indonesia Invironmental and Climate Change Policy Brief." University of Gothenburg's Department of Economics.

Won, Jun-Ho (2010). Regulation of the Political Funds in Korea and its Implications for Indonesia. Paper presented at the 2010 KAPA International Annual Meeting "*Beyond New Public Management*"(Oct. 7-8 2010, Seoul).

World Bank (2000). Shape and Size of Public Sector Employment.

——— (2001a). Indonesia: The Imperative for Reform (Report 23093-IND). Jakarta: World Bank.

——— (2001b). Does Indonesia have a 'low-pay' Civil Service(June).

——— (2003). Combating Corruption in Indonesia(October 20).

——— (2006). Contry Assistance Strategy Progress Report for Republic of Indonesia. Washington, D.C.: World Bank.

——— (2013). GDP per Capita (Current US$). http://data.worldbank.org/indicator/NY.GDP.PCAP.CD.

World Economic Forum (2011). The Global Competitiveness Report 2011-2012, Geneva: World Economic Forum.

## 웹 사이트

기획재정부 http://www.mosf.go.kr (2012.6.20)

대외경제정책연구원 http://www.kiep.go.kr (2012.6.13.)
인도네시아 교육문화부 홈페이지. http://www.kemdiknas.go.id/kemdikbud/.(일부 영문의 관점과 번역에 따라 교육부, 문화부라고 불리기도 함)
인도네시아 국가개발계획청(BAPPENAS) 홈페이지 www.bappenas.go.id
인도네시아 국가공무원청(BKN) 홈페이지 www.bkn.go.id
인도네시아 국가사무처(SETNEG) 홈페이지 www.setneg.go.id
인도네시아 문화센터 홈페이지. http://indonesian.co.kr/index.html.
인도네시아 문화원 홈페이지. http://blog.yahoo.com/_2MHMVN2ZTCHCCTSGNDUJ-42IOFY/articles/page/1.
인도네시아 정부. http://www.indonesia.go.id
인도네시아 통계국 홈페이지. http://www.bps.go.id/.
인도네시아 행정개혁부(MENPAN) 홈페이지. www.menpan.go.id
주인도네시아한국대사관. http://idn.mofat.go.kr (2012.6.20.)
한국교육과정평가원. www.kic.re.kr
CIA World Factbook. http://www.cia.gov
International Crisis Group. http://www.crisisgroup.org
International Telecommunication Union(ITU) 홈페이지. http://www.itu.int/ITU-D/-ICTEYE/Indicators/Indicators.aspx#.
KOTRA-자카르타 무역관 홈페이지. www.kotra.or.kr/jakarta.
SEAMEO 홈페이지. http://www.seameo.org/index.php?option=com_content&task=view-&id=62&Itemid=85.
United Nations Educational, Scientific, and Cultural Organization (UNESCO) Institute for Statistics. http://www.uis.unesco.org/Pages/default.aspx
Wikipedia, 1955 Indonesia legislative Election. http://en.wikipedia.org

# 찾아보기

## ㄱ

### ㅍ



### ㅎ

# 저자 소개

## 황윤원

중앙대 법과대 졸업
미국 플로리다주립대 행정학 석사
미국 피츠버그대 행정학 박사

[주요 경력]
현) 중앙대학교 공공인재학부 교수
현) 인도네시아행정연구회 회장
전) 중앙대 부총장
전) 한국행정연구원 원장
전) 청와대 사회정책비서관

[주요 저서 및 논문]
「큐브 행정학」(2013). 형설출판사
「관민협력사업」(역서, 2010). OECD
「재무행정론」(공저, 2005). 법문사
「싱크탱크와 국가경쟁력」(공저, 2003). 나남출판사
누가 어떤 정부정책을 선호하는가? 보수와 진보의 이념가치인가? 「한국정책학회보」(공저, 2012).
McGann지표를 응용한 한국의 싱크탱크 평가 국가정책연구소, 「국가정책연구」(2011)
지방정부 싱크탱크의 정책역할 연구. 한국지방자치학회, 「한국지방자치학회보」(2010) 외

## 문명재

연세대학교 정치외교학 학사
미국 텍사스대(Austin) 정책학 석사
미국 시라큐스대 행정학 박사

[주요 경력]
현) 연세대학교 행정학과 교수
전) 콜로라도주립대, 텍사스주립대, 고려대 행정학과 교수

[주요 논문]
국내외 해외학술지에 다수 논문 게재

## 박 진

서울대 경제학과 경제학사
미국 펜실베이니아대 경제학 박사

[주요 경력]
현) KDI국제정책대학원 교수
전) KDI 부연구위원, 기획예산처 행정개혁팀장, 조세연구원 공공기관연구센터 소장

[주요 논문]
공공기관 부채의 잠정적 위험성 분석과 대응 방안. 한국조세연구원 연구보고서 12-17(공저, 2012).
Governance Reform in Indonesia and Korea: A Comparative Perspective(co-edited with Ambar Widaningrum), Gadjah Mada Universtity(2011) 외

## 심준섭

중앙대학교 법과대학 행정학과 학사
고려대학교 행정학과 석사
미국 뉴욕주립대(Albany) 행정학 박사

[주요 경력]
현) 중앙대학교 공공인재학부 교수
현) 경기도 선진화위원회, 분권거버넌스분과 위원
현) 경제정의실천연합 갈등해소센터 이사
현) 지방공기업 경영평가 위원

[주요 저서 및 논문]
「구조방정식모형: 이해와 활용」(2013), 법문사
「다산의 행정사상: 현대적 해석과 평가」(공저, 2010), 대영문화사
「협상의 이해」(공저, 2008). 박영사
발전소 주변지역 지원사업의 국내외 사례연구. 한국원자력정책포럼(2012)
갈등 프레임이 갈등관리 방안에 대한 선호에 미치는 영향. 「한국행정연구」(2011)
언언네트워크분석 기법을 활용한 갈등 프레임 분석. 「한국행정연구」(2011) 외

## 안영훈

프랑스 파리 제2국립대학원 공법학 석사
프랑스 파리 제4국립대학원 사회학 석사
프랑스 파리 제2법정치경제 대학원 공법학 박사

[주요 경력]
현) 한국지방행정연구원 생활안전센터소장
전) OECD 지역거버넌스국 국가재난위험평가 공동연구원
전) 대통령 소속 지방이양촉진위원회 실무위원

[주요 저서 및 논문]
「프랑스 · 미국 지방자치제도」(2012)
공생 발전을 위한 보호·규제 등 제도의 합리화 방안 연구(2012)
선진국 지방정부 자체감사제도 연구(2011)
미국의 행정규제 및 규제구제 제도 연구(2011)
지방분권 발전모형2020(2010) 외
"Local government in Korea"(공저, 2010) 외

## 원준호

한국외국어대 정치외교학과 정치학 학사
한국외국어대 대학원 정치외교학과 정치학 석사
독일 베를린 자유대 정치학 박사

[주요 경력]
현) 한경대학교 행정학과 부교수
전) 한국행정학회 행정사연구회 회장(2010-2011)
전) 베를린 자유대 정치학부 파견방문교수(2008)
전) 국가청렴위원회 자체평가위원(2007)

[주요 저서 및 논문]
*Hegel's Begriff der Politischen Gesinnung - Zutrauen, Patriotismus und Vertrauen*(2002)
현장중심형 정책품질관리 방안 연구(공저, 2007)
한반도 평화 번영 거버넌스 실태조사(공저, 2006)
포스트구조주의의 헤겔 비판과 반비판(공저, 2006) 외

## 이윤경

서울여자대학교 행정학 학사
연세대학교 행정학 석사
연세대학교 행정학 박사과정

[주요 논문]
국정의제의 변화와 정부조직 개편에 대한 연구, 「한국의 대통령 리더십과 국가기구 재편」(공저, 2012)
공공기관의 규모와 기능 변화에 대한 연구(2012).

## 이종선

서울대학교 불문과
필리핀 UAP 대학원 경영경제학(MBE) 석사
한경대학교 박사과정 수료

[주요 경력]
현) KOICA 인도네시아 사무소장
현) KOICA 이사

## 최진욱

고려대학교 행정학 학사
고려대학교 행정학 석사
시카고대 정치학 박사

[주요 경력]
현) 고려대학교 행정학과 교수(2005~현재)
현) 고려대학교 정책대학원 부원장(2012~현재)
현) 고려대학교 정부학연구소 소장(2012~현재)
현) 한국규제학회 이사(2005~현재)
현) 한국조직학회 기획협력위원장(2013)
현) 국민권익위원회 자체평가위원(2008~현재)
현) 기획재정부 국고보조사업평가위원(2011년~현재)
현) 국무총리실 자체규제심사위원회 위원(2010~현재)
전) 홍콩대 정치행정학과 교수(2003~2005)
전) Chinese University of Hong Kong 정치행정학과 교수(2002~2003)

[주요 논문]
부패와 국민의 권익 그리고 제도적 대응: 국민권익위원회를 중심으로, 「한국부패학회보」(2012)
정부의 질 개념 구성에 관한 탐색, 「정부학연구」(공저, 2012)
문화예술조직 구성원의 성과평가에 관한 연구: 국립국악원을 중심으로, 「한국인사행정학회보」(공저, 2012)
Measuring the Performance of an Anticorruption Agency: The Case of the KPK in Indonesia, *International Review of Public Administration*(2011)
공무원 인사평정 제도와 개인 및 조직성과에 관한 연구: 국회 사례를 중심으로, 「정부학연구」(공저, 2011)
From a Recipient to a Donor State: Achievements and Challenges of Korea's ODA, *International Review of Public Administration*(2011) 외

## 허만형

건국대학교 행정학과 졸업
미국 콜로라도주립대 행정학 박사

[주요 경력]
현) 중앙대학교 공공인재학부 교수
전) 건국대학교 사회복지학과 교수
전) 미국 콜로라도주 오로라시 복지과 Culture Service Coordinator
전) 국무총리국무조정실 이사관

[주요 저서 및 논문]
「사회복지행정론」(2012). 대영문화사
「통계분석론」(2001). 법문사
환경분쟁 조정의 실효성에 관한 연구: 효율성과 안전성에 관한 민원 유경험자의 체감 수준과 무경험자의 인식 수준 비교분석(한국행정학회, 2012)
온라인 소셜 네트워크, 사회자본, 그리고 정책 참여의 3차원 관계 연구: 서울시 소재 대학생을 대상으로 「한국지역정보학회지」(2012) 외

**인도네시아의 행정과 공공정책**

펴낸날 / 제1판 제1쇄 2013년 5월 30일

지은이 / 황윤원 외

펴낸이 / 임춘환

펴낸곳 / 도서출판 대영문화사

주소 / 서울 용산구 청파동 1가 178-2 ㊐ 140-869

등록 / 1975년 12월 26일 제3-16호

전화 / (02)716-3883, (02)714-3062

FAX / (02)703-3839

홈페이지 / http://www.dymbook.co.kr



ISBN 978-89-7644-440-0

〔값 30,000원〕